本书获得以下项目经费资助：

广东省重点研究基地嘉应学院客家研究院招标项目：客家妇女与民间信仰研究（08KYKT02）

广东省教育厅人文社会科学重点研究基地重大项目：文献与田野中的客家妇女研究（11JDXM77001）

国家社科基金重点项目：粤东北地区客家文化研究（12AZD076）之子项目——客家民俗文化研究

本丛书出版得到以下研究机构经费资助：

嘉应学院客家研究院

梅州市客家研究院

广东省客家文化研究基地—嘉应学院客家研究院

广东省非物质文化遗产研究基地—嘉应学院客家研究院

理论粤军·广东地方特色文化研究基地—客家文化研究基地

广东省粤台客家文化传承与发展协同创新中心—嘉应学院客家研究院

广东省普通高校人文社会科学省市共建重点研究基地—嘉应学院客家研究院

客家学研究丛书
第三辑

田野中的
客家妇女与民俗信仰

钟晋兰　著

暨南大学出版社
JINAN UNIVERSITY PRESS

中国·广州

图书在版编目（CIP）数据

田野中的客家妇女与民俗信仰/钟晋兰著．—广州：暨南大学出版社，2018.12
（客家学研究丛书．第三辑）
ISBN 978 - 7 - 5668 - 2546 - 9

Ⅰ.①田…　Ⅱ.①钟…　Ⅲ.①客家人—妇女—研究—中国②客家人—信仰—民间文化—研究—中国　Ⅳ.①D442.7②B933

中国版本图书馆 CIP 数据核字（2018）第 289655 号

田野中的客家妇女与民俗信仰
TIANYE ZHONG DE KEJIA FUNU YU MINSU XINYANG
著　者：钟晋兰

出 版 人：徐义雄
策划编辑：李　艺
责任编辑：亢东昌
责任校对：梁念慈　冯月盈
责任印制：汤慧君　周一丹

出版发行：暨南大学出版社（510630）
电　　话：总编室（8620）85221601
　　　　　营销部（8620）85225284　85228291　85228292（邮购）
传　　真：（8620）85221583（办公室）　85223774（营销部）
网　　址：http://www.jnupress.com
排　　版：广州市天河星辰文化发展部照排中心
印　　刷：佛山市浩文彩色印刷有限公司
开　　本：787mm×960mm　1/16
印　　张：19
字　　数：334 千
版　　次：2018 年 12 月第 1 版
印　　次：2018 年 12 月第 1 次
定　　价：65.00 元

（暨大版图书如有印装质量问题，请与出版社总编室联系调换）

总　序

　　客家文化以其语言、民俗、音乐、建筑等方面的独特性，尤其是客家人在海内外社会经济发展中的突出贡献，引起了历史学、人类学、民俗学和语言学等诸多学科领域内学者的关注。而随着西方人文学科理论和研究方法在 20 世纪初传入我国，客家历史与文化研究也逐渐进入科学规范的研究行列，并相继出现了一批具有开创性的研究成果。1933 年，罗香林《客家研究导论》的出版，标志着客家研究进入了现代学术研究的范畴。20 世纪 80 年代以来，著作、论文等研究成果的推陈出新，也在呼吁学界能够设立专门的学科并规范客家研究的科学范式。

　　作为国内较早成立的专门从事客家研究的机构，嘉应学院客家研究院用二十五载的岁月，换来了客家研究成果在数量上空前的增长，率先成为客家学研究的重要阵地，也引起了国内外学术界的高度关注。但若从质的维度来看，当前的客家研究还面临一系列有待思考及解决的问题：客家学研究的主题有哪些？哪些有意义，哪些纯粹是臆测？这些主题产生的背景是什么？它们是如何通过社会与历史的双重作用，而产生某些政治、经济乃至文化权力的诉求与争议的？当代客家研究如何紧密结合地方社会发展的需要，又如何与国内外其他学科对话与交流？诸如此类的疑惑，需要从理论探索、田野实践和学科交叉等层面努力，以理论对话和案例实证作为手段，真正实现跨区域和多学科的协同创新。

一、触前沿：客家学研究的理论探索

　　当前的客家学研究主要分布在人文社会科学的诸多学科范围之内，所以开展卓有成效的客家研究自然需要敢于接触不同学科领域的学术理论。比如，社会学科先后出现过福柯的权力理论、布尔迪厄的实践理论、吉登斯的结构化理论、鲍曼的风险社会理论、哈贝马斯的沟通行动理论、卢曼

的系统理论、科尔曼的理性选择理论和亚历山大的文化社会学理论。① 社会科学研究经常需要涉及的热点议题，在客家研究中同样不可回避，比如社会资本、新阶层、互联网、公共领域、情感与身体、时间与空间、社会转型和世界主义。② 再比如，社会学关于移民研究的推拉理论、人类学对族群研究的认同与边界理论以及社会转型与文化变迁的机制，都可以具体应用到客家研究上，并形成理论对话而提升客家研究的高度。在研究方法上，人文社会科学提倡的建模、机制与话语分析、文化与理论自觉等前沿手段，③ 都可以遵循"拿来主义"的原则为客家研究所用。

可以说，客家研究要上升为独具特色的独立学科，首先要解决的便是理论对话和科学研究的范式问题。客家学作为一门融会了众多社会人文学科的综合性学科，既不是客家史，也不是客家地区政治、经济、文化等内容的汇编或整合，而是一门以民族学基础理论为基础，又比民族学具有更多独特特征、丰富内容的学科。④ 不可否认的是，客家研究具有自身独特的学术传统，但要形成自身的理论构架和研究方法，若离开历史学、文献学、考古学、人类学、语言学、社会学、民俗学等诸多学科理论的支撑，显然就是痴人说梦。要在这方面取得成绩，则非要长期冷静、刻苦、踏实、认真潜心研究不可。如若神不守舍、心动意摇，就会跑调走板、贻笑大方。在不少人汲汲于功名、切切于利益、念念于职位的当今，专注于客家研究的我们似乎有些另类。不过，不管是学者应有的社会良知与独立人格，还是人文学科秉持的历史责任与独立思考的精神，都激励我们坚持实事求是的原则，在触碰前沿理论上不断探索，以积累学科发展所需的坚实理论。

要做到这一点，就得潜下心来大量阅读国内外学术名著，了解前沿理论的学术进路和迁移运用，使客家研究能够进入国际学术研究对话的行列。

---

① DEMEULENAERE P. Analytical sociology and social mechanisms. Cambridge：Cambridge University Press，2011.

② TURNER J H ed. Handbook of sociological theory. New York：Kluwer Academic Publishers，2001.

③ JACCARD J & JACOBY J. Theory construction and model-building skills. New York：Guilford Press，2010.

④ 吴泽：《建立客家学刍议》，载吴泽主编：《客家学研究》（第 2 辑），上海：上海人民出版社，1990 年。

二、接地气：客家研究的田野工作

学科发展需要理论的建设与支撑，更离不开学科研究对象的深入和扩展，而进入客家人生活的区域开展田野工作，借助从书斋到田野再回到书斋的螺旋式上升的研究路径，客家研究才能做到"既仰望星空又能接地气"，才能厚积薄发。

人类学推崇的田野工作要求研究者通过田野方法收集经验材料的主体，客观描述所发现的任何事情并分析发现结果。[①] 田野工作的目标要界定并收集到自己足以真正控制严格的经验材料，所以需要充分发挥参与观察、深度访谈和问卷调查的手段。从学科建设和学科发展的角度，客家族群的分布和文化多元特征，决定了客家研究对田野调查的依赖性。这就要求研究者深入客家乡村聚落，采用参与观察、个别访谈、开座谈会、问卷调查等方法调查客家民俗节庆、方言、歌谣等，收集有关客家地区民间历史与文化丰富性及多样性的资料。

而在客家文献资料采集方面，田野工作的精神同样适用。一方面，文献资料可以增加研究者对客家文化的理解，还可以对研究者的学术敏感和问题意识产生积极影响；另一方面，田野工作既增加了文献资料的来源，又能提供给研究者重要的历史感和文化体验，也使得文献的解读可以更加符合地方社会的历史与现实。譬如，到图书馆、档案馆等公藏机构及民间广泛收集对客家文化、客家音乐、客家方言等有所记载的正史、地方志、文集、族谱及已有的研究成果等。田野调查需要入村进户，因此从具有深厚文化传统的客家古村落入手，无疑可以取得事半功倍的效果。

在客家地区开展田野调查，需要点面结合才能形成质量上乘的多点民族志。20 世纪 90 年代，法国人类学家劳格文与广东嘉应大学（2000 年改名为嘉应学院）、韶关大学（2000 年改名为韶关学院）、福建省社会科学院、赣南师范学院、赣州市博物馆等单位合作，开展"客家传统社会"的系列研究。他在长达十多年的时间里，辗转于粤东、闽西、赣南、粤北等地，深入乡镇村落，从事客家文化的田野调查。到 2006 年，这些田野调查的成果汇集出版了总计 30 余册的"客家传统社会"丛书，不仅集中地描述客家地区传统民俗与经济，还具体地描述了传统宗族社会的形成、发展

003

---

①　托马斯·许兰德·埃里克森著，周云水、吴攀龙、陈靖云译：《什么是人类学》，北京：北京大学出版社，2013 年，第 65－67 页。

和具体运作及其社会影响。

2013 年以来，嘉应学院客家研究院选择了多个历史悠久、文化底蕴深厚的古村落，以研究项目的形式开展田野作业，要求研究人员采用参与观察、深度访谈、文献追踪等方法，对村落居民的源流、宗族、民间信仰、习俗等民间社会与文化的形成与变迁进行深入的分析和研究，形成对乡村聚落历史文化发展与变迁的总体认识。在对客家地区文化进行个案分析与研究的基础上，再进行跨区域、跨族群的文化比较研究，揭示客家文化的区域特征，进而梳理客家社会变迁和文化发展过程。

闽粤赣是客家聚居的核心区域，很多风俗习惯都能够找到相似的元素。就每年的元宵习俗而言，江西赣州宁都有添丁炮、石城有灯彩，而到了广东的兴宁和平县，这一习俗则演变为"响丁"，花灯也成了寄托客家民众淳朴愿望的符号。所以，要弄清楚相似的客家习俗背后有何不同的行动逻辑，就必须用跨区域的视角来分析。这一源自田野的事例足以表明田野调查对客家学研究的重要性。

无论是主张客家学学科建设应包括客家历史学、客家方言学、客家家族文化、客家文艺、客家风俗礼仪文化、客家食疗文化、客家宗教文化、华侨文化等，[1] 还是认为客家学的学科体系要由客家学导论、客家民系学、客家历史学、客家方言学、客家文化人类学、客家民俗学、客家民间文学、客家学研究发展史等八个科目为基础来构建，[2] 客家研究都无法回避研究对象的固有特征——客家人的迁徙流动而导致的文化离散性，所以在田野调查时更强调追踪研究和村落回访[3]。只有夯实田野工作的存量，文献资料的采集才可能溢出其增量的效益。

三、求创新：客家研究的学科交叉

学问的创新本不是一件易事，需要独上高楼，不怕衣带渐宽，耐得孤独寂寞，一往无前地上下求索。客家研究更是如此，研究者需要甘居边缘、乐于淡泊、自守宁静的治学态度——默默地做自己感兴趣的学问，与两三同好商量旧学、切磋疑义、增益新知。

---

① 张应斌：《21 世纪的客家研究——关于客家学的理论建构》，《嘉应大学学报》1996 年第 4 期。

② 凌双匡：《建立客家学的构想》，《客家大观园》1994 年创刊号。

③ 科塔克著，周云水译：《文化人类学——欣赏文化差异》，北京：中国人民大学出版社，2012 年，第 457 - 459 页。

　　客家研究要创新，就需要综合历史学、人类学、语言学、音乐学、社会学等学科理论和方法，对客家民俗、客家方言、客家音乐等进行综合分析和研究，以学科交叉合作的研究方式，形成对客家族群全面的、客观的总体认识。

　　客家族群作为中华民族共同体的一个重要支系，在其形成和发展过程中融合多个山区民族的文化，形成独具特色的文化体系。建立客家学学科，科学地揭示客家族群的个性和特殊性，可以加深和丰富对中华民族的认识。用客家人独特的历史、民俗、方言、音乐等本土素材，形成客家学体系并进一步建构客家学学科，将有助于促进中国人文社会科学本土化的发展，从而为中国人文社会科学的发展和繁荣作出应有的贡献。客家人遍布海内外 80 多个国家和地区，客家华侨华人 1 000 余万，每年召开一次世界性的客属恳亲大会，在全世界华人中具有重要影响。粤东梅州是全国四大侨乡之一，历史遗存颇多，文化积淀深厚，华侨成为影响客家社会历史和文化发展的重要因素。建立客家学学科，将进一步拓宽华侨华人研究领域，有助于华侨华人与侨乡研究的深入发展。

　　在当前客家学研究成果积淀日益丰厚、客家研究日益受到社会各界重视的情况下，总结以往研究成果，形成客家学学科理论和方法，构建客家学学科体系，成为目前客家学界非常紧迫而又十分重要的任务。

　　嘉应学院客家研究院敢啃硬骨头，在总结以往研究成果的基础上，完成目前学科建设条件已初步具备的客家文化学、客家语言文字学、客家音乐学等的论证和编纂，初步建构客家学体系的分支学科。具体而言，客家文化学探讨客家文化的历史、现状和未来并揭示其发生、发展规律，分析客家族群的物质文化、制度文化和精神文化的产生、发展过程及其特征。客家语言文字学探讨客家方言的语音、词汇、语法、文字等的特征，展示客家语言文字的具体内容及其社会意义。客家音乐学探讨客家山歌、汉剧、舞蹈等的发生、发展及其特征，揭示客家音乐的具体内容和社会意义。

　　客家族群是汉民族的一个支系，研究时既要注意到汉文化、中华文化的普遍性，又要注意到客家文化的独特性，体现客家文化多元一体的属性。客家学研究的对象，决定客家学是一门融合历史学、民俗学、方言学、音乐学、社会学等众多社会人文学科的综合性学科。如何形成跨学科的客家学研究理论与方法，是客家研究必须突破的重要问题。唯有明确客家学研究的基本概念、理论和方法，通过广泛的田野调查和深入的个案研

005

究，广泛收集关于客家文化、客家方言、客家音乐等各种资料，从多角度进行学科交叉合作的分析和研究，才能实现创新和发展。

嘉应学院地处海内外最大的客家人聚居地，具有开展客家学研究得天独厚的地缘优势。1989年，嘉应学院的前身嘉应大学率先在全国建立了专门性的校级客家研究机构——客家研究所。2006年4月，以客家研究所为基础，组建了嘉应学院客家研究院、梅州市客家研究院。因研究成果突出、社会影响大，2006年11月，客家研究院被广东省社会科学界联合会评为"广东省客家文化研究基地"；2007年6月，被广东省教育厅评为"广东省普通高校人文社会科学省市共建重点研究基地"。之后其又被广东省委宣传部、广东省社会科学院评为"广东地方特色文化研究基地——客家文化研究基地"，被广东省文化厅评为"广东省非物质文化遗产研究基地"，被广东省教育厅评为"广东省粤台客家文化传承与发展协同创新中心"；还经国家民政部门批准，在国家一级学会"中国人类学民族学研究会"下成立了"客家学专业委员会"。

2009年8月，在昆明召开的第16届国际人类学大会上，客家研究院成功组织"解读客家历史与文化：文化人类学的视野"专题研讨会，初步奠定了客家研究国际化的基础。2012年12月，客家研究院召开了"客家文化多样性与客家学理论体系建构国际学术研究会"，基本确立了客家学学科建设的基本途径和主要方法。另外，1990年以来，嘉应学院客家研究院坚持每年出版两期《客家研究辑刊》（现已出版45期），不仅刊载具有理论对话和新视角的论文，也为未经雕琢的田野报告提供发表和交流的平台。自1994年以来，客家研究院承担国家社会科学基金项目2项，广东省哲学社会科学规划项目等20余项，出版《客家源流探奥》[①] 等著作50余部，其中江理达等的著作《兴宁市总体发展战略规划研究》[②] 获广东省哲学社会科学优秀成果一等奖，肖文评的专著《白堠乡的故事——地域史脉络下的乡村建构》[③] 获广东省哲学社会科学优秀成果二等奖，房学嘉的专著《粤东客家生态与民俗研究》[④] 获广东省哲学社会科学优秀成果三等奖。

① 房学嘉：《客家源流探奥》，广州：广东高等教育出版社，1994年。
② 江理达等主编：《兴宁市总体发展战略规划研究》，广州：广东教育出版社，2010年。
③ 肖文评：《白堠乡的故事——地域史脉络下的乡村建构》，北京：生活·读书·新知三联书店，2011年。
④ 房学嘉：《粤东客家生态与民俗研究》，广州：华南理工大学出版社，2009年。

深厚的研究成果积淀，为客家学学科建设奠定了坚实的理论基础。经过几代人的不懈努力，嘉应学院的客家研究已经具备了在国际学术圈交流的能力，这离不开多学科理论对话的实践和田野调查经验的积累。

　　客家学研究丛书的出版，既是客家研究在前述立足田野与理论对话"俯仰之间"兼顾理论与实践的继续前行，也是嘉应学院客家学研究朝着国际化目标迈出的坚实步伐。"星星之火，可以燎原"，这套丛书包括学术研究专著、田调报告、教材、译著、资料整理等，体现了客家学学科建设的不同学术旨趣和理论关怀。古人云，"不积跬步，无以至千里；不积小流，无以成江海"，我们愿意从点滴做起。希望丛书的出版，能引起国内外客家学界对客家学学科体系建设的关注，促进客家学研究的科学化发展。

编　者
2014 年 8 月 30 日

目 录
Contents

绪　论

　　客家妇女是一个备受海内外人士赞誉的群体，如英国人欧德里的《客家人种志略》说："客家妇女是中国最优秀的劳动妇女的典型。"美国人爱德华亦在《中国访问录》中叙述："客家人是刚柔相济，既仁毅又仁爱的民族（民系），而客家妇女，更是中国最优秀的劳动妇女典型。"美国传教士罗伯·史密斯在其著作《中国的客家》中提到："客家妇女真是我所见到的任何一族妇女中最值得赞叹的了。"这些称赞反映出客家妇女对客家民系乃至中国的历史发展起着重要作用。

　　但在传统社会，记录这个群体面貌的文献种类与数量并不多。清代以前对客家妇女记载最多的是地方志与各姓族谱。其中各地客家县市的官方史志对客家妇女的记载集中于《列女传》部分，里面记载了大量客家"贞女烈妇"的名字；而民间的客家族谱则在世系中记载了各世代族中子弟所娶入媳妇的生卒、生育与丧葬等信息，还有一些达官贵人、科举乡绅之母或妻的传记，这两种资料对客家妇女的研究价值有一定局限。也有个别文献为客家妇女研究提供了宝贵的资料，如《石窟一征》与《丰湖杂记》。

　　成书于嘉庆年间的《石窟一征》曾对客家人的"女劳男逸"及妇女承担的具体事务做了比较详细的描述：

　　　　村庄男子多逸。妇女则井臼、耕织、樵采、畜牧、灌园、种蔬、纫缝、炊爨无所不为，天下妇女之勤者，莫此若也。盖天下妇女劳逸，尚分贵贱贫富，吾乡即绅士素封之家，主母与婢妾种作劳逸均之，且天下妇人即勤苦亦或专习一事，吾乡则日用饮食皆出其手，不独田工女工已也。①

　　平和客家人徐旭曾于嘉庆年间掌丰湖书院，他撰写的《丰湖杂记》可以说是客家早期文献的经典。该记不仅提到了客家妇女的勤劳，能力胜过男子，还提到她们不缠足，不为娼妓：

---

　　①　（清）黄钊修，钟仲鹏补修：《石窟一征》，光绪八年，第151页。

客人妇女，其先亦缠足也，自经国变，艰苦备尝，始知缠足之害，厥后生女不论贫富，皆以缠足为戒。自幼至长，教以立身持家之道。其于归夫家，凡耕种樵牧井臼炊爨纺织缝纫之事，皆能一身兼之；事翁姑，教儿女，经理家政，井井有条，其聪明才力，直胜于男子矣，夫岂他处之妇女所可及哉。又客人之妇女，未有为娼妓者，虽曰礼教自持，亦由其勤俭足以自立也。①

总的说来，除贞女与烈妇外，传统的志书与其他官方文献对客家妇女的记载很少，文人墨客、地方精英的文字描述及族谱、碑记、科仪本等民间文献对其着墨也不多，由此带来研究的困难，以致在客家研究方兴未艾、热潮涌动、成果迭出的今天，对客家妇女进行专题研究的成果数量并不可观，在此分成专著与论文一一陈述。

一、客家妇女研究成果综述

（一）专著

目前关于客家妇女的研究专著并不多，仅见黄马金的《客家妇女》、谢重光的《客家文化与妇女生活：12—20 世纪客家妇女研究》、李泳集的《性别与文化：客家妇女研究的新视野》、徐霄鹰的《歌唱与敬神：村镇视野中的客家妇女生活》与房学嘉等著的《客家妇女社会与文化》。②

较早出版的黄马金所著《客家妇女》描述了客家妇女的文化教育、婚姻家庭、民俗信仰、生活习俗、传说故事与革命贡献等。

谢著重点论述了在程朱理学妇女观的影响下，客家妇女生活的演变情况。书中勾勒了西方宗教在赣闽粤客家地区传播的概况，并对传统宗教信仰和婚姻习俗在近现代客家妇女生活中的遗留作了详细分析，从民族交融的角度出发，认为客家妇女身上更多地体现了南方少数民族的文化传统。

---

① 转引自罗香林：《客家史料汇编》（第 1 册），中国学社，1965 年，第 297 - 299 页。根据罗香林在文中的说明，此谱为徐傅霖转抄，故《客家史料汇编》上的内容与原谱在个别字句上有所差别，但整体意思应该未受影响。

② 黄马金：《客家妇女》，中国妇女出版社，1995 年；谢重光：《客家文化与妇女生活：12—20 世纪客家妇女研究》，上海古籍出版社，2005 年；李泳集：《性别与文化：客家妇女研究的新视野》，广东人民出版社，1996 年；徐霄鹰：《歌唱与敬神：村镇视野中的客家妇女生活》，广西师范大学出版社，2006 年；房学嘉等：《客家妇女社会与文化》，华南理工大学出版社，2012 年。

　　李著在粤东客家村落调查的基础上，探讨了客家文化对妇女地位的影响和她们在现代社会中的地位变化以及各种变化所蕴含的社会文化意义。通过跨区域和跨族群比较，作者试图了解女性地位变化的幅度，以及展示中国传统文化变迁的轨迹，从而提出中国性别与文化相互作用的关联模式，认为"客家妇女地位的低下并不能从她们所从事的劳动进行解释，而应该从制约她们地位的文化的深层意义中去探究"。

　　徐著主要采用民族志的研究方法，考察了调查地区客家妇女在山歌和信仰领域中的身份、组织活动、人际关系以及观念和行为解释，并梳理了当地山歌和信仰传统的变迁和发展。

　　《客家妇女社会与文化》是房学嘉领衔的嘉应学院客家研究院数位老师集体合作的成果，对客家妇女的品质个性、文化教育、社会地位、人生礼仪与信仰文化等作了比较全面的叙述。

（二）论文

　　在研究论文方面，中国大陆与台湾的学者与文史工作者均对客家妇女有所研究，这些论文主要涉及以下几个方面的内容：

　　一是关于客家妇女地位、角色与形象的研究。如刘大可的《田野调查视野下的客家妇女——以闽西武北村落为例》①，刘正刚、乔玉红的《明清客家女性的社会形象：以龙川为例》②，房学嘉的《从李氏家藏文书看妇女在传统社会中的地位——以粤东梅县客家妇女为重点分析》③，李泳集的《社会变迁与客家妇女地位——粤东紫金县竹园村调查》④，张燕清的《从"为人女"到"为人妻"——传统村落视野下培田入嫁女性的角色入位》⑤，章颖的《"客"与"主"——略谈客家妇女的生活特点及其地位作

　　①　刘大可：《田野调查视野下的客家妇女——以闽西武北村落为例》，《东南学术》2008 年第 6 期。

　　②　刘正刚、乔玉红：《明清客家女性的社会形象：以龙川为例》，《华南理工大学学报（社会科学版）》2008 年第 5 期。

　　③　房学嘉：《从李氏家藏文书看妇女在传统社会中的地位——以粤东梅县客家妇女为重点分析》，《中南民族大学学报（人文社会科学版）》2005 年第 6 期。

　　④　李泳集：《社会变迁与客家妇女地位——粤东紫金县竹园村调查》，《中南民族学院学报（哲学社会科学版）》1995 年第 2 期。

　　⑤　张燕清：《从"为人女"到"为人妻"——传统村落视野下培田入嫁女性的角色入位》，《福建论坛》2007 年第 12 期。

用》①，徐维群的《传统客家妇女相对地位的定位及其成因》②，唐群的
《从赣南礼仪习俗看客家妇女的矛盾地位》③，吴福文的《客家妇女的角色
与地位》④，陈弦章的《客家妇女地位与作用之成因浅析》⑤，周晓平的
《客家民间文学与客家妇女历史地位的深层构成——以客家哭嫁歌为研究
新视角》⑥，李黛岚的《从客家山歌看客家妇女在传统文化中的地位》⑦，
陈菊芬的《传统客家女性的社会家庭角色及族群文化特点——客家山歌中
女性文化探析》⑧，何凌的《从客家妇女"天足"习俗看太平天国妇女地
位》⑨，樊洛平的《客家视野中的女性形象塑造及其族群文化认同——以台
湾客家小说为研究场域》⑩。台湾地区则有张维安的《客家妇女地位：以闽
南族群为对照分析》⑪，陆绯云的《性别与族群：客家妇女地位的反思与探
讨》⑫，张典婉的《台湾文学中的客家女性角色与社会发展》⑬，叶怡文的

① 章颖：《"客"与"主"——略谈客家妇女的生活特点及其地位作用》，《闽西职业大学学报》2000 年第 4 期。
② 徐维群：《传统客家妇女相对地位的定位及其成因》，《龙岩师专学报》1999 年第 1 期。
③ 唐群：《从赣南礼仪习俗看客家妇女的矛盾地位》，《嘉应学院学报》2005 年第 2 期。
④ 吴福文：《客家妇女的角色与地位》，《龙岩学院学报》2011 年第 3 期。
⑤ 陈弦章：《客家妇女地位与作用之成因浅析》，《龙岩师专学报》2004 年第 2 期。
⑥ 周晓平：《客家民间文学与客家妇女历史地位的深层构成——以客家哭嫁歌为研究新视角》，《嘉应学院学报》2010 年第 1 期。
⑦ 李黛岚：《从客家山歌看客家妇女在传统文化中的地位》，《农业考古》2008 年第 6 期。
⑧ 陈菊芬：《传统客家女性的社会家庭角色及族群文化特点——客家山歌中女性文化探析》，《华南农业大学学报（社会科学版）》2012 年第 2 期。
⑨ 何凌：《从客家妇女"天足"习俗看太平天国妇女地位》，《许昌学院学报》2006 年第 6 期。
⑩ 樊洛平：《客家视野中的女性形象塑造及其族群文化认同——以台湾客家小说为研究场域》，《台湾研究集刊》2008 年第 1 期。
⑪ 张维安：《客家妇女地位：以闽南族群为对照分析》，《客家文化研讨会论文集》，"台北行政院文建会"，1994 年。
⑫ 陆绯云：《性别与族群：客家妇女地位的反思与探讨》，"台湾行政院客家委员会"和"中央大学"客家研究中心联合主办客家文化学术研讨会上发表，2002 年 10 月在台湾召开。
⑬ 张典婉：《台湾文学中的客家女性角色与社会发展》，世新大学社会发展研究所硕士学位论文，2002 年。

《从女性主义看台湾客家妇女的社会地位》①。这些论文大多从客家妇女承担了家庭绝大多数家内与户外劳动的角度出发，认为客家妇女的家庭与社会地位比较高。但也有少数论文把客家妇女与其他族群的妇女进行对比，认为客家妇女虽然承担几乎所有的劳动，但其家庭、经济与社会地位并不比其他族群的妇女高。

二是关于客家妇女服饰的研究。如孙倩倩的《客家妇女服饰研究》②，熊青珍的《客家妇女"围身裙"的艺术美》③，她与周建新合作的《从审美角度审视陶瓷青花与客家妇女蓝衫服饰的色调美》④ 及《凉帽与客家妇女服饰造型色彩的呼应》⑤，甘应进等的《客家妇女的配饰艺术》⑥，张海华等的《江西三南客家妇女头饰——冬头帕》⑦，范强的《客家妇女蓝衫服饰》⑧，郑惠美的《台湾南北地区客家妇女大襟衫比较研究——以清末民初至光复初期之传世实物分析为例》⑨。这些论文大多从艺术学的角度对客家妇女的衣服，饰件的款式、色彩方面的美感进行研究。

三是关于客家妇女与历史事件、历史人物、革命斗争的研究。如陈华、陈涛的《客家妇女投身苏维埃运动的心理解读》⑩，彭莉佳的《黄遵宪

---

① 叶怡文：《从女性主义看台湾客家妇女的社会地位》，台湾佛光人文社会学院硕士学位论文，2004 年。

② 孙倩倩：《客家妇女服饰研究》，《重庆科技学院学报（社会科学版）》2012 年第 22 期。

③ 熊青珍：《客家妇女"围身裙"的艺术美》，《江西金融职工大学学报》2007 年第 5 期。

④ 熊青珍、周建新：《从审美角度审视陶瓷青花与客家妇女蓝衫服饰的色调美》，《中国陶瓷》2009 年第 5 期。

⑤ 熊青珍、周建新：《凉帽与客家妇女服饰造型色彩的呼应》，《装饰》2006 年第 3 期。

⑥ 甘应进等：《客家妇女的配饰艺术》，《东华大学学报（社会科学版）》2008 年第 4 期。

⑦ 张海华等：《江西三南客家妇女头饰——冬头帕》，《装饰》2006 年第 10 期。

⑧ 范强：《客家妇女蓝衫服饰》，《装饰》2006 年第 7 期。

⑨ 郑惠美：《台湾南北地区客家妇女大襟衫比较研究——以清末民初至光复初期之传世实物分析为例》，《台湾文献》2007 年第 2 期。

⑩ 陈华、陈涛：《客家妇女投身苏维埃运动的心理解读》，《文教资料》2007 年第 8 期。

和他的客家妇女诗》①，罗雄飞、章长玉的《客家妇女与土地革命》②，张雪英的《闽西苏区客家妇女积极投身革命的原因》③ 和《土地革命时期中央苏区客家妇女的地位和作用》④，徐维群的《太平天国妇女政策与客家妇女》⑤，黄定平、蓝宇蕴的《客家妇女与中央苏区》⑥，胡军华、唐莲英的《中央苏区时期客家妇女对革命的贡献》⑦，周晓平的《论苏区红色歌谣与客家妇女的革命斗争生活——兼论苏区红色歌谣与客家山歌之改编》⑧。这些文章均肯定了客家妇女对中国革命作出的重要历史贡献。

四是关于客家妇女的婚姻、家庭、社会文化生活的研究。如谢重光的《宋明理学影响下客家妇女生活的演变》⑨ 与《土地革命时期闽粤赣苏区的客家妇女生活》⑩，周云、曾立仪的《粤东客家妇女的婚姻与家庭》⑪，罗锦芬的《左村客家民俗与妇女家庭生活》⑫，赵剑的《客家妇女与"二婚亲"——兼与房学嘉先生商榷》⑬，吴明忠的《客家花屯女》⑭，侯国隆的

① 彭莉佳：《黄遵宪和他的客家妇女诗》，《中山大学学报（社会科学版）》1998年第3期。

② 罗雄飞、章长玉：《客家妇女与土地革命》，《中华女子学院学报》1997年第3期。

③ 张雪英：《闽西苏区客家妇女积极投身革命的原因》，《龙岩学院学报（社会科学版）》2012年第4期。

④ 张雪英：《土地革命时期中央苏区客家妇女的地位和作用》，《龙岩学院学报（社会科学版）》2011年第3期。

⑤ 徐维群：《太平天国妇女政策与客家妇女》，《龙岩学院学报（社会科学版）》1995年第2期。

⑥ 黄定平、蓝宇蕴：《客家妇女与中央苏区》，《赣南师范学院学报》1991年第5期。

⑦ 胡军华、唐莲英：《中央苏区时期客家妇女对革命的贡献》，《中华女子学院学报》2011年第6期。

⑧ 周晓平：《论苏区红色歌谣与客家妇女的革命斗争生活——兼论苏区红色歌谣与客家山歌之改编》，《农业考古》2009年第3期。

⑨ 谢重光：《宋明理学影响下客家妇女生活的演变》，《中共福建省委党校学报》2005年第5期。

⑩ 谢重光：《土地革命时期闽粤赣苏区的客家妇女生活》，《党史研究与教学》2005年第1期。

⑪ 周云、曾立仪：《粤东客家妇女的婚姻与家庭》，《南方人口》1995年第1期。

⑫ 罗锦芬：《左村客家民俗与妇女家庭生活》，《韶关学院学报（社会科学版）》2002年第1期。

⑬ 赵剑：《客家妇女与"二婚亲"——兼与房学嘉先生商榷》，《中华女子学院学报》2001年第2期。

⑭ 吴明忠：《客家花屯女》，《新竹文献》2002年第1期。

《关于旧时梅州客家童养媳问题的探讨》①，刘锦云的《客家贞女节妇文化现象析》②，许莹莹的《刍议旧志〈列女传〉中的客家妇女形象——以乾隆〈汀州府志〉为研究视角》③，陈曼娜的《闽西客家妇女唱山歌及其文化内涵探考》④，滕志朋、黄雪君的《新旧婚俗文化与客家妇女地位的变迁——以贵港市湛江镇为个案》⑤，曾媛的《农村客家妇女生活质量的调查研究》⑥，刘敏岚的《农村客家女性人格特征与社会支持的调查研究》⑦。

五是关于客家妇女与民俗信仰的研究。如张燕清的《无形的信仰与有形的现实：闽西传统村落妇女的神灵信仰》，杨宏海的《粤东客家妇女的民俗特色》，张泉福的《闽西客家妇女祈子俗评析》⑧，谢庐明的《赣闽粤毗邻地区客家女性禁忌初探》⑨，邵新蓓、彭炜的《社会性别视野下的庙会与客家妇女——以赣州水东镇七里村仙娘庙会为例》⑩，邱再洁的《阴阳之间的女性权力——对"伏花"的宗教人类学探讨》，李泳集的《客家妇女与现代民间宗教活动》⑪ 等等。

袁丽红、滕兰花在《壮族妇女与客家妇女的异同性探析》中指出，壮族地区与客家地区类似的生活环境，使壮族与客家妇女具有许多共同特性。如不缠足，善唱山歌，能吃苦耐劳，勇于斗争，在生产和生活中承担了比男子更多的劳动等。但由于受到儒家文化的影响，她们的家庭地位和

---

① 侯国隆：《关于旧时梅州客家童养媳问题的探讨》，《广东史志》1994年第4期。

② 刘锦云：《客家贞女节妇文化现象析》，《妇女研究论丛》1994年第4期。

③ 许莹莹：《刍议旧志〈列女传〉中的客家妇女形象——以乾隆〈汀州府志〉为研究视角》，《赣南师范学院学报》2011年第1期。

④ 陈曼娜：《闽西客家妇女唱山歌及其文化内涵探考》，《大众文艺》2012年第10期。

⑤ 滕志朋、黄雪君：《新旧婚俗文化与客家妇女地位的变迁——以贵港市湛江镇为个案》，《重庆三峡学院学报》2012年第2期。

⑥ 曾媛：《农村客家妇女生活质量的调查研究》，《南方农村》2012年第12期。

⑦ 刘敏岚：《农村客家女性人格特征与社会支持的调查研究》，《江西理工大学学报》2012年第4期。

⑧ 杨宏海：《粤东客家妇女的民俗特色》，《岭南文史》1986年第2期；张泉福：《闽西客家妇女祈子俗评析》，《龙岩师专学报》1991年第1期。

⑨ 谢庐明：《赣闽粤毗邻地区客家女性禁忌初探》，《赣南师范学院学报》1998年第1期。

⑩ 邵新蓓、彭炜：《社会性别视野下的庙会与客家妇女——以赣州水东镇七里村仙娘庙会为例》，《宜春学院学报》2007年第3期。

⑪ 李泳集：《客家妇女与现代民间宗教活动》，《民俗研究》1996年第2期。

社会地位都比较低。①

检视以往研究成果，存在着一定的不足。第一，在研究内容上，仍未脱离过去妇女研究的窠臼，即重妇女的地位、贡献以及革命史方面的研究，在研究内容上存在着明显的畸重畸轻现象。第二，大多成果在研究方法上比较单一，或利用国家正史与地方志资料，或利用族谱、家书等民间文献资料，也有的仅利用田野调查所得的口述史料，没有将官方文本与民间文献、文字资料与口述资料有机地结合起来进行比较研究，难免会影响研究结论的科学性与全面性。第三，有的成果存在就事论事、视野狭小的缺陷，没有将客家妇女的生活、习俗等与社会、文化、经济、族群等有机联系起来，探究其背后的深层动因。第四，在研究时段上，大多集中在传统社会。正如郑姝莉指出："这些（客家妇女）研究仍然存在许多缺陷：一是重传统，轻现代，即研究多以传统客家妇女的特性为主，较少看到其在 21 世纪都市化进程中的新特征，也少有现代化的元素融入分析；二是重静态，轻动态，即多停留在某一历史时期进行探讨，或者尽管有变迁探讨仍然侧重于传统特征分析。"②

二、文献资料结合田野调查研究客家妇女的必要性

正如前文所述，传统社会的地方史志及档案馆、图书馆收藏的民间文献资料对客家妇女记载的内容不多，资料非常有限，由此带来了研究的困难。并且对同一项内容，官方文献记载与田野调查收集到的民间文献记载可能未必一致，甚至完全不同。如果仅靠官方史志或仅靠民间文献资料进行研究，研究结果难免有一定的局限性与片面性。若能在阅读文献，比较不同文献记载之区别的基础上，在分布广泛的不同客家地区进行大量田野调查，结合官方史志、民间文献和参与观察、口述访谈、问卷调查所获的第一手资料进行分析，研究的深度、广度，研究结论的科学性等方面无疑会得以大大的改善与提高。下文试从客家妇女的再嫁、劳动分工、家庭与社会地位三方面进行论述。

（一）"妇耻再嫁"

曾有学者提到由于贞节观念的倡导，寡妇再嫁的行为与观念在客家地

---

① 袁丽红、滕兰花：《壮族妇女与客家妇女的异同性探析》，《广西民族大学学报》2008 年第 2 期，第 101 页。

② 郑姝莉：《旅游发展下的客家妇女变迁探讨——以梅县雁洋镇下虎形村为例》，《赣南师范学院学报》2012 年第 1 期，第 20 页。

区受到禁止与歧视。如《客家风情》一书指出："封建贞操观念，像一条无形的毒蛇紧紧地缠绕在她们（客家妇女）身上。一个死了丈夫的妇女，按照客家旧俗是不能改嫁的……身处社会最底层，受尽精神上的虐待和艰苦生活的折磨。……尽管也有少数的叛逆者敢于唱出'唔想贞节牌坊树，只愿嫁郎结同心'的心声，然而，极大部分人还是不敢'吃两井水'——不敢改嫁啊！"① 刘锦云亦认为：在客家地区，不仅活寡妇②多，而且真正的寡妇也很少再嫁。她们即使年纪轻轻就已守寡，但只要有了孩子，一般情况下都不再改嫁，实际上也很难改嫁。

明清正史、方志和族谱等文献中"妇女不出庭户""家夫亡，妇耻再醮""尚贞女不再醮"之类的一般性描述，以及连篇累牍的《列女传》《节妇传》也确乎可以表明：在贞节牌坊遍布各地的明清时代，"从一而终"的贞节观念似乎已经深入民间。长汀县赖氏一族就出现了132个有史可考的贞女、节妇，乾隆《汀州府志》记载了1 000多名节孝、贞烈女，这好像表明在闽西客家地区同样如此。然而，当我们把目光聚焦于广大乡村时，民间文献中的记载与口耳相传的历史呈现出来的面貌却又与之迥异。

笔者在闽西宁化县做田野考察时，发现有个别姓氏的族谱在世系图中对族中妇女的改嫁有所记载，这为我们了解民间社会客家妇女的改嫁，即"不守志"提供了宝贵的资料。据对宁化淮土刘姓族谱的统计，淮土刘姓从第八世开始出现改嫁，一直持续到第二十一世。改嫁者占的比例不小，尤其是在第十一世至第十八世这八代中，每一代改嫁者都占同代娶入女子数的10%以上，第二十一世高达25%。刘姓从第一世至第二十一世娶入女子共计5 501个，改嫁者有765个，占13.9%。与改嫁者占比例不小的同时，淮土刘姓娶入的5 501个女子中却未见有"守志"的记载。再看该地的黄姓族谱记载，该族从第十五世开始出现改嫁，一直持续到第二十三世，共九代。这九代中有七代改嫁者所占比例在10%以上。黄姓历代共娶入女子不少于773人，改嫁者有99人，所占比例大约为13%。与此同时，黄姓一族"守志者"仅有3人，约占娶入女子总数的0.39%。无论是黄姓

009

---

① 黄顺炘等主编：《客家风情》，中国社会科学出版社，1993年，第291页。

② 据刘锦云著《客家民俗文化漫谈》（武陵出版有限公司，1995年）第112页载：粤东地区普遍存在着一种特殊的婚姻形式，当地许多家庭因家境贫寒，男子长到十三四岁便跟水客或乡人去南洋当学徒、矿工、割橡胶工。家中父母为了传宗接代，年老时有人侍奉，给在外的儿子娶妻。由于做丈夫的一去就是十几乃至二十多年，甚至终身未归，客死他乡，因此妻子成了实际上的活寡妇，当地人称她们为"看家婆"，即只是看家而已的名义上的妻子。

还是刘姓宗族，改嫁的都有很多，而"守志者"却很少。

如果说这仅是位于宁化县南部的同一乡镇两个宗族的数据，可能只是特例，不妨再看看位于宁化西部，与江西省交界的河龙乡伊姓的统计数据。伊氏从第十四世至第三十二世均有改嫁的，第二十五世与第二十六世高达100多例。夫死而改嫁者共有690例，夫在而改嫁者有7例，两项合计共697例。而全族"守志者"共有10例，"守志者"与改嫁者相比可谓是凤毛麟角。改嫁者比"守志者"多数十倍。

从对宁化淮土刘姓、黄姓与河龙伊姓的统计可看出，客家妇女改嫁的数量很多，而"守志者"却极少。事实上，根据笔者对当地族谱的查阅，发现不少族谱都载："不禁止寡妇再嫁。"如《南阳郑氏族谱》凡例载："妇有丧夫者观其志愿，若果有坚水苦志、矢心守节者最为可嘉。其或家素清淡不能度活者当以尝产赠之，若家赀厚者则必加以奖劝，俟其年逾长衍花甲，族众当以节孝报官，以待颁行旌奖。如有志愿不诚者不必强留，听其改节再醮，庶免玷族污宗之患。"① 可见，在郑氏宗族中，寡妇若要改嫁，族人并不阻拦。安乐孙氏族谱在光绪二十三年第八次修谱时于全族订立的"禁夫亡纳赘"禁令中亦规定："吾家有丧夫者听其志愿政（改）节事人"，"日后如有兄亡而弟故者，不得以妇可爱从便转室。即力难支持之家，其妇断难守志，任凭再嫁，将身赀别娶。庶几人伦全而天理合……"② 因此，安乐孙氏也是听凭亡夫之妇本人的意愿，允许其再嫁。龙氏族谱的族规载曰："妇人夫死改嫁亦属恒情。"③ 可见，郑、孙、龙三姓均不阻拦寡妇再嫁。

因此，客家民间社会虽普遍倡导节烈，但并不禁止寡妇再嫁，普通大众妇女改嫁者甚多。根据笔者的查阅，传统社会中的闽西客家大多族谱对改嫁现象只字不提，把寡妇再嫁这种行为视为"家丑"而不予载录，而对族中的贞女、节妇、烈妇则大加渲染，以此光宗耀祖。但也有少数族谱，在谱中的世系表中对改嫁如实记载，甚至在个别客家族谱中出现了大量妇女改嫁的实例，与此同时，"守志者"却寥寥无几。

因此，从民间族谱资料的记载来看，在客家地区，夫死之后，寡妇并非不敢再嫁、很难再嫁，与此相反，寡妇再嫁在客家民间社会，一如全国其他地方，是一种非常普遍的现象。要对客家地区的"妇耻再嫁"有更明晰的认识，结合官方史志、民间文献乃至口述资料进行研究是非常必要的。

① 《南阳郑氏族谱·凡例》，编纂年月不详。宁化客家祖地藏本。
② 《安乐郡孙氏十一修族谱·凡例》，1993年修。宁化客家祖地藏本。
③ 《武陵龙氏族谱》卷一《族规·龙家窠族规》，1988年修。宁化客家祖地藏本。

（二）客家妇女的劳动分工

当我们翻阅有关客家妇女的相关文献与学术论著时，常看到客家女子勤劳勇敢的记载，上山砍柴、下地耕田、溪中洗衣、家中织布、厨间煮饭……承担了家内户外一切劳作，客家地区普遍存在女劳男逸的情况。如光绪《嘉应州志》载："村庄男子多逸，妇女则井臼耕织樵采畜牧灌种纫缝炊爨，无所不为。天下妇女之勤者，莫此若也。"张港群的《五华方俗杂谈》亦提到："常见许多家庭，男人游手好闲，不务正业，甚至醉、赌、吹烟，家事全靠主妇维持，否则早已淘汰。主妇辛勤所得，给夫使用，还受随意打骂，而毫无怨言。乡俗劳苦及琐碎工作，如割草及家务，均由妇女任之。"①

《清稗类钞·风俗类·大埔妇女之勤俭》对客家妇女的勤劳能干记载得更为详细："终日跣足，故田园种植，耕作者十居之七八……凡下种、耘田、施肥、收获等事，多用女子。光、宣间，盛行种烟，亦多由女子料理……其余种瓜果、植蔬菜等事，则纯由女子任之。又高陂一带，产陶颇多，其陶器之担运，亦多由女子承其役。各处商店出进货物，或由此市运至彼市，所用挑夫，女子实居过半……又有小贩，则寡妇或贫妇为多。……总之，大埔女子，能自立，能勤俭，而坚苦耐劳诸美德无不备具，故能营各种职业以减轻男子之担负。"从中可见大埔女子的勤恳与担当，在各行各业中均能游刃有余。

我国著名的外交家黄遵宪（1848—1905）在《李母钟太安夫人百龄寿序》中写道："妇女皆勤俭，世家巨室，亦无不操井臼议酒食亲缝纫者。中人之家，则无役不从，甚至务农经商，持家教子，一切与男子等。五部洲中，最为贤劳矣！"并以其亲身体验在《拜曾祖母李太夫人墓》中热情歌颂他的曾祖母，如"靡密计米盐，辛勤种瓜壶"，"亲手裁绫罗，为儿制衣裳"，"太母持门户，人言胜丈夫"。

从上述文献的种种记载可看出，客家地区女劳男逸，妇女简直"无所不为"，从家务到田间劳作，如种稻、种烟、种菜，从家中织布到上山砍柴，乃至做挑夫及到市场做买卖等等，都是妇女在承担。不过，前述内容反映的均是作为客家大本营之一的嘉应州的风俗。那么在闽西、赣南客家大本营以及外迁到广西、四川、台湾乃至世界各地的客家人，是否也是女

① 张港群：《五华方俗杂谈》，《梅州文献汇编》第八集，梅州文献社，1978年，第 77-78 页。

劳男逸、女子承担了家内家外的一切劳动呢？

2007 年至 2013 年期间，笔者因承担普庵教的研究项目扎根在福建省西部的宁化县做田野调查，趁机在当地做了不少客家妇女的口述访谈，其中包括男女分工的内容。宁化被称为"客家祖地"，历史上从宁化迁出的姓氏非常多，很多客家姓氏的族谱都记载其祖先从宁化石壁迁到各地开枝散叶。而梅州被誉为"世界客都"，从梅州迁到全国乃至世界各地的客家人很多。因此，在宁化进行调查，把该地的客家妇女分工与梅州的进行比较非常有意义。

首先我们来看在田间劳作方面的男女分工，分成晚清及民国、1949 年后两个时间段进行分析，其中参与项用√标识，不参与用×标识，男女均参与用 2 表示，下文同。内容见表 1 所示：

表 1　宁化田间劳作性别分工对比表

所从事的农事项目	性别及时期			
	男		女	
	晚清及民国	1949 年后	晚清及民国	1949 年后
犁田	√	√	×	极少
耙田	√	√	×	极少
作田埂	√	√	×	√
播种	√	√	×	√
插秧	√	√	×	√
莳田	√	√	×	√
耘田	√	√	×	√
割秧草	√	√	×	√
除虫	√	√	×	√
施肥	√	√	×	√
割稻	√	√	×	√
脱粒	√	√	×	√
晒谷子	×	较少	√	√
种地瓜	√	2	×	2
种小麦	√	2	×	2
种高粱	√	2	×	2

（续上表）

所从事的农事项目	性别及时期			
	男		女	
	晚清及民国	1949 年后	晚清及民国	1949 年后
种芋子	√	2	×	2
种各种时令蔬菜	√	2	×	2
上山砍柴	√	较少	×	√
上山割鲁箕	√	较少	×	√
放牛	2	2	2	2

　　如上表所示，在晚清及民国，宁化男子承担了犁田、耙田、作田埂、播种、插秧、割稗草、除虫、施肥、割稻、脱粒，种小麦、高粱、芋子及各种时令蔬菜，上山砍柴、割鲁箕等户外劳动强度比较大的农活，这些农活女子们均不参与。到1949年后，除了犁田、耙田这两项重体力活外，其余劳作女子均参与。需要特别指出的是，晒谷子这项劳作在晚清及民国就由女子承担，1949年后男子晒谷子的仍然很少，主要由妇女承担。而上山砍柴与割鲁箕两项在晚清及民国由男子承担，女子不参与，但1949年后则由女子承担，男子承担的很少了。由此可见，宁化客家女子在1949年以前并不参与田地劳作、上山砍柴割鲁箕等事务，这与梅州客家妇女相比完全不同。但到1949年后，宁化女子开始参与田间、山上的劳动了，但高强度重体力的犁田与耙田仍然很少参与。

　　在同属闽西客家县的长汀、上杭、武平等地，据笔者调研，民国时除极少数达官贵人与大商家的妻女，平民女性普遍参与田间劳作。毛泽东在1933年11月写的《才溪乡调查》中提到了女子耕田的情况。当时，上杭才溪乡有男劳动力（16~55岁）554人，其中去当红军者419人，出外工作的有66人；女劳动力581人，调外工作者22人，男劳动力仅占11%。因此，耕种主要依靠女子，"上杭才溪乡今年女子能用牛的约300人，能莳田的60多人。暴动前此300人中只有十分之一即约30个人能用牛。"[①]从中可见当时上杭才溪乡女子普遍参与劳动，但暴动前会驱牛耙田、翻土的比较少。

　　我们接着来看宁化做木匠、泥水匠以及造纸等手工业及挑担、做买

---

①　毛泽东：《才溪乡调查》，1933年。

卖、打短工与砍树木、做小工等赚钱的生计方面的性别分工，从表2可看出，这些劳作无论是在晚清及民国还是1949年后，男子均全部参与，而女子在民国及之前参与的只有做买卖与造纸中的剥竹嫲，极少数参与挑担与盖房时做小工，直到新中国成立之后，除了打短工一项增加外，其余与民国时期同。可见，在手工业与户外各项赚钱的生计劳作方面，宁化女子的参与度也是很低的。

表2　宁化手工业及其他户外生计性别分工对比表

所从事的 劳动项目	性别及时期			
	男		女	
	晚清及民国	1949年后	晚清及民国	1949年后
造纸	√	√	剥竹嫲为女的	剥竹嫲为女的
木匠	√	√	×	×
泥水匠	√	√	×	×
做买卖	√	√	√	√
挑担	√	√	万分之一	万分之一
打短工	√	√	×	√
砍竹	√	√	×	×
砍树	√	√	×	×
扛运竹木	√	√	×	×
盖房小工	√	√	极少	√
修路小工	√	√	极少	√

再来看看家务方面的性别分工（见表3），宁化男子在晚清及民国几乎不参与家务劳动。除了砻谷、筛米会和女子共同承担外，其余煮饭、洗碗、洗衣物、切猪草、喂猪、带孩子、照顾老人、缝补衣物，做豆腐、酿酒、做饭及制作各种节日食品均不参与。到1949年后，上述诸家务男子承担的仍然很少。由此可见，宁化无论是在民国以前还是新中国成立后，家务劳作几乎都由妇女们承担。

表3　宁化家务劳作性别分工对比表

所从事的家务项目	性别及时期			
	男		女	
	晚清及民国	1949年后	晚清及民国	1949年后
煮饭	×	少数	√	多数
洗衣物	×	×	√	√
晒衣物	×	×	√	√
晒菜干及其他食品	×	×	√	√
拔猪草、兔草	×	×	√	√
切猪草	×	×	√	√
煮猪食	×	×	√	√
喂猪	×	少数	√	多数
洗碗筷	×	×	√	√
搞卫生	×	少数	√	多数
喂鸡鸭狗兔等	×	×	√	√
带孩子	×	少数	√	多数
喂孩子	×	少数	√	多数
给小孩子换洗尿布	×	×	√	√
照顾老人	×	×	√	√
缝补衣物	×	×	√	√
加工米（砻谷、筛米）	2	2	2	2
酿酒	×	×	√	√
做豆腐	×	×	√	√
做米粿	×	×	√	√
做春节的各种食品	×	×	√	√

015

　　最后，我们来看宁化在祭祖、拜神等事务方面的性别分工。其中祭祖分为家祭、房祭与族祭。此处的家祭指家庭对父母、祖父母与曾祖父母较近祖宗的墓祭，房祭指房支后嗣对本房共同祖先的祭祀，而族祭则指合族子孙对本族始祖或某地开基祖先的祭祀。暂把男女参与祭祀的主要过程分为宰杀牲畜、煮三牲、打大禾粿、整理墓地、摆供品、倒茶酒、烧香、放鞭炮与收拾祭品等环节，并对当地男女的承担事务情况列成表4。

表 4　宁化家祭性别分工对比表

所从事的族祭项目	性别及时期			
	男		女	
	晚清及民国	1949 年后	晚清及民国	1949 年后
宰杀牲畜	√	√	×	个别
煮三牲	×	×	√	√
打大禾粿	√	√	×	×
整理墓地	√	√	×	少数
摆供品	√	√	×	×
倒茶酒	√	√	×	×
烧香	√	√	×	×
放鞭炮	√	√	×	×
收拾祭品	√	√	×	×

　　从中可见宁化的客家人祭祀家中祖先时，从宰杀牲畜、煮三牲、做米粿等准备工作，到墓地祭拜完毕、收拾祭品等各项环节中，无论是在民国以前还是新中国成立后，除了煮三牲一项是由女子完成外，其余环节几乎都是由男子承担。祭祀房族祖先时的事务分工几乎如出一辙，详见表 5所列。

表 5　宁化宗族/房祭祖①性别分工对比表

所从事的家祭项目	性别及时期			
	男		女	
	晚清及民国	1949 年后	晚清及民国	1949 年后
组织	√	√	×	×
宰杀猪	√	√	×	×
煮祭品	×	×	√	√
摆供品	√	√	×	×
拜祖宗	√	√	×	×
收拾	√	2	×	2

————————

①　包括祠祭与墓祭。

（续上表）

所从事的家祭项目	性别及时期			
	男		女	
	晚清及民国	1949 年后	晚清及民国	1949 年后
饮福	√	√	×	个别
墓地挂纸	√	√	×	个别

因此，对客家地区的劳动分工，笼统地说女劳男逸，女子承担了家内、户外的一切劳作是非常片面的。前文的叙述表明，在传统社会中的宁化客家祖地，其性别分工恰恰是"男主外、女主内"，跟我国许多民系的分工模式相一致。或许，要对客家民系的性别分工有更深入、更全面的认识与分析，需要对更多不同区域的客家地区进行田野调查，在此基础上再进行纵向与横向的比较。

（三）传统客家妇女的地位

传统客家妇女的地位，包括其家庭地位、经济地位与社会地位。以往对传统客家妇女地位的论述，大多认为客家妇女承担了家内家外的一切劳动，拥有较高的地位。事实真是如此吗？

1. 在家庭生活中的地位

在客家地区，几乎一切家务都落在妇女们的身上，有一首《客家晡娘》（晡娘指妇女）的歌谣详细地叙述了客家妇女承担的诸多家务与农事活动，她们是里里外外一把手。《客家晡娘》曰：

客家晡娘，鸡啼起床。梳头洗面，先煮茶汤。煮好早饭，天才大光。洒水扫地，挑水满缸。盲（未）有食朝（早饭），先洗衣裳。讲究养猪，煮汁拌糠。
灶头镬尾，光光张张。田头地尾，种菜种粮。针头线尾，绣织在行。家头教尾，顺理有方。爱子爱女，惜肝惜肠。唔生是非，敬重爷娘。推砻踏碓，唔声唔响。捡樵割草，山歌飞扬。出门讲伴，在家守房。有米有粟，省俭用粮。淡茶便饭，粗布衣裳。朴朴实实，唔讲排场。人客来到，细声商量。鸡卵炒粉，酸菜煮汤。若有酒肉，让客先尝。热情款待，面上有光。丈夫出门，家事敢当。刻苦耐劳，唔怕风霜。能粗能细，有柔有刚。远近赞美，客家晡娘。

　　客家妇女在家庭中几乎承担了一切家务，但客家妇女在家庭中的地位并未因此得到很大提升。客家妇女在家中的地位并不是一成不变的，而是随着年龄的增长而逐渐上升的。她们在幼年时的地位极低，是个受人忽视乃至抛弃的群体。在粤东、闽西、赣南客家大本营均存在着非常普遍的"溺女婴"现象，若女婴得以存世，也大多被送往其他家庭做童养媳，客家地区的童养媳婚占比例很高，有的村落甚至高达百分之七八十。客家妇女结婚后参与夫家劳动，承担侍奉公公婆婆、洗衣做饭、种田砍柴等家内家外的诸多事务，拥有一定的家庭地位。若婚后生有儿子，能为夫家传宗接代，其地位便可得以巩固。客家妇女成婆婆后，若家里子孙众多，经济条件尚可，就可成为受人尊敬的祖婆，在家里拥有至高的地位。若此祖婆生前贤德，为家庭、家族或地方作出特殊的贡献，就有可能成为祖神，被后世的族人当作神明一样进行祭拜。

　　在梅县丙村镇井塘村温氏祖祠的"郎官第"内，发现了一块清代木刻版的《戒溺女文》，除个别字模糊外，保留得相当完整。文曰：

　　易曰：乾道成男，坤道成女，有男女然后有父妇，有夫妇然后有夫子。人之所以不绝者，男女□□，生生不息而已。近世乃有灭绝生理而溺女者，殊为莫解，求其故。或以生育太多，厌而溺之；或以屡产皆女，忿而溺之；或以养女需乳，不利速孕，忿而溺之。不知多子为福，九男二女，七子八婿传为美谈，生育之多，未可严也。父精母血，妙合成形，为男为女，均属骨肉。莫非子也而忿之耶？至子息之有无、迟早，命实为之。人而无子，正宜积善祈天；人而晚子，益宜培养元气。乃溺其现生之女，妄冀未生之子。一念嗜杀，上干天和。愈溺女，愈生女，几见溺女可以速男乎？顾又有藉口于家贫莫赡，嫁奁无资者，岂知天不生无禄之人，饥寒饱暖原有定数。前此不以无女而能富，今此宁以有女而遂贫乎？出继抚养，生路多端。开一面之網（网）可也。冠婚丧祭称家有无，吾见世有贫儿而终身难娶者，未闻有贫女而终身难嫁者……下及私胎一节，似万无可存留之事矣。然已犯首恶，复残生命，是罪益罪也。不如书明生年月日，置之道旁，若男若女听无子者携抱，犹为曲全之术耳……稽古在昔，女之以节烈显者，代有传人，女之以含冤作祟者，□更仆数。观于木兰之代父从军，缇萦之上书赎父，患无女耳，其肯溺乎？观于陈妇之红蛇缠股，元秀之牛蹄转床则嗟无及矣，其敢溺乎？噫吁！身从奚来？非母何以有我！子甫黄口，择妇便费，经营今日之女，异日之母也。今日生女之母，当年未溺之女也。我之子若孙，未溺之女所出也。子若孙之妇，他人未溺之女也。思前想后，推已例人，而忍使呱呱弱息永恨覆盆也哉。呜呼！痛哉！淋淋胞血，欲语何能？母魂甫续，子命旋倾天乎？人乎？天欲生之，人欲杀之，逆天者亡，杀人者死，仇怨相寻，得不于若子神其报耶。语云：三代不育女者，其家必绝。盖使一人溺女，人咸效之，而人将无女矣。人将无女，而人将无妻矣；人将无妻，而人将绝矣。彼欲绝人，天能不早绝之乎？此尤往复之，必至者也。又况例设育婴堂，收养婴赤。凡溺女者，以故杀子孙论。纵不畏冥诛，独不畏显戮乎？夫鸡雏掩壳而死，猪子出胎而亡，人犹惜之。虎狼不伤父子，蝼蚁尚知贪生，人独忘欤？覆巢破卵，凤凰不翔其邑。割胎杀天，麒麟不至其郊。物伤其类也。矧伊人矣。自残其类，禽兽何若焉！……①

　　从这篇《戒溺女文》可看出作者在"不孝有三，无后为大"，重男轻女和男尊女卑的封建社会，勇于冲破封建思想桎梏，针对溺女的社会现象，入木三分且淋漓尽致地鞭挞了丧失人性的"溺女"陋习，显现出作者开明、进步的思想。同时也让我们读出了当时的社会背景，客家女婴的低下地位与悲惨命运。按地方史志与其他文献资料的记载，这种溺女婴现象在闽、粤、赣客家大本营内普遍存在。

　　那么，那些未被溺死，幸运地留存于世的女婴的地位又是如何？其地位与男婴仍有天壤之别。因为绝大多数留存于世的女婴还是不能生活在父母的身边，受到亲人的照顾与关爱，而是被送到其他陌生的家庭中去当童养媳。文献资料显示，客家地区的童养媳大量存在。如嘉庆《平远县志》载曰："近则女孩始生，即有抱养为媳者，始犹贫俭之家倡行之，今则士大夫家亦以为便。"从中可看出收养童养媳无论在贫困之家还是在士大夫家均普遍存在。同治《赣州府志》曰："多童养媳，每在髫龀或哺乳时入门，略具花烛仪，及长，择吉祀祖而配之，谓之合帐，虽不备祀，而贫家可免溺女之患。"光绪《嘉应州志》曰："州俗婚最早，有生仅匝月即抱养过门者，故童养媳为多。"这些县志资料均表明，童养媳婚在客家地区很多。至今在客家地区做田野调查时还可遇到不少曾做过童养媳的老年妇女。学者们的调查也显示出童养媳婚在客家地区占有很高的比例。

　　谢重光著《客家文化与妇女生活：12—20世纪客家妇女研究》载：童养媳的社会地位很低，大多数受到残酷的虐待。养家通常不把她们当自家人看待，视为奴婢，衣不遮体，食不果腹，蓬首垢面，蕞薆惊恐，连未成

019

---

① 笔者2008年10月收集于梅县丙村镇井塘村温氏祖祠"郎官第"。

婚的小丈夫也可以随便欺负她。有的童养媳甚至被虐待致残、致死。有的配偶五官不端正，人品不好，或智力低下，也无法摆脱，只好认为"命不好"，一辈子受折磨。所以，有不少童养媳年纪轻轻就夭折。① 由客家地区普遍存在的溺女婴与童养媳婚现象可看出未成年客家女的低下地位。

客家幼女的境地是如此凄惨，但她们成婚后，地位依然未能得到改善。上文歌谣《客家晡娘》唱出了客家妇女的美好形象，然而这种时刻围着家庭操劳与忙碌的贤妻良母却仍然地位极低。在历史文献中，较少相关记载，然而我们从文献中记载的客家妇女得承担几乎全部的家务，并且得耕田种地，出外赚钱养家，而公公婆婆与丈夫的角色却极少提及就可看出他们在家务与经济事务中的"缺失"。这种缺失或许正反映了客家男子及其父母对妻子的不体贴。另外，据李泳集的研究，古代暂搁一边不说，在近当代，客家媳妇的婚姻家庭生活也是让人十分同情的。客家农村的贫穷，做媳妇的没有经济权，以及"多年媳妇熬成婆"的婆婆变本加厉恶待媳妇，客家男性大男子主义很严重，夫妻间缺乏情感交流，妇女对于丈夫来说只是传宗接代的工具；加上妇女们处在十分封闭的社会里，交往的圈子极其狭窄，使她们的生活更加单调而灰暗。

据李泳集对左村的调查：

出嫁女子没有经济权，没有趁墟赶集的机会，她们的衣物、扎头绳都是家婆或家公置办。如果是成年婚嫁，嫁妆会包括三套衣服替换，规矩是三年后才买新衣。早婚或童养媳没有嫁妆，则一年只买一套衣服，一年冬衣一年夏衣。妇女终年劳作，衣服总是缀满补丁。

过去农村的粮食不宽裕，加上省俭，全家只煮一盆不够量的饭，一盆粥。做媳妇的永远不敢舀饭吃，光喝粥。家庭人口少或规矩不严的话，媳妇可以和全家围坐一起，但她在饭桌上从不敢抬眼望男人，不敢夹肉，不敢放开吃。即使家婆比较和善，劝媳妇挟菜，但身为媳妇，她永远受一种无形的礼规束缚，不敢大胆，所以她们在夫家经常挨饿。做母亲的都知道女儿的处境，故新婚女子回娘家时，母亲总热好饭菜，待女儿一进门就可以吃，这已成当地风俗。在左村，许多上年纪的妇女都知道曾亚秀（74岁）过春节只吃过一块肉的故事，曾亚秀告诉笔者，她18岁出嫁，家婆早逝，夫家只有家公和丈夫两个大男人。过年有肉有好菜，可她却不敢挟

---

① 谢重光：《客家文化与妇女生活：12—20 世纪客家妇女研究》，上海古籍出版社，2005 年，第 163 页。

肉。年初四回娘家，忍不住向母亲诉苦，说过年只吃过一块肉。待探完娘家回夫家，见丈夫、家公正在吃饭，竟不敢过去，躲得远远地蹲在墙角下，看着他们吃完才过去洗碗……①

当代客家妇女的地位尚且如此，在提倡男尊女卑的封建社会中，已婚客家妇女的地位可想而知。

当然，经济结构与方式的差别也有可能使个别地方的妇女生活及社会地位呈现出别样的情形。如在粤东的梅县，由于男人多外出谋生，妇女在家庭事务中的作用很大，其地位也就相对较高。房学嘉教授的研究表明，梅县的客家妇女地位相对较高。因为清初以迄民国时期的梅县，在民间的各种买卖交易中，妇女都有广泛的参与权，表现在各种相关的契约文书中，做母亲、妻子的，甚至做嫂嫂、媳妇、弟媳（梅州方言分别称为"心舅""梓嫂"）的等女性往往担当不同的角色，其中母、妻较多充当交易法人"主立契人"，也常担任见证人（有见证人、见价人、在场见等不同名目），而媳妇、弟媳较多担任见证人。为何客家妇女在梅州拥有较高的地位？一是与地方生态环境和男女分工的结构有关，男人多外出，卖苦力挣取微薄收入帮补家计，妇女在家除主持家政外，还要负责田园之耕作。二是勤劳俭朴的客家妇女为家庭、家族作出了不可磨灭的贡献，因此不少客家妇女在家庭与家族财产的分析或产权转移中拥有尊长的地位。三是当地土著文化的影响。客家人崇拜婆太与古代越族的女性始祖崇拜有着内在的联系。

一般来说，客家妇女只有当上祖母乃至曾祖母后才拥有较高的社会地位。以黄遵宪家为例，其曾祖母李太夫人在家中地位崇高，具有很高的权威性："（黄遵宪太公）府君所遗商业，或居或卖，店伙辈必来禀命，由太夫人断行之。太夫人治家严，虽所爱，或不顺遂，辄怒责，或呼杖。诸孙妇十六七人，不许插花，不许掠耳鬓，不许以假发拖长髻尾。晨起如厕，必遍历孙妇室外。诸孙妇必于未明时严妆竟，闻太夫人履声，即出，垂手立户外问安。或未见，辄问病耶，睡耶，咸愒息不敢违。太夫人年七十时，长子方官云南，四子官福建。每岁十月，太夫人寿辰，必会亲戚，长幼咸集，醋嬉歌呼，作十日饮乃已，太夫人亦顾而乐之……"② 太夫人的

---

① 李泳集：《社会变迁与客家妇女地位——粤东紫金县竹园村调查》，《中南民族大学学报（人文社会科学版）》1995 年第 2 期。

② 钱仲联：《人境庐诗草笺注》卷五，《拜曾祖母李太夫人墓》注 1《引曾祖母李太夫人述略》。

尊长地位在此描述得活灵活现，而同样在黄遵宪家族中，孙妇辈则是俯首帖耳、战战兢兢地过日子，没有什么地位。她们必须天未明就起床，整整齐齐梳洗好，稍有不中规矩处就会遭到严厉的斥责。

如果对家庭或家族有特殊的贡献，地位突出的客家婆婆在死后还可能成为宗族中的神明，受族人的祭供与朝拜，甚至还有可能从祖神上升为地方神。如梅县丙村的温氏婆太是温氏一族最为崇信的神明，其墓地深受族人祭拜，温氏婆太为温氏第十一世斋公之妻，因而族人称之为"斋婆太"。每年正月初一斋婆太的生日时，温氏宗族全族吃斋，并到祖公厅去祭拜斋婆太。斋婆太不仅深受本族的祭拜，而且为周围一些姓氏所信奉。

梅县丙村温氏仁厚祠地处人口稠密之区，距丙村墟镇约 1 公里，周围有谢姓、陈姓、邓姓等村落。温氏斋婆太姓杨，她的坟"葬于大坑方，形名猿猴采果"，据碑文载，斋婆太葬于"明万历己丑（1589）岁"，距今已 400 多年。该坟在"文化大革命"期间被毁挖，挖掘者发现金埕内仅有银牌。就这样一座仅葬银牌的祖坟，却被族人传得神乎其神。族中流传"食（饮）斋婆太的尿可治百病"，其实他们所说的"尿"是指坟墓下流出的泉水。斋婆太的坟还受到周围姓氏的祭拜。

此外，温氏族人每逢年节都要在祖公厅集中，举行集体性的祭祖活动。其中，春节要举行两次，各有明确的祭祀对象。第一次是在除夕，全族要进行统一的祭拜活动，到仁厚祠祖公厅祭拜十二世祖斯润等列祖列宗。第二次在除夕晚上子时（即新年初一），温氏裔孙要再次集中于祖公厅，这次是专祭十一世祖斋婆太，供品全为斋盘。传为正月初一是其十一世祖斋婆太生日，所以族人除除夕要共同祭拜列祖列宗，还规定年初一全族（共祖婆太的）统一到祖公厅祭拜斋婆太。而且还规定，是日族人必须食斋（即素食）。族人解释说，除夕祭祖是表示对祖宗的思念，感谢祖宗对后裔一年来的庇佑。而正月初一是一年之始，族人祈望斋婆太不但要保佑后裔平安，而且要保佑后裔财源广进、五谷丰登，因此，族人又提早来到祖公厅给斋婆太上香，唯恐落后。

与此相对应的是，温氏宗族十一世祖斋公年仅 39 岁就英年早逝，其坟墓规模远未有斋婆太坟墓气派。每逢重要节日，族人祭斋婆太而不是祭斋公。族内专门规定有祭拜斋婆太的纪念日，却未有专门祭拜斋公的节日。此点特别值得注意。因这与传统社会重视父权、父系的观念是相背离的。其实这种婆太崇拜在客家地区的不少宗族中都存在，反映了一些成婆与已作古的婆太在宗族社会中的地位相当高。

2. 在经济活动中的地位

梅州客家地区田少人多，地瘠民贫，男子多外出谋生。他们或读书以谋求在国内政、学、军界取得一席之地，或向海外寻找机会以求生存和拓展。如《石窟一征·教养》卷三就记载说：清代蕉岭县的客家人，"赴台湾耕田者十之二三，赴吕宋、咖喇吧者十之一"。由于大量的青壮年男子外出发展，家乡的田园均倚赖妇女耕种，买卖活动也靠妇女们进行，家中的一切事务均由妇女们承担。因此，梅州的客家妇女在经济活动中有着十分重要的地位。这不仅在历史文献中有大量的记载，而且在客家地区的民间歌谣中也有大量的传唱。

清朝屈大均所著《广东新语·女语》卷八"长乐（今五华县）、兴宁妇女条"载曰："其男即力于农乎，然女作乃登于男。厥夫菑，厥妇播而获之，农之隙，昼则薪丞，夜则纺绩，竭筋力以穷其岁年。盎有余粟，则其夫辄求之酤家矣。故论女功者，以是为首。"

清代吴震方《岭南杂记》："至于惠州水城门外，妇女日日汲江水而卖，大埔、石上、丰市妇女挑盐肩水，往来如织，雇夫过山，辄以女应。红颜落此，真在羼提劫中矣。"

乾隆《大埔县志·风俗篇》载曰："妇女妆束淡素，椎髻跣足，不尚针刺，樵汲灌溉，勤苦倍于男子，不论贫富皆然。"前文《清稗类钞·风俗类·大埔妇女之勤俭》对大埔客家妇女的记载更为详细，她们除担负起持家务主中馈之责外，还承担田园劳动、经商负贩、挑担佣工等多种经济活动，她们不是被别人供养的弱者，而是赚钱、种粮、供养家庭的强者。

客家妇女勤劳、刻苦与俭朴这一传统品质，不仅在闽、赣、粤客家地区保留，就是远徙四川，乃至海外的客家妇女亦如此。如《蜀北客族风光》云：

客家人的妇女是最勤苦莫过的，她们一般的体格都很健康，在未出阁时，读读书习习绣，有时协助母亲或学烹饪，或学纺织，一天到晚忙个不休，极少赋闲享乐的。……她们习惯了劳动，并不以为苦的。我们知道，寻常一般妇女，大都愿作男子的玩物，整日涂脂抹粉，除了替丈夫生育子女外，衣食住行，一切都仰给于男子。惟有客家妇女，刷洗了这个耻辱，她们不特不依靠丈夫，大都能独自经营家庭生活的。她们因肯劳动，一切都有办法，如穿衣，她们则自己种棉，自己纺织，自己制缝；食的问题，也是一样的就解决了，纯粹是"自耕而食，自织而衣"。再加上从事农村副产，如养鸡、鸭、鹅、蚕或喂兔、羊、猪等，每年的收入也非常可观。她们的经济，满可以自给自足的。若当旭日方升的时候，只要你到三家村去散散步，听见那种机杼之声和弦歌之音，是不绝于耳的，真使人在不知

不觉中起了一种敬佩的心情。她们勤奋工作，周年如常的，从未听见她们发一句怨言。①

不仅在粤东客家的方志文献中有大量客家妇女承担大多数经济活动的记载，客家歌谣也反映了客家妇女参与采茶、采桑、插秧等经济活动的状况，如《客家妇女歌》记述了梅县客家妇女从事的一年四季的农事：

生女莫在古程乡（今梅县），程乡女子苦难当，别处女子深闺宝，程乡妇女耕田庄。

赤脚落田播种秧，泼粪施肥又脱秧，三月莳田挑秧把，中耕除草耘田忙。

若遇老天唔打帮（不帮忙），一夜厔水到天光，一直忙到早禾熟，收割农事又紧张。

早造刚完秋季忙，又把番禾赶插上，若遇高田水唔足，改种番薯唔丢荒。

十月立冬稻谷黄，晚造收割又登场，程乡妇女如六月，再把谷粒屯中藏。

两造收完冬种忙，播下小麦一行行，唯有小冬稍自在，等待明春小麦黄。

一年四季农事忙，程乡妇女非寻常，女子如同男子汉，勤劳美德堪赞扬。②

由此可见，在梅县，耕田、播种、施肥、脱秧、莳田、耘田、收割、收藏、种番薯、播小麦等农事均由客家妇女来承担。

而丰顺县汤坑、汤西一带的《绩苎歌》详细而生动地反映了客家妇女以绩苎织布为中心，一年到头的主要经济活动：

正月绩苎是新年，苎子爱绩苎爱圆。等得初三穷鬼日，等得初四神落天。

二月绩苎春水深，叔婆绩苎系正经。久闻叔婆绩苎快，一人绩过两三人。

---

① 钟禄元：《蜀北客族风光》，《文史教学》1941 年第 3 期。

② 房学嘉等：《客家梅州》，华南理工大学出版社，2009 年，第 110 页。

三月绩苴三月三，苴子籴来布爱庚。苴子正爱上南机，又爱踏板过清明。

四月绩苴禾苗长，叔婆赓布系紧张。织出苎布圩上卖，换来白米度饥荒。

五月绩苴系端阳，家家有女转本乡。家家女子转到尽，又爱捹艾插端阳。

六月绩苴六月天，有布去卖正有钱。买块豆干等细仔，子母食到笑连连。

七月绩苴秋风凉，叔婆赓布系慌忙。苎布拿去换棉布，换来大细做衣裳。

八月绩苴系中秋，百样神头落来游。三姑七姊下凡到，大男细女闹啾啾。

九月绩苴九重阳，读书阿哥系广张。糊了纸鹞又有线，三餐吃饭爱娇娘。

十月绩苴系立冬，田鸡拐子抗田空。挑担阿哥有汗出，绩苴叔婆寻火窗。

十一月绩苴雪花开，做衫念佛头请到来。朝朝叔婆来问做，几多念佛头做唔开。

十二月绩苴又一年，苴子绩了布赓完。赓个布子收落柜，又爱踏板过新年。①

绩，是把麻搓成绳或线。"绩苴"是将苎麻浸湿后，用指甲破成细小条状的纤维，接成长纱做成"苴团"，由专业的籴苴师傅籴好经纱后，便在家里用木制的脚踏织布机织布。《绩苴歌》里的叔婆，勤劳能干，一人的劳动效率可以等于二三人，除了绩苴织布之外，还要赴墟贸易，操持全家的穿衣吃饭、过年过节、子弟读书等一应家务事，这样的叔婆，正是充当一家主心骨的客家妇女的典型形象。

3. 在社会活动中的地位

客家女子聪明、勤劳、善良，包揽了一切家务，并承担绝大部分的户外耕作劳动。她们的所有精力都花在家庭的存续、发展与兴旺上，为家庭几乎贡献了自己的一切。她们是当地财富的主要创造者，决定着客家地区经济的发展与兴衰。与别的民系妇女相比，客家妇女是最辛劳的，为家

① 房学嘉等：《客家梅州》，华南理工大学出版社，2009年，第111页。

族、社会经济的发展付出了最大的努力，然而她们的社会地位并不因此比其他民系的妇女高。由于在传统社会中，"男尊女卑""三从四德""三纲五常"等封建伦理道德观占统治地位，客家地区的重男轻女思想根深蒂固，对女性歧视的现象广泛存在，从家内到家外，从日常生活到重要社区活动，客家妇女无不受到种种限制，处处体现出"男为天、女为地""男为尊、女为卑""男为主、女为从"的性别歧视。

（1）诞生仪礼中客家女婴的缺席现象。

诞生仪礼是人生仪礼的一部分。所谓人生仪礼是指人在一生中几个重要环节上所经过的具有一定仪式的行为过程，主要包括诞生礼、成年礼、婚礼和葬礼。每一个人之所以经历人生仪礼，决定因素不只是他本人的年龄和生理变化，还有在他生命过程的不同阶段上，生育、家庭、宗族等社会制度对他的地位规定和角色认可，也是一定文化规范对他进行人格塑造的要求。因此，人生仪礼是将个体生命加以社会化的程序规范和阶段性标志，也体现了在不同社区和民俗文化类型中的生命周期观和生命价值观。而诞生仪礼是人一生的开端礼。一个婴儿刚一出生，还仅仅是一种生物意义上的存在，只有通过为他举行诞生仪礼，他才能获得社会中的地位，被社会承认为一个真正意义上的"人"。诞生仪礼主要包括求子仪式、孕期习俗、庆贺生子三个阶段的内容，其中以庆贺生子为中心部分。在此三个阶段中，由于求子仪式与孕期习俗举行中尚不知婴儿的性别，因此也就谈不上男女婴的差别。当婴儿脱离母亲的孕体，其性别一旦确定，男女婴的巨大差别便显现出来。客家地区盛行溺女婴之俗。女婴若是溺死，其庆贺诞生之仪式也就无从谈起。

在粤东客家地区，每年正月初八至十六日为家族的赏灯节。客家人多半聚族而居，每个自然村，少则几户，多则十户八户，乃至上百户。一个大家族，几代人同住一座祖宗大屋，每座祖屋由始祖确定正月初八至十六的某一天为本家族的赏灯节。每到赏灯节，家族中热闹非凡，人来人往，亲朋满座。节期的第一个程序是迎花灯，花灯事先订购，上午10时许，全族男丁一起出动，敲锣打鼓到县城或墟镇购买花灯，迎接回祖屋，在迎花灯往返途中，爆竹声、锣鼓声汇成一片，一些名门大族、富豪之家，还以醒狮龙灯助兴。花灯请回来后举族上下都围观此灯，把它悬挂到上堂神龛前，由族长主持升灯仪式，此时龙狮劲舞，鞭炮声震耳欲聋。第二个程序是请"花灯酒"，都在晚上摆酒席，费用由上年度添有新丁的主家捐款。出席酒宴的为族长、本族名流、德高望重者。新丁的父亲要参拜祖神，在花灯上添油，然后与族人同欢共饮，彼此道贺，预祝来年再添贵子。酒宴散后，即燃放鞭炮、烟花，把赏灯节的热烈气氛推向高潮。如此隆重、热闹的赏灯节是为谁举行呢？又是谁人去准备，去迎灯、上灯与赏灯，谁人去享用丰盛的赏灯筵席呢？答案均是男性！只有生有男丁的家庭才有资格出钱赏灯，也只有男人才有资格参与整个赏灯过程。

　　在传统的客家宗族社会中，女婴出生后有的被溺死，有的被送出去当童养媳，幸而留在家中的也是地位低下，与男婴的地位有着天壤之别。赏灯仪式中女婴与女性地位的缺失正反映出客家妇女地位的低下。她们的名字不能载上族谱，虽是父母所生，但在本宗族中没有成为宗族成员的资格。女婴在诞生礼中的庆贺仪式的缺席说明女婴在父母家中不具有本族人的身份与地位。其实，究客家女的一生，她们的地位都是从属的，出嫁前在父母家没有族人的资格，出嫁后在夫家仍是从属地位，虽然被载入夫家的族谱，但只有一姓氏，仍然没有完整的名字载入。她享有的权利与地位也一样是不完整的，"在家从父，出嫁从夫，夫死从子"是对其社会地位的真实写照。

　　（2）在宗族性与公共性的民间信仰活动中的缺失。

　　客家人是个慎终追远的民系，祖先崇拜相当盛行。在传统的客家宗族社会里，每个宗族都要祭祀祖先，包括祠祭与墓祭。一般来说这种宗族性的祭祀祖先活动都是例行"春秋二祭"，春祭一般在清明前后，秋祭一般在八九月金秋时节。这种祭祀活动的全过程都是男子在参与，不少地方连做祭祀祖先的米粄也只能由男子来做；上坟只许男丁参与；扫墓归来后，在祠堂中大摆筵席，也只有男子才有享用酒席的权利。男子们不论贫富，不分大小均有席位。那些男婴出生不久就可由家人抱去参加筵席，得到与成人一样份额的饭菜，而未出嫁的大家闺秀，无论家庭地位有多显赫，也不能入席。客家媳妇与婆婆们帮忙采购，办酒席及处理其他烦琐的事，在幕后为男子们上坟祭祀提供一切服务，却只能在厨房中吃一些剩饭剩菜。宗族性或跨宗族的一些庙会游神活动也同样不让女子参与，认为女子参加是对神明的不敬。

　　在传统社会中的梅州，甚至连一些重要的家庭敬神也拒绝让女子参与，有的连观看的机会都没有。每到除夕之夜，新旧岁交接之际这一客家人认为最吉祥的时刻，每家、每姓、每村都要在大厅殿堂隆重设坛祭祀，朝天拜神，然后鸣放爆竹。这种祭天神的活动，只准男人祭祀，主祭人穿长衫马褂，头戴礼帽，向天神三跪九拜，客家女人被排除在外，她们连在家庭中参与敬神的权利也被剥夺了。

　　（3）在筵席饭桌上的高下尊卑。

027

客家妇女低下的社会地位在筵席与平时饭桌上男女位置的安排上均可充分体现出来。客家人每到婚嫁、迁居、祝寿及节日等重要庆典时，均大摆酒席，四方宾客济济一堂，但是吃酒席时，女子不能与男子同席，有男席与女席之分，男席在上，女席在下，男席在左，女席在右，以示男人的高贵与尊严，女子的低下与卑微。其实，不仅是在重要的筵席上，就连日常家人吃饭时也有不少家庭让男人先吃，妇女后吃，每逢家中有好吃的东西，总是要留给男人及男孩子吃，女子不能分享。在传统客家社会中，男尊女卑的观念是十分根深蒂固的，以至到了现在，这种现象仍然存在。

（4）洗衣晒衣中的性别歧视。

在传统客家社会，家人洗衣晒衣还有许多男尊女卑之分。放衣物时，得把男子的衣服放在最上面，禁把女子衣服放在男子衣服上面；洗衣服时，得先洗男的，后洗女的。若一群妇女同在溪流中洗衣服，当洗女子衣服时得到人群的下游方向洗，否则会遭别人的责骂。晾晒衣服时，得把女子的衣服晒在下方，男子的晒在上方。尤其是女子的裤子与月经用品不能随意晾晒，得晒在偏僻之处，禁晾在对着门或窗处，也禁晾晒在人来人往之处。甚至于小孩在女人裤子下穿过也认为是极不吉利，小孩从此便会长不高。若小孩的家长发现了，小孩会被狠狠地责骂一番，以至小孩见到晾晒的女子裤子便要退避三分，让小孩子从小就有一种歧视妇女的偏见。从放衣、洗衣、晒衣中的种种对女人衣物的态度中可看出客家女子社会地位的低下与卑微。

在传统社会中，尽管很多客家妇女都承担着家内户外的种种劳动，但社会地位是相当低下的。1949年后，随着男女平等政策的宣传与实施，客家女性的地位得以大大提高。她们开始拥有与男子平等的政治、经济与教育等权利。她们的劳动强度随之大大降低，身份与地位也不断提高。

综上所述，结合田野调查资料进行研究可以发现，客家地区并非如一些学者所述妇女再嫁者寡，相反，妇女改嫁在一些乡村大量存在；传统客家地区的性别分工并非都是妇女承担了家内外的一切劳作，一些客家县域的性别分工模式恰恰是"男主外，女主内"，传统客家妇女不参加田地耕作与上山砍柴等户外劳作；在客家妇女的家庭生活、经济与社会地位方面，也并非如学界所述拥有较高的地位。因此，在客家妇女的研究方法上，运用跨学科的综合研究，尤其是人类学的田野调查与历史学的文献分析研究相结合的方法，充分利用官方史志、民间文献与参与观察、口述访谈资料进行跨地域的横向比较与不同时段的纵向比较研究非常重要。

三、本书利用的主要资料

1. 族谱资料

族谱是重要的民间文献资料。乍看族谱，大多记载的是族人的生、殁、葬、嫁、娶等，记载着一个宗族开基、繁衍、迁移、开拓的历史。事实上，族谱里还有更多更丰富的地方历史、社会、经济、民俗、人口、生育等信息与资料，可供不同学科背景的学者利用。尽管由于种种原因，很多族谱遭到人为的毁灭，但仍有一些族谱幸存。一些历史悠久的客家大宗族留下了不同时期修撰的族谱，有的从元明时期开始修谱，历经十多次重修。

在赣、闽客家地区，历经十多次修撰的完整族谱并不罕见，为研究当地社会提供了重要的线索与资料。本书利用的族谱资料主要有闽西与粤东客家的族谱资料，如《淮阳刘氏九修族谱》《南阳郑氏族谱》《安乐郡孙氏十修族谱》《伍氏房谱》《太原伊氏十三修族谱》《陇西李氏八修族谱》《丰顺胡氏族谱》《杨氏族谱》等。这些族谱记载了传统社会客家女子的生殁、生育、婚嫁等信息。

2. 地方志与报刊、文史资料

本书主要利用的地方志为明清至当代闽西、粤东与赣南客家大本营的县志与州志，包括《临汀志》《临汀汇考》《临汀考言》《汀州府志》《长汀县志》《武平县志》《上杭县志》《宁化县志》《丰顺县志》《长乐县志》《嘉应州志》《石窟一征》《镇平县志》《嘉应州志》《赣州府志》等，这些地方志记载了客家地区的大量贞女烈妇的信息，当然也有个别记载客家妇女的劳作与地位等的资料。

此外，还利用了现当代地方政协编写的文史资料与报刊，文史资料如《大埔文史》《蕉岭县文史资料》《宁化县文史资料》《上杭县文史资料》《民间文献汇编》等；报刊如《岭东日报》《南方日报》《内部参考》等。

3. 民间宗教文献与寺庙碑记、契单等民间文献

本书在分析客家妇女与民俗宗教仪式时利用了道士的《科仪本》《经忏本》《杂用本》和榜文、疏章、文表，僧人所用的香花佛事科仪如《梅县香花一日两宵全集》，民众诵念与传抄的小经如《寿生经》《念佛本》《接珠念佛本》等。论述客家妇女与民间信仰时利用了寺庙内的明清以来的捐田、捐款与捐物碑记，庙宇说明牌与寺庙内张贴的契单、许愿单等民间文献资料。

4. 今人论著

现当代出版的许多关于客家妇女、民间宗教、民俗仪式等方面的著作

或论文具有很高的参考价值，让人深受启发。对于全面理解与深入研究客家妇女的个性特征、经济生活、文化生活、婚姻家庭、社会地位、民俗信仰等极有帮助。

除了以上文献资料，本书还利用了大量笔者通过口述访谈获得的口述史料、各县档案局珍藏的档案资料以及笔者通过参与观察获得的第一手资料。

四、本书的框架与主要内容

本书分为四章。

第一章论述传统客家妇女的婚姻与生存状态，分成四小节。第一节为传统客家妇女的婚姻问题，介绍了客家妇女的婚姻形态，利用族谱资料的统计分析论述了传统客家妇女的通婚圈，进而分析了客家妇女的守志与再嫁问题。第二节为客家民俗与女子教育，以 1949 年以前梅州的风俗与教育状况为中心，分析客家女子的传统教育。第三节为传统客家妇女的集体自杀，以田野调查获得的口述资料为主，结合地方志、日报等文献资料分析粤东妇女集体自杀事件。认为当地妇女的集体自杀既有经济方面的原因，即生活上的贫困；也有家庭关系的原因，如受到婆婆的严苛对待；还有婚姻方面的原因，如对未圆房的丈夫不满，以死抗婚。第四节分析传统粤东客家妇女的生活状况，通过调查研究表明，以隘隍地区为代表的粤东，传统妇女的生活状况让人十分同情，她们在经济上普遍贫困；在生产与家务劳动方面极度劳累；家庭与经济地位相当低下；在婚姻方面极度不自由，存在着多种形式的畸形婚姻；在家庭生活中，家婆权力很大，年轻的媳妇常受到压迫。这种生存状态正是导致她们集体自杀的重要原因。

第二章为客家妇女与神明崇拜，分为三节。第一节为碑记中的客家妇女与神明崇拜，以闽西宁化、上杭与武平等客家县留存于世的 10 余块明清寺庙碑刻为资料，分析传统社会中的客家妇女与神明崇拜。第二节分析了客家妇女的女性神明崇拜、男性崇拜、自然神崇拜、求育巫术等生育信仰，认为客家人生育信仰的盛行是由当地特定的社会环境、经济方式、传统观念和客家人的人生终极目的，女性所承担的角色以及女性自身的身体特点所决定的。第三节为客家乡村的"降童"信仰，利用在宁化县的田野调查获得的第一手资料，叙述乡民对当地一个女童子的信仰及道士在女童子家的坛堂举行的一场童子醮过程。

第三章叙述客家妇女与民俗宗教仪式，分为三节。第一节分析乡村妇女的念佛仪式，以参与观察、个别访谈获得的资料为主，结合民间宗教仪式专家的科仪本与文榜，叙述宁化中老年妇女的接珠、回佛、点佛仪式。第二节为乡村妇女的念佛与社会生活，通过宁化的念佛仪式来理解与分析当地的经济关系、性别分工、两性地位及妇女的观念、学习与休闲等。第三节为客家妇女的丧葬仪式，利用田野调查资料叙述宁化县普庵教道士与梅县佛教香花僧人为女性亡者举行的超度亡魂仪式。

第四章为客家地区的女神信仰，分四节。第一节为梅州的女神信仰，介绍了梅州的祖婆太、仙人叔婆、九子圣母、水母娘娘、观音、天后等女神崇拜，这些女神既有本地创造的神明，也有外来神明。在职能方面除了水神与地方保护神的职能外，生育神与儿童保护神的功能比较突出。其中观音信仰特别盛行，这与梅州的经济生态状况，侨乡社会男子大多外出过番，照顾家的责任全部落在女子肩上有关。第二节为河源临水夫人与天后信仰的调查，研究发现三奶夫人、天后信仰从福建传到河源、紫金后已发生了很大的变化，人们把陈林李三夫人均叫作天后，而且天后信仰还与祖先崇拜结合在一起，显示出当地民间信仰习俗的差异。早期天后宫的三奶夫人主要承担着航海保护神的角色，是水上人家及其他航海者的守护神。后来出现卫房保赤的功能，是妇女与儿童的保护神。到了近现代，天后宫的天后与陈李奶娘航海保护神的角色退化，而护产保赤、治病救人的妇婴、病痛者保护神的功能却不断地被强化，最终彰显出来。这个退化与彰显的过程应该与东江航运的兴盛与衰退有着很大的关系。第三节为惠州的妈祖与三奶夫人信仰，以惠东县巽寮镇的田野调查为中心，叙述当地的阿妈庙与阿婆庙的历史、信仰活动，以便人们进一步了解不同地区女神信仰的丰富性与多样性。第四节讨论女神崇拜与客家妇女的社会文化生活，把客家地区的女神分为女自然神崇拜、女性祖先崇拜、从其他民族或民系移植而来的女神、为适应社会生活需要创造的女地方神、作为男神的配偶而存在的女神等类别。这些女神的功能基本上以"生育功能"为中心，其基质是母性崇拜，带有浓郁的母亲神、生育神的意味，护佑着妇女的"生产"与"养育"。

近二三十年来，客家研究几乎成为学术界的"显学"，吸引了大量海内外的人类学、历史学、宗教学、文学、语言学等领域的学者跨入耕耘，取得了大量重要成果，但对客家妇女进行研究的成果并不丰富。在客家妇女生命史、客家妇女的角色与地位、客家妇女的宗教信仰与民俗仪式、客家妇女的文化娱乐生活及社会网络等方面仍有着广阔的研究空间。由于客家妇女相关研究资料的缺乏，更需要文献资料结合田野调查进行研究，需要跨地域、跨族群、跨国别的横向比较研究，需要对历史长河中不同朝代的客家妇女进行纵向比较研究。希望今后客家妇女的研究能够得到学界同仁的更多关注与讨论。

031

第一章　传统客家妇女的婚姻与生存状态

第一节　传统客家妇女的婚姻问题

在悠悠历史长河中，民间普通劳动妇女是个"无史的沉默群体"。到了近代，妇女研究虽逐渐受到学者们的关注，但史学界注重的是著名妇女，如后妃、美女、名妓等，占大多数的普通大众妇女仍被遗忘在角落。即使有对普通妇女的研究，其研究视角也比较单一。正如杜芳琴指出的："已有的成果（妇女研究）表明，研究视野多未超出二、三十年代的内容，仍是以'地位''作用''贡献'为主题的使妇女进入历史'添加史'，还有青楼女子、宫廷后妃、才女美女等特殊类别的妇女。解释的主要理论框架还是史前的进化论理论和文明时代的压迫——反抗的阶级论，视多数的被动的受害者与少数的精英妇女并存构成的历史。"[①]

在客家研究方面也是如此，对客家妇女进行研究的成果并不多，已有成果主要集中在客家妇女的地位方面。对传统客家妇女的婚姻家庭进行探讨的成果则主要集中在婚姻形式方面，对客家妇女本家与外家的距离，即对外活动范围以及妇女再嫁、转房婚与守贞等问题进行探讨的极少。本节拟利用族谱、县志等文献资料与田野调查所得，结合前人的研究对传统客家妇女的婚姻作一分析。

一、传统客家妇女的婚姻形态

据前人的研究，客家女的婚姻形态有大婚、童养媳、隔山娶、二婚亲、冲喜亲、赘亲、换亲、转亲、典妻等。大婚是指按儒家经典规定的"六礼"缔结婚姻的形式。童养媳婚是指把他人的幼女抱到家中养育，待

---

① 杜芳琴：《中国妇女史学科化建设的理论思考》，见《中国社会性别的历史文化寻踪》，天津社会科学院出版社，1998 年。

成人后与自己的儿子相配成亲的婚姻形式。隔山娶主要流行于侨乡，客家地区以闽西永定和粤东梅州最为常见，未婚青年男子出洋后，在家父母帮他娶媳妇作"看家婆"，既为家中添一个劳力，当父母年老时又有人照顾服侍。由于新郎不在家，举行婚礼时一般提一只公鸡代替新郎，与新娘举行拜堂仪式。二婚亲指寡妇或离婚妇女再嫁。冲喜亲指女子订婚后，婚期尚未到就因未婚夫或公公婆婆病重而提前匆忙举行婚礼，按民间的观念，认为可以用结婚的"喜事"冲掉"邪气"。赘亲是指女儿不出嫁，招女婿到家中，客家人称为"招老公""招婿郎""倒插门"。换亲则多出于双方有儿有女的贫困家庭，儿女长大后因家境贫穷、婚嫁艰难，便物色儿女双方年岁相当者，经介绍人撮合，互相匹配。转亲是指女子结婚后因丈夫死亡转嫁给丈夫的亲兄弟或堂兄弟。典妻是指女子婚后，丈夫把她当作财产一样出典，以典当得钱还债。

笔者在客家地区做田野调查时查阅了乡间不少族谱，发现在族谱中，有不少涉及当地妇女婚姻形式的内容，对童养媳婚、转房婚与入赘婚等婚姻形式均有所记载。

1. 童养媳婚

童养媳是指贫苦人家买他人年幼的女孩，甚至尚在襁褓中的女婴，加以抚养，准备将来给儿子做媳妇的女子。无论是文字记载还是口耳相传均显示出客家地区的童养媳婚十分普遍。宁化县淮土乡的刘、黄两姓族谱中有大量关于娶入女子殇、夭的记载。殇与夭的意思均是指未长大成人而死亡，但两者又略有区别。如宁化县《安定伍氏房谱》载："世绝则书止，所以杜冒篡也。若既生子虽未满周而必书止，于其子明其已为人父也。幼死则书殇，长亡则书夭，不以公称以杜混饰。"谱载这些娶入的女子尚未成年就死亡，应该是童养媳的一部分。因此，通过对娶入女子中殇、夭者的统计与分析可以窥一斑而见全豹。在此根据淮土刘姓与黄姓的记载对两姓娶入女子中殇、夭数以及占该世代娶入女子的百分比作一统计，见表1－1。

表1－1　宁化淮土刘、黄两姓娶入女子数与殇、夭数目统计表

项目	淮土刘姓			淮土黄姓		
世代	娶入女子数	殇、夭数	占百分比（%）	娶入女子数	殇、夭数	占百分比（%）
十世	166	3	1.8			

（续上表）

项目	淮土刘姓			淮土黄姓		
世代	娶入女子数	殇、夭数	占百分比（%）	娶入女子数	殇、夭数	占百分比（%）
十一世	295					
十二世	491	19	3.9			
十三世	589	32	5.4			
十四世	636	41	6.4			
十五世	760	59	7.8	26	1	3.8
十六世	795	84	10.6	58	3	5.2
十七世	677	74	10.9	71	2	2.8
十八世	513	54	10.5	92	5	5.4
十九世	311	28	9.0	77	6	7.8
二十世	74	9	12.2	112	13	11.6
二十一世	4			109	20	18.3
二十二世				110	10	9.0
二十三世				63	11	17.4
合计	5 311	403	7.6	718	71	9.9

从表1-1可看出，淮土刘姓从第十世到第二十世几乎都有娶入女子者殇、夭，尤其是第十六、十七、十八与二十世娶入女子殇、夭者均占该代娶入女子数的10%以上，从第十世到第二十世的殇、夭者占娶入女子总数的7.6%。从淮土黄姓来看，从第十五世到第二十三世每世都有娶入女子者殇、夭，殇夭者共占该时期娶入女子数的9.9%。而在第二十一世与第二十三世，殇、夭者所占比例竟然分别高达18.3%与17.4%。未成年而死亡的童养媳占的比例尚如此之高，童养媳数量的多寡自不必说。

不少家庭在娶入女子殇后再娶，有的甚至连殇数媳。如第二十三世承登生于同治十一年（1872），"娶泗溪坝朝尾公女丘氏，殇；继娶竹茜坪天宝公女赖氏，殇；续娶禾坑窑开兴公女廖氏，殇；再娶杨家山德松公女张氏"。承登共娶了四个女子，前面三个均殇。据前人的研究，童养媳的殇、夭与其地位低，在养家受虐待有关：

童养媳的社会地位很低，大多数受到残酷的虐待。养家通常不把她们当自家人看待，视为奴婢，衣不遮体，食不果腹，蓬首垢面，萎葸惊恐，连未成婚的小丈夫也可以随便欺负她。有的童养媳甚至被虐待致残、致死。有的配偶五官不端正，人品不好，或弱智傻瓜，也无法摆脱，只好认"命不好"，受一辈子折磨。所以，有不少童养媳年纪轻轻就夭折。①

文献资料也显示客家地区的童养媳大量存在。如嘉庆《平远县志》载曰："近则女孩始生，即有抱养为媳者，始犹贫俭之家倡行之，今则士大夫家亦以为便。"② 从中可看出收养童养媳无论在贫困之家还是在士大夫家均普遍存在。同治《赣州府志》曰："多童养媳，每在髫龀或哺乳时入门，略具花烛仪，及长，择吉祀祖而配之，谓之合帐，虽不备祀，而贫家可免溺女之患。"③ 光绪《嘉应州志》曰："州俗婚最早，有生仅匝月即抱养过门者，故童养媳为多。"④ 这些县志资料均表明，童养媳婚在客家地区很多。至今在客家地区做田野调查时还可遇到不少曾做过童养媳的老年妇女。

2. 转房婚

笔者在宁化县做田野调查时查阅当地族谱，发现当地有不少关于转房婚的记载。从族谱中记载的族规来看，客家地区的文化精英是反对转房婚的。如宁化淮土《刘氏族谱》载："转配大干法纪，大碍伦常。男子乘乾之刚，女子配坤之像，夫妇伦常尤宜注重，安敢灭礼再醮乎？登堂叔嫂称呼，何颜开口入室？男女询问顿觉渐（惭）言。显然弟纳兄妻，兄婚弟妇，托名省资免弃，名誉溺于泥涂，礼义扫归乌有。此种兽类不必污我家乘，那秽人物除削族外，仍当送之官处。此次未行削除者，因前谱未载此例，故人名项下书室亦止书某氏二字，特削之以示惩戒。异日亦不得再书，违者举笔人与为事人一概革斥。"⑤ 从引文中的"大碍伦常""名誉溺于泥涂，礼义扫归乌有"以及称转房者为"兽类"等可看出刘氏一族是极其反对转房婚的。

不仅刘姓如此，当地黄姓也是明文禁止转房婚的。黄姓为此还在八修族谱时特别写了《八修告诫语》，此告诫语曰："吾族人当局商处两难，革

---

① 谢重光：《宋明理学影响下客家妇女生活的演变》，《中共福建省委党校学报》2005年第5期，第48页。

② （清）卢兆鳌纂修：（嘉庆）《平远县志》，1935年铅印本。

③ （清）魏瀛等修：（同治）《赣州府志》，同治十二年（1873）刻本。

④ （清）温仲和纂修：（光绪）《嘉应州志》，光绪二十四年（1989）刻本。

⑤ 宁化淮土《刘氏族谱》。

不胜革，然既往不咎，如后患何？此等弊俗理应洗刷，姑念初犯，格外从权，不过分别编载，即事直书不讳于本，亡夫位下妻修某氏某人顶，该人名下修顶某氏，不得书娶妻、公妣以及生殁年月，庶可使人自做。兹特公议严禁，自后如有复蹈前辙者，决定斥革，不容载谱，妇人发嫁，再将男妇产业一体充公，决不狥情。愿阖族人等恪遵规条为幸。"① 从"革不胜革"可看出族中有把转房婚者革谱的规定，也可以看出当时族中违规转房的族人绝不仅仅是一两例。

淮土黄姓在1942年九修族谱时写的《九修告诫语》对族中转房婚的记叙更为清楚："吾族族规对于招转视为怪物，言之痛切，屏斥綦严。第年久玩（远），生人多忽视。七修以后渐败类子姓倒乱伦常，将嫂或弟妇为妻，此人中之禽兽，何夫妇之足云！按老谱例规革谱，已无可宽。不过族人怜其嗣继断绝，从事权变，曾于修本人娶处别其文曰：顶某某妻氏为室，于妻被转者娶某氏，下则修某某顶去为室，此则以笔为削。唐太宗所谓：苟有人心，得绢之耻甚于受刑者。不意此次匪蹈频年，人心徒变，行为乖谬，伦理荡然。复有以姒娣为妻及夫之留妇坐家招赘者，执行族规概应革谱。只因事出匪乱，当时正人避难他乡，未得加以制止。迨收复后，各生子女，难以迫其脱离。今经众议，决变通修法，将前登谱之顶字统行删去，仍修为娶，不书生庚稍以示贬外，只特提转妇者另汇一卷，以儆来兹。倘日后族人不复效尤，止此数人，则下届续修有仍归正式，不复歧视之希望。如此风不熄，自十修起我族人等不惟歧视，决将此卷抹杀一概削去，以分清清浊，免辱祖宗，贻羞族人，其招赘而生子者只作养子论，酌取祠金，亦止。此九修变通办理，嗣后概行不准。"② 由此可知黄氏一族历史上的族规对招转亲"视为怪物，言之痛切，屏斥綦严"，然而到了七修谱之后，族中"败类子姓"居然无视族规，出现转房婚；到了九修谱之时，不仅有转房婚，而且还有"以姒娣为妻及夫之留妇坐家招赘者"，由于这些人已经生有小孩，很难逼迫他们分开，只得在九修族谱时做变通办理，把转房者位下的"顶"字删掉。修谱者认为这些现象的出现是战乱之时"正人"不在家乡，未能加以制止的结果。

从淮土刘、黄两姓族谱的世传可看出当地转房婚的实例，如淮土刘姓第十七世名金于光绪三年丁丑三月十三日生，"顶未守伦范兄春才之妻赖氏，生年不载"。第十八世万品"氏为宗廉公房万仁顶认，不载生年"。同

---

① 宁化淮土《黄氏八修族谱》，《八修告诫语》。
② 宁化淮土《黄氏九修族谱》，《九修告诫语》。

样的例式在淮土黄姓中亦不罕见，如第二十三世承让是上楮公的半继子，他"顶承烟妻张氏为室，殁葬未详"。承烟是上楮公的养子，他"娶庵前坝立春公女张氏，承让顶去为室"。第二十三世承传为上有公长子，娶廖氏，承球顶为室；承球为上有公次子，谱载他"顶承传廖氏为室"。第二十三世承礼是上养公次子，出半继给上养公之弟上龙公，顶上养公之子承鉴之妻孙氏为室，生有四子：廷林、廷坪、廷满、廷邦，其中廷林出继与承鉴为嗣。

　　另外，还有不少族谱的凡例或族规中也对转房婚有所表述，认为转房婚乱伦，应该禁止。如《南阳郑氏族谱》凡例载："同姓不婚，周礼载之甚悉，最宜谨守。盖男女不匹同姓，人所共知，不必详言。而于族妇则往往以乱婚者，以为女姓已异，为不妨也，故世俗有其兄死而弟谋其嫂为之妻，谓之转房婚者，有以同姓不宗而相配者，甚至有不顾婶姆姪妇而乱相配者，噫！皆灭理乱伦矣……"[1]

　　3. 入赘婚

　　有意思的是，笔者在族谱中看到的入赘婚指的是族中妇人丈夫死后，招郎进家帮忙抚养小孩。《安乐郡孙氏十一修族谱》中的族议禁例中，有"禁夫亡纳赘"一项，述曰："之死靡他，卫风首共，姜之节踏火而殁，春秋姜伯姬之贞。只影单形，节妇难于烈妇，茹荼集蓼，孤儿又惧。无儿贵能苦节，抚孤尤贤，教子成立。或有始念坚决，矢心孀守；或有贪其财产，强称未亡托弱，言妇难支，遂命他人入室，音容宛在，忍心枕簟之安！呱稚何知，强教蘧除作父。真良尽丧，产业齐凋，岂惟有玷闺帏，甚是贻差（羞）宗党。吾家有丧夫者听其志愿，政节事人。如有藉口抚孤将伯为助，与淫奔娼妓同为秽宗，逐出赘人，立遗（遣）所妇，并罪与知亲党。"[2]

　　孙氏1940年的十修族谱例规曾载："兄弟共本同根，居五伦之一，有娶妻夫故其妻不愿守节者任凭再醮，不得以小转大以大转小，并不得坐产招夫，致乱五伦，否则不予入谱。"[3] 由此可知，孙氏族人把转房婚与夫亡后招赘均视作是乱伦。同样的观点见于其他族谱，如《伍氏房谱》曰："婚娶为人伦之大端，名分不正则乱大伦。迩来世风浇薄，人心不古，或以娣姒而为妇者，或以妯娌而转婚者，或有寡妇而招异姓别族人者，皆为背谬伦理、紊乱昭穆，自今以后不准再有上项情事，如有恃蛮不遵族规，

----

① 《南阳郑氏族谱》。

② 《安乐郡孙氏十一修族谱》。

③ 《安乐郡孙氏十修族谱》。

擅自招转者，经查确，除削谱外必加严厉惩办，以肃族规而正伦常。"①

二、本家与外家的距离：传统客家妇女的通婚圈

通婚圈是指因嫁娶而形成的关系网络，又称为通婚网络。由于传统社会中族谱对本族女子的嫁出地及其夫家姓氏很少记载，但对男子娶入媳妇的娘家所在地及姓氏通常都有记载，因而对通婚圈的统计通常以婚入地进行统计。本节通过统计族谱中的婚入姓氏与通婚例次，调查主要婚入姓氏居住地分布的村落，根据这些村落与女子嫁入地的距离，从中可以得知传统客家妇女的嫁入地（为夫家所在，因此称为本家）与其娘家（称为外家）的距离，并由通婚圈去了解传统客家妇女主要的活动范围。

1. 长汀县羊牯乡罗坑头村吴氏与娘家的距离：吴姓的通婚圈

罗坑头村位于福建省龙岩市长汀县羊牯乡，为一单姓村落，村民均姓吴。吴姓尊一郎公为一世祖，开基祖为一郎公长子福珂公。福珂公于明朝初期到罗坑头村开基，如今吴氏已在罗坑头村繁衍到第二十五代，迁外地的裔孙繁衍得较快的已到第三十代。根据笔者对吴姓族谱资料的统计与田野调查，现把吴姓第一代至第二十代娶入媳妇的主要姓氏、通婚例次、居住地分布以及与罗坑头村的距离列于表1-2中：

表1-2　吴氏媳妇的主要姓氏、通婚例次与居住地距离统计表

姓氏	通婚例次	居住村落	所属乡镇	距离罗坑头村（里）
蓝	83	长蓝村蓝屋地；白头、梧坊、羊牯；小澜	濯田镇；羊牯乡；武平县桃溪镇	5；15~20；20
刘	75	吉坑	羊牯乡	7
谢	50	上塘；美溪村羊角溪	濯田镇	11~12
林	26	回龙、红石	上杭县官庄乡	25
曹	30	官坑村、大坑头；羊牯；龙山下；曹屋；对畔	羊牯乡	10；15；25；15；10
陈	26	对畔村陈屋背	羊牯乡	15
赖	27	白头村溪背；塘坑	羊牯乡	5；15

---

① 《伍氏房谱》。

（续上表）

姓氏	通婚例次	居住村落	所属乡镇	距离罗坑头村（里）
张	28	长蓝村长岗下；畲心；官坑村	濯田镇；宣成乡；羊牯乡	10；10；15
曾	12	对畔；官坑村曾屋	羊牯乡	15；10
廖	12	白头村涂坑背	羊牯乡	5
钟	12	杨梅坑；余家地、百丈	羊牯乡	40；20
黄	10	美西；水口；露潭；回龙	上杭县官庄乡	15；30；28；25
王	10	濯田镇；桃溪镇；龙角村	濯田镇、武平县桃溪镇、宣成乡	12；20；25
李	14	官坑村	羊牯乡	10
丘	16	羊牯村	羊牯乡	12

注：①表中仅列入吴姓从中娶入媳妇数量为 10 个以上的姓氏。

②族谱中有 110 例娶入女子的姓氏未载，仅写着"失详"两字，无法统计。吴氏娶入媳妇的数量共 499 例，失详者所占比例为 22%。

　　从与吴氏通婚比较频繁的十五姓，即大多吴氏媳妇外家的分布地看，蓝姓主要分布在濯田镇长蓝村、武平县桃溪镇小澜村以及本乡的白头村、梧坊、羊牯村。其中长蓝村为罗坑头村临村，居住地相距 5 里，其余几个村距离罗坑头村 15～20 里。刘姓主要居住在羊牯乡吉坑村，与罗坑头村相临，两村相距 7 里。谢姓主要居住在濯田镇上塘村与濯田镇美溪村羊角溪，距罗坑头村 11～12 里。而曹姓则广泛分布在羊牯乡官坑村、大坑头、羊牯、龙山下、曹屋、对畔等处，与罗坑头村的距离均在 10～25 里。张姓居住在濯田镇长蓝村长岗下、宣成乡畲心村以及羊牯乡官坑村，前二者距罗坑头村 10 里，后者约 15 里。赖姓居住在羊牯乡白头村溪背与塘坑，前者距罗坑头村 5 里，后者距 15 里。陈姓居住在距罗坑头村 15 里的对畔村陈屋背。林姓则分布在距罗坑头村 25 里的回龙、红石两村（属上杭县官庄乡管辖）。从上述姓氏的分布地可看出，吴氏一族中大部分媳妇的外家都分布在本乡各村以及与罗坑头村相邻的濯田镇蓝屋地与美溪村、宣成乡畲心村，还有与罗坑头村相距不远的武平县桃溪镇小澜村及上杭县官庄乡回龙、红石村。这些村落几乎都分布在距罗坑头村不到 25 里的范围内。因此，吴氏族中大部分媳妇与娘家的距离都在 25 里的范围内。

2. 宁化县杨边村杨氏与娘家的距离：杨姓的通婚圈

杨边村毗邻宁化石壁"客家祖地"，杨、张两姓是村中的主要姓氏。杨姓是个历史十分古老的宗族，现已繁衍至第六十二代。杨姓虽然人口不多，为官者亦很少，但由婚入姓氏所构成的通婚圈很大。根据笔者对杨姓族谱资料的统计，杨氏从第一世至第六十二世娶入的女子数共有1 438个，婚入姓氏高达87姓。在此把杨姓一族娶入媳妇的主要姓氏、通婚例次，这些姓氏的居住地分布以及与杨边村的距离列于表1-3中：

表1-3 杨氏媳妇的主要姓氏、通婚例次与居住地距离统计表

姓氏	通婚例次	居住村落	所属乡镇	距离杨边村（里）
雷	16	刘村；溪背	石壁镇	16；7
温	13	红旗	石壁镇	6
陈	35	陈家；立新；溪背	石壁镇	15；4；7
刘	33	官坑；红旗；立新	石壁镇	15；6；4
张	700	立新；小吴；杨边	石壁镇	4；1；2
黄	62	立新	石壁镇	4
孙	14	立新	石壁镇	4
廖	20	立新；拱桥	石壁镇	4；8
曾	28	大路	石壁镇	10
丘	31	陈家	石壁镇	15
李	39	红旗；立新；三坑	石壁镇	6；4；4
伊	10	立新	石壁镇	4
罗	31	立新；刘坑	石壁镇	4；16
谢	19	溪背；南田；江家	石壁镇	7；12；5
吴	85	杨边；官坑	石壁镇	本村；15
徐	23	小吴；红旗	石壁镇	2；6
巫	30	大路；立新	石壁镇	10；4
王	17	立新	石壁镇	4
郑	12	均不详		
伍	16	立新	石壁镇	4

注：表中通婚例次数据根据《杨氏重修族谱》中的世系图统计所得。

据笔者统计，杨氏族中的媳妇娶自张姓宗族的数量最多，高达700例。

娶自吴氏宗族的居第二位，达 85 例。娶自黄姓的数量居第三位，共 62 例。杨族媳妇娶自李、陈、廖、丘、罗、徐、巫、刘、曾等姓的数量也比较多，均在 20 次及以上，40 次以下。娶自雷、伊、谢、王、郑、伍、温、孙八姓的则在 10 次及以上，20 次以下。杨氏从另外 67 姓中娶入女子数均在 10 次以下。

从上表可看出：杨姓娶入女子数最多的张姓，主要分布在立新村、小吴村、杨边村的桂下自然村，前两者是杨边的临村，且立新村与杨边村相距 4 里，小吴村与杨边村相距 1 里，仅隔着一条小溪。杨氏娶入女子数居第二的吴姓主要分布在杨边村与官坑村，官坑村距杨边村大约 15 里。居第三位的黄姓也是居住在临村——立新村。从表中可看出，杨姓娶入女子数较多的其他姓氏，大多分布在距杨边村 15 里路以内的村落。因此，杨氏一族的媳妇外家与本家的距离大多在距杨边村 15 里的范围内。

3. 宁化县安远乡安远村李氏与娘家的距离：李姓的通婚圈

宁化县安远乡安远村的李姓尊宣仪公为一世祖，迁到安远村开基的是第十九世高绍公。以高绍公为第一代计，今已在安远繁衍到第十五代。李氏在当地的历史虽然不长、人口亦不多，但在安远历史中的作用远非其他姓氏可比。在各姓中，数李姓拥有的田地最多，科举入仕者最多，且做生意的也很多，这在李氏的族谱中有详细的记载。李氏上祖中有不少生意人的足迹踩遍数省。族谱资料显示，李氏上祖经商的范围包括川、湘、豫、鲁、浙、赣、粤等地，并且拥有一个相对广大的通婚网络。

根据笔者对李氏族谱中第一代至第十二代的婚娶状况的统计，李氏的婚入姓氏共有 70 姓，娶入的女子数为 504 个。李氏从中娶入的女子数在 10 个以上的姓氏有 15 个。在此把李姓一族娶入媳妇的主要姓氏、通婚例次，这些姓氏的居住地分布以及与安远村的距离列表如下：

表 1-4 李氏媳妇的主要姓氏、通婚例次与居住地距离统计表

姓氏	通婚例次	居住村落	所属乡镇	距离安远村（里）
王	56	洪围村	安远乡	14
吴	49	丰坪村；瑶岭	安远乡；江西石城县高田镇	15；50
张	37	张坊村	安远乡	10
陈	30	吾家地；增坑村	水茜乡；安远乡	20；15

041

（续上表）

姓氏	通婚例次	居住村落	所属乡镇	距离安远村（里）
曾	27	灵丰山；龙头村	安远乡；建宁县均口镇	20；20
伍	24	伍坊村；厚溪村	安远乡	20；20
黄	22	红山村；增坑村	安远乡	20；15
谢	20	葛斜村；高田乡	安远乡；江西石城县高田镇	20；30
郑	19	永跃村	安远乡	5
刘	18	井坑村	安远乡	25
宁	17	台田村；洋坑村	建宁县均口镇	30；20
熊	15	洋坑村；油溪背	建宁县均口镇；安远乡	20；20
伊	15	上伊村、下伊村	河龙乡	40
傅	13	岩前村安家磜；退福（下傅）村	安远乡；水茜乡	10；30
周	12	里坑村；安远村	安远乡	5；本村

注：主要婚入姓氏及通婚例次根据李氏八修谱统计。由于八修谱是在民国六年，所以民国六年以后的无从统计。

从上表可看出，李氏从王氏一族中娶入的女子数量最多，有56例。王姓居住在安远乡洪围村，距安远14里。李氏娶入女子数居第二的是吴姓，主要分布在安远乡丰坪村，少数来自江西石城县高田镇瑶岭村，前者距安远村15里，后者距安远村50里。居第三的是张姓，通婚例数为37例，张姓居住在张坊村，距安远村10里路。李姓从陈、曾、伍、黄、谢、郑、刘、宁、熊、伊、傅、周等姓中娶入的女子数量也比较多，与其通婚例数在10~30例之间。这些姓氏大多分布在本乡，少数在邻乡，与安远村的距离大多在20里路以内，少数在20~50里路。因此安远村李氏一族的媳妇外家与本家的距离大多在20里路以内，一部分在20~50里路。

4. 河龙村伊氏与娘家的距离：伊姓的通婚圈

河龙村伊姓尊显公为一世祖。显公之祖父文敏公于唐僖宗乾符二年（875）从河南迁到宁化县河龙村。伊氏传至现在已有1100多年，繁衍至第三十六代。据对族谱的统计，伊姓从中娶入女子数在30人次以上的姓氏共有35姓，这35姓嫁入伊姓的女子共达5 465人次；娶入女子数小于30

人次的则有 129 姓，从中娶入的女子数共达 847 人次。伊姓的婚入姓氏共达 164 姓，从中娶入的女子数共有 6 312 人次。伊姓从中娶入女子数最多的是张姓，达 616 例，主要分布在河龙村仁上、永建村地屋场与杨桐坑，地屋场距河龙乡 5 里，杨桐坑距河龙乡 12 里；伊姓从中娶入女子数居第二的是黄姓，有 478 例，黄姓主要分布在本乡沙坪村、黄家山与明村明珠自然村，它们与河龙乡的距离分别为 10、5、20 里。伊姓娶入女子数居第三的是李姓，共有 409 例，李姓分布在本乡高阳村中宜地与斗口埠，前者距河龙乡 15 里，后者 10 里。温姓居第四，伊姓从中娶入女子 301 人，其居住地分布在江西省石城县高田镇朱家村与本乡大洋村温家，前者距河龙不到 30 里，后者距河龙 10 里。谢姓居第五，伊姓从中娶入女子数 297 例，谢姓分布在下伊村与江西石城县高田镇大秀村，下伊村是伊姓宗族的居住地之一，大秀村距河龙乡 10 里。赖姓居第六，共有 252 人次，赖姓居住在水茜乡沿口村，距河龙乡 40 里。

表 1-5　河龙伊氏媳妇的主要姓氏、通婚例次与居住地距离统计表

姓氏	通婚例次	居住村落	所属乡镇	距离河龙乡政府（里）
张	616	河龙村仁上、永建村地屋场；杨桐坑	河龙乡	5；12
汪	48	永建村村头	河龙乡	12
范	64	塘地村	水茜乡	75
黄	478	沙坪村；黄家山；明村明珠自然村	河龙乡	10；5；20
谢	297	下伊村；大秀村	河龙乡；江西石城县高田镇	3；10
巫	108	沿溪村巫高岭	水茜乡	15
李	409	高阳村中宜地、斗口埠	河龙乡	15；10
杨	235	前进村管背	河龙乡	5
何	55	何屋村何屋	中沙乡	40
廖	84	廖家坪村廖家坪	中沙乡	40
雷	101	下沙村下沙	中沙乡	35
邱	206	下伊；江西石城县（具体村落不详）	河龙乡；不详	2；50

（续上表）

姓氏	通婚例次	居住村落	所属乡镇	距离河龙乡政府（里）
吴	245	枫坪村枫坪；伍坊村绸路	安远乡	50；30
赖	252	沿口村	水茜乡	40
王	118	井坑村王家围	安远乡	60
陈	224	水茜村陈家	水茜乡	30
伍	202	永建村杨桐坑、中汪；伍坊村伍坊	河龙乡；安远乡	5~10；15
周	176	下伊村礁上	河龙乡	6
温	301	朱家村；大洋村温家	江西省石城县高田镇；河龙乡	30；10
朱	61	下沙村下沙	中沙乡	35
熊	186	上柏村上柏昌	江西石城县高田镇	25
曾	205	高阳村上寮	河龙乡	20
刘	243	下伊村下伊；楼家村楼家	河龙乡；中沙乡	2；30
傅	41	大秀村小秀岭	江西石城县高田镇	15
罗	86	红门村罗家嶂	中沙乡	20
叶	40	叶坊村叶坊	中沙乡	35
夏	51	樟荣村樟荣	中沙乡	40
易	49	沙坪村小岭	河龙乡	15
邹	35	水茜街上	水茜乡	35
危	39	中沙村官畲	中沙乡	30
毛	51	大洋村大洋	河龙乡	10
林	43	营上村营上	安远乡	90
黎	48	高阳村黎家	河龙乡	15
余	30	安远村城脑上；空溪	安远乡；清流县	40；120
徐	34	儒地村徐家坑	水茜乡	35

伊姓主要婚入姓氏居住的村落大多分布在本乡和相邻的水茜乡、中沙乡、安远乡、江西省石城县高田镇，它们与河龙乡的距离大多在40里的范围内。由此可知，大多数伊姓媳妇与娘家的距离在40里路以内。

通过对罗坑头村吴姓、杨边村杨姓、安远村李姓、河龙村伊姓通婚圈的分析，可以看出长汀县与宁化县村落的通婚圈与刘大可描述的武北村落的通婚圈是一致的。[①]他通过在武平北部的调查，指出：一个典型的武北村落通婚圈，通常包括三个不同层次的通婚圈，即相距 5～10 里相邻村落组成的核心圈、相邻 10～20 里村落的扩大圈、相距 20～40 里武北范围内村落组成的扩散圈。也就是说，在传统客家社会中，一般妇女与娘家的距离都在 40 里以内，步行可以一天往返。其中 10 里以内的最多，10～20 里的居其次，20～40 里的再次，40 里以外的较少。

传统客家女子与娘家的距离实际上也就是她们对外活动的范围。通婚圈与基层市场网络（经济圈）、祭祀圈关系密切，冈田谦早在 1937 年就注意到了祭祀圈、通婚圈与市场范围的重叠现象。因此，由通婚圈所得出的娶入媳妇本家与外家的距离范围内，不仅是她们参与亲戚们的婚嫁、丧礼、做寿以及民俗节庆活动等礼仪的距离，她们参与民间信仰活动以及市场交换活动也基本在此范围内。

三、守志与再嫁：夫死之后传统客家妇女的婚姻状态

传统的客家妇女在丈夫死后，是选择改嫁，还是留在夫家"守志"，从一而终？她们的去与留受许多因素的影响，如传统的贞节观念，族长与家长的意志与现实的生活条件等。其中传统的贞节观尤其是宋明理学的贞节观[②]，影响十分深远。

贞节观念在我国经历了漫长的历史，在各个朝代的影响程度并不相同。[③]明清时期是贞节观念最为浓厚、对妇女的约束最为严厉的时期。明清两朝的不少统治者都从政策层面推动了妇女贞节道德观的发展。据《明会典·旌表门》载，朱元璋于洪武元年（1368）下诏曰："凡民间寡妇，

① 刘大可：《传统客家村落的通婚圈及其成因分析——以闽西武北村落社区为例》，《福建论坛（人文社会科学版）》2010 年第 1 期。
② 所谓理学的"贞节观"，按照宋明理学家的界定，对于女子来说，品行端正、未嫁而能自守者，谓之"贞"；已嫁从一而终、夫死不再嫁者，谓之"节"；遇强暴凌辱而能以死相拒，或夫死自尽殉身者，谓之"烈"。贞节观的基本原则是妇女"从一而终"，要求丈夫死后寡居守节，不得改嫁再婚；其最高层次是自杀殉夫、裁身保节。（参见陈剩勇：《理学"贞节观"、寡妇再嫁与民间社会——明代南方地区寡妇再嫁现象之考察》，《史林》2001 年第 2 期，第 22 页）
③ 刘达临把它分成初始、形成、宽泛、严酷四个阶段。他认为，严酷阶段是在宋代中叶以后，直到明、清愈演愈烈，是中国历史上禁欲最甚、对女子的性压迫最甚的时期。（参见刘达临：《性与中国文化》，人民出版社，1999 年，第 224－232 页）

三十以前夫亡守志，五十以后不改节者，旌表门闾，除免本家差役。"① 此后，明武宗与清世祖等帝王均对节妇进行旌表奖励。因此，明代以后，寡妇守节不仅本人可以得到旌表，而且全家都可免除差役，获得经济利益，并使整个家族的社会地位获得提升。这使得寡妇守节不再是个人之事，而是全家乃至全族之事，即使寡妇不愿守节，家族其他成员也会为名誉与利益所驱使，强迫她守节。清顺治、雍正、乾隆、道光等朝还对节妇守节受旌表的年限一再放松。朝廷对守节年限的一再放松使得每年受旌表的贞女、节妇、烈妇人数急剧上升。②

明清两代历朝统治者的旌表贞节制度显示并引导了社会舆论及价值观念，使得理学的贞节观念深入人心，妇女从一而终的思想"村农市儿皆耳熟焉"③。明清妇女的节烈与前代相比，不但数量多，种类繁，而且程度惨烈，情节离奇。以"饿死事极小，失节事极大"相标榜鼓吹倡导的贞节观念，对国人，尤其是对女性的思想和人性的禁锢，在明清时期达到登峰造极的程度。但据前人的研究，即使是在"夫死守节，不再改嫁"已成为一种社会风气的明清两代，在民间社会中，改嫁者并不罕见。④

有关客家妇女的守志与再嫁问题，前人的研究成果并不多，专文对此进行探讨的有刘锦云的《客家贞女节妇文化现象析》与赵剑的《客家妇女与二婚亲：兼与房学嘉先生商榷》两篇，此外，谢重光、房学嘉、李泳集与黄马金等均在其专著中有所论及。前人的成果主要集中在客家妇女再嫁

① 《明会典》卷七十九，《旌表门》，第1－5页。
② 据郭松义的研究，雍正年间（1723—1735）节妇受旌人数达到9 995人，年平均769人，约相当于康熙年间平均旌表数的9倍多。乾隆时，受旌节妇的人数继续增长，在头十几年里，年旌表人数少则千余，多者两千几百人，截至乾隆十四年（1749），累计总数32 521人，年平均2 323人。道光朝的三十年间（1821—1850），由朝廷批准建坊表彰的节妇多达93 668人，年平均3 122人。咸丰朝不包括《实录》所载采访贞节妇女23 629人，以及七、八、九年另载贞孝节烈妇女4 804人，总数亦有77 025人，年平均7 002人。及至同治元年至十二年（1862—1873），12年间朝廷旌表的节妇增加到190 040人，平均15 837人，其中最高的同治十年（1871）竟有25 347人。（见郭松义：《清代妇女的守节和再嫁》，《浙江社会科学》2001年第1期，第124－125页）
③ 《方苞集》，上海人民出版社，1983年，第230页。
④ 陈剩勇：《理学"贞节观"、寡妇再嫁与民间社会——明代南方地区寡妇再嫁现象之考察》，《史林》2001年第2期；郭松义：《清代妇女的守节和再嫁》，《浙江社会科学》2001年第1期；刘翠溶：《明清人口之增殖与迁移——长江中下游地区族谱资料之分析》，《中国社会史国际学术研讨会论文集》，台湾；王容：《试论清代官方对妇女再嫁的政策和态度》，《九江学院学报》2008年第2期。

现象的普遍与否问题上，并对其原因进行了分析。有学者提到由于贞节观念的倡导，寡妇再嫁在客家地区受到禁止与歧视。如《客家风情》一书指出："由于旧礼教思想作祟，客家妇女所理解的婚姻和爱情，往往带着浓厚的封建意识。'三从四德''嫁鸡随鸡，嫁狗随狗''从一而终'等封建贞操观念，像一条无形的毒蛇紧紧地缠绕在她们身上。一个死了丈夫的妇女，按照客家旧俗是不能改嫁的，……被人们视为不祥之物，身处社会最底层，受尽精神上的虐待和艰苦生活的折磨。"①刘锦云亦认为：在客家地区，不仅活寡妇多，而且真正的寡妇也很少再嫁。她们即使年纪轻轻就已守寡，但只要有了孩子，一般情况下都不再改嫁，实际上也很难改嫁。在此利用族谱资料的记载对客家妇女的再嫁与守志问题作一分析，并以此检验前人的"客家地区的寡妇不敢再嫁或很难再嫁"的观点。

（一）族谱记载之一：妇耻再嫁，守节者众

翻阅客家地区的族谱，可以发现不少族谱都把倡导妇女"守节"的内容列进家规族训中，把它列印在族谱的卷首。如宁化河龙的伊氏族谱就有两则相关内容的家规，一则为"褒贞节"：

封发待夫，董氏贞节，千古柏舟矢志共姜，节著当年。此妇德之可风，固女流之足式。凡我族妇，宜凛清操倚阁梦零当思终身一醮，前徽可法，毋存万古纲常，毋致势迫污身，毋令贫穷变志，则节贞克全于当躬期褒奖。②

另一则为"剪奸淫"：

闺门宜肃，务振清洁之风；伦纪必严，毋染邪淫之秽。古者，男不入内室，女不出外堂，媒孽是以无端，规于焉克正。凡我子侄，务遵训词，心正行庄，毋蹈新台之刺，严内谨外，勿蒙墙茨之机，后嗣敢有悖律乱伦，无谓有服无服，或蒸或乱，事觉闻族，吊谱盖名，永不入嗣。③

除了在家规家训中体现奖励贞节与严惩奸淫的内容外，族谱的人物传记中也常见为族中贞烈女子撰写的传记，以此表达本宗族倡导妇女守节，

---

① 黄顺炘等主编：《客家风情》，中国社会科学出版社，1993年，第291页。
② 《伊氏十一修族谱》卷首，《思本堂十条规训》。
③ 《伊氏十一修族谱》卷首，《思本堂十条规训》。

047

奖励贞女烈妇的价值导向。

长汀县赖氏首届联修族谱理事会 1999 年编纂的《汀州赖氏族谱》就利用族谱传记，对族中的贞烈妇女作了一番整理，在此，利用其整理资料，对明清赖氏一族嫁出女子守节者，娶入女子守节者的守贞时长、主要事迹及奖励情况等列于表 1-6 及表 1-7 中。

谱载赖姓出嫁女在夫亡后守节的共有 57 人，其中明代有 4 人，清代有51 人，民国有 2 人。其中有 3 人入祀节孝祠，1 人载节孝录，3 人受旌表，7 人建有牌坊，1 人受奖匾，1 人有孝廉为之立传。族谱对其守节事迹的记载多半集中在其"甘于贫困，孝事翁姑，抚孤有成，守苦节时间长达数十年"这几项上，详见表 1-6。

表 1-6　长汀赖姓嫁出女子守节统计表

姓氏	朝代	夫/婿名字	夫死之时的年龄	守贞时长（年）	主要事迹	旌奖类别
赖氏	明	修业	20	终身	誓不再嫁，膳养之田漂没后，日夜纺织以自给	载节孝录
赖氏	明	黄铖	未载	未载	甘于贫困，孝顺耄姑，抚孤有成	
赖氏	明	邱文岐	26	未载	择继承祧，以节兼孝	直指表旌其门
赖氏	明	曾廷琏	20 余	40 余	苦守四十余年	直指表旌其门
赖氏	清	李顺章	18	未载	生遗腹子永寿，抚孤有成	学使沈涵给其匾："柳训有徵"
赖氏	清	汤霖远	未载	未载	夫早死，与弟媳陈氏相依形影，人称一门双节	
赖氏	清	范胜宇	25	终身	守节抚孤，以寿终。守贞数十年	
赖氏	清	陈从旭	22	终身	事姑抚子，苦守数十年，克全其节	
赖氏	清	郑维楫	25	未载	孝事舅姑，子祖训为郡庠生	

（续上表）

姓氏	朝代	夫/婿名字	夫死之时的年龄	守贞时长（年）	主要事迹	旌奖类别
赖氏	清	钟日元	青年	数十年	纫绩孝养翁姑，抚孤子成人	
赖氏	清	王廷材	青年	未载	纺织课子，卓然成名	雍正五扩祀节孝祠
赖氏	清	钟纯禄	20	34	事公姑抚孤儿，孝养兼至	
赖氏	清	范士熊	18	41	抚遗腹孤，守苦节	
赖氏	清	刘新祚	27	32	苦守三十二年，以节终	
赖氏	清	吴炳	25	数十年	夫卒，抚遗孤成立，苦节数十年	旌表建坊
赖氏	清	监生王理	20	未载	夫亡，夫兄继亡，翁姑老，氏忍死孝养，抚遗孤有成，乐善好施，乡人悉称其贤	旌表，建坊于东郊
赖氏	清	吴逊耀	21	52	夫亡，沤麻绩纻，箕裘克绍，冰操五十二年	旌表建坊
赖氏	清	谢树本	未载	终身	归一载夫亡，家无担石，抚侄为嗣，冰操自矢，始终不渝	
赖氏	清	钟大受	25	30余	夫亡，抚遗孤克底有成，苦节三十余年	
赖氏	清	廖诚	25	43	夫亡，孝事姑，善抚嗣子体书，游郡庠孀居四十三年	孝廉段飞鸿为之传
赖氏	清	陈自均	26	34	夫亡，遗两孤，鞠有教诲，皆游庠	

049

（续上表）

姓氏	朝代	夫/婿名字	夫死之时的年龄	守贞时长（年）	主要事迹	旌奖类别
赖氏	清	刘日隔	25	约70	夫亡，事耄翁至九十三岁，得其欢心，姑素患疯，涤随不离左右。氏年近百龄，以节终	
赖氏	清	熊伍龙	24	未载	夫亡，遗孤腹夭，乃抚侄节宗承桃，乡人称其节	
赖氏	清	蓝无宏	19	约40	矢志不仁，立继承桃	
赖氏	清	王逊诚	20	31	事育无亏	
赖福庆	清	许旌	26	25	事姑笃孝，教子有方，闺范肃然	在五丰社后建有牌坊
赖氏	清	吴国霖	30	30	夫方应试，鸡鸣戒量，有齐女风，夫死之后冰心永矢	建坊旌表
赖氏	清	廖泗	20	30	家贫茹苦而弥甘，姑迈养周而无懈	
赖氏	清	李建庭	23	34	抚遗姑接宗桃，善事翁姑，勤操家计，里有贤声，终身无一过	举建总坊
赖氏	清	杨锡卤	28	34	翁祖两世仕宦，家无担石，赖氏屏化菇淡晏如也。躬劳织纴，闺范严肃	累题坊表
赖氏	清	黄作绪	25	19	无后，志坚金石，守比桦松筠	
赖氏	清	林清立	24	30余	乏嗣家贫忍苦，常折薪鬻米，佣汲役浣度活三十余年	

（续上表）

姓氏	朝代	夫/婿名字	夫死之时的年龄	守贞时长（年）	主要事迹	旌奖类别
赖氏	清	张成恩	24	50	养姑鞠子凌云，生孙维恭而云复夭，清操五十年	
赖氏	清	廖统基	25		夫亡，遗孤二女，一女以适生侄而卒，赖氏弃女以乳哺侄，节义兼全	
赖氏	清	朱忠恕	25	24	夫殁后，遗孤复夭，守贞终身	祀节孝祠
赖氏	清	涂佐虞	19	47	夫亡抚孤，数十载饮冰菇蘖，不徙荆钗布裙，守贞终身	
赖氏	清	谢光发	21	57	事姑孝，训嗣成立，嗣为生员，守贞五十七年终	
赖氏	清	吴能来	21	50	夫亡之时，翁老孤幼，家贫，身任两责，纺绩以佐瓮飧，守节五十载终	
赖氏	清	林廷寿	18	41	冰霜励节，茶蘖矢贞四十一载	
赖氏	清	陈弈章	未载	终身	夫死忍贫抚孤，苦节终身，其孙陈邦翰为生员	
赖氏	清	黎嗣存	25	终身	夫亡，抚孤上承祖德，下衍宗友，光前裕后，大节凛然，寿终	
赖氏	清	罗辉仪	26	60	持躬淑慎，训子谨严，治家整肃	
赖氏	清	李位枫	28	60	食贫守贞，抚孤成立	

051

（续上表）

姓氏	朝代	夫/婿名字	夫死之时的年龄	守贞时长（年）	主要事迹	旌奖类别
赖氏	清	戴冠新	19	终身	秉性贞淑，贤而且孝，甘贫菇苦，课子读书	
赖氏	清	廖为华	30	30	遗孤短折，立侄善元为嗣，抚育成立	
赖氏	清	陈明福	28	43	事姑竭力，奉养菽水承欢，教子随时警惕，有声太学，全贞七十一寿	
赖氏	清	马祚礼	24	75	有四子，夫故之后，孝事翁姑，训子皆有成。守节七十五载，孙曾林立	
赖氏	清	廖鸿兴	23	33	未载	
赖氏	清	张茂	16	≥44	奉姑立嗣，以寿终	
赖氏	清	范鹤林	23	35	未载	
赖氏	清	汤献求	28	40	未载	
赖氏	清	俞杏荣	27	未载	生子五，夫亡之后以女工供养家，度日极艰，举人张选青为之立传	旌表节孝，于水东街建牌坊
赖氏	清	黄钟万	19	45	事翁姑，抚嗣子，克尽孝慈	
赖氏	清	黄临万	8	未载	家贫如洗，清操苦节，到老愈坚	
赖氏	清	黄科联	22	未载	孤苦零丁，矢志靡他	
赖氏	民国	程楚宝	26	50	克尽妇道，守节抚孤，年七十六终	祀节孝祠
赖氏	民国	李河端	21	37	抚孤成人	

据谱载，赖姓族中娶入女子守节的有69人，包括明代1人，清代65

人，民国3人。其中5人受旌表建有牌坊，4人题请旌表，2人受县令或学使题匾，详见表1-7。

表1-7　长汀赖姓娶入女子守节统计表

姓氏	朝代	夫/婿名字	夫死之时的年龄	守贞时长（年）	主要事迹	旌奖类别
曾氏	明	赖绍祖	未载	未载	婚后不到两年，夫死，父母令其改嫁，曾氏剪发自誓，立侄祯为嗣，抚教成立	
彭氏	清	赖灏	26	60	夫亡之后奉舅姑抚孤子	旌表建坊在治南肖屋塘
某氏	清	赖洵	未载	完节	夫亡后，抚养遗腹子，续三代单传之祀，养八旬无依之姑，克完其节	张邑令给匾旌之
范氏	清	赖进阶	25	48	抚孤成名	
黄氏	清	赖大经	24	完节	贞静自持，以节终	
章氏	清	赖良章	26	35	矢志抚孤	
戴氏	清	赖瑢	未载	40	夫病，戴氏典脱簪珥为其调治，夫死入室自缢。被救之后矢志上奉翁姑，下抚孤儿	
李氏	清	赖学鉴	26	未载	夫亡之后，子复夭，与媳张氏相依为命	
熊氏	清	赖珹	未载	54	夫卒，抚遗腹子有成	
蓝氏	清	赖启章	24	约40	夫卒，事继姑，抚嗣子，矢柏菇茶	
李氏	清	赖震百	23	45	夫殁，剪发欲殉，母泣谕，勉事媳姑，抚孤人成	

（续上表）

姓氏	朝代	夫/婿名字	夫死之时的年龄	守贞时长（年）	主要事迹	旌奖类别
范氏	清	赖永嘉	20	62	抚遗腹子成立，八十二岁以节终。孙曾繁衍，多洲庠序	
郭氏	清	赖万监	19	40余	家赤贫，柏舟矢志，事育无亏，寡言语忍冻馁。年逾六旬，以磨粉自度，人悲其志	
曹氏	清	赖宏康	20	40余	抚侄佳诰为嗣，鞠育承桃，守节四十余年	
郑氏	清	赖予公	19	终身	抚孤成立，以节终	
曾氏	清	赖临高	未载	未载	夫亡，抚遗孤子成立	
刘氏	清	赖启睦	17	未载	夫亡，夫弟举子，养育成立，事公姑，处姒娌，人无间言	
黄氏	清	赖启辇	未载	40余	归数月，夫外出贸易卒于外，四十余载纺织自守	
夏慧娘	清	赖桃	23	50余	事翁而孝，教子以严，子赖高元为监生。就外傅成携饼果回，必告所自，即遣送还，戒后勿复受。邻失火热近，群促之出，氏曰：家贫无别业，舍此焉归，卒不去。既而四邻灰烬，氏居独存，人以为节孝之报	道光八年题旌，坊建五丰社左

（续上表）

姓氏	朝代	夫/婿名字	夫死之时的年龄	守贞时长（年）	主要事迹	旌奖类别
贾氏	清	赖楠	25	40余	夫亡，遗孤二，养以义方，子崇千为监生。姑七旬余病瘘，氏代栉沐进饮食，扶持出入，十数年无倦，姑京非氏不安，寿致耄耋殆孝感欤。又命子崇千修建夫祖龙山公所遗东峰祠，并为外室设资续后	坊建水头村
胡静一	清	赖贞元	29	30余	夫疾卒，氏恸欲捐躯，姑劝以事亲抚嗣而止，节励三十余年	
刘氏	清	赖惠元	25	未载	事父母翁姑以孝闻，痛存未成名而殁，欲孤业儒以继志，子赖焕为州同，孙赖嘉谟为禀生	里人奉为女宗，请旌表
胡氏	清	赖调元	20	40	操井臼，勤纺织，和妯娌，孝翁姑，教子有方，自持有礼	请旌
林氏	清	赖培元	18	38	太学生林含章之女，素沉静，甘淡泊，年十八将届婚期，夫患疾已笃，氏愿于归服劳，卸铅华，调药饵，衣不解带者累月，甫五月夫卒，恸不欲生。翁姑以夫侄嗣之。矢志冰霜，足不逾阃者三十八载。嗣子为从九品	
修氏	清	赖乾元	21	45	未载	

（续上表）

姓氏	朝代	夫/婿名字	夫死之时的年龄	守贞时长（年）	主要事迹	旌奖类别
李氏	清	赖晓元	30	>30	事嫡庶两姑，曲尽孝道，训子允著母仪。为生员赖彤之母	
杨氏	清	赖丰	25	终身	夫故，家贫乏嗣，坚贞苦守，翁姑旋殁，遂依母家，完节以终	
丁氏	清	赖雄千（监生）	27	53	夫故，上奉耄姑，下育稚子，守贞五十三载，累题患坊	
钟氏	清	赖沛	27	47	夫故，事姑至孝，姑甚悦之，守节四十七载寿终	
钟氏	清	赖士瑜	19	未载	夫故，孝事翁姑，慈爱孤儿	与姐同旌
黎氏	清	赖卿贰	26	未载	监生黎历千之女，幼端静，年十九于归，事姑虔，事夫顺，夫病奉侍极诚。夫殁，哀恸几绝，训子有方，治家有法	累题请旌
胡氏	清	赖尔恭	22	未载	夫故，抚前室子礼直、史直如已出，家计清寒，备尝辛苦，肃闺以礼，训儿以义，史直由佐郎擢授道尹	累建总坊
陈氏	清	赖万福	26	62	萃毕生之苦境，旌百世之流芳	

（续上表）

姓氏	朝代	夫/婿名字	夫死之时的年龄	守贞时长（年）	主要事迹	旌奖类别
吴氏	清	赖埔	20	50	夫殇，克事翁姑，抚夫幼弟成名，乃以次侄嗣之	
梁氏	清	赖春元	未载	未载	贞淑性成。夫亡，清操自励	
范氏	清	赖燮元	未载	未载	青年矢志，教子有成，皓首完贞，守身无玷	
彭氏	清	赖拔萃	29	终身	夫故，笃志守贞，竭力以事高堂，养生送死。人无闲言，持家勤俭，而好善乐施。寿逾七旬，二子煌炳，名列缙绅，孙熏镕贡雍窠，大镕入太学，皆事教也	
吴氏	清	赖翰贤	28	42	夫殁，事鞠各尽妇道，矢志靡他	
邱氏（继妻）	清	赖仕元	22	34	性慈和，素贞静，事翁姑克尽妇道，接妯娌聿著闺型，敬夫如宾，待下以恕。越四年夫故，抚前室子与遗腹子，恩鞠如一，励节阅三十四载	
吴氏	清	赖一联	25	24	夫亡，身殉未果，饮水茹，上奉高堂，妇而兼子，抚鞠训孤，母而兼师，纺绩佐岁，风霜凛节，历二十四载。年四十九卒	

（续上表）

姓氏	朝代	夫/婿名字	夫死之时的年龄	守贞时长（年）	主要事迹	旌奖类别
陈氏（继室）	清	赖仪子	28	23	夫亡，事嫡庶两姑，皆尽孝谨，抚前室七子悉如自生，七子教育均平，妇道母仪，以贞并立。五十一岁卒	
余氏	清	赖尧	18	23	夫夭，遗腹逾月子生，矢志鞠成，以慰翁姑，阅四十一年	
戴氏	清	赖雨田	24	31	夫故，乏嗣，为夫守节，立后	
李氏（继室）	清	赖青元	20	未载	夫亡，继嗣复殁，与媳李氏，夫妾王氏，一门三节	
范氏	清	赖光斗	18	终身	夫殇，坚贞孀守，抚嗣云章，营拨补牟，以节终老	
林氏	清	赖青云	22	未载	坚贞自守，誓死靡他。事翁姑下气怡色承顺，而得欢心，待妯娌谦让和衷，服勤而泯皆怨夫弟二人，各以一子祖舜、祖武嗣之	
汤氏	清	赖金纯	29	32	苦守事鞠，各尽其道，阅三十二年	
吴氏	清	赖金冠	29	终身	夫殁，矢志殉亡，以孀姑垂老无依，遗孤详周方幼失怙，遂勉延残喘，尽心事鞠，冰霜苦节，以寿终	

（续上表）

姓氏	朝代	夫/婿名字	夫死之时的年龄	守贞时长（年）	主要事迹	旌奖类别
梁氏	清	赖飞漳	26	终身	苦志贞操，旌党称贤，以寿终	
丁氏	清	赖祥意	19	终身	夫殁，事媚姑梁氏极孝，一门双节。寿终	
金氏	清	赖煩（县丞）	29	终身	奉姑训子，以寿终	
罗氏	清	赖卿冀	24	未载	尽孝抚孤，德性温柔	请旌建坊戒愿岭
康氏	清	赖熙	29	终身	善事媚姑，矢柏舟志，以寿终	
陈氏	清	赖登瀛	21	终身	敬姑慈幼，年逾古稀终	
陈氏	清	赖庚元	30	未载	未载	
邱氏	清	赖兰薰	19	45	抚孤完贞，六十四岁终	
李氏	清	赖拱震	25	30	矢志抚孤，五十五岁终	
胡氏	清	赖希贤	28		未载，寿至古稀	
杨氏	清	赖蒸	29		未载，寿至古稀	
胡氏	清	赖福基	19		未载，寿至古稀	
范氏	清	赖同寅	28	终身	夫故，守节以老	
王氏	清	赖燧	29	终身	完贞而终	
叶氏	清	赖炜	19	未载	事姑孝，课子严	
马氏	清	赖宅冈	29	未载	节孝完全	
陈氏	清	赖金龙	未载	20余	守节二十余年，辛苦教子	学使孙给冰霜高洁额
刘氏	清	赖廷柱	未载	终身	夫故守志，逼嫁不从，苦节终身	
黎氏	民国	赖厚甫	21	26	守节抚孤，四十七岁卒	
郑氏	民国	赖荣春	22	未载	守节抚孤	

（续上表）

姓氏	朝代	夫/婿名字	夫死之时的年龄	守贞时长（年）	主要事迹	旌奖类别
张氏	民国	赖佑臣	25	26	夫亡，子仅三岁，翁姑俱殁，家无担石，依母弟张德光而居，仅靠手工抚孤度日	

表 1-6、表 1-7 共列出了赖姓族中 126 名守节妇女，其中嫁出女子守节 57 名，娶入女子守节 69 名。在 126 名贞节妇女中，仅有 26 人受朝廷题匾、请旌、建坊或入祀节孝祠的奖励，约占 20%。这些贞节妇女，按朝代来分，明代有 5 名，清代有 116 名，民国有 5 名。清代贞节人数占总数 90%，可见赖氏一族的节妇人数主要集中在清代。

长汀县赖姓一族贞女烈妇人数大多集中在清代，与整个汀州府的节孝、贞烈妇女在各个朝代的分布是相一致的。据乾隆《汀州府志》的记载，宋代以来汀州及所属各县的节孝、贞烈妇女数量分布如表 1-8。宋代有 187 名，元代有 1 名，明代有 94 名，清代在乾隆十七年（1752）前就有 795 名，共计 1 077 名，其中清代乾隆十七年前的人数占比近 74%。

表 1-8　汀州及所属各县宋代以来节孝、贞烈妇女数量统计表

地域	宋代		元代		明代			清乾隆十七年前		
	节孝	贞烈	节孝	贞烈	节孝	贞烈	未立传者	节孝	贞烈	未立传者
汀州	186	1		1	43					
长汀县							节 28 烈 6	204	19	54
宁化县							4	65	17	182
清流县							2	24	2	1
归化县								24	6	3
连城县							9	61	14	
上杭县								36	4	
武平县							2	50	15	

（续上表）

地域	宋代		元代		明代			清乾隆十七年前		
	节孝	贞烈	节孝	贞烈	节孝	贞烈	未立传者	节孝	贞烈	未立传者
永定县								12	2	
合计	186	1		1	43		51	476	79	240

注：数据引自谢重光：《客家文化与妇女生活：12—20世纪客家妇女研究》，上海古籍出版社，2005年，第155–156页。

以往学界一般认为，在理学作为主流意识形态的明清两代（1368—1911），"因朝廷和官府不遗余力的教化、旌表奖励，官绅士大夫的宣传鼓吹，社会舆论的影响压力，宗族和礼法规范的约束限制，以贞节观念为主轴的妇道已成汉族社会一般妇女的行为准则；'失节''非礼'行为受到一般民众的鄙视，守节终身、不再婚改嫁，乃至于以身殉夫，已经形成一种社会风气。汉唐时盛行的寡妇再嫁现象，进入明代以后已经近乎绝迹了"[①]。明清正史、方志和族谱等文献中"妇女不出庭户""家夫亡，妇耻再醮""尚贞，女不再醮"之类的一般性描述，以及连篇累牍的《列女传》《节妇传》也确乎可以表明：在贞节牌坊遍布各地的明清时代，"从一而终"的贞节观念已经深入民间。从上文长汀县赖氏一族就出现了126个有史可考的贞女、节妇，从乾隆《汀州府志》记载了1 000多名节孝、贞烈者来看，在闽西客家地区似乎也同样如此。然而，当我们把目光聚焦于广大乡村，民间文献中的记载与口耳相传的历史呈现出来的面貌却又与之迥异。

（二）族谱记载之二：蓝氏闹嫁，守志者寡

明清时期，在全社会节烈之风盛行，理学家们对此极力鼓吹，文人墨客也极力渲染的背景下，广大客家乡间普通大众妇女的再嫁到底呈现出哪种面貌？是否如官方所推崇与预期的那样，几乎人人都思终身一醮，改嫁者从此不见影踪？是否如长汀赖氏族谱所载，改嫁者寥寥无几，而贞女节妇比比皆是呢？

根据对客家地区一些族谱的统计，事实并非如此。笔者在闽西宁化县

[①] 陈剩勇：《理学"贞节观"、寡妇再嫁与民间社会——明代南方地区寡妇再嫁现象之考察》，《史林》2001年第2期，第22页。

做田野调查时，发现有个别姓氏的族谱在世系图中对族中妇女的改嫁有所记载，为我们了解民间社会客家妇女的改嫁，即"不守志"提供了宝贵的资料。在此笔者把对淮土刘、黄两姓的改嫁、守节妇女的统计情况列于表1-9中。

表1-9　淮土刘、黄两姓改嫁、守节妇女统计表

世代	淮土刘姓					淮土黄姓				
	娶入女子数	再嫁	出	守志	再嫁比例	娶入女子数	再嫁	出	守志	再嫁比例
一世	3					未计				
二世	4					未计				
三世	4					未计				
四世	4					未计				
五世	11					未计				
六世	13					未计				
七世	25					未计				
八世	48	1			2.1%	1				
九世	78	3			3.8%	1				
十世	166	10			6.0%	4				
十一世	295	32			10.8%	5				
十二世	491	56			11.4%	7				
十三世	589	93			15.8%	8				
十四世	636	94			14.8%	24				
十五世	760	135			17.8%	26	3			11.5%
十六世	795	145			18.2%	58	10			17.2%
十七世	677	109			16.1%	71	10		1	14.1%
十八世	513	58			11.3%	92	17			18.5%
十九世	311	24			7.7%	77	10			13.0%
二十世	74	4			5.4%	112	15	1	1	13.4%
二十一世	4	1			25.0%	109	20	2	2	18.3%
二十二世						110	10			9.0%
二十三世						63	4			6.3%

（续上表）

世代	淮土刘姓					淮土黄姓				
	娶入女子数	再嫁	出	守志	再嫁比例	娶入女子数	再嫁	出	守志	再嫁比例
二十四世						5				
合计	5 501	765			13.9%	≥773	99			≤12.8%

注：在刘氏族谱中，女子再嫁分别表述为改嫁与未守志，表述为改嫁者在第十四至十九世分别为5、12、26、16、13、6个，表述为未守志的从第八世至二十一世分别有1、3、10、32、56、93、89、123、119、93、45、18、4、1个，表中再嫁者数据为两项合计。

从上表可看出，淮土刘姓从第八世开始出现改嫁现象，一直持续到第二十一世。改嫁者占的比例不小，尤其是在第十一世至第十八世这八代中，每一代改嫁者都占同代娶入女子数的10.0%以上，第二十一世高达25.0%。刘姓从第一世至第二十一世娶入女子的总数有5 501个，改嫁者有765个，占13.9%。再看淮土黄姓（由于统计时的疏忽，本表未计黄氏第一至第七世娶入的女子数，因此合计栏中的娶入女子总数用"≥773"表示，而改嫁者占的比例用≤12.8%表示），淮土黄姓从第十五世开始出现改嫁现象，一直持续到第二十三世，共九代。这九代中有七代改嫁者所占比例在10.0%以上。黄姓历代共娶入女子不少于773人，改嫁者有99人，占比例大约为12%。与此同时，黄姓一族中有记载的守志者仅有4人，约占娶入女子总数的0.5%。无论是黄姓还是刘姓宗族，对于改嫁的情况记载较多，也较详细。对守志者的情况却未有详细记载，或记载较少。

在宁化淮土的黄姓宗族族谱中，不仅记载着改嫁的大量信息，甚至还有因夫外出数年不归，忍受不了而"闹嫁"的。据谱载，必诚公房的大武，"字进元，乾隆己巳十四年十二月初十日卯时生，殁葬未详。娶蓝氏，因夫出外三年即闹嫁，亦崔氏流也。生一子：贤标"。① 此处的崔氏应该指的是《汉书》朱买臣本传中的崔氏。据载，西汉书生朱买臣家贫如洗，妻崔氏不耐清贫，逼买臣写休书，后改嫁暴发户瓦工张三。"朱发愤苦读，中第，任会稽太守。""朱买臣富贵后回乡，见前妻与其夫修路，令人将二人载入太守府，加以奉养。月余，其妻自缢死，朱买臣厚赠其夫。"由此

---

① 《淮阳黄氏八修族谱》卷七《必诚公房得广公一脉世传》，第14页。

可见，在宁化传统社会中的黄氏宗族妇女，不仅有不少夫死再嫁者，还有已生有儿子，丈夫尚在，只是出外三年就闹着离家再嫁者。修谱者在谱中用短短的"亦崔氏流也"五字反映对此事的态度、看法与评价。

如果说这仅是位于宁化县南部的同一乡镇两个宗族的数据，可能只是特例，不妨再看看位于宁化西部，与江西省交界的河龙乡伊姓的统计数据。伊姓是当地古老的宗族，上祖有在朝中为官的，应该比其他宗族更加倡导儒家文化，上文曾述族中定有"褒贞节""剪奸淫"等十条规训。在宗族的倡导、规训的约束之下，族中的贞女节妇是否会比较多，而改嫁者会比较少呢？在此把伊姓媳妇的改嫁与守志数列于表 1–10 中：

表 1–10　伊姓娶入女子改嫁、"守志""出"统计表

世代	改嫁	守志终身	守志或守节	出
十四世	1			
十九世	1			
二十世	6			
二十一世	15			
二十二世	32	3	1	2
二十三世	67	3		2
二十四世	84			
二十五世	105			
二十六世	155			
二十七世	85			
二十八世	62	1		1
二十九世	43		1	1
三十世	20		1	1
三十一世	12			
三十二世	2			
总计	690	7	3	7

上表数据显示，伊氏从第十四世至第三十二世均有改嫁的，夫死而改嫁者共有 690 例，夫在而改嫁者有 7 例，两项合计共 697 例。第二十五世与第二十六世改嫁者高达 100 多例。而全族守志者共有 10 例，其中 7 例为守志终身，有 3 例为守志或守节。河龙伊姓共分为五大房，据笔者对伊姓

四大房娶入女子数的统计，除必达公房外的四大房共娶入 6 065 人，五大房改嫁者的数目为 690 人，若把必达公房娶入的女子数亦计在内，则不止 6 065 人，由此可估计，改嫁者所占的比例约为 11.4%。而守志者总计只记载了 10 个，约为 0.17%，与改嫁者相比可谓是天壤之别。因此尽管伊氏一族提倡本族妇女"终身一醮"，但守志者还是较少。

从对上述记载的宁化淮土刘姓、黄姓与河龙伊姓的统计可看出，这三姓中，改嫁的数量总体比例约为 12.6%，而守志者却极少有记载。事实上，根据笔者对当地族谱的查阅，发现不少族谱都载：不禁止寡妇再嫁。如《南阳郑氏族谱》凡例载："妇有丧夫者观其志愿，若果有坚冰苦志、矢心守节者最为可嘉。其或家素清淡不能度活者当以尝产赠之，若家赀厚者则必加以奖劝，俟其年逾长衍花甲，族众当以节孝报官，以待颁行旌奖。如有志愿不诚者不必强留，听其改节再醮，庶免玷族污宗之患。"① 可见，在郑氏宗族中，寡妇若要改嫁，族人并不阻拦。安乐孙氏族谱在光绪二十三年（1897）八修谱时全族订立的"禁夫亡纳赘"禁令中亦规定："吾家有丧夫者听其志愿政（改）节事人"，"日后如有兄亡而弟故者，不得以妇可爱从便转室。即力难支持之家，其妇断难守志，任凭再嫁，将身赀别娶。庶几人伦全而天理合……"② 因此，安乐孙氏也是听凭亡夫之妇本人的意愿，允许其再嫁。龙氏族谱的族规载曰："妇人夫死改嫁亦属恒情。"③可见，郑、孙、龙三姓均不阻拦寡妇再嫁。

因此，在客家地区的民间社会虽普遍倡导节烈，但某些宗族并不禁止寡妇再嫁。赵剑也认为客家妇女再嫁的不少：

福建上杭才溪乡 73 岁（1993 年，下同）的老大娘阙招金说："妇女死了丈夫可改嫁。"她的祖母改嫁过两次，她自己也改嫁过两次。广东和平县 81 岁的陈彬老大娘说："妇女死了丈夫可改嫁，大多改嫁，一般由她自己决定，爱嫁则嫁，一般不受干涉。"广西贵县赐谷村 93 岁的客家妇女王月仙也说："寡妇可改嫁，但有儿子的人大多不改嫁，如果她们（指有儿子的寡妇）改嫁，宗族也不会过分干涉。"这些调查材料表明，没有儿子的寡妇，大多改嫁，在那些有儿子的寡妇中，也有不少人改嫁。有儿子的寡妇改嫁后，儿子仍属前夫，随前夫姓，而继父则有抚养的义务。这在闽

---

① 《南阳郑氏族谱·凡例》，编纂年月不详。宁化客家祖地藏本。
② 《安乐郡孙氏十一修族谱·凡例·族议禁例》，1993 年修。宁化客家祖地藏本。
③ 《武陵龙氏族谱》卷一《族规·龙家寨族规》，1988 年修。宁化客家祖地藏本。

西被称为"随母嫁爷"。"随母嫁爷"现象的普遍程度，在不同地区间有较大差异。"①

　　他通过 1992 年在闽西、粤东北和广西部分客家地区的调查，认为寡妇再嫁并不是"极少数"三个字能够说明的。

　　那么，既然再嫁在客家民间社会普遍存在，那为何在众多姓氏的族谱中仅见贞女烈妇节妇的记载，难以找到"改嫁者"的身影呢？历史学家刘翠溶通过对明清时期长江中下游地区多种族谱资料的统计分析，指出：女子再婚之事，在社会普遍视"寡妇再醮"或"改适"为可耻的价值取向之下，明清时期的一般族谱编修者，大多把此类事件视为家丑而不予登录，因此，迄今我们在族谱中发现的相关记载并不多。②

　　根据笔者的查阅，闽西客家的大多族谱都对改嫁现象只字不提，把寡妇再嫁视为家丑不予载录，而对族中的贞女、节妇、烈妇大加渲染，借此光宗耀祖。但也有少数族谱，在谱中的世系表中对改适如实记载的。从中反映了族谱的撰写者受主流意识形态的影响程度不同。前者受主流意识形态的影响较大，用官方话语书写；后者受主流意识形态影响较小，把民间社会中普遍存在的本族再嫁妇如实载入族谱。

　　陈剩勇曾指出：在贞节牌坊到处林立、贞节观念蔚然成风的明清时期，寡妇再嫁虽然受到了空前的禁绝或遏制，但就全国范围来说，寡妇再嫁在民间社会一直存在着。《列女传》《节妇传》里的女性传主，即那些长年累月终身守节、为夫殉节的明清烈女、节妇们，其实只是明清两代的朝廷和官绅士大夫树立起来的典型人物，这些典型在明清时期的女性群体中不过是一小部分而已。以《古今图书集成》来说，此书收集史料之全，至今为史家称道。然而，清代康熙、雍正间编书的那一大批史臣文人，多方搜集汇总在一起的贞女、节妇，从明初到康熙末年总共也不过 11 529 人之数，即使有些遗漏，就算乘以 10 倍，十一二万名贞女节妇，与长达 354 年历史中的芸芸众生相比，如把芸芸众生比喻成海上的一座大冰山，那么，《列女传》《节妇传》表彰的成千上万名烈女节妇，充其量只是浮在海面上的冰山之一角。海面上的一角，并不能完全代表潜藏在海面下的那座大山

　　① 赵剑：《客家妇女与"二婚亲"——兼与房学嘉先生商榷》，《中华女子学院学报》2001 年第 2 期。

　　② 刘翠溶：《明清人口之增殖与迁移——长江中下游地区族谱资料之分析》，《第二届中国社会史国际学术研讨会论文集》，第 289 页。

体,《列女传》长篇累牍地宣称贞节牌坊遍布城乡,改嫁现象依然存在①。在客家地区亦是如此。

从族谱的记载来看,在客家地区,夫死之后,寡妇并非不敢再嫁、很难再嫁,与此相反,寡妇再嫁在客家民间社会的个别氏族中,是一种非常普遍的现象。

小　结

本节对传统客家妇女的婚姻形式,女子出嫁后与娘家的距离,丈夫死后多数客家妇女是选择守节还是再嫁等问题进行了叙述,可以得出以下认识:

第一,通过对传统客家妇女通婚圈的分析可看出,虽然是同为闽西客家地区的宗族,但不同宗族的通婚半径有所不同。即不同宗族大多数媳妇本家与外家的距离是不同的。罗坑头村吴姓绝大多数媳妇与娘家的距离为25 里以内;杨边村杨姓为 15 里,并且其中大部分为 10 里以内;安远李姓为 20 里以内;河龙伊姓为 40 里以内。这种差别产生的原因最重要的应该是该宗族周围的村落分布、姓氏构成。杨边村杨姓媳妇离娘家的距离最近,因该村地处石壁大盆地上,周围密布着许多村落与不同姓氏的宗族,而罗坑头村则地处偏僻山区,村落与村落之间的距离相隔较远。伊姓媳妇们离娘家的距离相对较远,也是因为河龙海拔较高,村落的分布不如盆地的分布密集。

第二,本节"守志与再嫁:夫死之后传统客家妇女的婚姻状态"部分的分析表明:儒家经典中一直提倡妇女要坚守贞节,从一而终;朝廷从制度层面在妇女中推行贞烈之风,为贞女烈妇们树牌坊立传;地方志编纂者亦不惜笔墨为贞女烈妇们写传留名;一些地方文化精英亦在族规家训禁条中规肃妇女行为,然而在个别氏族的族谱中却出现了大量妇女改嫁的实例。这些巨大反差说明:国家、地方文化精英所倡导的规范在民间未必就能被大众全面接受。

此前已有学者注意到这种现象,如刘大可教授通过在武平县北部的调查可知:客家妇女生活中的原则与实际具有不一致性。在当地的族谱中有不少约束女性活动的记载,然而在现实生活中,却存在着妇女当家作主的现象。她们对家庭事务具有一定的决定权,在经济上有一定的支配权,并

067

① 陈剩勇:《理学"贞节观"、寡妇再嫁与民间社会——明代南方地区寡妇再嫁现象之考察》,《史林》2001 年第 2 期,第 26 – 27 页。

且在民间信仰活动中具有一定的主动性，在两性交往上也相对自由。因此，"族谱中族规、祖训家规是一回事，实际生活则是另一回事，制度条文与现实生活具有一定的距离。反过来说，制度条文的制定或许还基于现实生活中比较普遍的一种现象，作为一种社会现象反弹，在儒家伦理的框架下提出的种种道德教化与约束"。①由是观之，众多族谱在凡例与族规中对二婚亲的一种——转房婚的禁止可能表明，在客家地区，转房婚习俗广泛存在。在乡间世俗生活中，民众对转房婚尚能接受，对寡妇出嫁外族的态度也就可想而知了。

第三，本节对宁化伊、黄、刘三姓再嫁女的统计结果再次支持了赵剑的观点，他认为客家妇女再嫁的不是少数。但对客家妇女再嫁行为的影响因素的分析，似乎值得进一步讨论。他认为：客家寡妇改嫁与妇女本身的贞节观念淡薄，客家地区人多地少，土地资源异常缺乏，宗族成员不希望寡妇特别是没有儿子的寡妇留在本宗族内等因素相关外，还与客家妇女特别能干相关。"'妇女……耕田、采樵、织麻、缝纫……无不为之'。妇女'立产业、营新居，谋婚嫁、延师课子，莫不井井有条'。甚至有'男子不务正业而赖妻养之者'。在这种情况下，那些丧妻的鳏夫和因贫困娶不上妻子的大龄光棍，对寡妇也就'多不忌讳'。这使寡妇改嫁有较大的选择余地。"② 宁化族谱记载显示妇女改嫁的比例不小，但宁化妇女在传统社会中，绝大部分是缠足的，她们几乎都不做也无法做"耕地、砍柴、种菜"等户外劳动。当地遵循的是"男主外，女主内"的性别分工模式，女子只从事照顾老小、做饭、洗衣等家务劳动。在此情况下，丈夫死后倘若没有成年儿子，除非家庭经济条件较好或者本宗族中有专项尝产提供她生活来源，否则这个寡妇的生活便没了依靠，不得不改嫁。由此可见，客家文化的地域性极强，在粤东与闽西的大部分客家地区，妇女不缠足，承担了大量的生产劳动，里里外外一把手，但宁化传统客家女子是个例外。然而改嫁在缠着足、不从事户外劳动的宁化客家女子中同样普遍存在。既然在客家地区，无论女子缠不缠足，从不从事生产劳动均是改嫁者众多，那么，传统客家女的能干与否或许可能不是影响其改嫁的原因。

---

① 刘翠溶：《明清人口之增殖与迁移——长江中下游地区族谱资料之分析》，《第二届中国社会史国际学术研讨会论文集》，第289页。

② 赵剑：《客家妇女与"二婚亲"——兼与房学嘉先生商榷》，《中华女子学院学报》2001年第2期，第36页。

第二节　客家民俗与女子教育

在汉民族的各个民系中，客家妇女是一个极有特色的群体。历史上，客家族群的"女劳男逸"现象曾引起人们的广泛关注。客家妇女勤劳能干备受国内外人士的称赞。其中尤以曾在客家地区居住多年的美国传教士罗伯·史密斯所著《中国的客家》一书对客家妇女的品质描述得最为详细："客家妇女真是我所见到的任何一族妇女中最值得赞叹的了。在客家中，几乎可以说，一切稍微粗重的工作，都是属于妇女们的责任。如果你是初到中国客家地方住居的，一定会感到极大的惊讶。因为你将看到市镇上做买卖的，车站、码头的苦力，在乡村中耕田种地的，上深山去砍柴的，乃至建筑屋宇时的粗工，灰窑瓦窑里做粗重工作的，几乎全都是女人。""她们多数很聪颖，当她们在山中砍柴时爱唱山歌，常常是一问一答，应对如流。"客家妇女的勤劳、能干、聪明、温顺跃然纸上。

这些聪明能干、在传统社会中承担着众多事务的客家妇女，她们在传统社会中的教育状况如何？客家人被认为是特别崇尚教育的民系，认为"养子不读书，不如蓄条猪"，即使砸锅卖铁也要供孩子上学。客家女子的受教育权，是否一如客家男子受到家庭与社会的重视呢？本节以 1949 年以前梅州的风俗与教育状况为中心，对客家女子的传统教育进行分析与探讨。

一、清末以前的客家民俗与女子教育

1. 清末以前客家传统社会的教育概况

客家人十分重视教育，崇文重教的思想观念在创族学、设学田等宗族组织民俗，民间信仰、民居建筑与装饰，以及民间俗语与儿歌等方面均有具体呈现。① 浓厚的崇文重教之风使客家弟子读书参加科举考试者愈来愈多。清中叶黄鸿藻曾说："吾州土瘠民贫，风俗勤俭，无贵贱，皆读书识字。"② 甚至有人认为梅州人的识字率高达 90%，据《梅州之风俗观》所载："吾州……民酷嗜读书，成为天性，男子生及六七岁，即入学就傅。虽穷人之子，厮养之儿，未有不入学者……故全州三十六堡中，识字者实

---

① 钟晋兰：《客家民俗中的崇文重教观》，《福建论坛》2012 年第 8 期。
② 黄鸿藻：《逸农笔记》卷四，第 4 页。

逾什九……"① 从中可见当地读书识字者占比之高。

客家地区的崇文重教之风十分浓厚，但根据对粤东、赣南、闽西客家大本营的科举中式者人数与创办书院数量的统计，并把它们与全国进行对比后可以发现：客家人崇文重教不假，在清代以前教育却并不发达。② 入清以后，这种面貌得到很大改变。以梅州为例，不少文献提到清代梅州文教之盛，尤其是到清代乾隆年间，梅州的文风极盛。"士喜读书，多舌耕，虽困穷，至死不肯辍业。近年（乾隆初年），应童子试者至万有余人。前制府《请改设州治疏》称'文风极盛'，盖其验也。"③ 由于读书成风，应试者众多，在科举考试中的成绩亦比较突出，因此名声远扬。乾隆十三年（1748）任嘉应知州的河北人王之正在州衙前的照壁上就曾题写"人文秀区"四字匾额，以示本地文风之盛。乾隆二十二年（1757），朝廷派来广东督学的状元吴鸿在按临梅州时也称："嘉应之为州也，人文为岭南冠。"④

梅州文化教育的发达给当时的外国传教士留下了深刻的印象。法国天主教神父敕理查斯在其所著《客家词典》一书的"序言"中说："在嘉应州（现梅州）这个不到三四十万人的地方，我们看到随处都是学校，一个不到 3 万人的城市中，便有 10 余间中学和数十间小学，学生人数几乎超过城内居民的一半。在乡下每一个村落，尽管那里只有三五百人，至多也不过三五千人，便有 1 间以上的学校。因为客家人每一个村落都有祠堂，那是他们祭祀祖先的所在，而那个祠堂也就是学校。全境有六七百个村落，都有祠堂，也就有六七百间学校，这真是一个骇人听闻的事实。按照人口比例，不但在全国没有一个地方可以和它相比，就是较之欧美国家也毫不逊色。"⑤

林云谷对梅州蕉岭县的"私塾林立"现象亦做了详细的描述："蕉岭山多水少，土瘠地狭，百里以内，山居者七，农田既稀，女又能耕。男子在乡者，除读书外，几别无可作生计，故清时雍乾嘉道年间，蕉岭县考，岁应童生试者常一千七百余人。每村俱有家塾。一二百户之村，即有塾六七处，盖二三千金之产，苟建居室，必应家塾，以训同姓子弟，塾大者亦许外人合读。邑中除桂岭书院为义学外，再无公费学校。外以家塾而论，

---

① 转引自房学嘉等：《客家梅州》，华南理工大学出版社，2009 年，第 240 页。

② 钟晋兰：《客家民俗中的崇文重教观》，《福建论坛》2012 年第 8 期。

③ 王之正：(乾隆)《嘉应州志》卷一《风俗》，1991 年整理版，第 44 页。

④ 黄钊：《石窟一征》卷二《教养》，第 18 页；乾隆四十六年《镇平县志》卷六《艺文》，第 8 页。

⑤ 张卫东、王洪友主编：《客家研究》第 1 辑，第 178 - 179 页。

则不止二千余所。蕉岭男子，清代即少文盲，私立学塾普设之功也。"① 由此可见，在清朝时期的粤东梅州，由于乡间私塾林立，客家男子大多有受教育的机会，因此文盲很少。

2. 清末以前客家传统社会的女子教育

在清代以前的粤东梅州，虽然私塾林立，崇文重教的观念十分浓厚，但这些都是对于客家男子而言的。除个别书香门第之家的女子有机会读书认字外，客家女子在传统社会中大都与学校无缘。除了梅州在经济上的普遍贫困，传统的重男轻女思想严重，认为"女子无才便是德"等作祟之外，可能还与当地社会的童养媳婚盛行以及女劳男逸之俗关系密切。

童养媳婚是中华民族一种古老而又普遍的婚姻形式。客家地区非常盛行童养媳婚，很多女孩出生不久就被抱到其他家庭当童养媳，不仅贫穷之家如此，连一些官宦之家也有此举。嘉庆《平远县志》曰："近则女孩始生，即有抱养为媳者，始犹贫俭之家倡行之，今则士大夫家亦以为便。"此俗在明清以至民国愈演愈烈，民国时期的一些调查资料说明，赣、闽、粤各地的童养媳比例都相当高。由于客家女子大多被抱去当童养媳，她们的社会地位很低，因此很难拥有受教育权。

另外，在客家地区，经济上的普遍贫困使大部分客家妇女不得不为家庭生计奔忙，加上本地的女劳男逸之风浓厚，客家妇女是里里外外一把手，承担了家内与户外的几乎所有劳作，这不仅使她们难以有时间参与读书学习，也使得对客家女子的教育更多的是家务与田间劳作技能的培养，使她们能适应婚后生活的需要。

对梅州地区的女劳男逸现象，很多文献都有记载。如光绪《嘉应州志》载："村庄男子多逸，妇女则井臼耕织樵采畜牧灌园种蔬纫缝炊爨，无所不为。"张港群的《五华方俗杂谈》亦提到："常见许多家庭，男人游手好闲，不务正业，甚至醉、赌、吹烟，家事全靠主妇维持，否则早已淘汰。主妇辛勤所得，给夫使用，还受随意打骂，而毫无怨言。乡俗劳苦及琐碎工作，如割草及家务，均由妇女任之。"②

《清稗类钞·风俗类·大埔妇女之勤俭》对客家妇女的勤劳能干记载得非常详细：

---

① 林云谷：《蕉岭历史管窥》，《梅州文献汇编》第六集，梅州文献社，1977年，第33页。

② 张港群：《五华方俗杂谈》，《梅州文献汇编》第八集，梅州文献社，1978年，第77—78页。

日出而作，日入而息，自奉俭约，绝无怠惰骄奢之性，于勤俭二字，当之无愧。至其职业，则以终日跣足，故田园种植，耕作者十居之七八。即以种稻言之，除犁田、插秧例用男子外，凡下种、耘田、施肥、收获等事，多用女子。光、宣间，盛行种烟，亦多由女子料理。种烟、晒烟等法，往往较男子汉为优。其余种瓜果、植蔬菜等事，则纯由女子任之。又高陂一带，产陶颇多，其陶器之担运，亦多由女子承其役。各处商店出进货物，或由此市运至彼市，所用挑夫，女子实居过半，其余为人家佣工供杂作者，亦多有之。又有小贩，则寡妇或贫妇为多。又除少数富家妇女外，无不上山采樵者，所采之薪，自用而有余，辄担入市中卖之。居山僻者，多以此为业。又勤于织布，惟所织者多属自用耳。总之，大埔女子，能自立，能勤俭，而坚苦耐劳诸美德无不备具，故能营各种职业以减轻男子之担负。其中道失夫者，更能不辞劳瘁，养翁姑，教子女，以曲尽为妇之道，甚至有男子不务正业而赖其妻养之者。至若持家务主中馈，犹余事耳。

前文曾述，我国著名的外交家黄遵宪（1848—1905）在《李母钟太安夫人百龄寿序》中写道："妇女皆勤俭……五部洲中，最为贤劳矣！"并以其亲身的体验在《拜曾祖母李太夫人墓》中热情歌颂他的曾祖母"靡密计米盐，辛勤种瓜壶"，"亲手裁绫罗，为儿制衣裳"，"太母持门户，人言胜丈夫"。

从上述文献的种种记载可看出，客家地区的女劳男逸、妇女的勤劳刻苦有三个特点：一是妇女"无所不为"，从家务劳作到田里种稻、种烟、种菜，从家中织布到上山砍柴，乃至做挑夫及到市场做买卖等，都是妇女在承担。二是妇女的勤劳刻苦跟家庭经济的好坏关系不大，她们不分贫富均很辛劳，即使是官宦富实之家的老太太仍然在帮助持家，以致"人言胜丈夫"。三是客家地区有些男子不务正业，依赖妻子养活，甚至有些男子，对辛勤劳作养家的妻子还随意打骂，可见客家妇女终日忙于劳作，却未得到相应的家庭地位。客家妇女的双肩几乎承担了家内外所有的劳动，以及她们的地位并不高的事实使她们很难有机会进私塾乃至官办的社学、义学等学校受教育。

因此，在清代以前，有机会参加学校教育的客家女子屈指可数。即使到民国时期的客家乡村，能去学校接受全日制教育的客家女子还是为数不多。据何举帆在台湾的回忆，他在1933—1934年间就读大学时因父亲病重在床休学回家，受家乡父老的邀请，他担任位于梅县松源乡的何氏发扬小学校的校长。任职期间，何举帆曾鼓励女子读书，由于乡民的保守，对于女子读书并不重视，甚至还有表示反对的。就任校长前，全校三百余名学生中，只有三四名女生，都是家庭经济条件较好的。为倡导女子入学读书，他曾建议将免费作为鼓励方式，但未获学校董事们的同意，后改为减半收费。结果，在他任内大概计有二十名女生。① 乡镇学校的女生占比之低由此可见一斑。

3. 客家民俗与女子教育

在清代以前的客家传统社会中，由于能进学校接受正规教育的客家女子极少，因此对女子的教育主要通过家庭教育与社会教化来实现。其中，家庭教育主要从三方面来进行：一是生产生活技能教育，熟练掌握生产生活技能是一个客家女子婚嫁的重要资本；二是道德礼仪教育，比如孝顺父母、言辞庄重、敬奉公婆、养儿育女等；三是禁忌教育，如成长禁忌、生活禁忌等，在成长过程中由父母传授与示范。②

在社会教化方面，风俗习惯起了很大的教育作用。以客家女子的生产生活技能教育为例，有一首童谣，描述了客家妇女自小至大所受的教育，这首童谣唱道："一岁娇，二岁娇，三岁拾柴爷娘烧。四岁五岁学绩麻，六岁七岁纺棉纱。八岁九岁学绣花，十岁绣个牡丹花。十一十二放牛羊，十三十四学种瓜，十五十六做嫁妆，十七十八带子带女转外家。"③

客家地区还有不少可以对客家女子的生产生活起规劝与警戒作用的歌谣与山歌。如《勤俭淑娘》（又称《客家姑娘》）的客家歌谣：

勤俭布娘，鸡啼起床。梳头洗面，先煮茶汤。灶头锅尾，光光张张。煮好早饭，刚刚天光。洒水扫地，担水满缸。漫有食朝，洗净衣裳。上山斫柴，急急忙忙。田头地尾，种菜种粮。讲究养猪，煮汁拌糠。纺纱织布，唔离间房；针头线尾，收拾柜箱。家头教尾，顺理有方。唔生是非，唔敢荒唐。爱子爱女，惜肝惜肠。推砻踏碓，唔声唔响。留心做米……粗茶淡饭，老实衣裳。越有越俭，唔贪排场。丈夫出门，家事敢当。就无米煮，耐雪经霜。检柴出卖，唔畜私囊。唔偷唔窃，辛苦自当。唔怪丈夫，

① 何举帆：《我在原乡办理小学教育忆述》，《梅州文献汇编》第十二集，梅州文献社，1981年，第68页。

② 黄茜：《传统客家女子教育初探》，《嘉应学院学报》2010年第10期，第20页。

③ 谢重光：《宋明理学影响下客家妇女生活的演变》，《中共福建省委党校学报》2005年第5期，第50页。

唔怪爷娘。……能粗能细，有柔有刚。能够柬样，真好布娘。①

与此相反，懒惰的妇女则被讥笑为"懒尸婆"。如歌谣《懒尸妇道》所唱：

懒尸妇道，说来好笑。半昼起床，噪三四到。日高半天，冷锅死灶。水也唔挑，地也不扫。头发蓬松，过家去嬲。讲三道四，呵呵大笑。田又不耕，又偷谷粜。家务不管，养猪成猫。上墟出入，一日三到。煎堆扎粽，样样都好。有钱来买，偷米去教。老公打哩，开声大叫。去投外家，目汁（眼泪）像尿。外家伯叔，又骂又教。爷骂无用，哀（娘）骂不肖。归唔敢归，嬲唔敢嬲。送回男家，人人耻笑。假话投塘，瓜棚下嬲。当年娶她，用银用轿。早知如此，贴钱不要。②

这些歌谣广泛流传在客家地区，对客家女子的成长起了很好的教育劝导作用。从中我们也可以勾勒出客家女子的成长过程：客家女孩从小即在母亲的童谣声中接受着上述《勤俭淑娘》民谣中的教导；三四岁时跟随母亲拾柴、拔草、摘菜，边玩边学；七八岁时便能帮助母亲烧水、煮茶、刷锅、洗碗、挑水、扫地、洗衣裳、带弟妹；长到十二三岁就要由户内家务劳动转到户外劳动：割草、砍柴、挑担、种田、种菜，晚上则学习纺纱、织布，做手工活；结婚后，在婆婆的督促下，接受为人妇为人母的教育，侍奉公婆和丈夫，和睦上下，教育子女。③

因此，在清末以前，客家女子教育与其他汉民系相比，最大的特点是为适应客家社会的需要，对女子的生产生活技能进行家务劳动与户外劳作的全面培养。由此才能适应婚后男子出外谋生，客家妇女既得主内又得主外，里里外外当一把手的生活。

二、清末民国梅州的女子教育与女教育家

1. 清末民国梅州的女子教育

在清代以前漫长的传统社会中，由于传统礼教与观念的束缚，加上受生活环境、经济条件与风俗习惯的制约，绝大多数客家妇女处在文盲状

---

① 转引自黄马金：《客家妇女》，中国妇女出版社，1995年，第29页。
② 转引自黄马金：《客家妇女》，中国妇女出版社，1995年，第29页。
③ 谢敏华、吴雯：《浅谈客家传统家教的特点》，《赣南师范学院学报》2000年第4期，第13页。

态，受到过正规教育的女子简直是凤毛麟角。直到清末，梅州才开始兴起女子教育。在社会各界的共同努力下，女子教育于民国时期得到发展。现把清末民国梅州地区创办的女校列表如下：

表 1-11　清末民国时期梅州地区女校统计表

学校名称	校址	创办人	创办时间	备注
懿德女子学校	梅城	叶璧华	1898	1913 年与崇实女校合并为县立女子师范学校
耕耘小筑女子学校	梅城	梁浣春	1905	1970 年停办
嘉善女子小学校	梅城	梁浣春	1907	后改为"梅县第一区区立女子小学"，1941 年改为"县立初级职业中学"
崇实女子学校	梅城			1913 年与懿德女校合并为县立女师
心光女子学校	梅县黄塘	赫求光	1912	1938 年改为"心光盲女院"
懿微女子学校	兴宁县城	罗雅达	1912	1920 年改为"兴宁县立女子学校"
桂里女子学校	梅城	梁浣春	1912	1914 年冬停办
广益女子学校	梅县城东		1913	1922 年改为"女子中学"
梅县县立女子师范学校	梅城		1913	1929 年改为"县立女子中学"
大埔县县立女子小学校	大埔茶阳		1913	
乐育女子学校	梅县黄塘	约以礼	1914	1920 年至 1923 年改为"乐育女子师范"，1930 年与乐育小学合并
松口女子学校	梅县松口	饶一梅	1915	1917 年与松口公学合并
兴宁县立女子学校	兴宁县城		1920	由懿微女校改办
广益女子中学	梅县城东		1922	由广益女子小学扩办
恒业女子职业学校	梅城	杨恒昭	1924	
怀德女子学园	兴宁县城	张怀玉	1925	
石扇女子学校	梅县石扇	彭精一	1926	1928 年停办
梅县县立女子中学	梅城		1929	由梅县县立女子师范改办

（续上表）

学校名称	校址	创办人	创办时间	备注
广东省立梅州女子师范	梅城		1936	由梅县县立女子中学改办
平远女子小学	平远县	萨崇英	1939	1942 年停办
梅县县立女子初级职业学校	梅县		1941	
平远职业学校家政班	平远县	赖伴梅	1943	1949 年停办
兴宁县女子初中	兴宁县城	王碧云	1944	1949 年并入兴宁一中
丰顺汤南女子学校	丰顺汤南			

注：表中资料来自梅州市妇联主编：《梅州妇女志》，1990 年。

这些女子学校，从设立时间来看，清末设立的有 3 所，民国 19 所，另有两所设立的具体年代不详。从地域分布来看，设在梅州城中的有 9 所，设在梅县的有 7 所，兴宁 4 所，平远 2 所，丰顺与大埔各 1 所。

据载：民国九年（1920），北京大学开始招收女生，为我国男女同校之先声。① 事实上，梅州的女子学校已有与男校合并办学的，如表中所列的松口女子学校就在 1917 年与松口公学合并。1949 年中华人民共和国成立后，实行教育体制改革，女校逐步与男校合并或实行男女同校，梅州的不少女校亦在此时停办或并入其他学校。

这些女子学校既有普通教育，也有职业教育。如女子师范学校，初为解决女子学校的教师奇缺而设。而恒业女子职业学校，教授裁缝、编织、刺绣等手工兼学文化。梅县第一区区立女子小学改为县立女子初级职业学校后，不仅教一般的中学课程，还设缝纫、编织与刺绣等课程。而平远职业学校还设有专门的家政班。由此可见，在职业学校开设的课程，很多都是为女子当好贤妻良母而设。

值得注意的是，梅州在民国初就办有盲人学校，即心光女子学校。它是德济医院德籍助产士赫求光姑娘建议创办的，1912 年由德国基督教会在黄塘建立。心光女子学校设立之初收养盲童 20 多名，至 1940 年增至 68

---

① 《三十年来梅县教育发展史（民国元年至三十年）》，《梅州文献汇编》第七集，梅州文献社，1878 年，第 60 页。

名，设有幼稚班、三年级、五年级和手艺班，编班上课。课本均为凸字盲文课本，授国语、算术、写字、神诗等课程，同时进行手工技艺的指导，使盲女们有一技之长，毕业后能够自食其力。

民国时期，女子教育虽然得到发展，但与男生相比，上学的女生占的比例仍然很小。据 1932 年兴宁县的统计，全县有女小学生 1 615 名，仅占全县小学生的 5.5%；女中学生 23 名，占全县女中学生的 2%。在女子教育最发达的梅县，1942 年有女中学生、女师与职校女生共 1 313 人，占全县此类学生的 14%。从兴宁、梅县的统计数据可看出，能够通过正规学校教育读书认字的女子并不是很多。

所幸在女校发展的同时，1925 年开始，粤东各县先后成立了妇女组织，创办了妇女夜校，作为正式学校教育的补充，使许多女子摘下了"文盲"的帽子。到抗日战争时期，梅州妇女夜校可以说是遍及乡间，正如 1939 年 11 月 12 日出版的《梅州抗战》周刊第 14 期所载："梅州妇女夜校，甚为发达，就一般估计，已有千所之普。"参加学习的妇女有 25 100 多人。兴宁县有夜校 950 间，就读妇女有 53 100 余人；五华县读夜校的妇女亦达到 20 000 余人。妇女夜校一般利用小学教室、祠堂或是乡间比较宽敞的房屋作为学习场地，老师大多由当地的女共产党员与小学教师等主动担任。教材除了采用学抗会、妇女会编写的课本，还利用《平民课本》《白话信札》等作教材，甚至有不少是教师自行编写的课本。① 大量乡间的穷苦妇女通过夜校读书认字，学到了不少文化知识。

2. 梅州的女教育家

在清末民国，梅州出现了一些杰出的女性，如被称为"岭东著名诗人"的叶璧华与范夷香，为梅州女子教育作出重大贡献的女教育家梁浣春。其中叶璧华既是诗人又是教育家。

（1）女诗人兼教育家叶璧华。

叶璧华（1841—1915），自称古香阁主人，嘉应州白渡堡（今梅县丙村镇）芦陵村人。她是岭东著名女诗人、女教育家。父亲叶曦初为嘉庆举人，曾在广州府学署掌教。生于这样一个书香门第，使其饱受家学，加之天资聪颖，所以自幼能文善赋。叶璧华一生作诗甚多，生前曾手编《古香阁集》二卷，晚年出版了《古香阁全集》，包括她生平的诗、词、赋三个部分。黄遵宪及丘逢甲都对她的诗赞叹有加，如黄遵宪在诗集的序中云："其诗清丽婉约，有雅人深致，固女流中所仅见也。"

---

① 房学嘉等：《客家妇女社会与文化》，华南理工大学出版社，2012 年，第 163 页。

叶璧华 10 多岁就能题诗作对,诗作甚丰,以至名噪一时。清光绪年间,两广总督张之洞慕名邀请叶璧华到广雅学院讲学,后又聘她到广州当家庭教师。直到光绪二十年(1894)中日甲午战争后,才回到家乡。执教期间,她深受维新思想的影响。因此回到家乡梅县后,在当地力主兴办女校,推行新学,得到乡里开明人士的支持。光绪三十二年(1906),叶璧华在嘉应州创办第一所地方性的女子学校——懿德女校,成为粤东客家地区兴办女校首开先河者之一。

(2)女教育家梁浣春。

梁浣春(1864—1949),生在梅城上市禾好塘梁氏"文魁第",出身于书香门第世家,曾祖汉查公为清嘉庆年间进士,官至礼部郎中,祖父鉴三公为举人,官拜福建省知府。族中设有家塾,聘有名儒执教。梁浣春自幼得到祖母的疼爱,被当作男孙进行教育,5 岁入家塾学习,10 岁时已学完《四书》《五经》《列女传》及诗词名著等,学习成绩优异。

光绪三十一年(1905),梁浣春在曾氏"耕耘小筑"别墅开办女子学校,自任校长,开梅县女子教育之先河。最初招收了 30 多个学生,学生年龄相差很大,长者 30 余岁,幼者仅六七岁,梁浣春对她们进行复式教学,因人施教。由于教育方法得当,来校就读的女子渐渐增多。光绪三十三年(1907)梅县地方当局和社会贤达开办了公立嘉善女校,聘请梁浣春任校长。1912 年嘉善女校与城西公学合作开办暑期妇女工艺传习班,结业时举行学习成绩展览,受到社会广泛称赞,县政府为她颁发了"热心公益"奖状。1913 年,梁浣春在东街堡攀桂坊千顷楼创办私立桂里女子学校,前来就读者有 100 余人。1915 年,政府创设梅县县立第一女子高等小学,梁浣春被社会各界推为校长。当她看到梅县教育发展日益迅速,小学教师需求不断增加,供不应求时,又克服种种困难,于 1918 年,创办梅县县立女子师范学校,亲任校长。梅县女子师范培养出了一大批优秀的女教师,为梅州教育事业的发展作出了巨大贡献。

梁浣春尽管出身于书香世家,祖母把她当男孙送入私塾学习,享受到了普通女子难以获得的学校教育,但她仍然感受到当时男女之间的不平等。在她 10 岁时,尽管她在私塾的学习比兄弟们都强,但祖母还是让她离开。祖母说:"今而后,宜还汝女儿本色,效大家风范,不必再就塾读书矣。"梁浣春听后,"怅然泪下,痛感身为女子之委屈"。青年时期,"目击当时社会重男轻女之现象,居恒怏怏,何以于身负相夫教子主持家政之妇女，竟歧视如此！常思有所作为，以提高妇女之地位"①。因此，她立下了为争取男女平权而努力的志向。认为"欲与男子享平等之权利"，"须与男子同尽国民之义务"，为此，必须培养女子"高尚之道德，丰富之学识，干练之才能"等必不可少的条件，而且只有提高妇女的教育程度，让妇女积极参与社会公益事务才能达到男女平权。

为提高女子的教育程度，梁浣春在办学时不仅指导女学生参与"五四"爱国运动，而且提倡男女同校。1921年夏，学生黄玉笙与张君昭分别考入南京与广州的省立女子师范学校后，梁浣春劝导两人进"省中"暑期英文补习班就读，为女生进男校肄业之先锋，开梅县教育史上"中学男女同学"之新页。同年秋天，"省中"与"县师"开始招收女生入学，人数虽不多，但此后逐年递增。此外，梁浣春还鼓励本校女生毕业后到外面深造，并向县政府提议，为到外面深造的女青年争取奖学金，使一些女青年能够到上海、南京与广州等地进一步深造。②

梁浣春创设数所女校均很成功，除了她不畏艰难，立志为男女平等而努力外，主要在于她办学时从始至终坚持如下几个原则：一是为学生家长着想，尽量减轻学生教育费的负担；二是尽力为学生排除各种困难，鼓励学生自觉、专心地学习；三是注重培养学生自治互助之精神；四是想方设法使学生保持固有的勤俭美德；五是以奖励、劝导代替惩罚与责备；六是建立学校与家庭的密切关系，既帮学生解除一些来自家庭的压力，使学生安心学习，同时掌握学生动态，帮家长教育好女儿。③

叶璧华与梁浣春作为清末民国的女教育家，开梅州女子教育的先河，她们有着一些共同的特点，如都出身于书香门第，又嫁入官宦之家，不久又都成为寡妇。她们既有良好的教育，又有娘家或夫家较好的家族经济作支撑，使其才能能够得到充分的发挥。特别是梁浣春，她为梅州的女子教育事业，为提高女子的教育程度与实现男女平权作出了极大贡献。

小　结

在传统社会中，梅州客家地区尽管私塾林立，崇文重教，但能够有机

① 黄玉笙：《梅县女教育家梁浣春女士传》，《梅州文献汇编》第十一集，梅州文献社，1980年，第182页。

② 黄玉笙：《梅县女教育家梁浣春女士传》，《梅州文献汇编》第十一集，梅州文献社，1980年，第195－197页。

③ 黄玉笙：《梅县女教育家梁浣春女士传》，《梅州文献汇编》第十一集，梅州文献社，1980年，第197－199页。

会受全日制学校教育的客家女子仍是寥寥。客家女子教育主要通过家庭教育与民俗教化来实现。直到清末，梅州地区出现了专门的女子学校，并在民国时期得到了很大的发展，使能够进学校接受教育的客家女子越来越多，同时，出现了像叶璧华那样的岭东著名女诗人兼教育家，以及像梁浣春那样为梅州教育事业作出重大贡献的女教育家。随着女子教育的发达与乡村普设夜校，广大客家妇女纷纷进夜校学习，使客家女子的教育程度越来越高，受教育范围也越来越大，这为男女平等享有教育权与以后的男女平等打下了良好的基础。

第三节　传统客家妇女的集体自杀[①]

自杀是个全国性乃至世界性的问题，其中既有个体性的自杀，也有集体性的自杀。学界关于传统粤东妇女集体自杀事件的研究成果并不多，目前仅见周建新教授以民国《丰顺县志》的记载为中心，对清末隘隍妇女的集体跳江自杀事件进行的分析与探讨。[②] 该文详尽分析了清末尤其是光绪年间该地妇女集体自杀的过程、特点和官、绅、民的不同反应，从社会失范与控制的角度对该事件进行了文献的解读。该文对粤东妇女集体自杀现象作了开拓性的研究，给读者不少启发。

由于作者可能受调查时间所限，或者是没有找到知情的访谈对象，对传统隘隍妇女集体自杀的田野调查不太充分，以致在文章最后试图为我们揭开该现象背后所蕴含的地方族群社会特征时，让我们读后有意犹未尽的感觉。并且对清末以后该地的妇女集体自杀现象是否还存在等问题未提及，对传统妇女集体自杀之后家人的反应以及对尸体的处理方式等方面均涉及较少，留下进一步研究的空间。因此，本节以田野调查获得的口述资料为主，结合地方志、日报等文献资料对上述问题作进一步的分析与探讨，以便人们对粤东妇女集体自杀事件有更完整的认识。

---

① 本章第三、四节的田野调查是中山大学的何国强教授、赵绮红老师、罗波博士与我一起进行的，衷心感谢何国强教授给予的诸多指导！在田野调查过程中得到隘隍乡政府杜飞胜主任、刘兆源书记，文化站老站长杜日影先生，环市村陈育武主任、西洞村杜子龙书记以及环市、西洞、溪北、小东、东留等村干部及村民的诸多帮助，特此鸣谢！

② 周建新：《晚清粤东妇女集体自杀事件与地方族群社会——以民国〈丰顺县志〉为中心的讨论》，《福建论坛》2007年第5期，第72-75页。

一、地方志记载中的清末隘隍妇女集体自杀事件

从目前掌握的文献来看，隘隍妇女集体自杀最早是在清代同治或光绪年间。民国《丰顺县志》中的"大事记"记载了光绪八年（1882）丰顺知县许普济祭河伯仪式之前的隘隍妇女自杀事件：

光绪八年七月十五日，知县许普济率隘隍绅耆致祭河伯。隘隍沿江乡村年青妇女投水自沉之风极盛，连年死者百有余人。绅士陈期昌悯之，询悉投江被救回者，皆言愿嫁河伯为妇，临江见采舟来迎，或见龙堂鳞屋，异常壮丽。群信为水鬼作祟，因呈请陈牲致祭河伯以镇之，祭后遂息。①

关于清末隘隍妇女的集体自杀事件，丰顺邑绅李介丞在其主纂的《丰顺县志》"杂录"中有着比"大事记"更为详细的叙述：

隘隍地滨韩江，沿岸乡村青年妇女在昔投江自沉之风极盛，俗以为河伯娶妇所致。光绪年间邑绅陈期昌呈请县令仿韩公祭鳄鱼事，祭告河伯，以维民命。略云：三十年来妇女投江死者，不下三四百人，皆年十六至二十岁，未经生子兼有姿色者。三五成群，或针线缝其衣裳，或以绳带并系其手足，更互结其发，视死如归。传闻河干时，有水鬼露出真形，五六为群，皆系青年男子。有人见而问之，答云："到某处娶亲。"初不知其为鬼也，诡句日内，是处即有妇女投水者。又有妇女被救回者，皆言："当时所见无水，有见为华屋楼台者，有见为楼船画舫者，中有男子招之。"如小产村陈益彩之妻，约同伴六人投江，其四人不及往，昏迷若狂，恨叹不得与之同居，尤为目见事实。邑令许普济，因于七月十五日率当地绅耆，备牲轮，为文祭河伯于隘隍江干。其文有云：蜃楼海市，几迷化鹤之心；裙布荆钗，悉葬鱼之腹。推原其故，厥非无由。或见男子相招，约同居而同穴；或见楼船可住，美美奂美轮。夫妻虽夙世之缘，人鬼岂嘉耦之配。叹鳏鱼之夜泣，俨然求娶人间矜鸾。凤之待伞，忽尔同登鬼。惟愿河伯威灵，驱逐邪祟，免令孤魂无主，出为厉阶，庶使生命免付波流等词。祭毕，投之江中。自是，其患遂息。是果河伯之有灵耶？抑或官绅神道设教之效欤？②

---

① （民国）《丰顺县志》卷三《大事记》。
② （民国）《丰顺县志》卷二六《杂录》。

从以上两则记载可知，光绪年间位于韩江西岸的𨻧隍镇沿江乡村妇女集体投江自杀之风盛行。这些投江的都是青年妇女，年龄在 16～20 岁，并且是未生孩子且相貌美丽者。投江的原因都是江中有男子相招，约同居同穴，又见江中华屋楼台，美轮美奂，因此受吸引，欲嫁"河伯"为妇，也就是乡民所说的"水鬼作祟""河伯娶亲"。

"大事记"中记载了当地妇女的投江方式，她们三五成群地用针线把衣服缝一起，或用绳子把手脚绑在一起，或把各自的长发绑在一起。还特别提到𨻧隍小产村陈益彩之妻及同伴六人一起投江时，其中四人没赶上被救回，却以自沉未果为憾，为之痴迷，寻死的决心之坚定让人既吃惊又同情。而最让人惊奇的是，两则引文均提到"连年死者百有余人"，"三十年来妇女投江死者不下三四百人"。如此严重的自杀之风却在光绪八年（1882）的中元节，即七月十五鬼节那天，知县许普济率乡绅耆民备供品、祭河伯之后就平息了。

是地方精英们的神道设教效果出奇，还是河伯异常灵验？修志者虽然用了反问句，但显然认为两种因素均有。但光绪八年之后，𨻧隍果真不再有妇女集体投江自杀的事例了吗？事实显然并非如此！

二、《南方日报》所载解放初期𨻧隍妇女状况及集体自杀事件

1951 年 7 月 11 日的《南方日报》记载了新中国成立前后丰顺𨻧隍妇女状况及𨻧隍九河田鸪村七女跳江自杀事件，载曰：

> 旧社会丰顺盛行买卖婚，妇女从未被当作人看待过。绝大部分是文盲，梳着满清时代的高髻棕，穿着镶大边、盖着膝子的长裗。建国初期统计，𨻧隍区九河乡田鸪村 389 个妇女，有 100 多位从年青守寡到年老，还有 33（位）年寡妇。当地寡妇不敢改嫁，否则就成为地主流氓任意勒索、侮辱的对象，甚至被奸污、打骂和凌辱。田鸪村有 7 个妇女，因不堪封建压迫，集体跳韩江自杀。九河乡的田鸪、夹山等村，所有妇女都给地主恶霸奸污过。长沥村 2/3 的妇女受过侮辱。在地主恶霸的淫威下，看着妻女被凌辱，农民敢怒不敢言。①

从这则报道中可见，在九河田鸪村发生了七女投江事件，但我们无法确定这起妇女集体自杀事件是在该报道登出之时，即 1951 年"土改"时，

---

① 吴周康：《𨻧隍区的妇女进步了》，《南方日报》，1951 年 7 月 11 日，第 5 页。

还是更早的时间。

九河是丰顺县一个重要的侨乡村，曾是包含大围、小围、金港与田站4个行政村的乡镇，现为隬隍镇所辖的一个行政村。《南方日报》的这则记载引起我们对新中国成立前后侨乡妇女地位与生存状态的深切关注，于是我们不仅就该文记载的一些地名进行了考证，并就九河妇女婚姻家庭状况在隬隍做了进一步的田野调查。考证及调查结果让我们对这份报道的真实性产生了怀疑。

报道中说："田鸪村389个妇女，有100多位从年青守寡到年老，还有33（位）年青寡妇"，"田鸪、夹山等村，所有妇女都给地主恶霸奸污过"。那么田鸪与夹山到底是个怎样的村落？我们首先从文献上来查找，通过对民国以前《丰顺县志》《饶平县志》等古籍资料与文献进行检索，发现查不到田鸪与夹山的地名。① 于是，我们想通过实地调查来了解这两个村落。在隬隍乡政府，我们访谈了好几位当地的乡镇干部，其中包括曾在九河驻村的干部，他们均表示没有听过这两个地名。最后我们委托乡干部跟九河村的几位村干部联系，询问该村附近是否有田鸪与夹山的小地名，答案也是否定的。不过，乡干部提供，距潭江6公里处有田站，20公里处则有尖山的地名，到尖山需经田站。田鸪与夹山是否为田站与尖山的笔误，不得而知。

按照当地干部的分析，有389个妇女的村庄有着1 000以上的人口，如果田鸪村存在的话，这么大的村庄不可能几十年间就消失，以致文献搜索不到，当地民众也未听说过。

我们接着再来看报道中提及的第三个村庄——长沥村。上述引文中说"长沥村2/3的妇女受过侮辱"，敢侮辱妇女的应该是地主、恶霸、流氓之流。而长沥村是隬隍镇政府所在地——环市村的一个自然村，村民全部都姓杜。乡政府所在地的杜姓在清末因到长沥搭山寮，种田耕山而迁入。清末民国长沥的人口应该只有几十人，当时大多数男人下南洋，人口的加速繁衍应当在新中国成立后。根据隬隍乡政府办公室主任的了解，长沥村现在只有100多人，清末民国时期迁到长沥的都是杜姓的佃农，因谋生需要迁到山窝里的，当时并没有地主恶霸在村中。② 所以，"长沥村2/3的妇女受过侮辱"的真实性也值得怀疑。

对田鸪、夹山与长沥村的考证与调查表明，《南方日报》的这则对隬

---

① 特别感谢中山大学的赵绮红老师不辞劳苦帮忙查阅古籍资料。

② 2013年6月17日于隬隍乡政府访谈杜飞胜主任。杜主任的曾祖父在长沥出生，并葬在长沥。杜主任每年都会去长沥村数次，对长沥的历史与现状非常熟悉。

隍妇女状况的报道可能有不少失实的地方。这则报道是参加"土改"的工作者所写，报道中的数字有可能是把工作过的数村叠加后得到的，报道的内容比较明显地采取了移花接木、张冠李戴、裁剪历史的做法。若不经过实地调查，仔细加以甄别，很容易会把它当作一份研究当地妇女地位与生存状况的珍贵资料用于研究中。

三、田野访谈中的清末民国隘隍妇女集体自杀事件

通过在隘隍的田野调查，我们访谈到了数起西洞村与溪北村的传统妇女集体投江事件。

（一）西洞村民国年间的妇女集体投江事件

1. 七女投江事件

据报告人一所述：

我父亲的前妻刘氏因生活困苦，过不下去了，就找了几个姐妹一起去投江，有两个到水中了，其余5个有的害怕，不敢死，虽未下去也被带下去了，全部都是本西洞村的。其中一个子女众多，生活贫困；有一个则是家婆压迫厉害，丈夫又不在家，大家越谈越觉生活没意思，就相约去死。

此地有老虎，割鲁箕草都要成群结队去。有的丈夫去了南洋过得不好，没钱寄回来；有的在家中受压迫，生活艰难，就趁上山割箕草，先到上官割箕草，然后在下渡口（上官村潭江段）投江，尸体漂到隔布河上来。

我母亲15岁时嫁父亲，比父亲小11岁。母亲属牛，父亲属虎，两人合不来。生了11个孩子。母亲得肺病后，父亲骂她痨鬼，关系不好。小时候母亲常会带着我去父亲前妻的娘家走动。在当地，以往续弦要改成前妻的名字。并且每年祭祖宗时，母亲都要摆上3碗饭，祭公婆与丈夫的前妻。①

---

① 2013年6月16日于隘隍西洞村村委访谈杜择昆先生。为保护报告人及当事人的隐私，本书报告人及讲述事件中当事人的姓名均按人类学的惯例作了技术处理，下文不再注明。

2. 五女投江事件

据报告人二所述：

5个女的去投江，有的愿意，有的不愿，因连在一起就一块死去了。她们都是嫁过来的媳妇，还没生儿育女。旧社会时，生活很苦，家婆厉害。童养媳们讲好了，5个人趁上山砍柴之机，用绳子连在一起去投江。跳江地点是在望江古庙边叫宫汶头的地方，那个河段水很急，一跳下去就没命了。这是1939年的事。跳江者全是本村的，以前的婆婆很厉害。①

据报告人三补充：

我15岁时亲眼见过，那些尸体连在一起，过了一两天才浮起来，在5公里外的河段打捞起来。5个跳江的，有的十七八岁，有的20多岁。上山砍柴时都是几个童养媳一起去，砍柴时互诉家事，越讲越苦。其中有个是杜习迪的老婆，长得很漂亮，家婆非常厉害，不给吃，也不给穿，所以会萌生投河的想法。杜习迪后来没再娶妻，老婆是自尽的，没人敢嫁。当时大家都穷，也无钱再娶。后来，母亲死了，杜习迪也死后，家中泥房无人居住，很快就倒塌了，整个家就破败灭亡了。②

这些妇女投河后，晚上家人发现她们没回家，就到处去找，去打听。得知她们投河死后，大部分家庭由于穷困，未去认领尸体回村安葬。如杜习迪家的媳妇投江后，由于家中贫困，吃了上餐没下餐，她的婆婆一上山就骂。而杜习迪虽然对妻子有感情，但也没钱财去安葬她，除了伤心地哭泣外，对妻子的尸体只能听之任之。而童养媳们的娘家因为穷，无力向女婿讨说法，更无力去运尸安葬，大多除骂女儿"苦命仔""丧门星"外，别无他法。

由于这些投江妇女家普遍贫困，加上当地人对凶死者的忌讳，认为凶死倒霉，家人都不敢去认尸。按本地习俗，只有上寿即60岁以上的人死去才可进家族中的大厅做丧事，不到60岁的人过世叫"半路走"，尸体不能进家族的厅堂，不能做坟墓，也不会去单独祭拜。因此，这些妇女的尸体

085

---

① 2013年6月16日于隘陟西洞村村委访谈86岁的杜淳堂先生。
② 2013年6月16日于隘陟西洞村村委访谈75岁的杜慕谦先生。

被打捞上岸后，多半由当地的善堂①为每人备一副薄棺材，尸体入棺，编好号码，然后等着乡民去认领。未认领的就统一埋葬。据说只有极个别家庭经济条件好的会去认领尸体。

投江妇女死后，如果丈夫在她死后还有续娶，生育有后代，其后代会在父母祭日时一起祭先母。如杜择昆家，每逢父母的祭日，即父母过世的日子，就会在家中备好3双筷子、3个碗，茶、酒与三牲（鸡、猪肉、豆干）。这3份碗筷分别是给父亲、生母、先母的。

嵺隍庵堂边有沙滩，垃圾、无名尸都会被河水冲到沙滩上。冲上来的无名尸大多由善堂来出资收尸。在乡民的观念中，这片常有死尸光顾的沙滩邪气很重，很有必要请神明来驻地压邪。因此，每年七月半，即鬼节，都会由政府与商人各出一部分资金，搭一个台做超度，煮丰盛的食品，请神明与鬼魂来，安抚鬼魂，叫她们吃食听法，不要去骚扰民众。②上文所述光绪年间许普济率绅耆祭河伯的时间正是中元节嵺隍举行超度驱邪法会的时间。

（二）清末民国溪北村女青少年集体自杀事件

溪北村是嵺隍一个典型的方言岛，村中间讲潮州话，以许姓为主。村的最外面与最里面均讲客家话。溪北村处于潮客文化正面交锋的锋面，潮客族群间有较多的碰撞与交流。我们在田野调查中访谈到该村有数起女青少年集体自杀事件。

1. 清末六七个姑娘投江事件

100年前，即清末，溪北村有六七个姑娘，由于生活、情感等方面的原因，几个人相约一起投河自杀，出门时骗家人说是去上山割箕草。出门后先到小店里买饼吃，吃完后就用绑箕草的绳子把几个人的脚绑在一起，走到河中投了江。其中有一个家里条件比较好，因姐妹情深也一起投河了。有一个是从黄金（镇）来的童养媳，她投江后，丈夫续娶了一个妻子，活到前几年，97岁时才过世。③

---

① 据载：民国时，嵺隍有"慈祥善堂"。见丰顺县地方志编纂委员会：《丰顺县志》，广东人民出版社，1995年，第738页。
② 2013年6月16日晚于嵺隍老街访谈82岁的陈寨华女士。
③ 2013年6月15日嵺隍乡政府杜飞胜主任转述溪北村民的叙述。

2. 清末民国四女投江事件

溪北村神砂自然村最里面的一幢叫大厝的大屋，有4个童养媳，大约十四五岁。由于到这个年纪大多数家庭都将为儿子及童养媳张罗圆房，这几个童养媳都不想跟"老公"圆房，不愿跟他结婚，于是相约以死抗婚。她们跟家里人说是去山上割草，到了山上就沿着松柏崇一直走到潭江电站边，用绳子互相绑着腰，把大家连在一起，投江自尽。到了晚上，家人见童养媳没回家，就出去寻找、打听，有村民说远远看到4个女的走进江中，这才知道4个童养媳均投了江。

溪北大厝人多，相对有钱，4个童养媳都是从与神砂有一山之隔的黄洞村买来的，都是客家女子。4女投江死后，村中人很少会去谈论。家人、族人、村民大多因为这不是一件光彩的事，会选择避而不谈。但妇女们偶尔会在私密场合提及。①

3. 民国初年三女投江事件

据娘家在黄金镇埔东村、16岁嫁到溪北村的村民陈寨华所述，她嫁到溪北后，奶奶与家娘均健在，会在言谈中反复提及身边妇女的不幸故事，由于娘家埔东与前述投江的4个童养媳的娘家——黄洞村仅隔一条黄金溪，因此她记忆犹新。投江的有3个童养媳，一个是大厝许蒙旭的先母（这个先母投江后，许蒙旭之父续娶了妻子，即许蒙旭的母亲），一个是沟头的，还有一个不知是本村哪个屋的。这3个童养媳到了一定年龄，大约14岁要圆房了，不同意结婚，就抗婚。当时还没解放，应该是民国初年的事。②

访谈溪北村的3例妇女集体自杀事件，第二例与第三例应该是同一起妇女集体自杀事件，因为它们无论是自杀时间、自杀原因还是自杀者的嫁出地与嫁入地均很相近。该村实施集体自杀行为的大多是女青少年，其中大部分是尚未圆房的童养媳，因为对未来的丈夫不满意，对未来的婚姻生活失去希望与信心，遂以死抗婚。

访谈表明，对于实施集体投河自杀的妇女，家人与族人都认为这是件不光彩的事情，一般都不会去提及，甚至避而不谈、刻意隐瞒与忘却。但

---

① 2013年6月16日晚隘隍乡政府刘兆源书记于乐学宾馆讲述。
② 2013年6月16日晚于隘隍老街访谈82岁的陈寨华女士。

村中的妇女们会在一些私密的场合，或在家中偶尔提及，以作警示。

对以上种种的妇女集体投江自杀事件，目前除了《丰顺县志》与《南方日报》有所记载外，未发现当地的族谱等地方文献对此有所记载。但笔者在小东村的族谱中发现了一则对食药死的记载：

> 食药图赖，此无耻之徒，终不长进者，死则登投房族长老，验明即埋，即或鸣官，合族亦共呈明其药死，不致累人。倘若还生，仍然公责。①

从"倘若还生，仍然公责"可看出族众对喝药自杀者持谴责的态度，对集体投江自杀者的态度应该与此类似。

小　结

文献记载及田野调查显示，隘隍妇女集体投江自杀之风从清代中后期始，历经民国，一直持续到建国初期。在此不妨把上文提到的历次隘隍妇女集体投江自杀事件梳理成下表：

表 1 - 12　传统隘隍妇女集体自杀概况统计简表

时间	自杀妇女来自何地	集体自杀的人数	投江地点	自杀原因	资料来源
光绪八年	隘隍沿江乡村	连年死者百有余人	不详	水鬼作祟	民国《丰顺县志·大事记》
清末	隘隍沿韩江两岸乡村	30年来死者不下300人	不详	河伯娶妇	民国《丰顺县志·杂录》
清末	小产村	7女	不详	河伯娶妇	民国《丰顺县志·杂录》
1951	隘隍九河乡田鸪村	7女	不详	不堪封建压迫	1951年7月11日《南方日报》
民国	西洞村	7女	下渡口	子女多，生活贫困；家婆压迫厉害	笔者访谈资料

---

① 隘隍小东村：《丰顺胡氏族谱》，1998年修，第52页。

（续上表）

时间	自杀妇女来自何地	集体自杀的人数	投江地点	自杀原因	资料来源
1939	西洞村	5 女	宫汶头	未生育的童养媳因生活苦，家婆又厉害	笔者访谈资料
清末	溪北村	六七个姑娘	谭江某处	生活、情感等方面原因	笔者访谈资料
清末或民国初年	溪北村神砂的大厝、沟头等地	三四个童养媳	谭江电站	对未圆房的丈夫不满，以死抗婚	笔者访谈资料

　　表中的小产、九河、溪北等村均在韩江边上，西洞村也距韩江不远。从中可见这些集体投江自杀的妇女正如县志所载，大都来自沿韩江两岸的乡村。投江除 3 例有详细地点，即下渡口、宫汶头与谭江电站旁外，其余仅知在谭江某处，或不知详细地点。这些集体自杀事件，每例自杀妇女的人数几乎都在 4 人以上。

　　从表中可见，这些妇女集体自杀的原因，按民国县志所载，多认为是水鬼作祟，河伯娶妇，把妇女们引入了江中。而 1951 年的《南方日报》把它归结为受"封建压迫"，阶级压迫导致，分析叙事带有鲜明的时代特征。笔者访谈的口述资料则显示，她们的集体自杀既有经济原因，即生活上的贫困；也有家庭关系的原因，即婆婆压迫得太厉害；还有婚姻方面的原因，如对未圆房的丈夫不满，以死抗婚。若我们对河伯娶妇之说作进一步解读的话，妇女投江、向往与水中招手的男子成婚，反映的是她们在现实生活中的婚姻不如意。因此可以把河伯娶妇而投江自杀的妇女也计算在因婚姻原因而自杀的一类中，这样的话，则婚姻方面的原因占了绝大多数。

　　对隘塘传统妇女集体自杀的调查与研究表明，如果仅仅依靠《丰顺县志》的记载，会以为隘塘妇女集体投江自杀是清末才有的现象，自杀原因是水鬼作祟。方志中记载这种投江自杀之风在光绪八年知县主祭韩江之后就"其患遂息"，显然夸大了地方官与乡绅等地方精英祭河、神明显灵的作用。而《南方日报》对隘塘妇女的记载，把当地妇女的不幸归结于受"封建压迫"，显然是用阶级斗争的观点来分析问题，从而掩盖了真实的原

因。如果不对文献资料仔细加以甄别，不结合田野调查作进一步的分析研究，对隬隍传统妇女集体自杀的认识与理解就会逊色许多。

第四节　传统粤东客家妇女的生活状况

隬隍妇女集体投江自杀之风从清代中后期始，历经民国，一直持续到新中国成立初期。这些投江的妇女既有已结婚但未生子的青年，也有不少是尚未圆房的童养媳，即女青少年。集体自杀人数最多的时期是在清光绪前后，据县志载：“隬隍地滨韩江，沿岸乡村青年妇女在昔投江自沉之风极盛…… 三十年来妇女投江死者不下三四百人。”①

那么历史上的隬隍为何会长期出现妇女集体自杀现象呢？法国社会学家迪尔凯姆曾在论著中提到：一种社会事实的决定性原因，应该到先于它存在的社会事实之中去寻找，而不应到个人意识的状态之中去寻求。② 因此，要探究当地为何大量妇女实施集体投江自杀行为，还得对清末以来隬隍妇女所处的社会状况与生存状态作一调查与分析。为此，笔者本节利用对当地传统妇女的经济、劳动、婚姻、家庭与社会地位等进行调查所获得的第一手资料，结合相关文献，力求再现隬隍传统妇女生存状态的真实面貌，找寻这种生存状态与集体自杀事件之间的关联。

一、隬隍妇女的经济状况

在传统社会中，隬隍大部分家庭过着困苦的生活，多数妇女吃不饱、穿不暖，处于半饥饿状态，她们的孩子出生后大多缺衣少粮，只有男孩才有读书认字的机会。林增隆先生对此叙述如下：

我原住潮州西湖，10 岁上隬隍。当日本人打到潮州时，父亲上隬隍来打工，帮猪老板杀猪。母亲生了 10 个孩子，其中老大及老三夭折，均为饿死。新中国成立前 8 兄妹中就我读过小学，因我是最大的儿子。由邻里，即借房子给我们住的本地郭姓一家赞助上学。

刚到隬隍时，没房没田，缺吃少穿，我们兄妹小时候的衣服都是外公家表兄弟姐妹的。12 岁时我还只穿着一个大裤衩。15 岁“出花园”时，外

① （民国）《丰顺县志》卷三《大事记》。

② ［法］E. 迪尔凯姆著，狄玉明译：《社会学方法的准则》，商务印书馆，2009 年，第 124 页。

公送了双木屐,是我有生以来第一次穿鞋。

冬天,由于天气寒冷,母亲通常会备三样东西用于御寒:一是稻草,用于铺床。由于兄妹多,而且大都年幼,难免尿床,尿湿床后第二天就把铺床的稻草拿去晒。二是把好多旧衣服缝在一起当被子。当地的有钱人家见我们可怜,就把旧衣服送给我们。三是火笼,里面先放上烧着的小炭块,再在上面铺一层灰,用于暖手脚。晚上入睡前还会用来暖被窝,但不太安全。常有因睡着而烧掉被子一角之事发生。

由于生活困难,冬天兄妹们会到收割后的田头地角去捡农人们丢弃的小地瓜、长虫的地瓜以及木薯等,捡回家后洗净晒干,没粮食时煮来填肚子。①

75岁的杜慕权谈起他的母亲及家庭生活状况时说:

母亲10多岁时从江对岸的东留嫁给父亲,父亲成婚后3个月就到泰国去了,后来在外成家,一去不回。我4岁时被买来做儿子,后来还买了个女儿。我们母子三人住在山沟沟里,没有田地,靠砍柴卖柴为生。在此地,丈夫去过番出洋的大多是极端贫困、无法维持生计者。父亲出洋后,开始没有侨汇寄回,直到我20岁了才有钱寄回家中,一直寄到父亲过世后的两三年。此前,母亲一直靠砍柴、拖竹嫲赚钱买米养活我和妹妹。因为生活艰难,我们兄妹俩穿的大都是亲戚给的旧衣服。吃的菜经常是别人扔掉的发霉的咸菜,母亲把它洗干净后煮给我们吃。我靠自己砍柴卖的钱做学费才读了一些书。到"大跃进"时,全家才从山窝窝里搬出来,分到了田地,生活改善了许多。②

杜慕权的母亲只是粤东成千上万个侨眷的缩影。很多出洋的男子在最初的几年甚至相当长的时间都无法赚到足够的钱寄回原乡,这使得家庭的重担全部落在妻子身上。由此可以想象其经济的贫困、生活的艰辛程度。

由于当地乡民的普遍贫困,不少人忍受不了生活贫困、物资极度匮乏而选择了自杀,正如78岁的杜若绅所述:"这个地方以前生活很苦,吊脖子、吃药(大多吃狗闷草,山上的一种草本植物,吃下去后,肠子就会烂掉)、连起来投江的都有。"③

---

① 2013年6月15号于镏隍环市村访谈74岁的林增隆先生。
② 2013年6月15号于镏隍环市村访谈75岁的杜慕权先生。
③ 2013年6月16号于西洞村访谈杜若绅先生。

二、隘隍妇女的劳作状态

据对隘隍侨乡老年妇女的访谈，在传统社会中妇女们每天都要做大量的事务，很少有休闲放松的时间，处于极度劳累的状态。

案例 1

据对 93 岁的黄修贞的访谈，女的在解放前非常苦，要照顾老人与小孩，承担大量家务。主要包括下面几项：①做米。当时由于没有碾米机，要把谷子加工成大米需花好多道工序，一是砻谷，去掉谷壳；二是踩碓，把大米外层的糙皮去掉；三是筛米，去掉糙皮与糠；四是用簸箕把杂质去掉。因没种田，一次无法买很多谷子，一般一个月做两次米，做一次米需要花一整天。其余时候直接买大米来煮。②挑水，洗衣。③养猪、鸡与鸭。④带小孩、照顾老人。⑤缝衣服，做鞋子。① 黄修贞回忆了一天的日常事务：

（1）煮早、中、晚餐。每餐至少要花一个小时，由于当时烧柴火，人几乎不能离开灶。煮的粥中，水远比饭粒多，配咸菜、菜脯、咸橄榄吃。按潮汕人的传统，三餐均煮粥。不像客家人一天的饭都在早上煮好。在一些山村，粥中会配地瓜。终年吃不饱。（当她的小孩林增隆去当兵时，林修贞非常高兴：他终于能吃饱饭了）

（2）挑水。以前没有自来水，每家每户都备有 1 个大水缸，能装 5 担水。每天挑两次，一次大约 6 担。热天时，全家人洗脚几乎都到河里，以节省水。

（3）洗衣。一般都是晚上到河里洗。

（4）照顾小孩子。生了 10 个孩子，存 8 个。由于住在河边，不安全，每个孩子都要到 10 岁后才不必照看。

一年四季，女的没有休闲、放松的日子，连经期也不例外。由于生活困苦，小时候在河里见过捞起的死尸，上游、下游的都有。一提起过去，眼泪就会掉下来。

由于黄修贞来自潮州，潮州的女子都是负责做家务，不必下地干活。加上全家从潮州搬到环市谋生，在当地也没有田地可耕种。而隘隍的大部

---

① 2013 年 6 月 15 号于隘隍环市村访谈 93 岁的黄修贞女士。

分妇女，特别是客家女子则除了做家务，还得上山砍柴，下地耕田种菜，承担更为繁重的户外劳动。

案例 2①

据对五代同堂、年龄高达 101 岁的郑忆的访谈，由于其父 22—61 岁时在本镇九和村教书，她 18 岁就遵从父命从丰良布心嫁到此地。她嫁过来后，平常要上山砍柴，一般都是结伴而去。要下地耕田，因田都在附近，可以一个人去。家中有婆婆、姐弟、妯娌、丈夫与孩子等 15 个人，她每天要负责煮三顿饭，洗丈夫与孩子的衣物。要砻谷做米，一般一个月砻一次，每天按当天的用米量碓米。非农忙时节还要打草席。打草席是村中的传统手工业，她嫁到此地后看别人打一段时间后就学会了。一般一天可以打两张草席，墟天挑到距此 50 公里的丰良墟去卖。

郑忆生有 5 个儿子，由于孩子多，白天都让他们在地上玩，满地爬，手、脸都是黑黑的，干活回来再给他们洗干净。家娘对她不好，因家娘是后娶的，而丈夫又是拿来的养子，非亲生（讲到此处，郑忆的眼泪流下来了），现在三个儿子家轮流吃饭，一家一个月。大儿子 81 岁，二儿子 77 岁，最小的 65 岁，五代同堂。郑忆说：年轻时大家都比较穷，各顾各的家，没空串门聊天。

除了访谈以上的两位报告人，笔者还访谈了一些 80 岁以上的妇女以及其他老人。在此地，从潮汕一带嫁过来，并且在墟市居住的妇女们主要负责煮饭洗衣、照顾老人与孩子等。如果是嫁到乡村农耕家庭做媳妇，特别是来自客家族群中的童养媳，则不仅要承担家务劳动，还要承担大量的田地劳作，甚至一些手工业活动。当她们回忆起过去起早摸黑、经年累月没完没了劳作的生活，都在叹苦的同时不禁流下泪水。

体力上的极度劳累与自杀有关系吗？事实上，马克思在描述资本原始积累之时的女工与童工时，就以生动的文字叙述了过度劳作导致他们的自杀或死亡：

大工业的诞生，是由大规模的农儿童掠夺来颂祝的……在许多工厂区域……无辜无告的儿童，都一任工厂主的残酷虐待。过度劳动使他们苦到奄奄一息。……他们在倍极巧妙的虐待中，遭受鞭打，桔桎与苛责。以鞭

---

① 2013 年 6 月 15 号于隰隍环市村古练自然村访谈 101 岁的郑忆女士。

打逼儿童劳动，致有许多儿童累到澈骨的劳顿……甚至还有迫而自杀的。①

（童工委员会第五报告 1866 年指出）伦敦印刷报纸和书籍的印刷所，就因所雇成年及未成年工人劳动过度之故，致有"杀人所"的恶名。钉书业有同样过度的劳动，而以妇人、少女、幼童为主要的牺牲者。制钢业的未成年人的劳动，是极重的。制盐业、蜡烛制造业及其他各种化学工业的未成年人的劳动，多系夜间劳动。而在未采用织机的丝织工厂，少年人的劳动，直把人累死。但最可耻、最不干净、待遇最坏，且最常雇用妇女的一种劳动，是检选烂布的劳动了。②

卢德福州的少女，有一半在劳动队里死掉了。（童工委员会报告附录第 6 页第 32 号）③

从以上的记载可见，19 世纪中后期的欧洲，在资本主义原始积累的过程中，不少童工与女工因过度劳累致死，其中有的是不堪劳累而自杀。19 世纪中后期到 20 世纪前期的粤东隬隍妇女的集体自杀与其终年劳累、不得半刻休闲也有千丝万缕的联系。

三、隬隍妇女的地位状况

隬隍侨乡妇女的地位极其低下，表现在以下几方面：

1. 家庭地位低

据 2013 年 6 月 14 日在隬隍乡政府的坐谈，在当地"做人家的媳妇，每天早上洗衣做饭，白天干活。家里公公婆婆、丈夫、兄弟姐妹都上桌吃饭，她只能在旁边吃"。"解放后，媳妇一娶进门，第二天就要帮公婆打洗脸水，吃饭时，只能坐在最下位，帮家人盛饭，做一大家子的饭。晒衣时，男的衣服晒上面，女的在下面，下雨时，女的不在家，男人收衣时，收完男人的衣服以后，女的衣服只用竹竿挑回。"从中可看出，妇女的家庭地位并不高，解放前的饭桌上没有媳妇们的位置，解放后有了位置，但是最下位。

---

① 马克思著，郭大力、王亚南译：《资本论》（第一卷），上海三联书店，2009 年，第 563 页。

② 马克思著，郭大力、王亚南译：《资本论》（第一卷），上海三联书店，2009 年，第 327 页。

③ 马克思著，郭大力、王亚南译：《资本论》（第一卷），上海三联书店，2009 年，第 514 页。

2. 经济地位低

当地的青壮年男子很多到外面赚钱，甚至到国外谋生。部分过番者到国外后一去不返，音讯全无，其妻只好独自撑起一个家，照顾老人，抚育小孩。县志载：

> 丰顺华侨出洋之初，大都为人做苦役，有的挖矿、割胶、种烟、种蔗；有的在山区垦荒种地，谋得饱暖而已。经过不屈不挠的努力，才有少许人积蓄些小本资金，开始从事家庭手工业或小商贩。直到第二次世界大战后，才有人建立起一定规模的产业。[①]

从中可以看出，在清末民初，过番的嶂隍男子能有余钱寄回家乡的并不多。即使一小部分过番者立足当地后会将钱寄回家中，由于这些侨汇要用于全家的开支，能够供妇女个人支配的也不多。

我们在嶂隍调查时曾一直追问当地的长者：当地妇女有没有结成社？得到的都是否定的回答。迪尔凯姆在讨论自杀时曾得出这样一般性的结论："自杀人数的多少与个人所属群体一体化的程度成反比。"认为"集体的力量是最能遏制自杀的障碍之一，所以集体的力量削弱，自杀就会发展"。[②] 也就是说，个体所属群体的社会整合程度越低，自杀度越高。清代中后期到民国年间的嶂隍，妇女所属群体的社会整合程度是非常低的，妇女们除了为防虎害会结伴上山割鲁箕草外，其余活计基本上都是各做各的，相互之间很少联系，群体一体化程度非常低。当她们遇到挫折、困难的时候，缺乏诉求的对象与机制，也很难从中得到有效的帮助。而在其他一些民系中，妇女们不仅常联系，而且会结社，各出一部分钱，买地生息，每年办宴席，吃社饭。嶂隍妇女没有结社组织这一现实情况，从一个侧面反映出她们的经济地位可能比较低，经济能力较差，可能没有多少可供自己支配的钱。由于当时妇女的经济地位低，社会整合程度也很低，自杀现象比较常见。

3. 社会地位低

传统社会中的汉族妇女处于社会生活的最底层，她们承受着皇权、神权、族权、夫权等多重压迫，在经济、文化、精神等多个方面受到暴力的

---

① 丰顺县地方志编纂委员会：《丰顺县志》，《社会·华侨华人》，广东人民出版社，1995年，第991页。

② ［法］埃米尔·迪尔凯姆著，冯韵文译：《自杀论》，商务印书馆，2012年，第215页。

欺凌，社会地位十分低下。新中国成立后，我国宪法明确规定："妇女在政治的、经济的、文化的、社会的和家庭的生活各方面享有同男子平等的权利。"但千百年来的封建习俗与观念很难在短期内根除，妇女与男子在经济、政治、教育等许多方面仍然存在着事实上的不平等。隬隍的妇女也不例外，女童们在传统社会中根本没有受教育的机会，很多女婴生下不久就被送到别人家当童养媳，如为我国革命与建设事业作出重要贡献的李坚真（1907—1992）才出生 8 个月就以 8 吊铜钱身价被卖到一穷苦人家中当童养媳；烈士蓝云标于 1909 年两岁时被卖到大田村作童养媳；东留石九河口村的烈士李钗（1929—1949）8 岁时被卖到一林姓家中当童养媳。[1] 有的女婴甚至一生下来就被溺死。县志载：清同治年间，"（丰顺）汤坑一带溺女风盛行，丁日昌命丘权达等乡绅倡建育婴堂……育婴堂建成……即行收养婴孩"。[2]

即使在新中国成立，法律规定"男女平等"后的数十年，当地妇女的家庭社会地位仍与男子相差较大。如梅县张道云的讲课提纲所言：近年来，社会上歧视、虐待、侮辱、残害妇女儿童的现象时有发生。诸如调戏妇女、强奸妇女……溺、弃女婴，虐待生女婴母亲，虐待妇女……[3] 妇女的地位之低由此可见一斑。

四、隬隍妇女的婚姻状态

粤东侨乡存在着多种畸形婚姻形式，如童养媳、等郎妹、指腹婚、隔山娶、买卖婚等，婚恋不自由，女子在婚姻方面一切听从家长的安排。据《丰顺县志》载："清代，男 16 岁、女 14 岁，有媒证、行婚礼，即可结为夫妻。其时，由父母指腹为婚，或养'童养媳''等郎妹'的现象甚为普遍。"[4]

据对谢翠紫的访谈，本地女子婚姻无自主权，家中女长辈的权力很大。谢翠紫的丈夫 3 岁那年，母亲死了，父亲娶了后妈，其婆婆一直看她不惯，就较少到家中来。后来生了个男孩，孩子四个月大时她不顾婆婆的反对回了娘家。在娘家时小男孩却死了，那个后妈就不敢回家了。谢翠紫

---

① 丰顺县地方志编纂委员会：《丰顺县志》，广东人民出版社，1995 年，第 1035 - 1067 页。

② 丰顺县地方志编纂委员会：《丰顺县志》，广东人民出版社，1995 年，第 1031 页。

③ 张道云：《梅县地区县、社妇联干部学习班学习资料：新宪法》（讲课提纲），丰顺县档案局，全宗号 15，目录号 12.1，年份 1985，案卷号 101，第 9 页。

④ 丰顺县地方志编纂委员会：《丰顺县志》，广东人民出版社，1995 年，第 743 页。

嫁到肖家三年后，后妈又想回到夫家，但太婆仍然不肯。谢翠紫就做她太婆的工作。太婆同意其媳妇端午前回来。但到了五月初七，有人告诉太婆说：她的媳妇在娘家期间曾跟别的男人要好过，太婆就又变主意了。媳妇到了家门口，太婆就是不让她进门，陪同的人很有自尊心，就劝她：算了吧！此后，谢翠紫的这个后婆再也没跟家中来往过。直到太婆死后，公公才进行三婚，娶了三娘。[1]

嶂隍直到民国时期仍有指腹为婚的。据杜日影先生讲述，大约在20世纪二三十年代，当地有陈、刘两姓因两家门当户对、父亲关系极好为小孩指腹婚。但姑娘长大后不同意，拗不过父母还是结婚了，婚后女的在外有风流韵事。在当地，儿女婚姻与家中大事均由男人作主，女的无发言权。

当地山区甚至还有不少买卖婚，嶂隍的买卖婚如何，缺少文献记载，但有同县的山乡——八乡山的相关记载可参照。"八乡接近解放前十多年来的封建残余的社会，广大革命低朝（潮）处，旧统治阶级地主恶霸，反革命分子更凶恶地买卖妇女，强迫婚姻……妇女群众，有被杀害的，有被强奸、侮辱的……买卖式的婚姻是想卖就卖，想买就买，把妇女当作牛猪一样来买卖。"[2] 同为山乡的嶂隍，妇女的地位大同小异。

1950年5月1日，中央政府颁布了《中华人民共和国婚姻法》，大力宣扬"婚姻自由、一夫一妻"，"禁止重婚、纳妾，禁止童养媳"等。[3] 这打破了传统婚姻枷锁的束缚，但不少山乡一直到此后相当长的一段时间内，婚姻自由都只是一句空洞的宣传口号。根据文献记载，婚姻不自主，买卖婚姻与变相买卖婚姻直到20世纪七八十年代仍大量存在。丰顺县档案记载："在我省，有一些地区，特别是一些边远山区买卖婚姻、变相买卖婚姻和包办婚姻的现象比较严重。有的父母还保留着封建残余的旧意识，对子女的婚姻包办、强迫干涉。有些父母受资本主义思想的影响，竟把女儿当作商品交易，借结婚索取大量身价银和礼物……由于买卖婚姻、变相买卖婚姻的抬头，包办婚姻、早婚、换婚、骗婚、童养媳等现象也跟着出现，使男女青年婚姻得不到自主，婚姻纠纷的案件增多，有的出现抢婚、

---

① 2013年6月16号于嶂隍环市村访谈谢翠紫女士。

② 《八乡山妇女的问题专题调查之二》，丰顺县档案局，全宗号3，目录号12.1，年份1951，案卷号017，第34－35页。

③ 中共中央文献研究室编：《建国以来重要文献选编》（第一册），中央文献出版社，1992年，第172页。

迫婚的严重违法事件。"① 此时妇女的婚姻尚且如此，之前的婚姻面貌应该是有过之而无不及。

如此种种畸形的婚姻形式导致不少夫妇的婚后感情不好，出现婚后找相好的现象。在宗族势力不发达、儒家思想影响相对较弱的山村，婚后有相好是被包容、默许甚至被人称羡的。但在经济文化发达的一些宗族中，情况就很不一样。如陈寨华就曾讲述：隬隍溪北村对面路许姓有两个青年男女相爱，在家中约会，被人发现后把门反锁了，两个人就在房子里吊死了。两人也就没后代了。当时如果自己不吊死也会被族人羞辱，比如沉猪笼。②

据档案记载，隬隍所在的丰顺县有的地方"禁令是极森严的"，封建宗族主持会将通奸的男女"打得半死""沉潭""抢杀""扛猪""清家"，刑罚百出，可是禁而不绝，愈禁愈混乱。因此，"我们要社会正常化，反对男女的混乱，就要反对买卖式的婚姻，反对娶童养媳和等郎妹，要求婚姻自由"。③

李洪河曾指出，不合理的婚姻制度即使到了 1950 年贯彻《婚姻法》运动之后仍然对妇女的影响甚深，引起一些地方妇女大规模的死亡：

> 在广大的新解放区和一部分老解放区的广大农村和市镇，几千年遗留下来的强迫、包办、买卖婚姻、童养媳、早婚和男尊女卑的封建婚姻制度依然严重地存在着，一般男女自由结婚和寡妇结婚，仍然受到父母公婆或本家的干涉和舆论的压迫。有些地区甚至还存在着"典妻""租妻""换妻""抢亲""等郎媳""望郎媳"等极端野蛮的现象。④

引文中所述的封建婚姻制度及野蛮的婚姻形式在传统时代的隬隍均存在。隬隍妇女的集体自杀之风与这种不合理的封建婚姻制度、妇女的婚姻家庭生活不幸福有密切的关系。

---

① 《用社会主义思想处理好婚姻家庭关系问题的宣传提纲》，丰顺县档案局，全宗号 15，目录号 12.1，年份 1980，案卷号 078，第 105 页。

② 2013 年 6 月 16 号于隬隍老街访谈陈寨华女士。

③ 《八乡山妇女的问题专题调查之二》，丰顺县档案局，全宗号 3，目录号 12.1，年份 1951，案卷号 017，第 41 页。

④ 李洪河：《建国初期与婚姻家庭相关的妇女死亡问题探析》，《妇女研究论丛》2008 年第 5 期，第 26 页。

五、隬隍妇女的婆媳关系状况

在隬隍侨乡的婆媳关系中，普遍存在婆婆权力大、对媳妇苛刻甚至虐待的现象。如在笔者调查的西洞村集体自杀的妇女中，杜习迪的童养媳就是由于家婆管得太厉害，不给吃也不给穿，所以走上了不归路。在田野访谈中，我们经常听到以往的婆婆虐待儿媳的往事。现年105岁的林枣女士提到婆婆时说，因为婆婆是继母，还很年轻，来自潮州府城中，看不起农村人，对她很不好。① 101岁的郑忆提到婆婆时眼泪流了出来，她说：因为丈夫是从别家要过来继嗣的孩子，婆婆是公公继娶的后娘，对她夫妇都很不好。②

81岁的李蕾莹，9岁从潮州归湖镇到溪北村做童养媳，当时公公婆婆已过世，当家的是阿婆（即丈夫的奶奶）。阿婆对她很不好，不给她衣服穿，常不给她吃饱，并且经常打骂她。李蕾莹因忍受不了阿婆的虐待，十二三岁时曾一个人步行，一路讨饭回到潮州娘家。但父母说她"生是许家人，死是许家鬼"，又把她送回了溪北村。送回来时找了许姓家族中的老大来协调，在老大的劝说下，阿婆对李蕾莹的态度才有所好转。③

16岁嫁到溪北村的陈寨华说，家中丈夫的奶奶非常厉害，吃饭时老说她：你吃这么多！菜不给她吃，自己一吃完就把菜吊到高处。但家中事情要她来做，吃的则不给她吃够。到解放时她才结婚三四年，因奶奶对她刻薄，想离开这个家，但婆婆对她有感情，不让她走，她才留下来。她在村中没朋友，被老妈（即奶奶）欺负了，一般在上山割鲁箕草时才与同伴诉说。因为在家里没机会串门，没法说自己的烦恼。以前因为生活困苦，没有空闲的时间聚会聊天，否则会被家人责骂，只有上山割草砍柴时才有机会聚在一起谈心事。④

笔者曾问87岁的谢翠紫年轻时有无要好的姐妹，有无休闲的时间，从潮州嫁到隬隍的她说："潮汕农村很少女子有要好的姐妹，因家里管得很死。"也没空闲，与外面的联系极少，晚上都要在家。当问及她年轻时有无私房钱时，她回答说：婆婆很厉害，管着家里的钱，没有私房钱。管得很严，要买布做衣服时，得靠自己去上山砍柴卖钱去买布。潮汕人的媳妇起初都是没权力的，婆婆才有权力。等到媳妇熬成婆时才有了地位。但很

099

---

① 2013年6月17号上午于环市访谈东留居宁村105岁的林枣女士。
② 2013年6月15号下午于环市古练自然村访谈101岁的郑忆女士。
③ 2013年6月17号下午于溪北村访谈81岁的李蕾莹女士。
④ 2013年6月16号于隬隍环市老街访谈82岁的陈寨华女士。

多妇女当了婆婆后也会像当年自己的婆婆一样，对媳妇很严厉。当遇到婆婆对她不好时也不敢反抗，婆婆骂她时就躲到一边去不吭声。①

英国作家与诗人格丽芬就曾注意到家长的虐待与孩子自杀之间的关联，认为：为了激起代表父母力量的最终的惩罚，受虐者必须做不恰当的事，必须做与自身利益相反的事，必须毁掉自己在真实世界获得的名誉，或许，还得摧毁他自己的真实生命。② 由于家婆权力大，掌控着家中一切，涉世不深的媳妇或孙媳妇，不少尚未与丈夫圆房完婚，往往在屡遭婆婆的虐待之后萌发轻生的念头，走上不归路。

小　结

笔者的初步调查研究表明，以隘隍为代表的粤东侨乡传统妇女的生活状况让人十分同情，她们在经济上普遍贫困；在生产与家务劳动方面极度劳累；家庭与经济地位相当低下；在婚姻方面极度不自由，存在着多种形式的畸形婚姻；在家庭生活中家婆权力很大，年轻的媳妇常受到压迫。隘隍侨乡传统妇女所处的这种生存状态是导致她们集体自杀的家庭与社会原因。

通过对隘隍侨乡传统妇女的家庭与社会生活的考察，可以发现妇女在传统社会中的集体自杀既有与其他地方妇女自杀相同的原因，如主观上素质普遍低下和主体性意识的不觉醒，相对容易滋生轻生念头；客观上这一群体的生存基础在事实上的相对缺失，遇到困难和不测时走投无路，最后不得不自杀。又如这一群体受教育权利和机会在事实上的缺失和不平等。③但也有其特殊的影响因素，如童养媳、隔山娶等侨乡的畸形婚姻；丈夫远涉重洋，婆婆掌管家中大权、欺压与虐待媳妇等。

---

① 2013 年 6 月 15 号上午于隘隍老街访谈 87 岁的谢翠紫女士。

② ［英］维多利亚·格丽芬著，张玦、李立玮译：《情妇：关于女性第三者的历史、神话与释义》，中国友谊出版公司，2002 年，第 38 页。

③ 刘斌：《农村妇女群体高自杀率原因探析》，《中国农业大学学报（社会科学版）》2004 年第 4 期，第 64 页。

第二章 客家妇女与神明崇拜

第一节 碑记中的客家妇女与神明崇拜

妇女是乡土社会中民间神祇的主要崇信者，但在传统社会中，无论是官方还是民间文献对客家妇女参与民间信仰活动的记载均很少，让人难以探究其神明崇拜的面貌。在以往的客家研究中，因学术背景、学术兴趣，或受限于资料等原因，对明清客家妇女的民间信仰进行探讨与分析的文献较少。笔者曾在闽西客家地区做过 10 多年的田野调查研究，发现由于"破四旧"对民间庙宇的摧毁，当地留存于世的明清寺庙碑刻并不多，其中对妇女参与寺庙捐款或捐田有所记载的碑刻更是极其稀少。本节拟以有幸收集到的 10 余块明清寺庙碑刻为重点，对传统社会中的客家妇女与神明崇拜作一分析探讨。

一、河龙伊公庙碑记中的客家妇女与伊公崇拜

河龙是宁化县北部的一个乡镇，距县城 30 多公里，西部与江西省石城县接壤。辖区内住着伊、张、李、黄、谢、刘、毛、伍、温、曾、赖、姜、陈、熊、邱等姓氏。其中，伊姓到河龙的历史最久远，早在唐代就从河南迁到了此地，人口也最多，有 2 600 多人。

伊公本是河龙伊姓的一个祖先，为伊氏第五世，名盆义郎，死后受到乡民的供奉，被称为"伊公尊王"，村民称供奉伊公的庙宇为"伊公庙"，又称"水南古庙"。李世熊所修《宁化县志》载曰：

庙在永丰里上伊村。按旧碣，神姓伊名盆，为人豪毅，耿耿有烈士风。宋真宗景德元年，转运使李住起解梅州银绢，本州委通判胡某赍至本都武曲桥锡源驿，疾故，奉官莹葬。伊公慨然诣县自陈曰："解官本为朝廷重务，客死吾土，某现充保长，亦草莽臣也，愿换牒代解。"县许之。

至汴京，适皇太子生，上大悦，以覃恩赐敕一道，骏马一骑，剑一口，命其出镇柳州。时南蛮不共，公领军夺勇前驱，血战破贼，所向倒戈。事平凯奏。卒于官，以功特赠银青光禄大夫，因庙食至今。①

从县志的记载中不仅可以知道伊公生前的主要事迹，而且可以看出由于忠勇，伊公征服了"南蛮"，被朝廷封为"银青光禄大夫"。据伊氏谱载，首次建伊公庙是在天圣五年（1027），由伊姓发起，邀同谢、赖两姓合建的，因此伊公庙已有900多年的历史。② 伊公的事迹在水南庙的碑文中亦有所记载。载曰：

公于宋真宗景德元年（1004）解粮诣京，适皇太子生，敕赐银青大夫，镇柳州。时南蛮不共，公领军奋勇，事平奏凯。卒于官。后于宋政和二年（1112）因海寇骚扰，公显绩平服，加封洲湖润德王。而英灵赫濯，有祷必应于梓里，诸乡素著，所以庙食至今。③

值得注意的是这则记载提到伊公是"解粮诣京"，而不像县志与族谱所载起解"银绢"进京。只是几字之差，却有着深刻的社会历史背景，因为河龙是稻米产区，此地大米为"贡米"，乡民大多依靠种稻、卖米为生，因此，"粮"与当地的民众息息相关。当地知识分子把"银绢"改为"粮"反映了伊公信仰的当地化，使伊公信仰与当地的人文地理、社会环境紧密结合在一起。百姓因伊公的忠勇而建庙祭供他，因他的灵验，"有祷必应"，一直到现在还受到祭拜。

伊公庙的首次兴建是宋代伊姓召集谢、赖两姓完成的。建庙之初的信仰圈应该以此三姓为主。由于伊公的灵验，信仰圈不断扩大。据对庙中碑刻的统计，清代参与修建水南庙的捐款姓氏达30个；供奉与祭祀伊公圣像的有周边的53乡。④ 伊公的祭祀圈不仅在本地扩大，同时还向外县，甚至外省拓展。早在宋代，伊公信仰就已传到汀州府城所在地。据宋代《临汀

---

① （清）李世熊：《宁化县志》，福建人民出版社，1989年，第418页。

② 《太原伊氏十三修族谱》卷一《世系传·盆义郎》。

③ 《重建水南庙记》，嘉庆二十四年（1819）立。此碑及庙中其余碑刻均由劳格文、钟晋兰收集于河龙伊公庙，钟晋兰整理。

④ 伊启烈、谢云吐、钟晋兰：《河龙的宗族、信仰与婚丧习俗》，杨彦杰主编：《宁化县的宗族、经济与民俗》，国际客家学会、海外华人资料研究中心、法国远东学院，2005年，第328－329页。

志》的记载，汀州府城的南边有座洲湖润德大王庙。① 到清代，伊公信仰还传到了江西省石城县。② 因此，伊公从村落福主逐渐升格成全乡福主，并成为一个信仰圈横跨闽、赣两省的地域神。

伊公庙留存有 8 块众姓捐款修建庙宇、捐田、捐物的碑文，为我们了解伊公庙的历史提供了珍贵的史料。碑文表明，由于伊公的灵验，水南庙曾得以 5 次修葺或重建，时间分别为：明嘉靖间（1522—1566）、万历间（1573—1620）、康熙三十五年（1696）、康熙五十年（1711）、乾隆三十三年（1768）。明清时期的频繁重修或许说明此庙在当地的重要性以及乡民对伊公的信仰深度。

从水南庙的碑文中可看出不少女子参与了捐款修建伊公庙的活动。乾隆二年（1737）《水南庙碑记》中，计有谢、伊、周、赖等 20 多个姓氏，200 多人捐了大约 30 两银钱。其中参与捐款的客家女子有 5 人，分别是上伊"伊门张足娘"助 1 钱，中宜地"李门苑细娘、李门张凤娘"各助 5 分，禾畲"伊墩娘"助 6 分，葫芦背"伊门铭文周氏"助 2 钱或 2 分，因碑文模糊辨识不清。

在乾隆二十三年（1758）《各乡重修碑记》中，有伊、李、温、易等 8 个姓氏共 194 人参与了捐款，共捐钱 25 000 多文。其中有 7 个妇女参与捐款，分别是"谢世□全妻李□寿壹百文"、"安远司周门谢氏玉绣壹百文、寒坑巫门谢氏发秀壹百六十文"、"周门王氏助贰百文"、"桂竹村张君锡全妻谢氏助钱伍百文"、中宜地"李□□助钱壹百文，妹遊（游）氏，男芳登、芳胜、芳力助钱壹千肆百文"、"易门张氏五十文"。

乾隆三十三年（1768）的《执事碑记》中，有谢、伊、赖等 8 个姓氏共 113 人捐了 30 000 多文钱。仅有两个妇女参与了捐款，分别是"谢□妻乐助久（九）钱久（九）分""对塘伊永赖全妻张氏助贰千肆百文"。

而嘉庆二十三年（1818）的《重修神庙捐题》碑中，谢、刘、伊、黄、邱等 15 个姓氏 147 人参与了捐款，共捐钱近 17 万文。其中有 5 个妇女参与捐款，分别是"谢逢森妻周福德壹万文""谢伊桂娘壹千文""谢温昭娘壹千文""谢张月娘六百文""温谢清娘壹千文"。

在《重修水南庙碑》③ 中，伊、巫、夏、曾、周等 19 个姓氏 175 人参

---

① （宋）胡太初、赵与沐：《临汀志》，福建人民出版社，1990 年，第 63 页。

② 张志渊：《石城庙会大观》，罗勇、劳格文主编：《赣南地区的庙会与宗族》，国际客家学会、海外华人资料研究中心、法国远东学院，1997 年，第 46 - 47 页。

③ 此碑未刻时间，但从字体与碑的位置来看，应是嘉庆二十四年（1819）重建神庙的捐款的一部分，与上文所提嘉庆二十三年（1818）的捐款碑为同一时期。

与了捐款，共捐钱 14 000 多文。其中有 7 个妇女，分别是：背陈"毛香娘壹百文、汪秀娘壹百文"、重源鲁门"罗氏五十文、张氏五十文"、上坑"夏门张氏妙彩壹百文、汤氏妙彩五十文、张氏妙赛三十文"。

嘉庆二十三年（1818）捐钱是为重建水南庙。据碑载，水南庙不仅供了伊公，还供有五通大帝、禅师与土地公公等神。载曰："下伊水南古庙创自何朝何人无所考，中龛祀五通大帝诸神，右龛祀将军诸神。右另一室则祀禅师与本庙土地，其左龛则祀伊公尊神暨夫人吴氏……庙颓毁不堪言矣。岁丙子本乡杰士等合议重建，而各乡共荷神庥者应之。于是自七月为始，迨戊寅五月告竣。又复增置尝田以崇祀典以厚捐。"从中可见水南庙在嘉庆二十三年（1818）重建前就已供了五通大帝等神，该年还用捐款购置了尝田，用于祭祀神明与举办庆典活动。

由上文的叙述可知，在河龙伊公庙的碑记中，有的妇女与丈夫一起捐款，有的单独捐款，也有的与娘家兄长、侄子一起捐款。在碑文的书写上，这些捐款妇女有的刻有姓名，有的仅刻有姓氏。从她们的姓氏来看，以张、谢、伊为主，是伊公庙周围居住的主要姓氏。尽管她们中有不少是在外村，但不难猜测，大部分是从本地嫁到外村的女子。另外，从夏门张氏妙彩、汤氏妙彩、张氏妙赛的名字上判断，她们可能是佛教信徒，甚至可能是已入空门的尼姑，当然这还需要进一步证实。

二、上杭田背云霄阁碑刻中所载的客家妇女与神明崇拜

田背是一个由上杭县中都镇管辖的行政村。村中姓氏以刘姓为主，此外有傅、丘、朱等小姓。刘氏原籍江西瑞金塘背，元朝时迁到田背，今已繁衍到第 28 代。

云霄阁位于田背村口，兴建于明朝嘉靖年间，当时用泥墙筑了两层，因地处水口，俗称"水口宫"。到了乾隆年间，由于刘氏一族经济十分繁荣，在原来泥墙的基础上又用大圆木建了几层，建成下两层为泥墙，上五层为木质结构的塔状建筑，因此又名"罗星塔"。该建筑内有大小殿厅 9 个，房间 6 间。供奉有陈林李三夫人、陈海青、财神、五谷、观音、招娣哥哥、北帝祖师、天后、魁星、大法师及黄十三郎、黄七郎、幸八郎三仙师等的神像。

云霄阁是田背的水口宫，刘氏最初建宫的目的是保住全村的好风水不外流，庇佑全村五谷丰登、人丁兴旺。由于该宫外观别致，地理位置优越，坐落在中都到上杭县城的大路旁，据说加上神签灵验，使得香火日盛，信徒日增，信仰圈一步步扩大。宫内的碑刻内容也反映了这种变化，

这些碑刻分别是道光四年（1824）的《重修罗星宫乐捐碑》、道光十年（1830）的《信女捐助银碑》、1991年的《雕佛乐捐碑》、1998年的《重修云霄阁乐捐碑》。在道光四年的捐款中，捐助姓氏只有刘姓，97人共捐了567银圆。道光十年（1830）的捐款人几乎都是女子，按其夫姓计有丘、何、黄、张、陈、罗、赖7个姓氏。据笔者调查，这些姓氏都是刘氏与之经常通婚的姓氏，反映出云霄阁信仰圈的一种变化，由单一的刘氏宗族向其平常联系较多且地缘较近的亲戚扩散。新中国成立后，信仰圈又扩大了许多，据对1991年与1998年碑记的统计，捐款姓氏达30多个，捐款者来自周围的10多个村落，云霄阁内的神明从一村福主变为全乡民众的守护神。

道光十年立的《信女捐助银碑》记载的大部分内容是当地信女的捐款活动，碑全文如下：

> 众信女捐助装三天元君金身等佛边陆拾叁元伍分，又将众信女敬奉三天元君座前香灯芳名开列于后：邱攀桂妻季氏、邱始熙妻薛氏、邱始谊妻童氏、邱始珍妻张氏、邱应过妻刘氏、黄亮大妻邱氏、何启学妻刘氏、何殿才妻郭氏、何载万妻钟氏、何利仁妻邱氏、何守仁妻饶氏、何林香妻邱氏、何葵香妻邱氏、何命行妻郑氏、何命扬妻蓝氏、邱猷达妻赖氏、邱能达妻赖氏、邱伟达妻饶氏、邱廉达妻钟氏、邱应芳妻刘氏、邱时伟妻刘氏、陈胜华妻李氏、邱新喜母刘氏、张福桂妻邱氏、张宗桂妻薛氏、邱东汉妻钟氏、何闽昌妻邱氏、张敬孚妻陈氏、邱建屏、何平如妻刘氏、邱秉元妻包氏、邱乾辉母罗氏、罗毓基妻刘氏、邱友尔妻何氏、赖顺祥、赖顺豫、赖叶华、赖慕志、邱文远妻刘氏、邱晋阶、邱尉芳、邱作林妻刘氏各捐银1元。
>
> 劝捐元首：刘像文母陈氏
> 道光十年岁次庚寅仲秋月吉旦立①

这块碑记载了两项捐款内容：一是当地的信女捐了63元5分用来装三天元君的金身，捐款信女的姓名未刻于碑；二是捐款作为三天元君座前添灯油的费用，42名捐钱者共捐了42元。捐款者中有7名为男性，其余35名为女性，分别以"×××妻×氏""×××母×氏"的格式刻于碑，

---

① 钟晋兰：《杭南田背刘氏宗族的发展》，"中央研究院"民族学研究所《民族学研究所资料汇编》2000年第16期，第90页。

且仅刻了姓氏。按捐款妇女夫家姓氏统计，计有邱姓的媳妇18名，何姓的11名，张姓的3名，黄、罗、陈姓的各1名，她们分别捐银1元。这些姓氏都是刘氏的主要联姻姓氏。① 尤其与刘氏通婚例次相对高的邱姓媳妇捐钱人次最多，各捐钱妇女可能是刘氏平时联系较多的姻亲。这块乐捐碑为何未刻刘氏本宗族媳妇姓氏及乐捐数？是她们未参与捐款？显然不可能。水口宫本是田背刘氏的庙宇，碑刻前面记载的"众信女捐助装三天元君金身等佛边陆拾叁元伍分"，可能主要由刘氏的媳妇们所捐，至于为何不刻上碑就难以考证了。

据笔者调查，客家妇女不仅参与了云霄阁塑神像金身与设香灯的善举，而且还组织了神明会。田背有许多尝会，单以祭神为内容的就有新夫人会、文魁会、北帝祖师会、关圣帝君会、天后二十四会、荣华会、天后圣母会、五谷神会、老夫人会等16种。其中天后二十四会、天后圣母会与荣华会的成员完全由妇女组成，并且有固定会期与活动场所。荣华会一年四季都有会期，分别在正月二十、五月二十、八月二十与十月二十。每逢妇女所集的会期，以中老年妇女为主的参会者们会聚在云霄阁念经敬神。

三、古坊五显宫碑记所载的客家妇女与五显公王崇拜

古坊是上杭县中都镇所辖的村落，现有1 000多人，包括钟、张、赖、叶、吴五姓，其中钟、张两姓占总人口82.4%。

五显宫位于村中陈坑自然村的村口，有上、下两厅及左边厢房。上厅面积较大，供着众神。其中主神坛上供着五显公王及千里眼、顺风耳两员大将。左右两边的小神坛分别供着土地神与魁星。五显公王是古坊的村落保护神，庙宇的设立不迟于明朝，宫内一块老碑刻有"崇祯拾壹年戊寅（1638）秋九月吉旦立"等字可为证。

五显宫留存有9块碑刻，大体反映了该宫的修建历史：约建于明朝后期；乾隆二十一年（1756）重建；嘉庆三年（1798）修葺；光绪二十年（1894）再修；20世纪90年代又修。这些碑刻中，有4块记载施田，其余5块是众姓乐捐碑，包括乾隆二十一年（1756）的《重建五显宫助银石碑》、乾隆四十三年（1778）的《众助银建文会碑》、嘉庆三年（1798）的《重修本宫乐捐银碑》、道光十三年（1833）的《续捐振英社文课碑》、光绪二十年（1894）的《重建五显宫题捐芳名碑》，5次捐款数额最大的

---

① 钟晋兰：《杭南田背刘氏宗族的发展》，"中央研究院"民族学研究所《民族学研究所资料汇编》2000年第16期，第82-84页。

姓氏都是钟姓，其次是张姓，另外，赖、邱姓的捐款数也比较大，参加乐捐的还有叶、吴、温、蓝、傅、何、王、李、刘九姓，共有13个姓氏参与了捐款。其中有八姓属外村，说明五显宫是个跨宗族、跨村落的庙宇，其信仰范围已由古坊村辐射到临近村落。①

据笔者调查，五显公王是古坊村中最重要的神明。以五显公王为中心，村民组建了许多神明会，包括落马会、琼花会、转宫会，春、夏、秋的季福会，开光会与暖寿会。此外碑刻上还载有承光会、集亨会、龙华会、五堡醮尝等名称，说明五显宫还有一些村民已经遗忘的神明会。另有每年正月十五的扛五显公王游村与5至8年一次的醮会活动。每年正月十五开始的扛公王是规模最大的一次，组织最严密，历时最长，参与的宗族最多，集游神、庆祝、祈愿为一体。

五显宫内的4块碑记对妇女捐田与捐钱有所记载，其中3块为捐田碑记，兹抄录于下：

碑记一：助田碑记

本里竹山背信士邱□□□妻刘氏、籍氏，刘氏男邱可标、可栋、可柱、可机、可材、可桂，用价银九两买到本地陈坑田税□四秤，送入五显老爷御前烧香，永远定规，祈保子孙昌盛者。

崇祯拾壹年戊寅秋九月吉旦

碑记二：施田碑记

本坊信士钟文生同妻邱氏（以下60余字均被粉刷）

康熙三十四年岁次乙亥夏月吉旦立

碑记三：施田碑记

本坊信士钟应康同妻郑氏偕男用志、尚志，媳邱氏、赖氏，于天启年间将本乡仙师宫背细溪陇里田税拾秤，原载民米捌升，送入五显大帝御前烧香灯之资，祈保子孙昌盛，富贵继远。

乾隆二十一年仲秋月两大房嗣孙仝立

① 钟晋兰：《上杭县中都镇古坊村的民间信仰》，杨彦杰主编：《汀州府的宗族庙会与经济》，国际客家学会、海外华人研究社、法国远东学院，1998年，第158页。

碑记一记载的是明崇祯十一年（1638），竹山背（为本乡春睦村的一个自然村，约与古坊村相距5里路）邱姓的妻子刘氏、籍氏与刘氏所生的6个儿子一起买了五显宫附近的一块田作五显公王的香钱用。碑记二因人为破坏无法看清全文，但我们仍然可以从中知道，本村的钟文生与妻子邱氏于康熙三十四年（1695）买田施给五显宫。碑记三虽然立于乾隆二十一年（1756），但讲述的是明朝天启年间本村的钟应康与妻子郑氏，儿子用志、尚志，媳妇邱氏、赖氏一起把位于村中仙师宫背的一块田送入五显宫作烧香钱。因此，3次捐田都不是客家妇女唱主角，捐田者或为其丈夫，或为其公公。她们只是作为家中的一个成员，祈望被五显公王保护的一个重要信士而被刻于碑中。

另一块记录了客家妇女参与五显宫事务的是乾隆二十一年（1756）的《重建五显宫助银石碑》，碑载："龙华会内钟烈佐、钟燕川、钟亦度、张世达、钟赋善、张联永、钟亦章、钟赋良、钟俊彦、钟口彦、钟赋仁、钟清彦、钟仁秀、钟永存、钟永口、钟永生各家族妇合助银叁两正。"16个钟姓或张姓家的妇女共捐了3两银子。"各家族妇"这一笼统的四个字让我们无法知道这些妇女更多的信息，但我们可以猜出她们定是碑文所列男子家中的母亲、妻子，由于受撰写碑文者的思想观念与历史叙事方式的影响，她们的名字都未刻上碑刻，而以其夫、子之名代替。碑刻中还提到"傅门何氏助银一钱五分二厘"。这块碑至少反映出在早期重建五显宫的活动中，本村不少妇女参与了捐资活动。

四、武平小澜天后宫碑刻中的客家妇女与天后崇拜

小澜是武平县北部桃溪镇所辖的一个村落，位于桃溪镇东北10公里。村中有张、陈、余、刘、朱、罗、郑、魏、温等十多个姓氏，其中张、陈、余、刘四姓占全村总人口的90%以上。

小澜天后宫位于土地坪墟的对岸，是余姓联合周围其他姓氏在乾嘉时期修建的。这座天后宫于"文革"期间被毁，1985年按老天后宫的样子重建。至今宫中还保留有重建天后宫时挖出来的3块碑刻，碑名分别为"澜溪天后宫序""敬塑圣像各信妇捐助启列""谨将乐助花名列后"。从捐助名单来看，参与捐款的姓氏包括刘、余、李、蓝、张、黄、陈、郑、吴、周等36个，共有230多人。这些姓氏远远超出了小澜村的宗姓，几乎涵盖了武北64乡的所有姓氏。因此，小澜天后宫的信仰范围为武北64乡，而不是为一村所独有。

宫中供奉的天后不仅保护商人，捐款碑中有"李福顺号""广聚号"

"际兴号""隆盛号"等不少商号，并且还有明显的助产保赤功能。在武北，妇女难产时必须呼妈祖嬷太，她会立刻显灵，化解灾难。天后宫的墙壁上贴了很多新丁告，新丁的名字中都有一个"马"字，表明这些新丁都是契给妈祖做孩子的，新丁家人以为这样就可以得到妈祖特别的照顾与保佑。① 早在清代刚建天后宫时，当地妇女就捐款塑天后像，这与妈祖的这一功能是分不开的。

为明了清代当地妇女捐款塑神像的详细状况，在此把《敬塑圣像各信妇捐助启列》碑文引录于下：

敬塑圣像各信妇捐助启列

陈阑桂母助边贰百　余华九母助钱壹千　张德后母助钱壹千　余华志母助钱壹千　罗芳远妻助钱壹千　张维业母助钱玖百　余万和母助钱玖百　张室贤母助钱陆百　魏贤玉母助钱伍百　张玉大母助钱伍百　张福官母助钱伍百　陈发建母助钱伍百　陈发恭母助钱伍百　朱奎碧母助钱伍百　余万广母助钱伍百　张日旦母助钱伍百　余华进母助钱玖百

陈翠球母　陈德善母　陈作琳母　朱福盛母　陈功上母　张有伦妻　张林汤母　张子同妻　邓功远妻　邓丁青妻　陈功书母　陈全桂妻　余荣笔母　余华耀母　余华喜母　余福康母　刘申母（各助钱叁百）

刘科元妻　刘善元妻　刘茂祚妻　刘元宗母　刘昌灿母　张日扬妻　张日达妻　吴祥魁母　吴振魁母　余辉琳妻　张忠禄母　张德裔母　张发明母　张华清母　张秀华母　魏发阑母　张叔裔妻　张远裔妻　余禄寿母（乐助铜钱贰百文正）

余□□母　余芳寿母　余盛□母　陈功兴母　陈灶生母　陈功九母　陈兴琳母　陈德辉妻　陈功现妻　陈发现妻　陈发明妻　陈发汉母　陈发种母　陈发科母　陈发革母　陈永兴母　陈发光母　陈添贵妻　余华南妻　余华凤妻　余恭禄母　余万玉母　余万忠母　余万腾母　余万崇母　余万乾母　余□芳母　刘美香母　刘伯春妻　刘接桂母　张献易妻　张正易妻　张盛易妻　吴成发母　余乾寿母　余志超妻　陈功学妻　刘祚宗妻　余荣腾妻　吴芳魁母　朱德盛母　张进□母　吴任发母　吴辛族母　吴金魁母　朱德盛母　张进□母　吴任发母　吴辛族母　吴金魁母　余永昌母　张广才母　张宏才母　张茂才妻　张荣育母　张郭子母　罗洪荣母　罗

① 刘大可：《闽西武北的村落文化》，国际客家学会、海外华人资料研究中心、法国远东学院，2002年，第390页。

洪贵母　罗洪彩母　张崇福母　刘元洪母　余华盛母　陈学兴母　陈发妹母　陈□□母　张□□母　陈□□母　张□□母　陈□□母（以上各助钱二百文）①

这块碑文记载了122名妇女的捐款，但捐款者的姓名均未刻录于碑，出现的是她们的丈夫或儿子的姓名，其中92名妇女以儿子姓名后面加"母"字来书写，另外30名以丈夫姓名后加"妻"字来书写。以其丈夫或儿子的姓氏来计，捐款最多的是余姓族妇，28人捐了9 300文；其次是陈姓族妇，30人捐了7 000文及200元花边；居第三的是张姓族妇，18人捐了6 700文；其余刘姓族妇11人捐了2 300文、吴姓族妇10人捐了2 000文、罗姓族妇4人捐了1 900文、朱姓族妇2人捐了800文、魏姓族妇2人捐了700文、邓姓族妇2人捐了600文。捐款数目较多的余、陈、张、刘四姓正是小澜村人口数居于前4名的大姓，其余捐款人次与数目较少的姓氏都是村中的小姓。因此，可以断定碑文中的105名捐款妇女大部分是本村人。

小　结

明清客家妇女参与捐款的这些寺庙，大都有助产保赤保平安的功能，与妇女的日常生活十分贴近。田野调查发现不少乡民会到伊公庙问吉占卜、求择良辰与贴庚寄娇②，因此，伊公除了《水南庙碑记》所载有御灾、除病、护商等功能外，还有婚姻神与生育神的功能。据笔者调查，田背村云霄阁中的天后、三奶夫人、吉祥哥哥、观音等神明均有助产保赤功能；到古坊五显公王前烧香的妇女有求子者、求顺产者、孩子生病后求平安者。武平小澜的天后宫助产保赤的功能也很明显，宫中墙壁上贴有不少"契告"，从中可知当地不少妇女都把自己的孩子送到天后宫，做天后的契子，其名字中带有一"马"字。她们参与捐赠的寺庙往往供奉着不同教派的神明，佛教神、道教神、地方神均有，反映了妇女民间信仰活动的实用性与功利性。

现存的明清寺庙碑刻显示，传统客家妇女参与地方寺庙的捐赠主要有

① 刘大可：《闽西武北的村落文化》，国际客家学会、海外华人资料研究中心、法国远东学院，2002年，第415-416页。
② "娇"在当地是指小孩多病。为了使小孩不生病或已生病的较快康复，村民们通常把小孩的生辰八字写在一条红签上，再用写有福字的红纸包好，然后将它贴在伊公尊王座前，称为"契娇"或"寄娇"。

两类，一类是记载与丈夫、儿子等家人一起向庙宇捐田；一类是记载个人捐款参与寺庙的重修、塑神像、给神像座前添油点灯等。但无论是哪一类碑文，在捐献妇女的名字书写上，除了宁化河龙伊公庙中的碑文有书写捐款妇女姓名外，其余碑文均未刻上其名字，甚至有的连妇女的姓氏也未写，用家中男子的名字后加上"母""妻"或者"族妇"来替代。碑文中对捐赠妇女名字的书写方式既蕴含着当时碑文撰写者的历史叙事方式，也反映了明清客家女子的从属地位。

　　妇女参与捐赠的这些神明早期都属村落性的地方神与女性神。河龙的伊公原是下伊村的福主，信仰圈后来才扩散到外村、外县。田背云霄阁与古坊五显宫的信仰圈最初都是在本村，以后因神的灵验而扩展到外村外族。小澜天后宫的天后是女性神，因位于墟市，信仰群体比较复杂，但信女仍然主要来自本村各姓族妇。参与捐款的大都是住在寺庙所在地以及附近有姻亲关系的妇女，反映出明清客家妇女的信仰圈与社会活动圈均比较小。

　　根据笔者近些年来的调查研究发现，尽管传统客家妇女的信仰圈比较小，但她们的民间信仰内容是相当丰富的，她们信奉涉及不同教派的女性神与地方神①，祈保内容以护产保育、消灾祛病等为主②。除了常到寺庙去烧香念经，有的还会在家中念经，甚至会请道士、和尚或佛头嬷嬷并邀集村中的中老年妇女定期到家中举行念佛、拜佛仪式。③ 完整的念佛程序包括接珠、暖佛、回佛、点佛、拜佛、完佛，从念佛妇女四五十岁接珠开始，一直延续到死亡时完佛才结束，其持续时间之长，花费之大，举行仪式之频繁，参与念佛人员之多，仪式的完整性与内容的丰富性都让人吃惊。从这方面来看，传统客家妇女并未完全被局限在家，排除在社区文化生活之外。

　　已有的客家妇女研究成果比较集中探讨两个方面的论题，一是泛论客家妇女的美德。二是泛论客家妇女如何受到社会的压迫与歧视，导致社会地位十分低下。通过田野调查与民间文献相结合进行研究，往往能得出让人耳目一新、极具学术价值的成果。房学嘉先生就曾注意到少数梅州客家

----

　　① 钟晋兰：《论女性崇拜与客家妇女的社会文化生活》，《客家文化研究》，海峡文艺出版社，2007 年。

　　② 钟晋兰：《客家妇女生育信仰初探》，《福建论坛》2003 年第 6 期；钟晋兰：《农村客家妇女生育信仰保持的原因探析》，《农业考古》2010 年第 6 期。

　　③ 钟晋兰：《宁化客家妇女"接珠"仪式的人类学观察》，《嘉应学院学报》2011 年第 10 期。

妇女在家庭经济中拥有实权，在家族乃至社区中有一定的社会地位。他以梅县三乡小都村李清汉家藏契书为分析对象，发现"粤东梅县的女性因应社会需要，男性出外行商或漂洋过海找生计，女性在家中挑起理家的重担"。很多家庭产权转移的契书"证人"与"法人"是由女性担当的，这可以看作"客家女性在家庭、家族中享有特殊威权的证明"。[①] 本节则透过寺庙碑刻的记载，从民间信仰活动的角度看明清客家妇女的社会文化生活，从她们对社区事务的有所参与，甚至主导寺庙的捐款活动来看，传统客家妇女确实是有一定社会地位的。

第二节　客家妇女的生育信仰

近几年，笔者在阅读有关客家的专著与文献资料时屡屡读到中外人士对客家妇女的赞颂。如肖平在《客家人》一书中把客家社会当成"特殊背景下的'母系社会'"，并说"客家妇女是中国劳动妇女的典型……她们是养育客家民系的良好胚胎和母体"。美国人爱德华《中国访问录》则说："客家人是刚与柔相济，既仁毅又仁爱的民族（民系），而客家妇女，更是中国最优秀的劳动妇女典型。"对客家妇女赞赏有加的还有爱国诗人黄遵宪、美国的传教士罗伯·史密斯和英国人欧德里等，这些评论给出了有关客家妇女群体特征的一组画像。此外，不少学者文人还认为客家妇女走出了家庭，承担了家中的大部分生产劳动，可以在砍柴时引吭高歌，不受拘束，因而在家庭中、社会上均比其他族群的女子享有较高的地位。

然而，笔者在田野调查时却发现，客家妇女的生育信仰十分浓厚，其生育观念与其他族群的妇女有不少相似之处。透过她们的生育文化反映出她们在家庭中的地位并不比相邻族群的妇女高。本节结合笔者在闽西客家地区的田野调查所得与文献资料，对客家妇女的生育信仰及其长盛不衰的原因作一探讨。

一、客家妇女的生育信仰

生育信仰是民间信仰的一种，起源于民众对生命现象的崇拜。它是古时人们由于对生育现象的不理解而产生的一系列以人类自身生育、繁衍行

---

① 　房学嘉：《从李氏家藏文书看妇女在传统社会中的地位——以粤东梅县客家妇女为重点分析》，《中南民族大学学报》2005 年第 6 期，第 132－136 页。

为为对象的崇拜以及相关的仪式。随着社会的发展以及人类对自身认识的不断提高，生育信仰的内容和思维方式也发生了变化，形成了由多种崇拜组成的民间信仰。一般认为生育信仰包括孕体崇拜、女性崇拜、图腾崇拜、男性崇拜、生育神崇拜，甚至还包括求育巫术、禁忌等。[①] 在闽西客家地区，妇女的生育信仰内容以女性神明崇拜为主，也有男性崇拜、自然神崇拜与求育巫术等，但孕体崇拜与图腾崇拜则不常见。

（一）女性崇拜

一般认为女性崇拜是对女性偶像的崇拜，即女神崇拜。笔者认为这仅是狭义上的女性崇拜，广义上的女性崇拜应包括女性祖先崇拜与女性神明崇拜。在客家地区，含有生育信仰内容的女性祖先崇拜主要是对多子多孙、有福气的女祖先的祭拜。客家妇女信奉的女神则有观音、妈祖、临水夫人与痘母等。其中以观音和妈祖最为盛行，为之建筑的寺庙几乎遍及客家地区的各个乡村。

1. 多子多孙的女祖先

在闽西，女性祖先被称为"婆太""祖婆"等。祭拜的主要形式是祭供有女祖先的祠堂与埋有女祖先骸骨的墓地。如清流县灵地镇的黄姓第十二代子良公有 5 子 24 孙 108 曾孙。子良之妻蔡桂兰因多子多孙，被村民称为"有福气的祖婆"。相传，祖婆在世时，谁家生了孩子，只要抱给祖婆摸上一摸，说句吉祥话，孩子就会少生疾病，长得壮，长得快。祖婆死后，她的骸骨被放在子良公祠的神龛下。据说，此祖婆有一块肚皮，几百年了，仍没有腐烂，被视为奇迹，因此大家对祖婆奉若神明。每逢村里的年轻人结婚，都要到子良公祠烧香，"因祖婆蔡桂兰是多子多孙、多福多寿的老人"，新郎新娘到此烧香膜拜，"是祈求祖宗庇祐，早生贵子，快快长大，也能像祖婆那样多子多孙，多福多寿"。[②] 在客家地区，不少多子多孙的女祖先因此而成为本宗族乃至本村落女子的生育神。

2. 观音

观音是中国广大下层妇女的保护神。关于观音的来历，传说中主要有两种：一说观音是阿弥陀的大儿子，他起誓许下大愿，化为三十二种形象来到世间救人类。有时候化身为南海准提，具有一千只手，一千只眼睛，

---

① 王晓丽：《中国民间的生育信仰》，社会科学文献出版社，1999 年，第 2 页。

② 黄于万：《清流县灵地镇黄姓民俗》，杨彦杰主编：《汀州府的宗族庙会与经济》，国际客家学会、海外华人研究社、法国远东学院，1998 年，第 301 - 302、306 - 307 页。

以救航海中的罹难者，有时候化身为"送子娘娘"，是妇女们最尊敬的神明，特别为不生育的妇人所信仰，每天香火不绝。另一说为观世音之父是妙庄王，母为宝德后，观音为他们的三公主，名叫妙善，爱修行学佛。不难发现，在第一种传说中，观音为男儿；而在后者中为女子，前后两说的性别是矛盾的。在客家妇女的心目中，观音是女性神明。

在民间，观音的法力是无边的，可以祈雨，可以救火，逢山可开路，遇水可搭桥，可给饥饿者以食物，给寒冷者以衣裳，给患病者解除病痛，使人脱离于各种苦难。此外大慈大悲的观音还可以送子，可以操持胎儿的性别，并且可以保佑母亲的平安，护佑小儿的成长，成为妇婴的保护神。

观音是客家妇女最普遍信仰的神明，供奉有观音的寺庙在客家地区随处可见。客家妇女祭拜观音多为祈求赐子或保佑儿女健康成长，祈望观音履行生育保护神的功能。此时，她们把观音称为"送子观音""送子娘娘"，也有称之为"观音嬷"的。以闽西客家首府长汀县城区为例，仅长汀城内就有5座观音堂，每座每年都在二月十九、六月十九、九月十九举行庙会。庙会之时，汀州城的妇女纷纷结伴到观音庙进香上供，其目的之一是"盼望生子"。因为观音送子，她们认为只要诚心诚意祈拜就一定能生个胖儿子。① 闽西的客家老年妇女空闲时更是三五成群聚在家中念观音经，祈望得到观音的保佑。在赣南客家地区亦不例外，以定南县为例，定南人对观音的称呼有观音、菩萨、观音菩萨、观音娘娘。而使用最多的则是另外一个独特的称呼——"契"。此词在定南的方言中指丈母娘，而对观音的称呼则为"干娘"的意思。定南人向观音求子后生下的孩子必须抱到当初求子的观音庙认"契"，给观音当契仔，因而"契"成为当地人对观音的特殊称呼。②

3. 妈祖

妈祖为福建莆田县林氏之女，从小聪明伶俐。她不仅受到了巫教影响，还从道教、佛教中吸收了不少教义与法术，因而具有预言、占卜、巫医、护航等神功，成为当地的杰出巫女。她因"游魂救父兄"而丧生，死后成为沿海人民的航海保护神，并兼有"雨水之神""生育之神""战神"之功能。③ 由于屡屡显灵建奇功，她在宋绍兴年间被典封为"灵惠夫人"，

---

① 张鸿祥：《汀州城区的庙会大观》，杨彦杰主编：《闽西的城乡庙会与村落文化》，国际客家学会、海外华人研究社、法国远东学院，1997年，第109页。

② 任建群：《定南的观音崇拜》，罗勇、林晓平主编：《赣南庙会与民俗》，国际客家学会、海外华人研究社、法国远东学院，1998年，第50页。

③ 李露露：《妈祖信仰》，学苑出版社，1994年，第71-92页。

淳熙间易为"天妃"。

客家地区由于江河航运险滩重重，妈祖传入后迅速为广大民众所接受。不仅成为民众的航运与商业保护神，而且还成为妇女的生育保护神。如长汀县羊牯乡全乡人捐钱建造的天后宫位于墟边的水口，大殿两边写着一联："若济巨川无母何恃，如保赤子惟赤能。"这充分体现了妈祖为当地的保赤护航之神。武平县东部太平山的妈祖庙，平时常有不少妇女去求子，倘若求子成功，她们就会到庙里还愿，并送上一幅"新丁告"，为儿子取上一个带"太"的契名，以祈求妈祖保佑其健康成长。①

客家妇女称妈祖为"天妃娘娘""天后娘娘""妈祖嬷太"。有趣的是，不少地方的林氏宗族把她称为"姑婆太"，以示血缘上的同宗关系。客家妇女祭拜天后的目的多半在于祈保妇女的顺产、婴儿的平安，天后充当着妇女生育保护神的角色。客家妇女在生小孩时，往往祈求观音与妈祖的保护。尤其是在难产时，家人更是虔诚备至，急忙烧香秉烛，大声呼请不止。小孩生下后，要请算命先生排八字，若命薄难以抚育，或与父母及其他亲人相克，就得把小孩契给神明当"契子"。契子最多的神明为观音与妈祖，因而在闽西，含有"马"字的名字或叫"观音妹""观音生"的名字十分常见。

因此，在客家山区，"妈祖作为山区村落的保护神，其神职功能也发生了变化，人们祈求的不再是保佑航海安全，而是希望妈祖能救难解厄，保赤送子。这与当地普遍流行陈靖姑信仰是密切相关的，或者说，妈祖信仰'混入'或吸收了陈靖姑信仰的保赤功能"。②

4. 临水夫人

临水夫人姓陈名靖姑，相传为唐代的一名女巫，福州下渡人。她生于大历二年（767），卒于贞元六年（790）。南宋时因救护产妇被封为"崇福昭惠慈济夫人"。她被后人尊为"扶胎救产、保赤佑童"的女神，传入客家地区后，也成为客家妇女信仰的神明。

在闽西客家地区，临水夫人的信仰不及观音与妈祖普遍，较少单独祭供陈靖姑的庙宇。祭供的偶像一般与林、李二夫人一起合称为"三夫人"，并依次分别称为"大奶夫人""二奶夫人""三奶夫人"。如清流县灵地镇有座大庙前庵，在灵地村新土楼脚下，庙中供着陈、林、李三位夫人和其

① 谢重光：《闽西客家地区的妈祖信仰》，《客家》1994年第1期。
② 杨彦杰：《永定县古竹乡高头江氏与妈祖信仰》，杨彦杰主编：《闽西的城乡庙会与村落文化》，国际客家学会、海外华人研究社、法国远东学院，1997年，第414－415页。

115

他神明，当地的老百姓，不论谁家生了小孩，三朝这天都要送姜酒给三位夫人上供，叩酬夫人的保佑。三夫人中，客家妇女对临水夫人的信仰较深，对其来历也比较清楚，在家中有人生小孩时，做婆婆的通常会请夫人保佑母子平安。"夫人经"是客家妇女在家或到寺庙中念诵的常见经书之一。

5. 花公花母

在瑞金城南的乌仙山上有一座花神庙，庙里供着一对很特别的神明，叫花公花母。女神明的怀里抱着数个小孩。据说这对神明是掌管人间的生育问题的。对已婚不生者，生女不生男者，以及小孩生下来多疾病、多灾多难者具有很大的吸引力。每年农历六月初一至初六是花神的会期日，此时到庙中朝圣的善男信女络绎不绝。其中大多数是中青年妇女，也有部分老年妇女替她们的子孙儿媳到此求神或还愿。①

6. 痘神、天花神

在传统社会中，客家人认为儿童出痘是由痘神控制的。至于痘神具体是何人，其性别是男是女，客家妇女并不知道。不同的地方对痘神有不同的称呼，有的称"痘公"，有的称"痘母"，还有的在祈求时称其为"心好爹""心好妈"的。很难说清是男神还是女神，而且这似乎也并不重要。重要的是痘神的功能，以及妇女通过祭拜痘神之后给不安情绪带来的抚慰。

据笔者的田野调查，长汀县河田乡祖师桥边供奉着豆（痘）公、豆（痘）母。相传最初只供着痘母，后来乡民怕痘母太寂寞，就刻了痘公神像，作为痘母的丈夫供奉在侧。由此亦可看出，在民间，神明的产生在很大程度上是根据民众在现实生活中的需要创造出来的。在河田，出生的小孩一到三朝，就要去拜痘公痘母，祭拜过后才能"洗三"。据说如此可以保小孩平安无事。笔者阅读周围的刘氏、俞氏、李氏族谱后发现，过去当地的儿童因出痘而死亡的极多，因而对出痘极为恐惧，以致当地妇女对痘母的祭拜十分盛行。在发现小孩出痘后，小孩的母亲或奶奶必带上供品到祖师桥烧香，拜祭痘母保佑小孩顺利过难关。

在连城县城关的城隍庙中供着"麻公痘公"的神像，用于护佑幼儿。据调查，过去由于医疗条件差，麻症、痘症流行厉害，尤其是每年春季、夏初，婴幼儿童出麻、出痘者甚多，不少幼儿因得此病而断送生命。因

---

① 钟蔚伦：《瑞金庙会大观》，罗勇、林晓平主编：《赣南庙会与民俗》，国际客家学会、海外华人研究社、法国远东学院，1998年，第249－250页。

此，每年春季和初夏都有不少母亲、奶奶、外婆们，带着香烛供品到"麻公痘公"菩萨面前祈祷，称麻公痘公为"心好爹""心好妈"。若小孩只有麻痘的征象，她们就祈求说："小子还年小，让他再过二年出麻（或出痘）吧！"若小孩已有明显的症状，她们则祈求说："让小孩的痛苦减轻一点。"或"让小孩的麻痘出得'斯文一点'，出好了再来酬谢！"她们去祈求时，还得带上芝麻或豆子去做供品。①

在赣州七里村，管天花的被称为"仙娘"。相传，从前七里镇的孩子发天花的很多，死了不少孩子。后来有个老太太到此地为许多孩子治好了病。人们都想去感谢她，她说："不用谢了，要不你们就在村里建一座庙吧。"村人以为这是天花圣母显灵，就建了一座仙娘庙来纪念天花圣母。在传统社会中，七里镇是个繁华的商业镇，人口稠密，孩子很多，而小孩子发天花轻则毁容，重则死亡，使家人十分担心害怕，于是仙娘神应村民的这种心理产生了。此后仙娘的功能逐渐从"保佑孩子免发天花，佑妇女早生贵子"的生育神扩展到"保障合坊村民五谷丰登，风调雨顺，家宅平安，身体健康的女神"。②

在宁都县梅江镇关帝庙的"七仙娘娘殿"中，则供奉有十一位神，主殿上供的十个都是女性神明，其中三个头戴凤冠的是三太夫人，中间的太婆婆主管天花，左侧的二婆婆主管麻疹，右侧的小婆婆主管水痘。下座双手执圭的是三太夫人的七个女儿。每逢正月，合坊的百姓都前来烧香磕头，顶礼膜拜，祈求自己的小孩平安。③而在瑞金县城的两座仙太庙中则供着凌霄、碧霄和琼霄三位仙太。据传她们都是痘神，专管人间的痘花。每年农历五月二十是仙太庙的庙会，此会只有清一色的妇女参加，在那些妇女们几乎不能出门的年代里，她们到此庙参加庙会，为自己的儿孙祈求痘花平安的步伐却不可阻挡。④

在闽、粤、赣交界的客家大本营中，这种供痘神或天花神的庙宇或神坛相当常见，反映了在医疗技术落后的传统社会中，人们对小孩出麻疹、

① 林水梅、谢济中：《连城县城关的城隍庙会》，杨彦杰主编：《闽西的城乡庙会与村落文化》，国际客家学会、海外华人研究社、法国远东学院，1997年，第21页。

② 张嗣介：《赣州仙娘古庙与太太生日》，罗勇、林晓平主编：《赣南庙会与民俗》，国际客家学会、海外华人研究社、法国远东学院，1998年，第125页。

③ 邓水蘅：《宁都西关汉帝庙庙会调查撮录》，罗勇、林晓平主编：《赣南庙会与民俗》，国际客家学会、海外华人研究社、法国远东学院，1998年，第225—226页。

④ 钟蔚伦：《瑞金庙会大观》，罗勇、林晓平主编：《赣南庙会与民俗》，国际客家学会、海外华人研究社、法国远东学院，1998年，第250页。

得天花的无能为力。

（二）男性崇拜

男性崇拜也是生育信仰的一种形式，一般认为男性崇拜产生于母系氏族社会向父系过渡的时期，或是母系氏族社会晚期，甚至是中期。[①] 客家妇女对男性崇拜的内容主要包括吉祥菩萨、罗汉等男神崇拜及其象征物的崇拜。

1. 吉祥菩萨

闽西客家地区盛行吉祥菩萨崇拜，妇女们称其为"吉祥哥哥""吉祥哥子""吉祥子"。在山乡的寺庙中，吉祥哥哥大多为木雕，身穿红色花衣与开裆裤，胸前挂着一个香袋，塑像的样子像个小男孩。久婚不育的妇女在祈拜时，常往香袋里塞一个"红包"，作为赐子的酬劳。闽西较少单独供奉吉祥菩萨的寺庙，而是多半与其他神明放在一起，其中以观音最为常见。

吉祥菩萨在闽西为一生育之神。如在宁化，吉祥为"专司生育之喜神"，有"求嗣赐孕治女不育之功"。许多中青年妇女，尤其是已婚却尚未生子的妇女，喜欢三五成群邀集在一起，把吉祥菩萨请回家中，设上神坛，点烛烧香之后，一一把吉祥菩萨抱在怀里，悄悄祷告与许愿，再把吉祥菩萨单手托在掌心，另一只手拦腰扶住，问他何时才能有孕，直到在场的妇女都问完为止。[②] 另外在长汀县近郊朝斗岩大雄宝殿后面的一个洞穴中供奉着一尊石雕裸体的吉祥哥哥。这里的香火十分旺盛，许多母亲（婆婆）带着久婚不孕的女儿（媳妇）到此烧香，祈求吉祥菩萨"赐喜"。清流县灵地镇灵和村的妇女到本村的麒麟仙庵求子时，"在焚香拜叩之后，定要把吉祥菩萨的生殖器捏一点带回家，以冀自己生个男孩"。[③] 而在武平，妇女们祈子时往往先拜大菩萨，如观音、弥勒等，再拜吉祥菩萨。拜后站在神像前祈祷："吉祥子，吉祥哥，不要在这冷庵冷庙坐，到涯个肚里坐"，边念边摸吉祥哥的"小雀雀"，有的边摸边往自己的身上比画，然后搓下一些粉末带回家服用，将钱放到吉祥哥的口袋里。日后如果真得

---

① 赵国华：《生殖崇拜文化论》，中国社会科学出版社，1990 年，第 255 页。

② 邓光昌、黄瑞仪、张国玉：《宁化县民间信仰老佛、二佛、吉祥大佛的调查》，杨彦杰主编：《闽西北的民俗宗教与社会》，国际客家学会、海外华人研究社、法国远东学院，2000 年，第 232 – 233 页。

③ 黄于万：《清流县灵地镇黄姓民俗》，杨彦杰主编：《汀州府的宗族庙会与经济》，国际客家学会、海外华人研究社、法国远东学院，1998 年，第 318 页。

子，就会给吉祥菩萨做件新衣裳以示感谢。①

供奉有吉祥菩萨的寺庙在闽西客家地区随处可见，妇女们把它作为生育之神来祭拜。吉祥菩萨除了承担"求嗣赐孕、治女不育"之职外，在田野调查中还常听到妇女们说它有保佑孩童健康成长、无病无灾之功能。

2. 十八罗汉

在闽西有个别地方把罗汉当作司生育的男性神明，清流县是其中的一个典型。在清流县东8里处有一座唐朝所建的金莲寺，主祀定光古佛，大殿两侧供奉着十八罗汉。据调查，该寺的罗汉备受信女们的推崇，因为相传罗汉"在清流城区只主持女界的婚姻、家庭、生育之事，是信女们至尊至敬的神明"。每年的六月十八日为金莲寺的罗汉庙会，全由信女们组织参与，会期前一天，信女们便纷纷结伴上山，进寺朝拜罗汉，在寺中进行烧金楼、烧宝塔等活动。②

3. 关帝

武平县城关的关帝庙址曾是乞丐的聚居地，后来由乞丐帮会在此设关圣帝君神像。作为丐帮的守护神，因里面供有刘备、张飞等桃园三结义的画像，又称为"忠义堂"。此堂平时有乞丐团的头子——人称"告化头"——居住与管理。在每年的五月十三神诞日，武平县城内外居民有体弱多病的孩子，或者由算命先生推算为"命硬"，即一生多灾多难的，都会由父母带着到庙里拜菩萨，给乞丐头送红包礼品，拜告化头为"谊父"。乞丐头会带小孩到神像前，托关圣爷的名分给小孩赐一个姓"关"的名字，如关长生、关长保、关长富等，以消灾免祸，使小孩容易长大成人。此后在每一年的正月，契给关帝的小孩子得带礼品到庙中给"谊父"拜年，告化头则用糖果甘蔗荸荠等物回赠。这种契子当地人称之为"告化子"，即乞丐的儿子。③ 实际上，这是关帝信仰的一种变异，它糅进了当地人"贱"的观念。在闽西客家地区，人们普遍认为小孩越"贱"越容易成长，所以由乞丐管理的关帝庙变成命硬小孩认契父的场所。而其他关帝庙的这种功用却极少见。

---

① 刘大可、刘文波：《武北湘村的宗族社会与文化》，杨彦杰主编：《闽西的城乡庙会与村落文化》，国际客家学会、海外华人研究社、法国远东学院，1997年，第296页。

② 李升宝：《清流县城区庙会集锦》，杨彦杰主编：《闽西的城乡庙会与村落文化》，国际客家学会、海外华人研究社、法国远东学院，1997年，第66页。

③ 钟德盛：《武平县城关的庙会与醮会》，杨彦杰主编：《闽西的城乡庙会与村落文化》，国际客家学会、海外华人研究社、法国远东学院，1997年，第46–47页。

4. 男性象征物崇拜

据载，在上杭县紫金山上麒麟殿前的天井边竖有一块"摸子石"，高约 0.8 米，直径 0.2 米，呈圆柱形，象征男根。当地不孕妇女往往在暮色苍茫之时悄悄来到"摸子石"边，解开上衣，把肚皮贴在石上摩擦数下，然后扣好衣服赧然离去。[①] 妇女们以为这样就可以生出一个白白胖胖的娃娃来。这实质上是接触巫术的一种，摸子石代表着男性生殖器。

（三） 其他生育信仰

1. 胎神

胎神是掌管着妇女生育过程时间最长、禁忌最多的神明，从女性受精怀孕到分娩的整个过程都由他管辖。胎神姓甚名谁，是男是女，客家妇女并不知晓。但他无处不在，以致一不小心就会触犯他，造成流产。传统社会中的客家妇女十分敬奉胎神，整个怀孕期间都尽可能小心，在坐、卧、衣、食、视、听、说等方面遵从诸多禁忌，以防触动胎神，造成胎儿的夭折。

2. 床神

在传统社会中的客家地区，给新婚夫妇布置新房时，安床的时间并不是随意决定的，必须先请地理先生选择吉日良辰，再根据新婚夫妇的生辰八字来决定床铺在新房中的位置、朝向。据说这样可使床神保佑新娘婚后儿女双全，多子多孙。

3. 自然神信仰

（1）树神、藤神。

在客家地区，崇拜树、藤等植物的现象非常普遍。祭拜的树神包括榕树、柏树、樟树、杉树、松树等。这些被妇女们当作生育神祭拜的植物一般有存活的年代较为久远、在恶劣的条件下也能生长、枝繁叶茂且繁殖能力强等的特点。妇女们拜这些植物神的目的主要有两种：一是不育者通过祈拜植物神，希望自己能像此神一样枝叶繁茂，多子多孙；二是生下的孩子经算命后认为"命硬"会克家人的，契给植物神当契子，或是孩子体弱多病，希望通过拜植物神，得到此神的庇护，使孩子像他一样易生易长且长寿。

"在长汀地区普遍存在着一种风俗，怕生下的孩子不好带大，所以须契给别人。如契给要饭的叫化子，因叫化子吃百家饭，无灾无难；也有契

---

① 林国平、彭文字：《福建民间信仰》，福建人民出版社，1993 年，第 73 页。

给庙里的神、佛和大自然的植物、石头等，这样孩子可以避免三疾六病，可以顺利长大成人。山中的藤极易生长，很贱，因而孩子认藤为干娘，取名为'藤招'；契给百年的梆树，孩子取名叫'梆梆'；枣树当年种下当年结果极易栽植，所以契给枣树，取名为'枣枣'；契给山中巨石，叫'石头老'。"① 在长汀县濯田镇南安村十乡庵遗址前的空坪上，有一株千年古樟，树干须四五个人才能合抱过来。此古樟树，千百年来给村里无数人做过"干爹"，从祖父的祖父的祖父开始，村里不少的孩子都认古樟为"干爹"，这些孩子就成为古樟的"契子"了。每年春节"契子"都要给"干爹"烧香。据说每年都有几百人来这里烧香、烧纸钱，由于香火很盛，1990年烧香的香火竟酿成大火把这棵古樟树给烧死了。

在清流县有个叫进士乡的村落，村中有两棵古老的大树，被称为神树，一棵称"万寿松"，一棵叫"千岁樟"。村民认为这两棵树都有神的威力，都把小孩嗣给这两棵树，认作义父、义母。"村人将孩子嗣给树神，不论是松树还是樟树都可以，并没有特别的选择；而嗣给树神或者石母，则按'八字'金木水火土来选择，如缺木、水者选树神，缺金、火、土者选石母。除字派名之外，还以所嗣的物体为孩子取个叫名，如松龄、松茂、松魁、宏樟、永樟、石养、石宝、石鉴等等，嗣给松树神的带'松'字，嗣樟树神的带'樟'字，嗣石母的带'石'字。凡嗣树神、石母者，逢年过节或小孩'三朝''满月''过周'，均由家人领着前去焚香燃烛，磕头朝拜。直至16岁方拜神免嗣。"②

据李升宝先生在清流县长校村的调查，该村有3处的古树被村人尊奉为树神，一为傍临墟场的古樟；二为水口庙外的古松；三为北邙的古杉，现仅存7棵。当地人"每逢节日或初一、十五日，都到树神前焚香点烛朝拜。有些村人为使出生的婴儿无灾无病，健康成长，便契拜树神为母亲，而后每逢年节向树神敬奉，直至长大成人"。③

（2）石神。

通过上文引用的树神方面的资料可看出：石头也是客家妇女们经常祭

---

① 张鸿祥：《长汀县濯田镇南安村民俗田野调查》，杨彦杰主编：《汀州府的宗族庙会与经济》，国际客家学会、海外华人研究社、法国远东学院，1998年，第221页。

② 童金根：《清流县进士乡的民间信仰与民俗特色》，杨彦杰主编：《汀州府的宗族庙会与经济》，国际客家学会、海外华人研究社、法国远东学院，1998年，第240-241页。

③ 李升宝：《清流县长校村的宗族传统调查》，杨彦杰主编：《汀州府的宗族庙会与经济》，国际客家学会、海外华人研究社、法国远东学院，1998年，第296页。

拜的自然神。在田野调查中，不时听到客家妇女祭拜石头，请求赐子或保平安的传说。如上文提到的清流县灵地镇的黄氏宗族，年轻人结婚时除了要到子良公祠去祭祖与祖婆，以保佑多子多福外，还要到另外一个祠堂祭拜。此祠为天保公祠，该祠"上厅右边的柱子旁，有一块石头叫'鸡母石'，新郎新娘到祠内烧香时，新娘由伴娘牵着，在这块石头上踩一踩，然后绕着转一圈，这样就能早生贵子"。① 童金根先生在"进士乡"一文中，除了提到樟树神与松树神，还提到了石母崇拜。在进士乡童屋的后龙山尾有个大如谷仓的石头，叫禾仓石。这个石头有一个传说：

相传在明朝末年，村里有个孤儿，成天在这个石头前哭啼，一声爹一声娘，孤苦伶仃，十分可怜。这一情景感动了石头。一天石头忽然裂开了一条缝，缝里掉出米来，孤儿又惊又喜，忙把大米一粒粒捡起来充饥。从此，这个孤儿就靠石头出米为生，并拜这石为母。

后来，这个石头被财主占去，派其家丁专管取米，可是"出米石"出米一天比一天少了。财主以为是石缝堵塞，令家丁把石缝凿大凿深。尽管石缝大了深了，但是一粒米也不出了，财主很是恼火，又令家丁拿锯去锯。一连锯了两个月，仍不出米，财主越想心越虚，活活气死了。村人认为，恶有恶报，善有善报，这个石头有灵应，能分善恶，专济穷人，故称它为"石母娘娘"。②

这以后，村里的小孩子凡是查了"八字"缺金、火、土者，均嗣给石母娘娘为子。此外，邻近村落的孩子也有嗣给石母娘娘的，使石母的香烛十分旺盛。

由此可知，"生辰八字"与父母或亲友相冲的孩子除了契给观音、妈祖、树神等当契子，还有契给石头公（婆）的。据说由于有了这些神明作契父（母），孩子就能得到神明的庇护，健康成长，否则就会体弱多病乃至夭折。石头被客家妇女当作生育神来崇拜，大概与石头的坚硬牢固有关，希望孩子契给它们后，像其契父（母）一样不怕风吹日晒雨淋，健康成长。

---

① 黄于万：《清流县灵地镇黄姓民俗》，杨彦杰主编：《汀州府的宗族庙会与经济》，国际客家学会、海外华人研究社、法国远东学院，1998 年，第 307 页。

② 童金根：《清流县进士乡的民间信仰与民俗特色》，杨彦杰主编：《汀州府的宗族庙会与经济》，国际客家学会、海外华人研究社、法国远东学院，1998 年，第 241 页。

（四）民俗中体现的生育巫术

客家地区的不少民俗都含有生育巫术的内容，反映了当地人的生育信仰。以长汀的婚俗为例：

新郎在剃新郎头时，要用贴有大红双喜字的斗装满谷子或大米，插上一杆秤、算盘、剪刀和绕上一卷白线的尺子，象征着夫妻日后会划会算，日子红火，此外还得放上一盏点亮的灯，这灯要点到新婚满月，每天均要添油，人称为"添丁"。

在嫁娶时，新娘轿的两侧要各备一盏灯，此"灯在迎亲队伍中不仅仅是起照明或是避恶驱邪作用，更为重要的是它象征火种，去接火种，接一个传宗接代的新娘子"。

迎亲队伍在女方家吃酒席时，为新娘做嫁妆的裁缝师傅及厨师会把男家送来的红包（"金剪成封""司厨成封"）当场拆封，当着宾客的面，说些"添子添孙""加子加孙"之类的吉利话。

新娘的嫁妆里必有一只马桶与一只火笼。此马桶俗称为"子孙桶"，里面放有6个鸡蛋，到新郎家后要请一男孩拾起红蛋，撒些尿在内，预兆早生贵子；火笼内则放着木炭与柏树枝，寓含有日子红火，"探子探孙"之意。

新郎新娘进洞房后要在司仪的带领下叩拜床公床母，而后争床。争床之后，新娘会把娘家带来的果子扔到床上或床下，让男孩去捡，谓之"撒帐"，也是取"早生贵子"的好兆头。

长汀城区一带的人在成亲后的正月十五日，丈母娘家会给女婿家送一盏做工精致的莲花灯，俗称"新年添丁"。①

由此可看出，长汀的传统婚姻习俗中，从始至终都贯穿着祈望新娘娶进家门后，早日添丁，多生子嗣，使夫家的香火得以延续下去的理念。

客家妇女的生育信仰有如下几个特点：第一，信仰的神明多种多样，祖先神、女神、男神、自然神等均囊括其中。第二，生育神分别属于佛、道、巫等教派，个别神明为数教合一，民间信仰的特征十分明显。第三，客家地区生育神的体系包括了两大系统："生"与"育"。前者包括不孕者

---

① 赖光耀：《长汀传统婚俗》，杨彦杰主编：《汀州府的宗族庙会与经济》，国际客家学会、海外华人研究社、法国远东学院，1998年，第365、366、369、371、372、374页。

求孕与无子者求子；后者包括婴儿出生后，那些所谓"不好带"的孩子认契父契母，在小孩患天花、出麻、出痘或有其他病灾时的求神仪式。第四，在生育神体系中，女性神明的地位突出，且存在着女性祖先崇拜。这说明客家人的生育信仰可能受到南方少数民族文化的影响。第五，客家的生育信仰中，存在着大量自然神崇拜，并且有浓厚的巫风色彩。这表明客家人的生育信仰深受当地土著的影响。第六，客家生育信仰的信众几乎是清一色的女性，而广大的"善男"们则被排斥在外。

二、客家妇女生育信仰盛行的原因

对于人类的生育行为，人口学家做过许多描述与解释，提出了不少有影响的理论，如宏观人口学的"人口转变理论"与微观人口学的"孩子成本效用理论"。"孩子成本效用理论"的权威人士、1992 年诺贝尔经济奖得主贝克尔（G. S. Becker）从经济学的一个普遍规律出发，即任何一种商品的需求数量与该商品的价值呈负相关关系，一个商品的价格越高，则需求量越低；价格越低则需求量越高，提出了将孩子视同于耐用消费品和耐用生产品的观点，当养育孩子的成本超过效用时，把孩子视同于耐用消费品；而当效用超过成本时，则把孩子视同于耐用生产品。此外，贝克尔还提出了转变的概念，以十九世纪中叶为转折点，将发达国家城市家庭的生育率划分为两个阶段。在十九世纪之前，收入与生育率呈正相关关系；此后则呈负相关关系。换句话说，发达国家的孩子在十九世纪以前是效用大于成本的耐用生产品；而在十九世纪以后则变成了成本大于效用的耐用消费品，所以才会出现无论政府如何鼓励也不愿多生孩子的现象。[①]

但是此理论未必适合我国，难以运用它来解释客家人的生育行为。正如李银河教授研究后得出结论说："贝克尔的孩子成本效用理论基本上不适用于我国农村的情况。就像提高识字率并没有降低非洲国家的出生率一样，社会经济因素对降低我国农民的生育动力的作用也是较弱的，间接的，远期的，至少是难收急效的。"[②] 李银河认为村落文化影响了生育行为，指出："村落文化对生育行为的影响表现在三个方面：一是因'人多'可成'势众'，从而鼓励了大家庭多子女；二是因'竞争'的规则，使村落中人全力以赴，投入生育的竞赛；三是因'趋同'的规则以及村落中人对公平的强烈要求，形成一股相互制约的力量。"[③]

[①] 李银河：《生育与村落文化》，文化艺术出版社，2003 年，第 40 – 41 页。

[②] 李银河：《生育与村落文化》，文化艺术出版社，2003 年，第 56 – 57 页。

[③] 李银河：《生育与村落文化》，文化艺术出版社，2003 年，第 73 页。

那么，是什么因素影响着客家人的生育行为呢？是什么原因导致在客家地区盛行着以女性神明为主的生育信仰呢？是客家地区养育孩子的成本低导致的，还是客家的村落文化影响？笔者认为，贝克尔的"孩子成本效用理论"在客家地区根本不适用。因为在客家地区，养育孩子的成本远远高于效用，客家父母把孩子抚养成人后，还得花上一大笔钱为孩子盖房子、娶媳妇，当孙子生下后，得帮忙抚养孙子，到自己年老之时，儿子的回报也只能满足他们的温饱所需，倘若遇到不孝的儿子与媳妇，连这基本的生存所需也无法满足。李银河教授的"村落文化影响了生育行为"固然是客家地区生育信仰盛行的影响因素之一，但运用在客家地区，这一理论显得不太全面，无法圆满解释客家人生育信仰盛行的现象。客家人生育信仰的盛行是由当地特定的社会环境、经济方式，客家人的人生终极目的、女性自身的生理特点以及女性所承担的角色所决定的。

1. 与客家地区的社会环境相关

闽西地处山区，山高水深，土地贫瘠，交通不便，生存环境较为恶劣。在传统社会中，加上科学技术落后，医疗条件极差，导致产妇因难产死亡的现象很普遍，婴儿的存活率很低。据笔者在长汀县河田乡田野调查时对该地俞氏族谱中记为"止"的男丁数的统计，从俞氏第一世至第十八世，男丁数共有1 658人，"止"者为279人，占总数的16.8%。在第四、第五世，"止"者占该代男丁数的比例分别高达85.7%与66.7%。[①]据对宁化县河龙乡的部分族谱的初步统计，当地婴儿夭折或婚后不育造成"止"的比例可能比河田俞氏的还更高。身处艰苦的环境中，却没有必需的医疗与技术，妇女们只好转而求助天地神明，祈保自身与儿女的安全。

2. 与客家地区的经济方式相关

住在山区的闽西客家人，其经济方式以农业为主。闽西山高水深，"八山一水一分田"是其耕作环境的真实写照，加上土壤贫瘠，灾害频繁，要向恶劣的环境，向天灾人祸争斗，解决全家的温饱实属不易。这种经济方式决定了当地"养儿防老"意识的根深蒂固，因为谋生的不易，年老体迈的老公公、老婆婆只能靠儿女养活。因此，儿女的增多意味着人手的增加，意味着可为家庭创造财富的劳动力增多，多子多孙就意味着多财多福，能生个一儿半女也就意味着老年有了依靠。如此造成了妇女对能够生育、多生多育的追求。

---

① 余兴红、钟晋兰：《河田集镇的宗族、经济与神明》，杨彦杰主编：《长汀县的宗族、经济与民俗》，国际客家学会、海外华人研究社、法国远东学院，2002年，第362–363页。

3. 与客家人的人生终极目的相关

生儿育女满足了村民们终极目的的需要。所谓终极目的是指人们认定的人生目标和人生价值，包括三项内容：人生成就感的满足；传宗接代责任的完成；亲子感情的满足。

（1）生育满足了个人生活的成就感。在传统客家农村，人们的生活范围狭小，生活内容单一，一天天、一年年都是围绕着衣食住行、生老病死而进行。在农民的生命周期中，除了满足人生的这一基本需求外，没有其他的目标，更不可能有其他诸如文学、科学、艺术、政治等方面的成就。因此其成就感就落在养活自己与养活后代这两件事上。尤其是在贫困的山区，他们既把生育子女当作养活自己的手段，又把它当成生活中唯一可以成就的事业。

（2）生育使各个家庭完成了传宗接代的任务。有西方学者认为，传宗接代是中国人唯一的宗教信仰。"在中国，传宗接代的观念即如此：人们对它郑重其事，为它蒙上了一种神圣的色彩，而且人们也不管张王李赵这些姓氏的'传宗接代'是否还有任何意义，不计为生养后代要付出的金钱、体力和心理上的代价，一味地去传宗接代。自己不生怕别人要骂'绝后'；别人不生也要赶上去骂一声'绝后'。""在农民的心目中，绝户是最大的不幸，他们不会因为自己生活的贫困和艰辛而感到特别不幸，为自己的一生没有好好享受到更多的舒适快乐而感到不幸，却会为绝户而痛心疾首"。① 在客家地区，这种现象普遍存在，不少客家农民活着的主要目的就是为家庭传宗接代，延续香火，使家族兴旺发达。

（3）生育以满足亲子感情。满足亲子感情是西方许多父母养育子女的最主要原因。她们认为孩子提供了一个需要注意和照顾的人生目的。中国父母也有这一生育动机，但其重要性与其他原因相比所占的比重远不如西方社会的父母那么大。"中国人在看待孩子与自己生活的关系时，虽然会感到亲子感情的需求，但是比起由生育子女而获得的一生的成就感和传宗接代的责任感的满足，亲子感情总是会被不自觉地放在不太重要的位置上。"客家人也不例外。

在传统社会中，由于客家村落的经济、文化、观念等条件的限制与影响，加上娱乐的缺乏，客家人的人生目的大多也是仅限于此。许多人把子孙满堂，儿孙承欢膝下，享受天伦之乐当作人生的最大乐事。受人们人生终极目的的影响，农村的客家妇女生育的欲望是发自内心的，并且内化到

---

① 李银河：《生育与村落文化》，文化艺术出版社，2003年，第122、123页。

了心灵的深处。她们把生育当作人生最主要的使命，一生中最值得做的事情；把生育上的成就看成是自己人生事业的最大成功。

4. 与女性自身的生理特点与所承担的角色相关

传统社会中，大众对妇女的角色期望是"贤妻良母"，希望妇女成为"贤内助"，在家生儿育女，相夫教子。儿女的孕育必须得依赖有生育能力的男女双方的结合才能获得，单靠女子个人是无法实现的。但女性的生理特点决定生儿育女最终是由女子完成的。因而在客家农村，普遍存在着这种观念：生育是妇女的一种天职，是分内之事，是天经地义！一个妇女若不能生育，甚至是只生了女儿，没有生儿子，也算是一种失职，是作为女子的角色的失败。这个女子在家中便没有地位，要忍受旁人的种种闲言恶语，在人前难以抬头。有的甚至被一封休书休回娘家，给逐出家门。值得一提的是，有的妇女由于缺乏必要的相关知识，即使不是自身的问题造成的不能生育也要为之背上沉重的包袱，对丈夫与家人怀着深重的负疚感。

著名女权主义者西蒙娜·波伏瓦（S. D. Beauvoir）在《女人是什么》中指出："女人的功能不再被限制于生殖作用，她的生育子女，已逐渐从天职变为自愿。"在西方，许多人都认为个人生活的幸福与舒适比亲子感情及母性更为重要，幸福被视为个人的最高价值。只有四分之一的人认为，妇女需要有一个孩子才能生活得美满。

李银河教授在《生育与村落文化》中指出："生殖崇拜在中国已经成为'文化滞后'的范例——环境已经改变，对人口繁衍的客观需要已经变，可对于繁殖的盲目信仰仍在盛行；无论是家庭婚姻一类的机制，还是道德伦理观念，仍旧保持着鼓励生育的偏向。这实在是中国人的大不幸。"① 乍看似乎危言耸听，但事实就是如此！未来随着农村经济的发展，农民生活水平的提高，农村医疗条件的逐步改善，农民文化生活的日益丰富，农民的生活方式、思想观念与价值观念也会相应发生变化。此外，随着妇女受教育的机会增多、程度提高，女性自身素质的提高以及女性意识的觉醒，妇女的角色意识与人生终极目的均会发生变化。因此，不久的将来，客家地区浓厚的生育信仰或许会随之逐渐淡化。

127

---

① 李银河：《生育与村落文化》，文化艺术出版社，2003 年，第 187 页。

第三节　客家乡村的"降童"信仰

降童是民间信仰中的法技之一，在传统社会中的一些道教派别及巫教中均很常见，现在一些佛教的门派中也可见到这种修习方法。过去的降童多以十四五岁的童子进行，民众认为神明降下到童子身上，借童子之口讲话，故称之为"降童"。降童之术在古代就有记载，如《闽杂记·降童》称："降童即降神也，闽俗又谓之打童，上下诸府皆有之，而下府尤盛。皆巫者为之。"

在古代，降童不仅在福建盛行，在广东一带也很常见，如《中国方术大辞典》对"降童"一词的记载：

（降童指）一种行卜者。据说广东赤溪一带有降童，常请神"附体"，为人决吉凶休咎。胡朴安《中华全国风俗志·赤溪民俗纪》："此处复有降童，尤涉怪诞。往往自言神降其身，人遂就其占休咎，决从速，一国若狂，奔走恐后。逾时神去，而降童如常焉。"①

这则引文记载了广东赤溪一带的降童。另有文献记载降童在岭南山区普遍流行：

降童是巫师的一种。又称"落童""神童""乩童"。是粤人信鬼的一个表现……据说其能与神沟通，用降神扶乩的方法平妖除怪、消灾祈福。岭南山区流行降童术，念动咒语后神灵便附于人身，借人口说了种种预言。降童还可为病人驱邪治病。这种带有浓厚迷信色彩的习俗今已趋消失。②

从以上的文献可看出，降童在福建、广东等南方地区很盛行，民众利用降童来除妖降魔、消灾祈福、治病救人。

施行降童者人称童子。从降童者的意识变化来看，童子可分为"明童"和"迷童"。明童，也称为醒童，其表现方式是在查测事情时，降童

---

① 陈永正：《中国方术大辞典》，中山大学出版社，1991年，第157页。

② 岭南文化百科全书编纂委员会编：《岭南文化百科全书》，中国大百科全书出版社，2006年，第652页。

者始终处于一种清醒状态；迷童则是在查测事情时，降童者本身显性意识处于完全被抑制状态，即类似于意识在受其他力量的支配下说出话语，当其回归到清醒状态时，对自己所说的话、所做的事全然不知道。[①] 在广大乡村，据说不少童子不用修炼，由"菩萨"附身上堂，成为菩萨的代言人。降童由此成为人与神相互沟通的一种形式。

近二三十年来，学界在客家民间信仰研究方面取得了可喜的成绩，发表了大量研究成果。本节将利用在三明市宁化县的田野调查获得的第一手资料，叙述乡民对当地一个女童子的信仰及道士在女童子家的坛堂举行的一场童子醮过程，对客家乡村的降童信仰作一分析与探讨。

一、宁化的童子与女童子家的神坛

据说，在传统社会中的宁化县，巫教与道教中会降童的非常多。即使历经"文化大革命"，在科技与医疗水平都已得到很大发展的今天，在宁化的乡间，仍然存在许多家中供神、神灵附身的童子。当地乡民说这些童子"本事很大"，乡民可以通过他们求子、求婚、求学、许愿、治病等。据笔者2011年3月24日在宁化城关对济村乡的一对中年夫妇与城关的巫先生进行访谈得知，当地大部分中年以上的乡民对"降童"都非常熟悉。济村的此对夫妇老家周围就有"童子"，而巫先生由于儿子小时候比较调皮，不太好照顾，他的太太十几年来曾到过宁化乡村的不少童子家中许愿，甚至还到过福州鼓山许愿，以至于巫先生对当地一些"灵验"的童子耳熟能详。根据他们的讲述，把宁化的部分童子及相关信息列成简表如下：

表2-1　宁化县部分童子简况表

童子序号	性别	所在地	乡民描述
1	女	中沙乡 XK 村	工资比任何人都多
2	男	城郊乡 CH 岗	盖了很大的房子
3	女	济村乡	赶童（降童）多年，村民把孩子契给他，让他帮忙带孩子的人家在打醮时都要捐钱几百元
4	女	宁化城关	不详
5	男	淮土 QX 村	在当地很有名气

---

① 《民间降童术》，易道网，http：//www.yidao5.com.cn。

（续上表）

童子序号	性别	所在地	乡民描述
6	男	石壁 GQ 村	家中设庙（即家中设有神坛供奉神明），香火很旺
7	男	石壁 GQ 村	家中设庙，香火很旺
8	不详	安远镇	香火很旺
9	女	济村乡 WY 村	比较灵验
10	女	济村乡 S 村	不详
11	男	济村乡 WJ 村	现住在宁化城关，很会降童，声音像死去的人，讲家中的事讲得比较准

上表列出的是笔者在城关对 3 个乡民进行短暂访谈得到的 11 个童子的相关信息。报告人明确叙述有两个童子的家中厅堂设有神坛，供奉神明。不少乡民不能区别寺庙宫观与神坛，把供有神明的地方统一称为"庙"。按照当地民间宗教仪式专家的解释，降童在宁化又被称为"发童"，一般都会在家中设坛供奉神明，这种供神的地方只能称为家坛，而不能称为庙。[①] 为行文方便，本文统一称为"童子坛"，意在与一般的区域性的公众神坛相区别。为了对童子坛及信仰状况有更为详细的了解，笔者对 XK 村的 SGP 自然村的一个童子坛做了实地调查。

SGP 村的"降童"是一位女性，降童的时间已有十五六年了。据信徒说，她降童时，坐在供有神明的桌子前，头伏在供桌上，脚会抖动，信徒问什么，她就回答什么，诸如信徒家里有人生病时会向她请教吃些什么药，为什么会生病，应该怎么除病。像发烧感冒及其他任何病都可以问。据信徒说，只要按照她所指示的去做，病就会痊愈。非打醮的平常日子里，一般每天会有几十人，多时甚至上百人来到女童子家的神坛上香祈愿，据说特别灵验。

SGP 村的女童子坛中供奉着观音菩萨与财神。坛堂的正中贴有许多契单，内容大部分是把孩子契给观音，认观音作"母嬷"的契约。另有小部分是许愿的单子。这些契单贴了一层又一层，时间较久，贴在底层的已经无法辨认出字了。据笔者统计，时间较晚且文字保留完整的有 420 多张。契单上的姓氏包括范、廖、谢、张、吴、阴、刘、罗、黄、王、方、温、

---

① 据笔者 2012 年 6 月 3 日下午对宁化城关 ZZD 道士的电话访谈。

杨、赖、马、李、陈、孙、夏、易、周、邹、伍、魏、钟、程、厉、朱、曾、丁、林等，共31姓。这些契单的笔迹大都不同，可见多数是许愿者自己写的，或请别人写好再贴到此坛的。按契单的内容来分类，可以分成5类：

1. 许求考大学顺利

这类许愿单有3张。有的只写准考证号、考室与姓名。如一张许愿单上所写：准考证号953090321第三考室LXM。也有的写得比较详细，例如把姓名、居住地、考试地点与准考证号等信息全部写了出来：

CZH住福州市铜盘路×××号
考试地址福州市湖东路43号福州第三中学第001考室
考号110200119座号19

古坊一九九一年九月九日

2. 许保平安

这类许愿单占有一定比例。有的仅写岁数，有的详细写上出生时间，并写上居住地址等信息。有的仅列出夫妻名字，如一张所写：WMF七十八岁，ZYX六十九岁。也有的把全家的姓名都列上去，保佑全家。如以下一张的内容：

XQC　乙未年三月初五日　55岁
WSX　乙未年十月初七日　55岁
XCX　甲寅年八月二十五日　36岁
XMX　丙辰年九月十二日　34岁
XLJ　乙未年三月初九日　31岁
YHZ　辛酉年十二月十二日　29岁
XZH　二零零七年六月初三日　3岁

从其名字与年龄来看，这张许愿单明显包括了家中祖孙三代，同时还包括几个已出嫁的女儿。

从墙上的契单看，也有江西的民众来此地求保平安。如下张许愿单所写：

江西省石城县横江镇开坑村龙子脑

寄主：HTF 53岁 LFY 51岁 儿ZS 28岁 LJX 23岁 LP 19岁 ZH 23岁 ZXX 25岁 孙JX 1岁 女YZ 21岁

人财两盛　日夜保平安

公元二〇〇九年五月十八日

3. 许保消灾

这类许愿单并不多。仅见到数张，其中一张写着：

ZDX　41岁庚戌年九月十六日吉时生

消灾解厄　增福延寿

夫妻和好　子孙满堂

4. 还债

这类许愿单仅见一张，写着：

宁化东方花园联排别墅×排×号

YJH欠款ZCQ 35万多，包括利息，分红有45万多，满堂佛祖，观音菩萨，玉皇大帝要全全保护，托运YJH弟，钱还给ZCQ，其他的托运在JH后一部（步），先还给ZCQ，保护ZJY、ZW身体健康，学习考第一，全家幸福。

这张许愿单很可能是YJH的姐姐来许的，因许愿单中有"YJH弟"的称呼，其身份可能是嫁到张家的YJH的姐姐，ZJY可能是其儿子。许愿单其实包含三方面的内容：排在首位的是祈保YJH能早日还债，其次是保ZJY两人的身体及学习，三是保佑全家幸福。

5. 契子

这类把孩子契给观音做契子的契单占了80%以上。大多契单仅写名字、何时生或几岁。但也有的写得比较详细，如下例：

宁化县中环路××号门牌

XHX生于戊辰岁七月十六日辰时吉生，出契于观音大佛名下，为长庚之子，望永保平安、根基稳固、长大成名后以清油清香炮烛至谢至谢！

这张契单不仅写明契子的住处、生辰，还写明以后感谢契母的物品。

值得注意的是，不少老家在宁化，现已居住在外省的也会寄契，如下张：

信士弟子中华国福建省三明市宁化县淮土乡团结村 ZTP，分住山东省青岛市书院路天福小区××号楼×××房号，今于二〇〇九年农历九月初四日生长男 ZWY，拜契玉皇大帝，观音大佛为儿祈保百岁平安！

弟子 ZTP 叩拜

二〇〇九年十月二十六日

大多数的契单都写着契给观音，但也有少数如上张契单既契给观音，也契给玉皇大帝。

每年打童子醮时，契子的母亲、婆婆或公公就会来这里烧香点火，感谢观音菩萨的庇佑，一直到 12 岁为止。12 岁那年，会拿油、一件给观音菩萨的弟子（即童子）穿的外套、一双鞋、一个红包，再拿香烛等来烧香，感谢观音菩萨的保佑，实质上也就是感谢童子，因这些物品都由童子来收藏，衣服也是童子穿。有些契子家比较大方的，还会拿金戒指、银手镯等物品，对童子像对母亲一样孝敬。

到童子坛中贴契单与许愿单的涉及 30 多个姓氏，横跨闽、赣两省。较新的 400 多张单子绝大多数是拜观音为母亲的契单，少数是保平安、驱邪、还债与求学的。这些契单反映了乡民的祈保内容与对童子信仰的深浅程度。其数量及内容均重点表现了乡民对祈求孩子能平安成长的愿望，该信仰所隐含的社会现象或许正是人们对于城镇居民只能生一个孩子，而农村实行"一胎半"的计划生育政策的反映，许多夫妇按政策只能生育一个小孩，因此家人都或多或少会担心这唯一的小孩能否平安长大，女童子坛中的契单内容主要折射的正是人们的这种焦虑。

二、一年一度的童子醮会

SGP 村的童子醮是在每年的农历二月十九。此日，人称"观音诞"，宁化各乡村民众普遍要做一种叫"观音丸"的米粿。

笔者在 2011 年醮日当天早上 6 点多，乘上从宁化城关到淮土的车时，碰到一位从城关到 SGP 村烧香的阿姨，她现在城关帮忙照看孙子。据她陈述：一年四季到 SGP 村童子坛来点火（指烧香）的都有，家里有病灾者来医病消灾的很多。她以前住在乡村中，每逢二月十九到 SGP 村来点火时都会特地做些观音丸来供神，但现在城关照看孙子，没空回老家做，就带了些水果来供神。

133

　　早上七点多，当我们到达 SGP 村的女童子家时，供有神像设为醮坛的坛堂中挤满了烧香的信徒，桌上已放有各式各样的供品，可见附近已有不少村民来上过香了。每个来此点火上香的信徒进醮坛后都是先到中间的供桌上香，然后到女童子家中供奉的观音前上香，再到韦驮神像前，最后到大门口的空坪上插香，烧纸钱，烧香完成后放一串鞭炮。因此，从放的鞭炮串数，我们可以估计来此上香的人数，为此，我取了两个时间段的 10 分钟来计数，从上午 8∶32—8∶42 共放了 31 串鞭炮，而 10∶17—10∶27 共放了 21 串，取其中间数，每 10 分钟放 26 串，也就是说每 10 分钟约有 26 个信徒来烧香。上午 12 点以后，来烧香的信徒就很少了，到下午时，就只有道士在醮堂做法事了，因此不妨从早上 7 点算到 12 点，共有 300 分钟，整个上午，约有 780 人前来上香。笔者已听说过这个童子家的香火很旺，从上述推估的人数，加上念佛嬷嬷①带来的小孩子，以及载信徒来烧香的信徒家人，到醮堂的人应该会有上千人，从中可以看出女童子坛香火之旺盛。

　　据笔者访谈，信徒近者来自本乡及距 SGP 村不远的石壁、禾口、城关、城南乡等，远者有来自本县安乐乡与宁化县相邻的清流县、江西省石城县等地的。一般距离较近的走路或骑摩托车过来，而距离较远的则乘汽车或租车过来。信徒以中老年妇女为主，她们大多三五成群、结伴而行到此来烧香。信徒中也有少数青年女子，有的独自骑摩托车来，有的是丈夫载着来，也有几个是朋友相邀而来。载妻子来烧香的男子通常会帮忙点鞭炮。到此烧香的信徒中还有个别中年男子。笔者遇到一个从安乐乡包车过来的中老年妇女团队，共 12 个人。笔者曾问其中的两个妇女：“你们到这里来求童子保佑什么？”她们答：“什么都可保佑，保佑赚钱啦，保佑身体健康啦，保佑心想什么就有什么。”

　　由于来烧香的人很多，坛堂的面积不大，童子的姐姐就专门在醮坛整理主供桌与门神边的香与蜡烛，往往信徒才烧完香、放完鞭炮，她就把这些点着的香、蜡烛收起来了。供桌下堆满了燃过的香烛。而童子本人则在另一张供桌前，一边与来上香的信徒会面，一边整理供桌上的香烛。若不及时清理，香炉根本无法再插香烛。中午 12 点以后，几乎没人来烧香了，她们就把醮坛收拾干净，把信徒拿来的供品都收起来，让道士们方便做法事。

　　醮堂旁边的厅中放有 12 个纸扎的路角、2 个灯联、1 盏花灯。它们都

---

　　①　在宁化，很多四五十岁的妇女会请道士根据案道图来择日举行“接珠”仪式，接过珠后，她们就成为村落中念家佛团体中的一员，人称“念佛嬷嬷”。

是用竹片做支架，用草纸与红纸糊表面。这些纸扎的用具都是晚上举行坐台仪式时用的。12个路角用于插蜡烛，防止蜡烛被风吹灭。

这次醮会由 HK 村的 LFH 等主坛。LFH 家六代都是普庵教弟子，家中一直安有普庵祖师的家坛，没有坛号。其爷爷为 LDX，父亲为 LSB，儿子为 LYH，都没有法名。第一、第二代的姓名已记不清了。家中数代道士大多是在家务农，平常有人请去做法事时才穿上道袍做念佛头。参与醮会的民间宗教仪式专家包括 6 个普庵教道士与 1 个吹唢呐的，各道士所在村落与在醮坛中的角色列表如下：

表 2-2　童子醮醮坛道士简表

姓名	家庭所在地	在醮坛中的角色
LFH	淮土乡 HK 村	坐台时主坛
ZDJ	淮土乡 TB 村	其他
ZML	淮土乡	其他
ZDH	石壁 KK 村	其他
ZSL	淮土乡 ZK 村	其他
LYH	淮土乡 HK 村	发表、早朝、上供、午朝、朝幡、晚朝时主坛
WXM	禾口乡 WP 村	吹唢呐

表中人员，除吹唢呐的外，其他都是普庵弟子，家中都供奉有普庵祖师的神位。

醮坛的布局如下：

（1）醮坛正中为主供桌，由两张四方桌子拼成。里面一桌放有张康元帅坐在轿子中的神像。此神像来自本村的东岳宫，二月十八日女童子的家人到宫中把张康元帅请到坛堂。神像旁有一装谷子的米升，插有数支香，竖有红纸做的星辰牌。星辰牌上写着：

醮通天界
求吉保泰信人廖门张氏男 SC、GJ，媳熊氏、吴氏
药王祖师
玉皇大帝
赣光主照启建为迎接张康元帅满堂诸位神祇台前祈福设醮献供漂灯焰
口本命元辰星君
五皇大帝

观音菩萨

孙 HX、SF；女孙 JL、YL

福祥（降）人间

　　靠外面的一桌放有香炉、许多乡民拿来的供品，还放有普庵弟子做醮时使用的各种法器。在张康元帅的"身上"放有一张阿弥陀佛的神像，是道士带来的。据说，以前做醮要挂一张醮神图，图中有很多神像，但由于神像在"文化大革命"时被毁，无法重画，只能将就挂一张阿弥陀佛图了。

　　（2）主供桌的左前方也有一处供神处，也是由两张桌子拼成，其中靠里的一张桌供有 6 尊观音神像与 1 尊财神像。靠近外边的一张桌放香炉与信徒们拿来的供品。醮日上午，女童子就站在此供桌前与前来上香的信徒会面，接受信徒的祝贺或感谢，其中不少比较大方的信徒会包红包给童子。有意思的是，财神与观音神像前除放有一般的饼干、橘子、糖糕等供品外，还放有一盏只有一根灯芯的油灯。不少信徒来烧香时都会带上油，把大部分的油倒进厅堂旁的大油缸中，留下一小部分添进油灯中，意为"添丁"。

　　（3）主供桌的右后方，即醮堂大门的右侧又设有一个小供桌，放有韦驮天神的像。神像前除了放有香烛、供品外，还有一个供神用的大糖糕，糖糕上面插有一个纸扎的宝伞。这宝伞与门外的纸扎"蕉面"是配套的，凡是打醮、拜佛等有坐台科仪时都备有此二物。

　　（4）大门外面竖有一幡竹，共有 6 层竹枝。幡竹上挂有一幡旗，上面写着"南无增福寿菩萨座前幡位"。

　　（5）大门外面右侧的空坪上，是人们插香、烧纸钱之处，此地虽然没有香炉与神像，但对于那些烧香的妇女们来说，也是一个重要场所。大门外面的空坪上还有一小土堆，是人们祭拜完门神后插香烛的地方。

　　醮会过程如下：

　　（1）8：00—8：10，发表。主坛者头戴毗卢帽，手拿摇铃、如意，绕坛后与香主一起上香。发表时要念疏章并烧化，烧的疏章有 5 封，封面上分别写着：天京门下呈进文表上封、佛会门下呈进文表上封、狱府门下呈进文表上封、地府门下呈进文表上封、水府门下呈进文表上封。疏章封面上撒有大米，并有 3 截香，据说用于压邪。

　　（2）8：49—9：10，做早朝。烧的疏章封面上写"中天教主呈进文表上封"。

　　（3）9：11—9：15，树幡。

（4）10：00—10：45，请神。

（5）11：16—12：08，上供。

（6）12：00—12：08，午朝。由 5 个道士在坛中穿插走步，有时急有时缓。道士们均未穿道袍，其中一个举着插在糖糕上的宝伞。据道士说，午朝就是 5 个人走，其意思是 5 个人去拜观音。

（7）12：09-12：11，朝幡。烧的疏章封面为"五方如来文疏上封"。

（8）12：12—12：14，谢灶。烧的疏章封面为"东厨司命文疏上申"。

（9）14：40—15：38，做晚朝。由 3 位道士穿道袍进行，中间的一位带有毗卢帽。做晚朝结束后烧封面写有"光王文佛呈进文表上封"的文表。据道士说，走了晚朝很吉利，醮主家中就能"人丁旺、财旺"。

（10）16：28—16：43，漂灯。漂灯处在房子旁边的水井旁。

（11）18：00—20：00，坐台。把放有燃烛的 12 支路角插在从醮坛到漂灯之处路的两边，用于延引孤魂。12 支代表一年 12 个月。灯联挂在醮坛大门的两边，而花灯挂在大门口，照亮坐台时的施食桌，以利孤魂野鬼进食。

坐台结束后，要把幡竹推倒，施食桌上的饭菜倒掉，灯联、花灯等烧化干净。

据笔者在当地的调查，普庵教道士自称为"佛教道士"，认为自己属于佛教。在乡村做"念老佛""打醮""超度"等仪式时，其服装与法器既有属于佛教的部分，又有属于道教的部分。学界认为这个教派的特征是"亦佛亦道"或"非佛非道"。在这场童子醮中，其科仪本《醮科》的内容与当地人所说的仙教（即道教）中的一支先天教的内容比较相近。在打童子醮的过程中，许多法器来自佛教，并且在打醮中的上午供与坐台等程仪中，主坛道士所穿的红色衣服正是佛教中的主衣。

笔者在醮坛调查后把这个童子醮与其他醮会进行对比，发现普庵教道士主持的这个童子醮与其在村落寺庙或宗族的香火厅中打醮的过程是一致的，信徒贴在童子坛中的契单与许愿单、到童子坛烧香祈保的内容也与寺庙中的大同小异。从中可以看出这个女童子坛与供神的香火厅、村落寺庙或区域性的庙宇有着许多共同的功能与内容。

小　结

本节叙述了 SGP 村一廖姓妇女家的童子坛及普庵教道士在庙中主持的童子醮的过程，文中女童子坛的信徒横跨闽、赣两省，坛堂中所贴契单与许愿单数百张，涉的姓氏 30 多个；在打童子醮的当天，成百上千信徒到坛堂点火上香，充分说明了乡村民众对降童的信仰程度。从而反映出，降

137

童在当下并未随着经济的发展、科技的进步、医疗条件的改善与人们教育的普及而消失，相反在一些客家乡村仍然十分盛行。由此可见民间信仰习俗的传承性与稳定性。

童子庙中的大量契单反映了乡民的祈保内容，其数量及内容均重点表达了乡民祈求孩子能平安成长的愿望，该信仰所隐含的社会现象或许是人们对于城镇居民只能生一个孩子，而农村实行"一胎半"的计划生育政策的反映，许多夫妇按政策只能生育一个小孩，因此家人都或多或少会担心这唯一的小孩能否平安长大，女童子家的契单内容主要折射的正是人们的这种焦虑心态。

第三章　客家妇女与民俗宗教仪式

第一节　妇女的念佛仪式

在闽西及闽西北一带，中老年妇女常举行接珠仪式，此后进入念佛团体中。念佛的主要目的是积经修善业，期望死后能升入天界，不至于被打入十八层地狱；同时为全家积德，保佑子孙后代。念佛的完整过程包括：接珠、回佛、暖佛、点佛、完佛。接珠是第一步，也就是"入佛门"，要选好吉日吉时，做好寿衣，备好物品，请道士到家设佛坛，请佛头嬷嬷①与众念佛佛友们一起到家中佛坛举行"接珠"仪式，从此以后，新接珠者融入念佛团体中，有了念佛的资格。回佛是第二步，据当地人的解析，其意是接珠之后不能就此完事了，要再次在家请道士来设佛坛，请佛头嬷嬷与佛友来一起念佛，加深大家的感情，也加深与佛的联系。而完佛是最后一步，不少人是在年老行动不便，不再念佛时举行，也有不少乡民是在往生后，道士做超度时一并进行。点佛则是在念佛念到一定程度之后才举行，不少地方是在接珠后的第十年，除了像接珠回佛时一样得请佛头嬷嬷与佛友来念佛外，还要备好佛楼（类似于灵屋）与佛箱、冥币等物，请几个道士或斋公到家中拜佛，圈点三尊佛像，然后把它们贴在佛楼上，把佛箱装入佛楼，写好阴阳诰，拜完佛后烧化佛楼，让举行点佛仪式的念佛嬷嬷百年之后升入西天享用。由于点佛仪式与接珠同样隆重，需花费一笔数目不小的钱，且耗时耗力，因此不少念佛嬷嬷选择不举行此仪式。

一般民众认为，接珠在宁化的西乡，如淮土与石壁、禾口一带比较普遍，但据笔者的调查，在传统社会中接珠念佛在宁化县的东、北、南部同样存在，社教后，念佛中断；改革开放后又开始恢复。各地恢复的程度不

---

① 佛头嬷嬷通常是由村落念佛团体中念佛念得比较好，有威信，乐于助人的念佛嬷嬷担任，平常帮佛友们串佛珠，教佛友们念佛。个别村落的佛头嬷嬷会帮村民压邪，帮小儿"收惊"及其他小法事。她们是村落念佛团中的"领头羊"。

同，如安乐乡一带的妇女改革开放后多到寺庙举行皈依仪式，皈依后定期到寺庙集中念佛，但在家接珠念佛者仍然存在。一些妇女则改为信奉基督教与天主教，这类妇女也不再接珠，给人以该乡没有接珠念佛的假象。

一、接珠仪式

（一）接珠前的准备

接珠是个隆重且神圣的仪式，对新接珠人及其全家都意义重大，为此，得做好各项准备工作。接珠得先请道士选日子，准备接珠时穿的衣帽、食物，预请道士与村中的念佛嬷嬷，通知亲朋好友，打扫厅堂等。

1. 准备衣物

据在石壁陈塘村的调查，接珠的衣服有男女之分，均包括衣服数件、帽子1顶、鞋子1双。女的衣服包括：上衣5件；裙子1件，蓝色；衬裤1件，白色；裙带与裤带都是红色。上衣全是侧襟布扣的，颜色由里到外依次是白、黑、白、绿、深蓝，其中绿色的有双层，下层为蓝色，上层为绿色。女帽为黑色，帽子正前方有一个铜做的小阿弥陀佛像，佛像上有一个佛字，佛字上方有用白色小珠子串成一个圆圈作点缀。男的衣服包括：袍子3件，由内向外依次为白、蓝、黑色；裤子1条，白色；帽子1顶，黑色，绣有一个佛字。男鞋为黑色布鞋，女的则是绣花鞋。在举行接珠礼时，接珠人得把这套衣服全部穿上，到别的念佛嬷嬷家念佛时穿件最外层的即可，往生之后则要全部穿上。据说穿上此衣后，不能随便上厕所；在传统社会中此衣服脏了也不能随便洗，得拿到东华山上去洗。

除了做衣帽等预接珠人要准备的衣物，出嫁女儿也得准备物品送预接珠人，包括戒指1个、蒲团1对、白布3尺3寸、念珠袋1个。若是父母同在，得准备两个戒指。男的戒指上写着福字，女的则写着佛字。蒲团是用稻草结成的，用于接珠时跪拜用。白布用于盖蒲团。男的念佛袋上用红线绣有"福寿双全佛"五个字。接珠后，念佛袋用于装佛珠、戒指、星辰牌、佛诰、莲花束〔这些莲花都是红纸剪后捻成，每朵莲花表示念过两堂佛，一般一天念两堂。如果受邀的念佛嬷嬷（公公）没空，不能去主事家中念佛，可以在自家念，念完后把莲花送给主事者，送莲花给主事叫寄佛〕。

接珠之日，道士会在发表前点香燃烛，让所有的衣服都"过火焰"，拿净水洒一遍，在每件衣服上盖上"佛法僧宝"四个字的印章。接珠者洗完澡，穿上这些衣服后才到接珠的念佛堂。

2. 选日子

预接珠人把自己的生辰告诉道士，让道士根据案道图去推算，女的逆向推算，男的顺向推算，只有案与道都好的日子才能用。因此当地人都说要有案道的才能接珠。在此把案道图画出，此图来自陈塘村一张姓家中的《念佛本》。

图 3 - 1　选接珠日子的案道图

功德案 辰 五官王	追死案 巳 阎罗王	饿死案 午 变成王	崇德案 未 太山王	福寿案 申 平等王
欢喜案 卯 宋帝王	男　福 如 东 海　寿 比 南 山　预修年案本节起拾　女			地藏案 酉 都市王
畜类案 寅 楚江王	造业案 丑 泰广王	福德案 子 预修院	人天案 亥 二司院	畜生案 戌 转轮王
天道　鬼道	地道　畜道	人道　佛道	男天 女佛	

图中各案，最好的是福寿案、人天案与福德案，功德案、崇德案与欢喜案也可以用。而各道中，最适合女的用的是佛道，最适合男的用的是天道，男女均可用的是人道。

据说不同的案要请的道士人数与念的经文都有所差别，比较特别的是功德案与天道案。如果是功德案，得念大乘经。我们在陈家坑看见的大乘经共有六本①，包括《大乘苦功悟道卷》《大乘叹世无为卷》《大乘破邪显

———————————————

① 这六本大乘经应该是罗祖教的五部经。据梁景之先生研究，无为教有五部六册，即《苦功悟道卷》、《叹世无为卷》、《破邪显证钥匙卷》上下册、《正信除疑无修证自在宝卷》、《巍巍不动太山深根结果宝卷》。这五部六册又称为"罗祖五部经"，在宝卷发展史上产生了巨大的影响。（梁景之：《清代民间宗教与乡土社会》，社会科学文献出版社，2004 年，第 27 页）

证卷》《大乘破邪钥匙卷》《大乘正信除疑卷》《大乘太山深根卷》，当地人过逢十岁的生日时都会念此经。如果是天道案，并且丈夫在世，得请6~9个道士打醮。因为天道案是大案，接珠时打了醮才会保全家平安。陈家坑村民说本村有个天道案的妇女打了醮，丈夫80岁才死，她自己今年79岁了，有8个儿女，其中4个是儿子，3个已婚，1个未婚；有5个孙子。村人都说她醮打得好，珠接得好，很有福气。

若是已错过可接珠的案道，或者根本没案道接珠的人则可以"借日子"，一种是借本人做六十大寿或七十大寿的日子，另一种是向配偶借日子。

3. 请道士、念佛嬷嬷（公公）、亲朋好友

接珠时请道士与念佛嬷嬷（公公）的数量多少与接珠人家庭经济状况、信仰程度有直接关系。家庭经济条件好的虔诚信士至少请5个道士到家中举行仪式，并请全村接过珠的念佛嬷嬷（公公）。若经济条件不好或对此信仰不深的，只请一个道士到家中授佛珠与带领念佛，并请12个念佛嬷嬷（公公）来帮忙念佛。这12位必须接过珠，夫妻均在世。当地人认为，请夫妻同在的来念可借他们的"福气"。

请的亲戚包括外公、外婆、姨姨、姑姑、媳妇的娘家、出嫁女儿等，朋友包括已成年且已参加劳动的家庭成员的朋友们。这些亲朋接珠之日赴宴时送的礼品有所不同。所有的亲戚都要送红包并送其他物品。出嫁女儿要送的东西最多，除了上文所述的戒指、蒲团、白布、念珠袋，还要送饼干、糖果、一套衣服、一双鞋子（父母均在世的得送两双）给接珠的母亲（父亲），并蒸一个大蒸糕。衣服与鞋子可以用红包替代。出嫁的妹妹也会送大蒸糕。一般亲戚除了送红包，还会送些饼干、豆腐皮、橘子一类的斋果斋菜。接珠者送来的东西都是收一半，回一半。据说是因为接珠时宴客吃的都是素菜，花费较小，主人不好意思全收。更重要的是，接珠人会把收到的食品分发一半给他人以结缘。他们把收到的大蒸糕切成条块状，与饼干、水果一起放到红塑料袋中，在宴席中分发给所有的道士或斋公、厨房师傅、念佛嬷嬷与亲朋，称之为"结缘"。参加宴席者把这些东西带回家给家中老小吃，据说吃了身体比较好。

4. 接珠的食物

在传统社会中，接珠时请客用的粮食与素菜都是自己地里种的，请客主要用糯米、粳米、粉干、米冻（用大米制成）、雪薯、淀粉做的丸子、大白菜、小白菜、豆腐皮等。粉干虽由专门的作坊制作，但常会挑到各个村落卖，村民可以用大米或谷子换购。米冻、豆腐皮是自家用大米、黄豆

做的。有时菜不够也会用南瓜、芋子苗干做菜，这两种菜通常是不上宴席的。因此以往接珠所用的食物大多来自农田与菜地里的出产物，只要买些海带就可以了。

现在请客所用食物依然大多是家中的出产物。但宴席比较丰盛，会买面粉与豆子做的斋鸭、斋鸡、斋牛肉、斋猪肉等菜。

5. 接珠的费用

接珠的费用主要包括做衣服、请道士、买供品、办宴席等的费用。请村中的念佛嬷嬷（公公）不需要付工钱。请道士一天的工资60多元。道士们除了拿工资，在一些特殊的科目中得另加红包，这些科目有发表、上午供、坐台，因为这些仪式是为主家向神佛说好话。在全部功课完成，每个人画完押之后也会发红包。宴客一般有10多桌，多的20多桌。一般每桌12～16道菜，有斋鸡、斋鸭、斋鱼、香菇、红菇、莲子等。比较简单的请酒花500～800元，最好的要1 000多元。

接珠以后的念佛，即回佛虽不用请客，但一般也有6桌左右。在陈塘村，若全村的念佛嬷嬷（公公）都来参加则有9桌左右。回佛时参加宴席的只有念佛嬷嬷与主家的女儿、女婿。

143

6. 接珠人的佛名

接珠的妇女要改名字，新取的名字称为"佛名"，一般请接珠的道士取名。取名时，多半取"寿、福、妙、娘"等字中的一个，替换掉原名中的一个字。不同村落改名的方式也有所不同，但同村的基本一样，按村庄的习惯取名。陈塘村的妇女接珠时取佛名是把名字的最后一个字改为"娘"字，而陈家坑的妇女则是把名字的第一个字改为"妙"字。佛名平常不太用，在念佛与往生做超度时才用。男的接珠，其佛名仍用原来的名字。接珠时要把新取的佛名贴在佛堂上。我们在念佛本上看到取佛名时道士写的是"三宝台前弟子新取佛名某某某"，左右两侧分别写着"福如东海、寿比南山"。

（二）接珠的过程

接珠时佛堂主供坛上挂的佛像是三宝，包括观音、大势至、阿弥陀佛，此外还有天神，当地人称为门神。行接珠仪式时除了挂三宝佛像，还会把村庙中的神像抬到供桌上供奉。2007年3月26日在张和贤夫妇的接珠佛堂上所见的是老佛（即定光古佛）、观音与五谷神三尊神像。接珠时道士所用的法器有木鱼、钹、鼓。木鱼在念经文时用，而钹鼓同时在发表时打奏表示欢迎神佛的到来。接珠的过程按仪式的先后包括发表、拜诸

天、拜九品、接珠、上金桥、下金桥、谢神、烧佛楼等。

接珠之日，道士一般会提前到接珠人家中，预先烧香焚烛摆好神图，然后在佛巾上写"预修信人（男）某某某""预修信女某某某"等字，并在佛巾、衣服上盖上"佛法僧宝"之印。然后把新接珠人的衣物用水洒净，再在火上扬过，与新接珠人一起拜过神佛之后就把衣物端进另一间房中给清洗干净的新接珠人更换。新接珠人换好衣物就到佛堂上举行仪式。

在道士、新接珠人做准备的同时，村中受邀的念佛嬷嬷（公公）陆续到来，她们一到新接珠人的家门口就双手合起念《进门经》，然后跪在蒲团上拜神，念《参蒲团经》。拜过神后就坐在一边等候仪式的举行。

1. 发表

一般在子时，即晚上11点至半夜1点进行发表。发表时，接珠人与道士一起跪在蒲团上，道士念经，接珠人因第一次念，并不熟悉经文，手拿佛珠听道士念。发表时要请不少神明，包括诸天与九品。二十四诸天在门外请，九品在佛堂上请。发表时，念佛嬷嬷（公公）在一边念"阿弥陀佛"。发表时还得念《大悲咒》与《心经》，最后念："金钱宝马炉热茗香，宣扬文表奉金章。纳受降吉祥，善信昭彰，祈福保安康。南无增福寿菩萨，摩诃萨，提珠阿弥陀佛三称。爱河千尺浪，苦海万重波；若免轮回苦，大众念弥陀。"

发表完，由接珠者家人把表文烧掉。整个接珠仪式完成后，要把烧的表文及后面烧的纸箱子、纸衣、纸钱、纸电冰箱、纸移动电话及其他死后要用的生活用品的灰烬倒到溪里。

2. 拜诸天、九品

拜诸天时道士唱《诸天赞》："……如来会上有诸天，化现三千及大千；是度众生修善果，道场起见广无边……万行山上二十四诸天，南无增福寿菩萨。念从此功德，拜诸天保平安。普及如一切，消灾增福寿。"

然后念疏章："口诵表文对佛前，韦驮功曹送上天，上奏天堂增福寿，中奏人间降吉祥。"

拜九品时唱："……戒定真香，焚起冲天上。善信虔诚，热在金炉放。顷刻氤氲，即遍满十方。昔日月榆免难水消灾障，南无上品上生（申）、上品中申、上品下申、中品上申、中品中申、中品下申、下品上申、下品中申、下品下申阿弥陀佛，无上法王，巍巍金相放毫光，苦海渡慈航。九品遂拜，为原（愿）往西方。南无增福寿菩萨，摩诃萨。"

3. 接珠

道士手拿佛珠，念一遍"阿弥陀佛"，即108句阿弥陀佛，就把佛珠递给年长的念佛头，由念佛头把佛珠授给接珠人，并告知如何数佛珠、如何念佛及其他接珠习俗。接着道士边敲木鱼边念一遍"阿弥陀佛"，接珠人在一旁学着念。其他念佛嬷嬷亦在一旁念"阿弥陀佛"。然后由道士念《救苦经》《解冤经》。

4. 上金桥

上金桥时，要在佛堂中央放一张四方凳子，凳子下方放一个碗，碗中放有一朵鲜花。这朵花大多来自菜园里，因此花的品种随季节与接珠家庭的不同而相异。上金桥时，先由道士边敲木鱼边念经文，接珠人跪在旁边听。念佛嬷嬷（公公）会念的站在后面一起念，不会念的在一旁坐着。念完经文后，大家站起身，道士带着以四方凳子为中心，沿佛堂转一圈，表示上金桥。据道士说上金桥的意思是道士带着接珠人到莲池法会一起念佛。

上金桥完吃早饭。饭后接珠人与念佛嬷嬷们要念两堂经，道士则到一边休息。两堂经念完后，每个念佛者都把一朵莲花（莲花代表所念的经）送给接珠人，接珠人跪着接过莲花。莲花由老念佛嬷嬷当场做。

5. 下金桥

下金桥与上金桥相似，但道士念的经文不一样。当地有"金桥银桥奈何桥"之说。道士要念《报娘恩》："灵山会上释迦尊，报答爷娘养育恩。十月怀胎娘辛苦，三年哺乳母辛勤。养我一身无报答，发心斋戒礼血盆。父是天来母是地，不敬父母敬何人。在堂父母增福寿，过去父母早超升。不是父母哪有我，全身骨肉是双亲。我今礼拜奉如来，愿我双亲离苦难。大悲大显、大慈大圣、大孝目连尊者菩萨。南无佛、阿弥陀佛。"

念完《报娘恩》之后交疏文，口念："一洒天下，南瞻部洲。念佛有准，果报无虚。钱财文疏献，火焰化红莲。玉圣到西天，佛圣照障，祈福保安康，南无增福寿菩萨。"然后念《过珠经》：

西方路上好逍遥，万朵莲花结座桥。念佛善人桥上过，弥陀接引下金桥。

善财童子笑呵呵，借问西方路几多。十万八千零一百，请君早早念弥陀。

阿弥陀佛在心中，修行之人不落空。头顶三光不念佛，背驼日月难出身。

三进弥陀三进珠，大家收作护心符。若然信得福田广，自有真常改信炉。

生男育女人人有，血污神明那个知。思想父母恩难报，立志烧香拜观音。

七层宝塔七层经，鹦鹉衔花满天飞。殿前生出婆婆树，分开八万四千枝。

枝枝叶叶生罗汉，伍佰仙童枷子衣。念佛功德理无边，过去三千及六千。

各保各家皆清吉，人人寿算得绵绵。念佛只要佛心坚，心要坚持石也穿。

善男信女同念佛，龙华会上双手牵。奉劝合会众善人，手捧数珠要信心。

信心念得弥陀佛，百年之后不非轻。佛在灵山莫远求，万法知在人心头。

人人有个灵山塔，好向灵山塔下修。过珠菩萨过珠经，过珠菩萨看分明。

众信念佛多有少，莫去寻他过珠人。富贵贫穷各有修，福禄分定莫强求。

未曾下得春时种，空手往田望有收。弥陀句句是真言，不费工夫不费钱。

阿弥陀佛超生死，生在西方世尊前。弥陀宝号念得多，龙华会上唱仙歌。

百年终时毫光接，脚踏莲花步步高。念佛只要口对心，心口求同一样心。

善男信女齐念佛，百年之后不非轻。阿弥陀佛念千声，胜积白银胜积金。

金银财宝带不去，只有弥陀正齐声。西方路上任君游，弥陀常念在心头。

可从西方修行好，人人生死不须修。西方路上水漂漂，万朵莲花结座桥。

念佛善人桥上过，造恶之人水上漂。香山顶上好修行，如念脚踏白莲花。

世世去了无回转，悔不当初未曾修。五十婆婆正好修，一身富贵是前修。

今生富贵前身积，来年种子隔年留。八十公公听我言，唐僧取经到西天。

神仙本是凡人做，只怕凡人心不坚。八十婆婆莫作声，听我一日说原因。

观音原是女人修，如今南海现金身。庄王女子去看经，生在南海紫竹林。

莫道女人不成佛，观音菩萨是何人。劝君修来劝君修，莫把耕牛结冤仇。

吃了半斤还八两，冤冤相报几时休。劝君莫吃田中螺，绣针挑出肉不多。

田螺生子九十九，连娘一百见阎罗。西方路上一只鹅，口衔青草念弥陀。

畜生也有回头转，人不回头不奈何。西方路上一坵田，半栽青草半栽莲。

莲子大来献三宝，青草传烛照佛前。西方路上一只船，摇摇摆摆到江边。

不载金银不载宝，只载佛钱上西天。念佛善人最吉祥，金沙铺地放毫光。

百年终时毫光接，脚踏莲花步步高。观音原是国王家，不招驸马享荣华。

百岁公公心内修，石崇（崇）毫（豪）富也难留。西方路上好修行，又无泥草又无尘。

去时不要穿鞋袜，脚踏莲花步步高。西方路上一座桥，玉作栏杆楼九霄。

念佛善人桥上过，弥陀便把手来招。学会念佛同心人，都是龙华会上人。

搬柴担水多辛苦，多谢厨房做饭人。学会念佛增福寿，家家人口保平安。

生生修来常见佛，世世修来得人生。西方路境好逍遥，念佛善人桥上过。

万朵莲花结座桥，弥陀接引下金桥。南无佛，阿弥陀佛。

其后接着念《观音咒》《金刚咒》。此外还要念《佛说妙沙经》《净土文》《王氏女修行经》等，最后念《高王经》。然后送神，送神时唱："手捧清香一重烟，请你高王佛祖转西天。保护×××（某姓名）寿命百岁多富贵，又无罪来又无灾，大小灾难安化开。南无佛，阿弥陀佛。"

下完金桥要烧佛箱。佛箱上的封条上写着：

预修接珠念佛信女（女的写信女，男的写信人）某某某佛箱钱桶壹只，内入金银财帛等投寄东岳府预修院功德司官衙内。左右记俺控地安放，信女（人）失落（道士可能在此句漏写了字），在百年限满之日取出金银财帛信女（人）受用，本日谨封。公元　年　月　日具封。

6. 谢神

谢神在下金桥后由道士直接做。道士念疏文："功德谢佛转返宫，天神转天上，地神祈地藏，福主转本坛，诸位神祇转原坛。请来叩恩增百福，谢回以后降千祥。谢神返宫……"把请来的神明送回去。念完文后把疏文烧掉，整个接珠仪式结束。

7. 烧佛楼

当日下午还要烧佛楼。佛楼是用竹篾扎的架子，用纸糊表面而成。烧佛楼时，把佛楼放在屋前的空地上，在佛楼前摆放供品，点烛焚香，由道士带着接珠人跪在楼前念祷，然后围绕佛楼念佛，佛楼有四个角，每走到佛楼的一角都要下拜，叫拜佛楼角。拜完后，才将佛楼焚化。

接珠后有不少禁忌，如不可杀生，逢年过节要杀猪、鸡、鸭等牲畜，只能让家人去做；不可以吃牛肉、狗肉，不可以吃田螺；不可以骂人，不可以吵闹打架，否则接珠也没用。接珠之后得吃斋，吃斋的时间有吃早斋的，有吃花斋的，也有初一、十五吃斋的。

（三）接珠的目的

由以上的程序可看出接珠是当地中老年人为融入老年社会而举行的过渡仪式，其目的是求福增寿，消灾灭罪救苦难，求百年之后的好来生，并保一家平安。

1. 求福增寿

这可从道士拜的神明，念的经文与疏文，道士、念佛嬷嬷与新接珠者的祝愿词中反映出来。在当地道士所诵的经文与所写的疏文中，非常频繁地出现"南无增福寿菩萨"之名。在接珠发表、拜诸天、拜九品，下金桥交文疏时均念到"南无增福寿菩萨"；在表文的封面、最后一页及佛诰的最后一页均写了"南无增福寿菩萨"。接珠念佛拜诸天时，要插二十五根蜡烛与香，其中二十四根为诸天，一根为南无增福寿菩萨。在道士所念的经文中，"福寿"亦频频出现，如接珠发表时，道士最后所念的"纳受降吉祥，善信昭彰，祈福保安康"。在拜诸天时《诸天赞》中念到："万行山上二十四诸天，南无增福寿菩萨。念从此功德，拜诸天保平安。普及如一切，消灾增福寿。"拜诸天时的疏章中提到"上奏天堂增福寿，中奏人间降吉祥"。拜九品时念到："九品遂拜，为原（愿）往西方。南无增福寿菩萨。"上金桥时所念："明花开得正当时，众信将来把手提；学会念佛增福寿，宝瓶花献不思仪。"下金桥交疏文时念："佛圣照障，祈福保安康，南无增福寿菩萨。"下金桥念《过珠经》时念"各保各家皆清吉，人人寿算得绵绵"，"学会念佛增福寿，家家人口保平安；生生修来常见佛，世世修来得人生"。下金桥时的《王氏女修行经》说："祈福寿比对南山，福如东海浪千班；念经念佛增福寿，合家大小保平安。"另外，我们在陈塘村参加的接珠仪式过程中，道士几乎每念完一段疏文休息时都会对接珠人说"增福增寿""增福增寿一百岁"之类的祝福语。念佛嬷嬷（公公）与接珠人交流时、接珠人赠给念佛嬷嬷（公公）斋果时相互祝愿的话语都是"增福增寿"这四个字。因此，福与寿是接珠人祈望的重点所在。

2. 消灾灭罪救苦难

从道士所念经文来看，乡民借接珠救苦解灾灭罪业。接珠必须念《救苦经》与《解冤经》。救苦经提到："此经大圣，能救百难苦，若有善男子、善女人，诵经一千遍，合身离苦难；诵经一万遍，合家离苦难……勤念此经千万遍，枷锁自然得解脱，灾中自然得消除，信受奉行……"《解冤经》提到："……一切冤家离我身……解结、解结、解冤结，解了前生免罪业，千生万劫解冤□。此经能念德（得）解脱，解了冤，灭了罪……"接珠送神时唱："手捧清香一重烟，请你高王佛祖转西天。保护×××（某姓名）寿命百岁多富贵，又无罪来又无灾，大小灾难安化开……"

3. 求好的来生

接珠人借接珠为百年之后减罪，以免入地狱。下金桥念《过珠经》时提到："奉劝合会众善人，手捧数珠要信心；信心念得弥陀佛，百年之后不非轻……弥陀宝号念得多，龙华会上唱仙歌；百年终时毫光接，脚踏莲花步步高。念佛只要口对心，心口求同一样心；善男信女齐念佛，百年之后不非轻"，"念佛善人最吉祥，金沙铺地放毫光；百年终时毫光接，脚踏莲花步步高"。《分珠经》中提到："善男信女发心听经文，免得阎罗地狱门；桥下罪人声叫苦，皆是前身不听经"，"若免轮回苦，大众念弥陀"。下金桥所念的《过珠经》亦提到接珠念佛求来生的富贵："富贵贫穷各有修，福禄分定莫强求；未曾下得春时种，空手往田望有收"，"五十婆婆正好修，一身富贵是前修；今生富贵前身积，来年种子隔年留"。

149

4. 保全家平安与子孙发达

下金桥时的《王氏女修行经》中提到"男人修来多富贵，女人修来保子孙"。下金桥念《过珠经》时提到"各保各家皆清吉""家家人口保平安"。下金桥时的《王氏女修行经》说："念经念佛增福寿，合家大小保平安。"

上文所述主要是从念佛头方面的经疏与仪式中人员的交流来分析接珠的目的、接珠人祈求神明庇护的内容。再从念佛嬷嬷（公公）们口耳相传的未印成文的"经文"来看，祈望庇佑的内容也大体如是。

二、消罪求福积善业的仪式——"回佛"

接珠之后得"回佛"。为何要回佛？按道士张和振的解释，"不能接了珠就不理了，要有始有终"，也就是说，接珠是开始念佛，回佛是接珠的延续，两者是互不可分的。回佛的做法各乡不尽相同，有每年回佛的，也有三年回一次佛的。回佛的时间各地也不同，在方田，得回六年佛，包括冬佛、春佛各三年。所谓冬佛是指在冬天念佛，春佛即春天念佛。如果是春天接的珠，则先回三年春佛，再回三年冬佛；如果是冬天接的珠，则先回冬佛再回春佛。据一道士说，在石壁一带，有钱人家会回六年佛，一般家庭是在接珠完后第三年"回佛"。有钱的家庭请9个道士，全村的念佛嬷嬷来拜千佛。没钱的只请6个道士到家中念佛，仅念一天，也不请客，只要准备道士与念佛嬷嬷的饭，给道士的工资即可。另外也有家庭只回一次佛的。回佛也要请先生算吉日，也得准备许多素菜宴请亲朋，亲朋也会送贺礼。然而，据陈家坑一念佛老嬷嬷说："第一次念佛叫接珠，第二次以后叫回佛，无论是接珠还是回佛均叫念老佛，意思是依照古时候的形式念佛。念老佛只要请一个道士，工资为每天55元，早上与上午各要给一个红包，花60多元。第二次以后的念佛只有女儿来帮忙与祝贺，女儿要买饼干、蜡烛、鞭炮等物，若经济宽裕会买衣服。而第一次念佛即接珠要买很多东西。"因此，在不同的乡镇、村落，不同经济状况的家庭，回佛的时间与次数都不相同，佛事的具体做法也不太相同。而这正是当地民间宗教活动的丰富与魅力之所在。

据道士张春华说，回佛时若举行拜千佛，得做三天佛事：

第一天，早上发表，与接珠不一样的是除了发表时所用的铛子、钹、钟，还要用锣鼓、唢呐。并且拜千佛请的神明中，不请接珠时请的诸天与九品。早饭后拜千佛，要念三本经文。每念到一个菩萨名字就拜一下，总共有三千一百多个菩萨。拜千佛时所有的佛事都是道士做。晚上的佛事看主家的选择，如果主家在整个拜千佛中选择坐两个台，则第一天晚上与第三天晚上得坐台，如果主家选择只坐一个台（一般放在最后一个晚上），则第一天晚上为做功课，由师傅念《暮时课诵》。与坐台相比，做功课很简单。坐台完全按《瑜伽焰口》做，因此又叫作焰口台。坐台的目的是超度孤魂野鬼，一般得花 2~3 个小时。

第二天，早上、晚上做功课，上午与下午拜千佛。

第三天，早上做功课，上午、下午拜千佛，晚上坐台。

拜千佛后，有钱人家会在三五年后举行拜万佛。以往拜万佛得花 12 天，现大多压缩成 6 天做完，少数有钱人会选择做 12 天。拜万佛与拜千佛大同小异，不同的是念的经文有 12 本，要拜一万一千一百多个佛，坐台的次数也比较多。若是 6 天的拜万佛，第一、三、五天的晚上要坐台。若是 12 天的拜万佛，则三天一个台，即第一、四、七、十、十二天的晚上要坐台。

2007 年 1 月 6 日至 12 日，笔者目睹了陈家坑一陈姓家庭的回佛仪式。事主是陈家妈妈，因今年 60 岁举行拜千佛与拜梁皇，以求吉增寿保平安。陈妈妈在 45 岁那年接了珠。这次回佛请了 9 位道士。道士所用的法器有：①木鱼：念经文时所用，带动念经，念一字敲一下。②令尺：用于发号令，请神请佛时用。③钟：用于指挥整个佛场，在佛事要开始或休息时用。④铃杵：用于压邪，是坐台必用的法器，上供时也要用。⑤如意：如意是观音的化身，发表时用如意与净水代表观音出坛。⑥铛子：用作配节奏。⑦搅锣：拜佛时与法器一起用。用的乐器有大锣、小锣、大钹、小钹、大鼓、小鼓、二胡、唢呐。

陈家念佛堂正中放有两张供桌，靠墙的为主供桌，正中挂着"三宝"，图中有四排佛像，共 20 尊佛像。三宝图的左边依次是观世音、大势至、阿弥陀佛佛像图，右边依次为药师佛、地藏王、毗卢佛佛像图。三宝前面放有大香炉，毗卢佛前放有小香炉。另一张供桌上用绳子挂了七张神图，从左向右依次为志公、目连、文殊、弥勒、普贤、地藏、梁武，弥勒居中。在志公、目连、文殊菩萨前放有幡竹使者文疏、佛祖光中文表、四值功曹文表以及如意、铃杵、令尺等法器。两张供桌上都放有果饼、米饭、腐竹等供品，其中果饼放在大盘子里，里面有饼干、苹果、橘子、橘饼、大块白糖、龙眼干、红枣干、黄花菜干、水果糖等。两张供桌前放有跪凳，凳上放有蒲团。佛堂门后还挂有韦驮天尊与面燃两尊菩萨的图像。佛堂大门的一侧竖有幡竹，幡竹上挂有一长条的红布，写有"南无五方如来幡神座前"。

佛堂上还挂有红色的表文，共 4 页，从表文上可以知道道士在这几天的念佛内容。表文曰："皈依奉佛，启建迎接满堂诸佛祖台前表信女生辰积经申文诵经，拜千佛连梁皇天子大法宝忏，连观音忏、金刚忏、大悲忏，献供、漂灯、蒙山课诵、演净焰口、度孤散食，求吉保泰……"

（一）第一至第五天的佛事

第一天的佛事包括：

1. 发表

从早上 7：00 左右开始，主坛道士身披红色袈裟，头戴红色毗卢帽，左手拿如意，右手拿摇铃，口念经文请佛。接着道士跪在供桌前念表文，主事的小孙子手捧放有表文、米、檀香、线香的托盘跪在旁边。佛堂左边一道士坐在主供桌一侧敲大鼓，其他道士分坐在两边，负责敲奏大钹、唢呐、木鱼、小钹、铜锣等。

2. 竖幡

在鼓乐齐鸣声中，两个道士转到幡竹前面"朝幡"，其中主坛道士右手拿铃杵，左手拿如意，另一道士敲小鼓。佛堂里的次供桌上也挂有两面幡旗，旗上写有"南无宝胜如来"。只有当晚要坐台放焰口时才有竖幡及午供后的朝幡。

3. 上早供

朝幡之后是上早供。供的是饭与豆腐。

4. 拜千佛

早饭后鼓乐齐鸣，5 个道士穿咖啡色袍子，2 个穿黑色袍子，有的敲铛子，有的敲木鱼。两个未穿袍子的站在一边，1 个拉二胡，1 个敲小鼓，开始念经文。6 天所念的经书有《佛心天子梁皇宝忏》10 本、《三世三劫千佛宝忏》3 本、《观音忏》1 本、《金刚忏》1 本、《大悲忏》1 本。《梁皇宝忏》与《千佛宝忏》是正统的大忏，而《观音忏》《金刚忏》《大悲忏》是小忏，均分为上、中、下三个部分。6 天念佛的顺序是从念千佛开始，然后是拜梁皇，最后是三本小忏，这三本小忏没有先后顺序，可以随意。

5. 上午供

上午供要上"十碗十碟"。十个碗装的是 10 种素菜，十个小碟装的是香、花、灯、涂（净水）、果、茶、食、宝、珠、衣。上供时，由主家的小孩手持香，道士走着"跳台步"，手指变换着各种"手印"，嘴里念文，与主家小孩不断交叉换位。另两个道士帮忙递碗与碟，一一呈放在供桌上。

午供后，道士们吃午饭休息。

6. 拜千佛

下午两点钟左右开始念千佛。念千佛时道士都按照《千佛宝忏》念，每念到菩萨的名称就要拜一下，因此称为"拜千佛"。

7. 坐台

在晚上六点左右开始坐台。坐台前得布置佛堂，主要是搭台与设置食桌。"台"一般是用两张桌子搭成，此次因为厅堂较矮小，在地上铺了一张当地人晒谷子用的竹笪，表示一个台。竹笪上放两张长凳，长凳上平放一块木板，再在木板上倒放一张四方凳子，最后放上一床叠成方块的新棉被。坐台师傅就坐在这新棉被铺着的凳子上，面对着大门外。坐台师傅前面是两张并在一起的四方桌，桌子顶着厅堂一扇半掩的大门，坐台时供的毗卢佛像斜靠着大门竖放在桌子上，神像旁放着金山启教文疏，桌上与桌下均有一盏油灯，放在装有水的大碗中。桌子上的油灯代表三十三重天，桌子下的则代表十八层地狱。其他师傅围坐在桌子的两旁。佛堂的大门上挂有火联，火联的架子用竹子搭成，架子中央放有烛灯，红对联贴在架子面上。对联的横联上写着"万里光辉"，竖联写着"谈经坐（座）下虎低头""说话（法）台前龙则（侧）耳"。大门左侧墙上挂有路灯。厅堂门口摆了张桌子，上面放了1大碗饭、9碗素菜、1个插有香烛的香炉，还有10个碗、10双筷子，每副碗筷均放在红纸剪成的小衣服上。因为这些斋饭菜是施给孤魂野鬼吃的，主事特地嘱咐旁人不要靠近桌子。

坐台时请的是释迦佛、观世音、阿难陀尊长。据坐台道士说，坐台时道士代表的是毗卢佛。所以一旦穿上主衣，他的身份就不再是凡人了，而是毗卢佛。因为坐台时间较长，作为凡人的道士难免要喝水或吃其他东西，按常理是不可以的。所以道士在吃东西做凡人的事时往往撑开主衣掩面。另外，请身份比毗卢佛更高的神佛到坛上时，主坛道士也会用手掩面。

坐台开始时，道士敲大鼓念上一段经文，坐台道士左手执6根香，右手执3根香；主家小孩拿手执炉一起在厅堂墙上的挂图前拜唱，请神到坛。在这过程中，道士左手与右手的香常在胸前交叉。请神之后道士与主家小孩转到施桌前，道士一一念经之后，将红纸衣上的筷子一一放到碗上。接着回到台前，坐台道士用令尺在被子上摇几下，并洒上净水，站上台，再次向前、左、右挥令尺与洒净水，接着用毫毛向前、左、右点写。然后摊开经书中的须弥山图，用令尺在上面挥几下后坐下，把令尺压在须弥山图

上。须弥山图为圆形，最外围为"风轮"，其次依次为"水会""铁围""轮围山"；里圈的外围是十二洲，包括东胜神洲、胜胜神洲、谒胜洲；南瞻部洲、最胜洲、小拂洲；西牛贺洲、妙佛洲、小行洲；北俱卢洲、胜道神洲、小胜神洲；接着是马宝、女宝、将军宝、轮宝、如意宝、宝藏瓶、众宝、主藏宝；最中央为大须弥山与小须弥山，两山的左右分别为日宫与月宫，大须弥山上是众宝伞，小须弥山下是尊胜幢。须弥山图的四个角写有：东南西北四部洲，万千刹土一轮秋；须弥顶上安宫殿，大地孤魂脱苦海。道士把令尺压在须弥山图上后，便手拿铃杵与净水，把净水洒在五方冠上。五方冠由五片近似莲花瓣的布板组成，每片上画有神像，分别为毗卢、地藏、大势至、观音、目连菩萨。道士把五方冠戴上头后，手执一根香，念《大悲咒》，念完把香插上。用令尺蘸净水在桌子的左右方涂几下，然后抓起旁边盘子里的大米撒向门口方向，站起身，手持线香，把袈裟撑开。坐下后手合佛珠，把米放在一块圆形木块上，道士把此木块称为洲盘。在洲盘的中央把米拼成紧凑的两个山字，其中下面一个山字是倒置的。两个山字的顶端也用米拼成山字，山字的朝向与前同，然后在两边拼有日月两字，最后用 24 粒大米放在洲盘的四周边缘，每两粒为一堆，共 12 堆。不难发现，这些米的拼图是按须弥山图所拼的，这些米称为"花米"。据主坛道士说，这些米是用来制邪的，山上山下代表的是天地。图字拼好后，道士在洲盘前方横放一杵，杵上放佛珠与净水瓶，并把一支毫毛与一支铃杵架在洲盘上。毫毛与铃杵上还放有写着"大吉大利"四个字的红包，周围放着蒸糕。最后道士用铃杵在洲盘上面划几下，洒上净水。据说洲盘用于镇台。道士放好洲盘就坐在台上念经文，文念完把洲盘上的米倒进装有米饭与蒸糕的碗里，瓶子象征性地倒向碗中，接着道士把四支香折成类似一个花束的图案，插在米饭上。最后把施桌上的红纸衣烧掉，碗里的酒倒掉，斋菜则倒进一个容器里留着喂牲畜。坐台结束后主家给道士们各发一块蒸糕。

第二天至第五天道士们都是念《梁皇宝忏》《千佛宝忏》《观音忏》《金刚忏》《大悲忏》，按经书内容念文与拜佛，内容大同小异，此不赘述。第六天的佛事因为主事家的厅堂不够大，分两个地方进行，一个是前述九个道士拜千佛的佛堂，另一个是念佛嬷嬷（公公）念佛的佛堂，设在主事老房子的厅堂里，因前者的念佛内容与第一天大致相同，下文仅述念佛嬷嬷（公公）所在佛堂的念佛。

（二）第六天的佛事

念佛嬷嬷（公公）所在的佛堂及周边有四个供神的地方，一是佛堂正中的主供桌上；二是厅堂门内的角落里；三为厅堂门外角；四是厅堂一侧的灶台上，供有灶神。这四个供神处都摆有香炉，插有燃着的香烛，放有供品。另外，佛堂一侧厨房门口亦插有香，敬的是门神。在主神坛的佛像边有一个装大米的罐子，上面插有星辰牌，星辰牌前插有尺子、剪刀与镜子。佛堂里的一个皈依弟子说尺子是用来量衣的，剪刀用于裁衣，镜子用于照佛堂。

　　来佛堂念佛的念佛嬷嬷（公公）前一天就得吃斋，并且洗头洗澡。来念佛时，穿上深蓝色的念佛衣，即接珠时穿在最外层的一件。主事陈妈妈则必须把接珠时的整套衣服穿上。

　　早上 7 点左右，天刚亮一会，念佛嬷嬷（公公）就拎着念佛袋陆续到来。每个念佛嬷嬷都在佛堂门口念吉祥话，拜过佛像，再进佛堂。据一念佛嬷嬷说，在佛堂门口念的是《进门经》："今朝信女来佛门，善财童子来到门，左脚踏来莲花凳，右脚踏来释迦门，释迦福主带我来修行……"

　　待大家到得差不多了，就各拿三根香，聚集在门口，向门外念一番经，再到厅堂、门后的神像前叩拜三下，把香依次插在厅堂主神坛、门后与门口的香炉中。据说此时念佛嬷嬷（公公）念的是《开佛门经》："今朝信女打开一片大门开，脚踏寺门开，金锁锁开银锁开，打开大门金狮子，打开大门心欢喜，金傍金、银傍银，报母恩。"

　　接着大家在供桌前叩拜，然后在厅堂门口站成一排，面向门外，持香念经，再转回佛堂把香插在上述三个香炉上，是为"起香"。此时念《点香经》："南无佛法点香经，信女点香保子孙，多插回香金如意，一路清来九路香，香烟绕绕通天堂，一庵菩萨来等驾，普到衙里接观音。上有灵灵金宝伞，下有土地接金银。信女今生要信佛，时时修来结人缘。"

　　起香拜神之后，念佛嬷嬷（公公）纷纷找位置坐下，其中 7 个念佛公公与一道士（此道士原来在另一佛堂拜千佛与梁皇，在第六天的佛事中，他在两个佛堂之间往返数次）一块坐在佛堂主供桌两边的长凳上，23 位念佛嬷嬷与 2 名念佛公公坐在佛堂两边的四脚凳上。按后文佛诰上的统计数字，在堂佛友有 40 名，未到佛堂的有 7 名，可笔者统计的在堂佛友只有 32 名，其中最老的 81 岁，最年轻的 53 岁。念佛嬷嬷（公公）坐下后把念佛用的大手巾别在胸前，摊铺在膝盖上，以防弄脏衣服，然后手持佛珠开始念"阿弥陀佛"。主事陈妈妈穿戴整齐，站在佛堂中间，由一个道士陪着一起念"阿弥陀佛"。

　　不久，道士敲起小鼓发表。主事家端了一小筛稻谷放在厅堂门口，并插上二十五支香与蜡烛。其中二十四支代表二十四位诸天，一支代表增福

寿菩萨。道士进行拜诸天。

接着道士带领念佛嬷嬷（公公）上金桥。有念佛嬷嬷说，上金桥所代表的是：有福气的人、念佛的人上金桥，往菩萨那边；没福气的人，不念佛人上的是奈何桥、破桥，会掉到水里，到地底下。上金桥时，先在佛堂门口放一张凳子，凳子上放有一盏油灯与一盘果饼，凳子代表桥，碗里的水代表河水，灯代表毫光。道士带着陈妈妈先拜佛，道士跪下念佛诰，把在佛堂念佛的念佛嬷嬷（公公）的名字念一遍，然后站起领大家念经文，念佛嬷嬷（公公）围在供桌周围，念几句经文后，大家共同用双手举起佛珠。每念到"南无佛，阿弥陀佛"时大家拜一下。念完后放鞭炮。接着是上金桥，道士手执一根香，手拿佛珠，领着陈妈妈，后面跟着念佛公公，然后是念佛嬷嬷上金桥，绕着门口的"桥"（即凳子）、厅堂的四周绕一圈。在佛堂里，道士与念佛嬷嬷（公公）均口中念佛，相互敬礼，相互把香传递下去。到佛堂门口时，一位接着一位，跨出门槛，第一位与第二位双双先向外拜，后向内拜，最后再互拜。后面第二位与第三位接着做同样的动作。当绕回佛堂供桌前时双双跪在蒲团上叩拜三下。

上金桥后，念佛嬷嬷（公公）脱下念佛衣服去吃早餐，而道士与陈妈妈留下拜九品。拜九品时，点了九支蜡烛与香插在门口的谷筛上，道士带陈妈妈口念"南呀无上品上申阿弥陀佛、上品中申阿弥陀佛、上品下申阿弥陀佛……"共九品，每念一品道士与主事念佛嬷嬷就跪一次。

早餐后，带念佛嬷嬷念佛的道士回到道士们所在的念佛堂，念佛嬷嬷们坐在一起念"阿弥陀佛"，上午得念两堂。念佛嬷嬷每念几句"阿弥陀佛"，数到银质珠时，把佛珠对折，往身上一拍，表示"福气上我身"。念完三千三百句，即为一堂。念完一堂，念佛嬷嬷站起身"交佛"，手拿三炷香在供桌前烧香，口念："南无本师释迦牟尼大佛，今朝信女诚心来念佛，左手提珠右手来，三千诸佛引田根。六畜金银常时念，佛到灵山见十尊。大念大利大神大利正方牟尼观世音，观音世世坐莲台，口念弥陀上金界。家中有个某某某（念佛人的名字），口念弥陀千万声。一念增金子，夜夜报慈心。尊祖菩萨断分明，总信念佛有多少。四方路上弟子门前做□树，大念三千，交三千，委托佛祖托上天。金光本子望堂堂，本□施我家中娘。跨境念佛保男女，子要金光在佛堂。释迦牟尼正方方，牟尼观世音，本秉申九谷地藏王，弥陀迦瑜过西方。"然后把香插在主供桌、门前、门后的神位前。交佛时每个念佛嬷嬷把自己的佛珠给陈妈妈摸一下，表示交佛。

两堂经念完后，念佛嬷嬷们一起拜佛，道士不在场，也没其他人组织，便由念佛嬷嬷自发拜弥陀、拜观音。如果佛堂很大，则所有佛友都要拜，若佛堂不大，只有部分佛友拜。拜观音时唱："连夜起来拜观音……初一十五心在问……夫妻增寿日好长……夫妻要在场，子孙要满堂，满堂子孙寿年长……一堂佛来一堂经，念佛要念八字经，八个字要分明。爸爸妈妈要在前，兄弟姊妹要赚钱，夫妻同到老，子孙要满堂……"

拜完观音拜水忏，此时念佛公公不用拜。据当地念佛嬷嬷说，女人们生了孩子，要洗很多东西，用掉了很多水，所以要拜水忏谢罪。拜水忏时，在佛堂门口放了一个碗，碗里放有半碗水与一支菜花。大家面对着这个碗，既有站着念的，也有跪着念的，从"正月初一清井水……谢得阎王井水清"一直念到"十二月初一清井水……"

接着道士带领念佛嬷嬷下金桥，下金桥的程序与上金桥同，只是念的经文不一样。下金桥后，道士要按佛诰上的名单，逐一点在堂佛友的名字。点到名字的念佛嬷嬷应一声"阿弥陀佛"，道士听到应答后，在其名字下画上押，表示此人在堂念了佛。并且可以通过点名计算此场念佛总共念了多少。每位念佛嬷嬷（公公）念两堂佛，即六千六百卷，道士点名后计有 40 个念佛嬷嬷（公公），共念佛二十六万四千卷。而道士在佛诰最后一页写"在堂佛友 40 名，各念弥陀六仟六佰卷正，共计弥陀二十六万另仟柒佰卷正"，显然计算有误。道士点名时，陈妈妈在供桌前装佛箱，把冥金块、金元宝、金耳环、金酒壶、金碗、金汤匙、银锭、银圆、纸币、玉手镯、手表、头饰、梳子、手机等装入佛箱里。没来佛堂念佛的佛友寄的佛也装在里面，最后把阴佛诰放在箱子最上面。佛诰有阴阳之分，阴的为黄色，装在佛箱里一起烧掉；阳佛诰为红色，念佛嬷嬷留在手中，等百年之后烧掉。装完佛箱后，陈妈妈用自己的佛珠在上面点了几下，才盖上箱盖。道士把封条贴在写有喜字与佛字的佛箱面上，然后把佛箱拿到佛堂门前的大铁锅中焚烧。第二天要把锅中烧疏章、纸钱与佛箱等的灰烬倒进河里，让水冲走。此佛箱烧掉后将放在菩萨那里寄存，待陈妈妈往生后去领。装佛箱与烧佛箱时，均有不少念佛嬷嬷围在一边祝唱。陈妈妈的唱词中有一句是"朝官老爷来捡收，捡了百年之后钥匙交给我自己开"。

仪式的最后是收珠送神。道士敲着木鱼念着经，把阳佛诰放在盘子上，给陈妈妈保存，并送神回原方。回佛结束。

回佛是接珠这一老年过渡仪式的后续部分，回佛的目的除了上文所述的求福增寿、消灾灭罪救苦、求百年之后的好来生，并保一家平安，还有一个十分明显的目的，就是为往生后不会入地狱，为能够进入天堂积累善业。邓尼丝·拉德纳·卡莫迪曾指出：

就那些在盛世时其生活单调乏味、在乱世时则悲惨可怜的民众而言，佛教是他们希望的巨大源泉。通过积累善业，他们可以获得更好的社会地位，甚至在天堂再生。这样，一种对宗教簿记的热情便流行开来。为天堂的快乐景象所吸引，对地狱惩罚的情景的畏惧，使许多人孜孜不倦地致力积累大量的善业"进帐（账）"。①

石壁念佛嬷嬷（公公）次数不等的回佛很显然是视自家的经济能力为往生进入天堂积善业进账，经济好的会回六次佛甚至在家举行更多的其他念佛活动；经济状况不好的也会回一两次佛。陈妈妈回佛的表文上写有"信女生辰积经申文诵经"等字样，这一"积"字明显地表明了这一意图。另外，接珠回佛所烧佛箱也是十分耐人寻味，佛箱内装有冥金银财宝、日用品与家电等物，按佛箱上的封条所写，此佛箱烧掉后寄放在"东岳府预修院功德司官衙内"，在"百年限满之日取出金银财帛信女（人）受用"。举办回佛的陈妈妈在烧佛箱时也念有"朝官老爷来捡收（佛箱），待我往生后自己去开启"的语句。从回佛的表文，佛箱的内容、封条与念佛嬷嬷的唱词均反映出接珠回佛为往生后能进入天堂积经积财积善业进账这一特征。

三、"点佛"仪式

2010 年 10 月，笔者在宁化县淮土乡孙坑村目睹了一场念佛嬷嬷的"点佛"仪式，在此，根据笔者的田野调查详细描述该仪式的过程，以便人们对客家妇女的"念佛"仪式有更完整的印象。

（一）点佛前的准备

此次笔者看的点佛仪式就在孙坑村门楼下，点佛的念佛嬷嬷为张福寿，57 岁时接珠，今年 67 岁。按凤山的习俗，接珠念佛的都要接珠 10 年后才能点佛。点佛的时间一般请道士根据念佛嬷嬷的生辰八字，结合通书与神明下凡的日子来推算。日期选定后，点佛者要提前告诉在外地的家人、周围的亲戚与念佛佛友。同时还得买好点佛需要的物品，其中点佛时请道士、念佛嬷嬷与念佛公公吃饭的食物及点心占很大比例。点佛之日午餐时，还要送给道士及佛友们每人一袋结缘果子，这个结缘果子一般装在

---

① 邓尼丝·拉德纳·卡莫迪著，徐钧尧、宋立道译：《妇女与世界宗教》，四川人民出版社，1995 年，第 76 – 77 页。

红塑料袋里，包括好几样食品，得在点佛之前装好。孙坑村的点佛所准备的结缘果子包括一个苹果、一个橘子、数块饼干、数颗糖，大约装了80袋。

在点佛之前，道士要写好各种文疏，其中榜文张贴在佛堂，孤榜又称幽榜，贴在佛堂门外，均是用红纸书写，详细写明念佛嬷嬷及全家的名字，做法事的时间、名称、目的与过程，以及主坛的道士名称等。疏章是用黄色纸书写，内容很简单，只有法事的名称与呈给神明的名称。还有一些文诰、积经存照及冥箱的封面等可以在点佛的当天，前后程序之间的休息时间写。

点佛的前一天，主坛道士先到点佛者家中布置佛堂。在佛堂里面的一张供桌正中挂一张满堂诸佛图，左右两边分别竖挂三张接引神像与星辰牌。其中星辰牌上竖排写明点佛者的出生日期与时辰、点佛者的家庭成员姓名、点佛时辰以及"福如东海、寿比南山"的祝福语。而佛坛外面的一张供桌上则供着七张佛像，包括地藏王、阿弥陀佛、观世音、弥勒佛、药师佛、文殊。佛坛的右手边靠近大门处小供桌上供着韦驮天神像，旁边还有一个面燃，供桌上放着两个大糖糕，其中一个糖糕上插着一把纸扎的宝伞。佛堂右边的墙壁上贴着仪式榜文。

房子旁边的空地上立着幡竹，幡竹七节，有两节竹枝。竹枝上挂的旗幡上写着"南无五方如来菩萨座前"几个字。房子的大门右侧贴着孤榜，孤榜呈给"铁围山间沃焦山下面燃大士"。

（二）点佛的过程

在凤山一带，一个女子接珠后，第三年回佛，再过三年再回一次佛，到第十年点佛，点佛后的第三年再回一次佛即可，但家庭经济条件好的会在回佛后多拜几次千佛或万佛。无论是接珠、点佛还是每一次回佛的下午都要暖佛，以表示念完佛后再多念一点给他。接珠、回佛的程序相同，点佛的程序中除了接珠仪式中所含的程序与内容外，还要在过珠后用朱砂点饰三尊菩萨的像，以让他们栩栩如生。此外，点佛还要准备一座纸扎的佛楼，在点佛的当天下午烧化掉。

2010年农历九月初一晚上12点多，开始点佛。点佛时，佛堂中共有6人，道士、点佛嬷嬷、佛头嬷嬷与3个念佛嬷嬷。念佛嬷嬷在谷筛里垫一张红纸，再把点佛嬷嬷的念佛衣放在红纸上。道士先敲三通大鼓，然后烧三炷香，用香在念佛衣上画符，洒上净水；再用三张纸条画符，然后端起佛衣在檀香上绕几周，与佛头嬷嬷互拜，向供桌上拜，再向门外拜。接着

159

念佛嬷嬷拿出一个木制的托盘，里面放上花米（颗粒完整的新鲜大米），2包红纸包着的橘饼，念佛珠与疏章。点佛嬷嬷换好佛衣出来后，与道士互拜。点香请神后，道士念阳诰，念完阳诰，点佛嬷嬷的媳妇把疏章放到供桌旁的陶砵里烧。道士拿起新的佛珠，用香在佛珠上画符，洒上净水，然后跪在蒲团上边捻佛珠边念"南无阿弥陀佛"，念一声佛号捻一粒珠子，共捻了三遍佛珠。然后把佛珠传给佛头嬷嬷，佛头嬷嬷也是捻三遍佛珠，再传给点佛嬷嬷。点佛嬷嬷如前捻佛珠与念佛号，念完就把橘饼与红包交给道士与佛头嬷嬷。道士到一旁准备点佛的用具，而点佛嬷嬷、佛头嬷嬷与念佛嬷嬷继续在佛堂念她们的经文，有《地藏门》《十二拜地藏王》《心经》与《拜雪山》等，这些小经大部分是村落中妇女们靠口耳相传流传下来的，然后再到灶神前念《灶神佛》。

道士用水把干的朱砂粉调好后，在桌子上铺上红纸，把三张佛像展开，三张佛像上分别写着：鼓山涌泉寺阿弥陀佛、普陀山观世音、九华山地藏王菩萨。道士拿出毛笔蘸上朱砂先画点佛嬷嬷的眉毛，并祝她寿年延长，活到100多岁。然后点饰佛像，第一张点的是阿弥陀佛像，最先点的是眉心、眼珠，然后点佛像的身体，再点身体外面四周的圆圈。道士在点佛的过程中，一边念"南无阿弥陀佛"，一边圈点圆圈。点完后写上地点、时间、点佛嬷嬷与圈点道士的名字，最后在佛像上盖上个"佛法僧宝"法印，阿弥陀佛像就圈点完成了。圈点完好的佛像挂在佛堂一侧的墙上。接着依次再圈点观世音菩萨与地藏王菩萨画像，点这两尊的过程与点阿弥陀佛像的一样，只是口中分别念"南无观世音菩萨"与"南无地藏王菩萨"的佛号。道士点佛像时，佛头嬷嬷、点佛嬷嬷与念佛嬷嬷围在旁边，跟着道士一起称念佛像的名号。道士点完佛像后再填路票与路引，写上日期，盖上佛法僧宝印，最后在点佛嬷嬷的衣服上盖上印，点佛完成。到凌晨3点多，点佛结束。

点佛时还要开具"通关路引"，封面写南无阿弥陀佛、观世音菩萨、地藏王菩萨金莲座前，背面写的是：

九华山为出路引通关事

△△省△△县△△乡△△村人氏奉佛，

给信人佛名△△△，本命生于△△年△△月△△日吉时叩生。

伏谓生死弥途，阴阳一理，关津渡口举足难行，

而我悯你迷沦，须行救济，普度群生，

莲合请给一道，志心授持即往生，是叩墈合分明，

护身执照外对通关小引，

候身限满之时持此以便参呈验实，即得往生。

事准利生，慈父教律须至出给者　执照

△△年△△月△△日　具

南无九华山幽冥教主金尊赦罪地藏王菩萨

其中△处均为空白，开具路引时均要用朱砂填上，朱砂为红色，而其他字为蓝色，使得朱砂填上的点佛者的佛名、出生年月、籍贯、点圈念佛头的名字与点圈的时间等关键信息十分显眼。点圈三张佛像时，佛像上文字△处的填法与通关路引相同，此不赘述。路票、路引均要留着，百年之后烧掉。点佛者死后即可凭此路票、路引通过往西天的各个关津渡口，而不致堕入地狱，不得轮回重生。

点圈的三张佛像上方均有"西方公据冥路途引"几个大字，像旁还有许多文字，地藏王菩萨像右侧的文字整理如下：

敕赐九华山地藏禅寺　为出给通关路引事

尔时地藏菩萨发愿云：众生度尽方证菩提，地狱未空誓不成佛，窃见南阎浮提不问男女，人死后无有公据，经过冥司把溢，去处多遇留难淹滞，不得往生极乐世界，如是地藏菩萨怜悯众生而白佛：世尊阿弥陀佛此发四十八愿，广度无量无边众生，缘何南阎浮提亡者无有公据？佛告地藏言：尔今谛听，依吾佛敕，出给路引，若有善男信女请给一道，或自念或请僧众称念阿弥陀佛千万声，临命终时即得往生极乐莲花，化某转轮回，如遇王殿神祠把溢渡口即便参照放行，须至出给。为

中华国△△省△△县△△乡△△村修因信女生于△△年△△月△△日

公元△△年△△月△△日素行点圈

右引给付信女张福寿

在地藏菩萨像左侧还写有"冥途照证事"几字。

阿弥陀佛神像右侧的文字为：

敕赐鼓山涌泉禅寺　为出给路引之事

盖闻百年光景在刹那，四大幻身既能长久，尘分泂泂经朝，业识茫茫，不知一性圆明，徒是六根之贪欲功名盖世梦，一给富贵荣华难免无常，二字学人学我到底成空，令人夸能毕竟非实，风火散时买老少，□山

磨尽几英雄缘。□未寄而白发相侵，终有说吊随这一包脓血，常年苦恋恩情，七尺骷髅恣怠悭贪财宝，出息难期，今朝不保，来朝爱河出殁几时休？火宅欲煎何日了。不顾出业□年，未有功夫，阎君忽地来推相公，岂容大限回头？不见家亲，业报到来自当受。若不念佛求解脱，免超六道轮回，惟有大乘之径捷，善男信女私念阿弥陀千万声，请竖行先点满圈，命中（终）之后过王殿，神祇即便放行须出示给

大中国△△省△△县△△乡△△村信女△△生于△△年△△月△△日公元△△年△△月△△日

右领给付信女　收执

观音菩萨像右侧的文字为：

敕赐普陀山观音禅寺　为出给路引之事

尔时过去正法明如来现前，观世音菩萨成妙功德，具大慈悲现前，手眼照见南阎浮，不同男女死后经过冥司，关津渡口把溢，去处多遇留难淹滞，不得往生极乐世介（界），吾亦曾誓大顾怜悯凡情，度生死苦，如是菩萨即往佛前而白佛：世尊阿弥陀佛言，曾发四十八愿，广度无量众生，缘何南阎浮提亡者拥有公据，顾依东土，照寺成往，不偏南海，不听佛言，故尔死后多次淹游。佛告观音：尔今依出给通关路引，善男信女生前请给一道，或自念或僧众称念阿弥陀佛千万声，临命终时即得往生极乐莲花，化生不转轮回，如遇王殿神祠皿津渡口即便放行，须出给者

中华国△△省△△县△△乡△△村信女△△生于△△年△△月△△日公元△△年△△月△△日请素（竖）行□子点满圈掌教印子

右领给付信女　收执

观音菩萨像左侧还写着：南无大慈大悲救苦救难灵感观世音菩萨金莲座前。

三尊佛像点完后均要把文字中的△△（代表空格）填上，并填上点圈弟子的名字与点佛嬷嬷的佛名，在神像左侧写上何年何月何日吉具。最后盖两个佛法宝僧印。点完佛像后把佛像挂在佛堂的墙壁上，在烧佛楼前再把它们取下贴在佛楼每一层的厅堂正中，最后与佛楼一起烧化。

（三）点佛之日的其他法事活动

初一日半夜至初二日凌晨点完佛像后，在初二日还有不少法事活动，

包括：

早上 6：00，拜诸天，拜九品。

早上 7：30，发表。

上午拜千佛，大约 11 点上大供、朝幡、谢灶。

下午下金桥，交佛、烧佛楼。

晚上坐台。

由于点佛嬷嬷有三个儿子，谢灶时道士去了这三个灶台诵"谢灶火"，每个灶台所在的厨房门前与灶前均要烧香。

下午交佛后道士要填好阴阳文诰。文诰曰：

调御师为点佛顶忏寄珍架阁事　文诰

伏以　作善降详，乃佛圣之良言；修因获福，是如来之妙音。臣今奏维中华国福建省三明市宁化县淮土乡孙坑村门楼下人氏　吉居皈依奉佛，启建预修，点佛顶忏，呈供扬幡，漂灯焰口，寄珍架阁，求吉保泰，修因信女孙室佛名张福寿，鸿庚生于农历甲申年二月十九日吉时坤生

夫主孙△△，男孙△△、△△，△△，媳妇王△△、张△△、张△△，孙儿△△△、△△，女孙△△　　　右领合家人等连日诚心上叩

金莲座下仝舒慧日之详光，共纳二天之佛事，具呈意者言念信女三从未距，五届微躯，丽阴阳受命于女流，秉承天地陶形于盛世，每叹光阴易迈（逝），老景相推，今生若不修因，来世荣枯未下（卜），是今幸释迦如来开方便之门，作修行之路，是卜取今九月初一至初二日告完欣逢诸佛下降之期，具备香科，装点法坛，摆列果品，六水净茶，伏弟子于家坛中早发表，奏通佛圣降临道场，竖幡挂榜，招告一切文祇仝临善会，信女请佛友称念六字洪名宝号数堂，坛中建点佛像三尊：弥陀、观音、地藏。坛中志心顶拜三贤三劫仟佛宝忏，又礼弥陀宝忏全部，言言增百福，句句纳千祥。每日功周绕坛回向，唱佛皈依讽赞宣扬连日，仍发金炉缩火，重享玉盏鲜茶，朝课诵晚，晚上利生奉诵诸品神咒和心经之真言，叩祝韦驮匡扶法界，祈祷诸司课演真诠恭祝信女，是以命工精造长生佛楼一栋，内入佛像三尊、珍财等项，当坛对佛立编阴阳文诰，花（画）押分明，仗弟子代佛真言咒水火化，预谨投寄东岳府预修院衙内，乞借空地安顿，毋致失落（此排字称为"合堂字"，写的时候要把阴阳诰并排在一起写，一半在阳诰上，另一半在阴诰上。据说念佛嬷嬷百年之后要拿着阳诰到冥界比照阴诰，看合堂字能否对齐。对齐后才能领在生时烧化的佛箱佛楼等）

信女百年身逝之日，亲赍阴诰到三宝台前对比无差错，支还利已享

163

用，首完之日午呈献供，表进南海观世音之慈尊，普全供养，户外安幡，青空散食，末下忏功告完，入夕月明千里，星现九霄，内架法王宝座，外摆斛食禀请金刚上师于家坛中依科设放瑜伽焰口一台，内答宗亲，外超九霄五姓男女孤魂魄子来饥去饱，各往生方，全随善力，共证菩提，道场完满，安奉皈依，都伸美景等因，今则右具文表，一心上进南无人天教主本师释迦牟尼文佛座前

恭叩洪慈　洞回昭格

伏愿　圣垂百福，望消九横之灾；佛降千祥，乞赐方来之祥。仍祈盖保信女合家清吉，老幼祯祥，祝言难尽，全叨庇佑之至　以闻

公元二〇一〇年九月初一、二日吉具

南无忏筵会上增福寿菩萨主盟

同坛佛友：张福寿、王福星、王福德、张福兴、张福连、王福海、王福善、罗福音、王福聪、王福曾、廖福优、王福海、张福曾、张福星、杨福华、李福德、谢福金、张福林、张福才、黄福寿、杨福德、王福善、张福良、张福明、张福缘、张福良、黄福长、王照兰、张福娘、王福添、黄福连、王福英

修因信女：张福寿

唢呐人：王新进

击鼓人：张闻铭

顶忏人：朱修提、杨耀丽、张照万、张珍鼎、张云慧

建房人：张德随

做厨人：孙福良、孙福富、孙扬文、伙珠、林珠、钟英、模秀

从这张文诰上可以清楚地看出念佛嬷嬷在预修点佛的两天中，佛坛的科仪法事内容有：发表；竖幡挂榜；佛友称念六字洪名宝号数堂；道士于坛中建点佛像三尊：弥陀、观音、地藏；道士于坛中拜千佛、每日功周绕坛回向；烧长生佛楼一栋，内入佛像三尊、珍财等项，对佛立编阴阳文诰，投寄东岳府预修院衙内；最后一晚于家坛中放瑜伽焰口一台。文诰上不但清楚地载明主持道士与斋公的名字，而且载明建造佛楼者，即建房人的名字。从文诰上的同坛佛友之名来看，该村的佛名取名规律是名字中都有一个"福"字。也许是请不同道士来接珠的原因，佛名中有不少重名的，如福寿、福德的名字均有三个，福海、福良的名字也各有两个，有的还是同名同姓。

阴诰与阳诰的封底上均写"南无忏筵会上增福寿菩萨"。阳诰封面：

福如东海
佛给预修因信女孙室张福寿百岁为照
寿比南山
阳诰

阴诰的封面写着：

投寄
东岳府预修院信女孙室佛名张福寿百年执照
阴诰　　存放

阳诰里面的诰文与阴诰大同小异，在"伏以"后面的一句话与阴诰不同，内容为"焚香拜佛，增添来生之福田，炳烛礼忏，消除今世之罪愆"；内入佛像后面的文字也不相同，阳诰接的内容是"内入弥陀、观音、地藏三尊，藏经珍财等项，今则编立阴阳二诰一样二纸，阴诰随财咒水火化右呈投寄"东岳府预修院衙内，乞借空地安顿，毋致失落"。阳诰当坛给会信女到三宝台前阴阳二纸花（画）押堪合相同，如遇信女百年之后乞望库头土地赐还来身享用，午呈……"；伏愿后面的一句为"毫光远暨，将暗室以重光；法雨普沾，使枯枝而再茂"。祈保的内容除了阴诰中的"合家清吉，老幼祯祥"外，还有"五谷丰登、六畜兴旺、儿孙绵远，诸事亨通"，与文榜中的祝言接近。道士把合堂字写上后，还要在阴诰与阳诰上写点佛嬷嬷与同坛佛友的佛名、吹唢呐者、击鼓者、建房人（即建佛楼者）、顶忏人与做厨人的姓名，上述这些人名全部要在场一一画押。据载，在清代，签字画押是十分隆重的，道士的科仪本中"签字科"载，此时，道士要念经、偈、诰文等，而且有的程序有两种念诵的经文，可见此程仪的重要性。

这次点佛共装了两个佛箱，里面装着纸钱、冥币、莲花束以及用纸张印刷制作的金条、银条、金元宝、空调、电视、电话、衣服、液化灶等纸质物品。里面还有一包寄给点佛嬷嬷已过世的婆婆的包裹，是用草纸包的，道士写的封条贴在上面，里面也是装着纸张印刷制作的金银财宝与衣服。寄给已过世者的包裹封条是用白纸黑字写的，而在世者即接珠、回佛、点佛时念佛嬷嬷的佛箱封条是用红纸白字写的。贴在张福寿的婆婆包裹上的封条写着：

165

一处据

中华国福建三明市宁化县淮土乡孙坑村门楼下人氏居住修因张福寿具备袍伏（包袱）一个，内入珍财等项，右呈寄中华先姚王兴秀下亲领受用之至，以闻

公元二〇一〇年九月初二日谨具　　封条

而点佛嬷嬷的佛箱上的封条则写着：

今据

中华国福建省三明市宁化县淮土乡孙坑村人氏

居住修因信女张福寿具备佛箱一只内入弥陀藏经珍财等项，

右呈投寄东岳府预修院衙内，乞借空地安顿，毋致失落

遇如信女百年之后来生享用之至，以闻

公元二〇一〇年九月初二日谨具

示行晓谕　　　　封条

佛箱装好后贴上封条，放三支香，撒上谷子、茶叶、盐，放上纸银圆，用两根香的两头各串上一块糖糕。

在宁化，因为积经十分普遍，而念佛嬷嬷有的因为操持家务时间不够，有的因不识字不太会念，要念佛时只好向其他人买经；有的虽然自己也念了不少，但积经是"多多益善"，如若家庭经济条件好也会去向他人买经。这导致买卖经文的现象十分普遍。经文的价格在不同年代会随着生活水平，物价水平与工资、工价等的变化而变化。有些比较简短的经念佛嬷嬷几乎都会念，以2010年在孙坑的调查为例，点佛嬷嬷佛箱中有一张经单列出了她念的经咒文，积的卷数及其价格（按石壁镇的价格）如下：

①《地丈（藏）经》：积了220卷。《地藏经》有两种，一种是大《地藏经》，很厚，字很多，因此很贵，很少人会去买；小《地藏经》7毛钱1卷，点佛嬷嬷积的是小《地藏经》。

②《大悲咒》：450卷，较少人买卖。

③《金刚咒》：700卷，每卷5毛钱。除《金刚咒》外还有《金刚经》，《金刚经》的价格大约每卷2元。

④《往生咒》：一张5 100卷，一张2 800卷，另一张700卷，每张50元。

⑤《十方佛》：350卷。

⑥《净土文》：500卷。

⑦《心经》：600卷，每卷5毛。

另外还有《弥陀经》，点佛嬷嬷未积此经，但其他人常积，每卷2元。

念佛嬷嬷积的经都用一种红纸印成的"宝塔"写清楚，如果是帮人念的经，只要在宝塔中间的空格处填上"某某经多少"即可。其他念佛嬷嬷买去后，在装佛箱时道士会帮忙在积经塔的右边写上修因信女△△△（佛名）名下积经，在塔的左边写明年月日。孙坑的点佛嬷嬷此次装进佛箱的积经塔有12张，包括《解冤经》2张、《观音经》4张、《金刚经》2张、《华严经》2张、《佛说莲花经》1张、《小金刚经》1张，其他几张未来得及录下就装进佛箱了。据道士说，这些经大都是不识字的念佛嬷嬷念的，不是正规的普庵弟子或斋嫲念的。因为不太识字，难免会写一些错字，如一张积经塔上写着"金光刚伍仟"，把"金刚经"写成了"金光刚"。在孙坑看到的积经塔有两种，一种是七层的塔，最上层中央写着"宝塔"，每层之间都有近似"百"的图案装饰；另一种是位于一大朵莲花上的塔，只有一层，但很大，笔者在石壁、城关等地都有见过。据主坛的道士说，前者才是规范的积经塔，叫七层宝塔。

下午烧佛楼。佛楼共三层四幢，点的三尊佛像贴在主楼正中的上、中、下三层楼的大厅中，第一层贴的是阿弥陀佛像，第二层为地藏王菩萨像，第三层为观世音菩萨像。大门上写"松竹居"，松竹居上还写着"仙人居"，两边对联写着："福如东海长流水，寿比南山不老松。"厅堂门上写着"积佛楼"。厅堂两边也写有一联："安眠高阁最宽心，座（坐）此楼中好修行；念佛念经念佛人，存心存德德存心。"最上层的楼厅门上写着翠凤楼，上面写着"气象凌云"，两边写着"五凤楼中全是佛侣，七层楼上伴佛伴仙"。佛楼装好后，底下塞稻草，四周也放上稻草。装佛楼时，念佛嬷嬷全都站在佛前念佛。

佛楼安装好后，道士敲着木鱼带领念佛嬷嬷绕着佛楼下金桥。点佛嬷嬷的儿子媳妇跪在佛楼前面点香烛，点完香烛，点佛嬷嬷的丈夫拿宝伞，一儿子举面燃鬼王画像，另一儿子拿鞭炮。念佛头把鞭炮点燃后，领着他们在佛楼周围绕三圈。接着，佛楼四周用竹竿撑住，以免散落他处。佛楼烧化完后，面燃鬼王画像与宝伞放回佛堂，待晚上坐台结束后与孤榜、坛榜等一齐烧掉。

小　结

本节根据笔者的参与观察及详细调查，对宁化客家妇女长达十年甚至

167

数十年念佛程序中的一节——"点佛"仪式作了比较详细的描述与分析，以弥补学界在此方面研究的不足。据笔者以前在该县石壁镇的调查，当地乡民念佛的目的在于求福增寿、消灾灭罪与保一家平安，同时也为求百年之后有好的来生，为往生后能进入天堂积经、积财、积善业。点佛仪式主要由普庵弟子来主坛举行的。

以往为当地妇女举行念佛、点佛仪式的主要是当地人所说的"佛教弟子"，包括佛教寺庙中的和尚、斋公与在家的罗祖教徒，以及自称为"佛教弟子"，但乡民称之为"道士"的普庵教徒。近些年，因为念佛的风气随经济的发展变得更加浓厚，乡间主持仪式的佛教弟子忙不过来，以致当地人所说的"仙教"/道教徒亦加入为乡民主坛接珠念佛的行列。对于念佛的妇女来说，她们更关心的是借念佛进入村中的念佛团体，为家人保平安，为自己添福增寿求得好的来生，至于是佛教徒还是道教徒来主坛举行仪式似乎并不是很重要。

第二节　乡村妇女的念佛与社会生活

特纳认为，在普遍的社会科学范畴之内，人们已经开始广泛认识到，宗教信仰和宗教行为并不是对经济、政治以及社会关系的"奇异怪诞"的反映，而是远远超乎其上。与其说它们是"奇异怪诞"的反映，不如说它们是决定性的要素，能够帮助人们来理解和感受这些关系，以及理解和感受这些关系所赖以存在的自然环境和社会环境。[1] 在此，我们可通过宁化的念佛仪式来理解与分析当地的经济关系、性别分工、两性地位及妇女的观念、学习与休闲等。

一、念佛与妇女所处社会的经济模式

1. 念佛的时间与稻作农业的节律

宁化的经济一直以农业为支柱，农田以种水稻为主，一年只种一季。在禾口、石壁一带一般只种一季早禾，基本上是春分前后播种，谷雨至立夏前移栽，大暑前后收割，割后再种一季大豆或地瓜，立冬前基本可以收完。肥田还可再种一季油菜或豌豆，至次年谷雨后收割，又可栽禾。山区

---

① 维克多·特纳著，黄剑波、柳博赟译：《仪式过程：结构与反结构》，中国人民大学出版社，2006年，第6页。

冷水田则种一季迟禾，谷雨前后播种，小满前后移栽，寒露前后收割，割后翻地、泡水，直到次年再栽禾。① 据道士说，接珠最多的是在正月、二月、八月、九月、十月，因为那时是农闲，而且有了收成。上文已述，乡民接珠念佛时间是在正月初八开佛门后到清明节、八月至十二月初八关佛门这两个时间段，上半年到清明节后就没人接珠了。清明正处在春分与谷雨之间，春分时乡民在播早禾种子，谷雨时就得栽早禾秧、播迟禾的种子了。也就是说，清明之后，农人都已进入农忙时节。到了八月份，早禾已收，迟禾也陆续将收，有了收成，且下半年收大豆与地瓜不像上半年的播种插秧那样要赶节气，因此当地的接珠念佛时间基本上避开了农忙时期，与农忙、农闲的节律相联系。

　　念佛时间除了避开农忙，还与农业的收成有莫大关系。因为在传统社会中，乡民的收入来源于土地的产出，念佛付给斋公或道士的工钱与红包钱得靠卖谷子的钱来支付，敬神的供品与请客的饭菜也来自土地的产出。据县志所载，"解放前和解放初，宁化农村蔬菜以自给为主，郊区则多上市，品种有韭菜、黄瓜、苦瓜、苋菜、空心菜、蒲子、豆角、茄子、辣椒、丝瓜、小白菜、萝卜、芥菜、葱、芹菜、蒜和少量大白菜、甘蓝、薯、芋等"。② 乡民接珠念佛所用的斋菜绝大部分是家中所种的菜。县志又载，在传统社会中宁化虽盛产粮食，"但人均粮食不到 300 公斤，且大部分被地主、富农所占有，佃农和贫农过着'禾镰挂上壁，家中没米吃'的境地，不少人过着'番薯、擂茶当饭饱，棕衣当被盖，火笼当棉袄'的艰难生活"。③ 因为生活艰苦，只有当土地上有了收成才有能力去接珠念佛。

　2. 念佛的禁忌与农耕社会的畜力
　　乡民一旦接珠念佛，以后不可以吃牛肉与狗肉。除了受宗教观念的影响，还与耕牛自古是宁化传统社会中农业生产的唯一畜力有莫大关系。即使在当今已有机械翻作的情况下，耕牛仍是农业耕作的重要畜力。据县志所载，民国三十七年（1948）共有耕牛 10 783 头，平均每 48 亩耕地才有一头耕牛；1949 年有耕牛 6 078 头，每头牛 85 亩；1955 年有耕牛 14 409 头，每头牛 85 亩；1983 年有耕牛 14 236 头，每头牛 31 亩，当年机耕面积

---

　　① 罗华荣：《石壁传统社会调查》，杨彦杰主编：《宁化县的宗族、经济与民俗》，国际客家学会、海外华人资料研究中心、法国远东学院，2005 年，第 466 页。
　　② 刘善群主编：《宁化县志》卷四《农业·农作物·种植·蔬菜生产》，福建人民出版社，1992 年，第 177 页。
　　③ 刘善群主编：《宁化县志》卷十八《人民生活》，福建人民出版社，2005 年，第 446 页。

227 699 亩，实际每头牛耕 15 亩多的耕地；1987 年有耕牛 20 798 头，能劳役的 17 000 头。① 因为牛为乡民们耕作了大量田地，为乡民们承担了许多重体力活，是农家的好帮手，因此乡民们不忍心吃牛肉。至于为什么不吃狗肉，据念佛嬷嬷说，因为狗也是农家的好帮手，它帮村民看家。只要有陌生人走进村落，忠实的看家狗就会狂叫，甚至扑上去撕咬。因为有了狗的看守，农家变得安全多了。据县志载，宁化农村几乎户户饲养狗。② 因此狗与乡民的生活息息相关。

二、念佛所反映的性别分工与地位

据笔者的调查，在传统社会中的宁化，绝大多数家庭都是遵循"男主外、女主内"的性别分工模式。明代县志载，"旧志称宁化人物富庶，气性刚愎，男不逐末而事耕读，妇不蚕丝而专纺织"③。1992 年县志亦载，"宁化农业生产，历史上主要由男劳力负担，民国三十六年（1947）全县有农业劳动力 34 876 人，占总人口的 28%，每个劳力负担耕地约 17 亩。1949 年以后，妇女成为农业生产的重要力量，女劳力一般占总劳力的 30% ~40%"④。由此可见，大量妇女到田中劳作是中华人民共和国成立以后的现象。在传统社会中男的负责耕田、种菜、砍柴、挑水等重体力活，女的负责在家煮饭、洗衣、喂猪、照顾老人与小孩等。农忙之时妇女晒谷子也得靠家中男人把谷子挑到坪里，收谷子亦如是，女的只负责翻晒。妇女洗衣服时，一般在家里坐着先洗第一遍，再拿到溪里或河里漂洗。这样可以缩短在溪河边蹲的时间，而且可以少挑很多井水。由当地的性别分工可知男女的活动空间可划分为家内与家外，家务事由女子负责，家外的劳作由男子承担。

男主外、女主内的分工模式，加上当地受儒家文化的影响，决定了男子是家中的顶梁柱，家中的大事小事也由男子做决定，女子在家中的地位是从属的。

现实生活中如此，那么在佛堂这一神圣的空间里，是否也是以男子为

① 刘善群主编：《宁化县志》卷四《农业·生产力·耕牛》，福建人民出版社，2005 年，第 163 - 164 页。

② 刘善群主编：《宁化县志》卷六《畜牧渔业·畜牧业·资源·畜禽品种·狗》，福建人民出版社，2005 年，第 222 页。

③ （崇祯）《宁化县志》卷二《风俗》。

④ 刘善群主编：《宁化县志》卷四《农业·生产力·劳力》，福建人民出版社，2005 年，第 162 页。

中心，女子为从属呢？据调查，在接珠最盛的石壁镇，传统社会中接珠时都是念佛嬷嬷坐上堂、念佛公公坐下堂。近二十年来，由于当地乡民新建的房子很少有上堂与下堂之分，念佛嬷嬷与念佛公公便同坐一佛堂念佛了。据说同在一佛堂时，都是按男左女右落座。偶尔有上、下堂之分的佛堂，也是男的坐上堂，女的坐下堂。在上下金桥时，也是男的排在前面，女的排在后面。

　　男女的座位和排位与现实社会中的男尊女卑思想是密不可分的。而传统观念中的男尊女卑思想，却是从《易经》开始发端的：

　　《易经·系辞上传》开宗明义言："天尊地卑，乾坤定矣。卑高以陈，贵贱位矣。动静有常，刚柔断矣。"以乾为天，为纯阳之卦，象征尊贵与刚健，动为其常性；乾坤对待，坤为地，为纯阴之卦，象征卑下与柔顺，以静为常性。《说卦传》云："乾，天也，故称乎父。坤，地也，故称乎母"；又云："乾为天，为圆，为君，为父，为王。坤为地，为母。"《家人》曰："家人，女正位乎内，男正位乎外。男女正，天地之大义也。家人有严君焉，父母之谓也。父父子子，兄兄弟弟，夫夫妇妇，而家道正，正家而天下定矣。"易首乾坤，以乾坤之义定男尊女卑之名，尊卑之分，由此而来。天道为乾，地道为坤，乾为阳，坤为阴，阳成男，阴成女，故男性应该刚强，女性应该柔顺，男子是主动积极的，女子则是被动消极，阳刚阴柔，因此而定。乾为天、为父，坤为地、为母，一家之中，子视父母皆为其尊长，然父亲在，子对母不能伸其私尊，所以，父亲才是一家之长、家中至尊，母亲应该统率家中其他成员服从父亲的领导。父、夫、男人是家中的统治者，子、妇、女人是被统治者，如此分理阴阳，教化成俗，内外和顺，天下就可得治。①

　　石壁男女在接珠回佛的佛堂上同堂念佛可能还与道家的思想理念相关：

　　道家通过实践无为而获得的那种能力（称"德"）的象征包括了水、谷、婴儿和女性。尽管这些象征物明显具有使妇女行为刻板化的危险潜力，但它们代表着宇宙力本身的运行方式这一事实，压倒了这种潜力并在事物发展过程当中确立了"女性的"仁慈和温柔。此外，尽管中国文化一

---

①　林丽珊著：《女性主义与两性关系》，五南图书出版公司，2001年，第20页。

般认为女性的本质是阴，是对更为积极的力量即阳的服从，但道家仍然坚持，阴阳是相辅相成的，这二者都是平衡和完整所不可或缺的。结果，这至少导致了终极实在与人类完善的部分两性兼体化。[①]

然而，有意思的是，男女的劳动分工角色、地位尊卑与在佛堂中念经文的角色和能力却是不相关联、不成正比的。从念的经文看，据说此地男的只会念"阿弥陀佛"，女的则会念很多经，如《弥陀经》《观音经》《地藏经》《心经》《大悲咒》《往生咒》等，因此若是在佛堂念《观音经》《心经》等时，念佛公公常离开佛堂，在佛堂外闲谈。在参与接珠回佛的念佛嬷嬷（公公）的人数比例上，念佛嬷嬷占了很大的比例。据对陈家坑陈妈妈回佛佛堂的人数统计，念佛嬷嬷有 23 名，念佛公公有 9 名，共 32 名。从念佛的认真程度上看，念佛公公常有一句没一句的，似乎不太当回事，而念佛嬷嬷们不仅在佛堂中虔诚、认真地念，连吃饭、休息时也在互相学习、传授经文与念佛心得。因此在佛堂的内外念佛嬷嬷是主角。当地人认为：中老年妇女念佛不仅对她本人好，而且对全家都好，能保佑家人平安吉利，因此年轻一辈多持支持态度。家庭的祈愿求神活动也主要是由妇女来完成的。

三、接珠念佛与妇女的观念

上文从道士方面的经疏与仪式中人员的交流来分析接珠的目的，接珠人可以借接珠回佛求福增寿，消灾灭罪救苦，求百年之后的好来生，并保一家平安。我们不妨再从念佛嬷嬷（公公）们口耳相传的未印成文的"经文"来看，她们祈望庇佑的内容也大体如是。

陈塘村的接珠仪式中，念佛嬷嬷一到新接珠人家门口就念《进门经》，然后进行参蒲团，跪在蒲团上，口念"双脚跪在蒲团上，手揽蒲团心也宽；先就富贵后就闲，今生修在蒲团上，阴功积在紫金山……南无佛法拿香锭，开经念佛保一生。一保家门家大富，二保信女寿年长；三保与夫同偕老，四保子孙齐满堂；五世修得金桥过，六世修行信女罪业不惊心，信女亲身亲见佛"。

在陈家坑接珠时，念佛嬷嬷会念："今朝信女好时好日接珍珠，手把珍珠粒粒有。保护丈夫高揭帝，千班种子万班优。保护兔子高揭帝，高高

---

① 邓尼丝·拉德纳·卡莫迪著，徐钧尧、宋立道译：《妇女与世界宗教》，四川人民出版社，1995 年，第 74 页。

揭帝进绣科。老母生来九只仓，仓仓放出万年粮。父母生来珍珠相，拿出珍珠放毫光。念好佛，点好香，代代子孙共满堂，满堂子孙寿年长。"回佛时《进门经》念道："今朝信女来佛门、善财童子来到门。"回佛时的《开佛门经》念道："今朝信女打开一片大门开，脚踏寺门开，金锁锁来银锁开，打开大门金狮子，打开大门心欢喜，金傍金、银傍银，报母恩。"回佛起香时念《点香经》："南无佛法点香经，信女点香保子孙……上有灵灵金宝伞，下有土地接金银。信女今生要信佛，时时修来结人缘。"回佛拜观音时唱："连夜起来拜观音……初一十五心在问……夫妻增寿日好长……夫妻要在场，子孙要满堂。满堂子孙寿年长……一堂佛来一堂经，念佛要念八字经，八个字要分明。爸爸妈妈要在前，兄弟姊妹要赚钱。夫妻同到老，子孙要满堂……"

这些口耳相传的"经文"，被当地民间宗教仪式专家称为"七串八串""你几句她几句凑起来的经文"，反映的恰是念佛嬷嬷的真实愿望，从中我们可以分析念佛嬷嬷关心与祈求的内容。从她们念的经文中提到的人与物来看，除了佛、观音与善财童子，凡间的人有信女、父母、夫妻、子孙、兄弟姐妹，均是与她们密切相关的家人；提到的物则有粮、金银、金锁、银锁、金狮子、金宝伞、钱等。由这些经文提到的妇女在接珠回佛时祈望的是：父母双全、夫妻同在、子孙满堂、全家长寿富贵、粮谷满仓。由此可见念佛嬷嬷对福寿双全中"福"所包含的内容。

有念佛嬷嬷说，接珠念佛多半是为修来生，为丈夫为子孙的平安与发达。无论是经文的叙述还是当地田野调查的访谈均显示：当地人认为，接了珠、念了佛死后就可以往西方；不念佛的人死时会被视同"短命"，下葬时道士会用斧头在棺材上敲三下，被称为"斧头佬"，死后会下地狱。又如《内部参考》所载：

"阶级敌人"（指寺庙僧尼）经常流窜外省市，"宣扬'出家修善''安分守己''诸恶莫作''众善奉行'，说什么'吃了斋，死后可以上西天，到极乐世界，保佑后代平安'，要人们'前世未修行吃斋，今世补修行吃斋，好积阴德，来世好报'"。[①]

受经文的宣传渲染与当地人浓厚观念的影响，乡民们遇到不顺就认为

---

① 《宁化阶级敌人披着佛教外衣猖狂进行反革命复辟活动》，《内部参考》第28期，第4页。

是自己前世未修遭报应的结果，因此今生须虔诚信佛念经以求神明庇护，以求来世好运。

四、念佛与妇女的学习、休闲

根据笔者在当地的调查与观察，念佛嬷嬷的念佛堂既是念佛的场所，又是一个"教室"，是念佛嬷嬷学习念经、学习经文中的一些处世哲学的地方。佛堂中，不会念佛的妇女往往坐在会念的旁边，边学边念。念佛嬷嬷第一次念佛时是向道士、斋公或念佛头学，往往还不会念，只是跪在旁边听。但从此以后，她通过不断地参加村中念佛嬷嬷的接珠回佛仪式，以及在自己家举办回佛仪式，随着参加次数的增多，新接珠的念佛嬷嬷对念佛的程序与内容也越来越熟悉，逐渐从不会念佛到会念一些，到能念得比较完整，由此逐渐学会了念佛。与此同时，经文中的一些处世之道也灌输到念佛嬷嬷的思想中，使她们的思想行为发生一些变化。10年前当我坐在福州往宁化的汽车上聊起宁化的妇女时，旁边的外地人就说：宁化的老年妇女显得特别有修养，特别善良，喜欢与人结缘交朋友。

佛堂同时还是一个聚在一起放松休闲交友聊天的地方。接珠回佛为念佛嬷嬷提供了一个聚会的场所，大家都暂时从烦琐的家务劳动中解脱出来，进入一个神圣的境地向神祈愿，为接珠人祝福。念佛嬷嬷（公公）不论男女，不论年龄均互称为"佛友"。念佛之际，邻近的念佛嬷嬷偶尔也会聊聊家常，尤其是家中有烦扰之事的念佛嬷嬷会向身边的好佛友一吐心中的苦恼，有的可以得到一些有益的建议或帮助。接珠念佛时举办的宴席尽管全是素菜，但通常有12～16道，对生活并不富裕的乡村民众来说，是一次改善生活的机会。尤其在传统社会中，这种素席分明就是一次丰盛的筵席。因此，接珠念佛使念佛嬷嬷的身心得到放松，生活得以改善。

念佛嬷嬷学念佛的场所并不限于在佛堂，在念佛结束后的饭桌上，笔者听到饭前有几个念佛嬷嬷在念；冬日上午近十个妇女坐在石板桥边，一边晒太阳，一边聊天、织毛衣、洗衣服，也有几个妇女在念。据陈家坑几位晒太阳的妇女说，她们晒太阳时，或者下雨天不做农活时会聚在一起玩，向会念佛的学念佛，另外佛头嬷嬷也会教一些。而在貌似神圣的佛堂上，笔者也听到念佛嬷嬷的闲聊声。所以她们的念佛、学习与休闲是结合在一起的。

第三节 客家妇女的丧葬仪式

丧葬仪式，是人死后，由亲朋、邻里等人进行哀悼、追思、评价的仪式，也是殓殡祭奠，由僧人或道士超度魂灵的仪式。在各项人生仪礼中，丧葬仪式耗时最长，程序最为繁杂，它有一套古代沿袭下来的传统礼制，即"循乎古礼"。发展演变到近当代，各地客家人的丧葬民俗仪式有所不同，但其主要过程大多包括："送终"，死者断气后，家属大声哭哀；"买水浴尸"，由子孙到水塘或溪河边买水回来给死者擦身；"穿寿衣"，临死前给死者穿上寿衣，女死在房间里穿，男亡则迁到正厅穿寿衣；"报丧"，即丧家派人向邻里亲友告死讯；"小殓"，将尸首安置棺内；"大殓"，举行盖棺仪式；"成服"，亲属穿上丧服礼祭；"超度"，延请僧尼诵经；"送葬"，送到墓地埋葬；"做七"，人死后，每逢七日一奠，至"完七"（七七四十九日），丧事结束。

客家妇女死亡之后，丧葬的民俗仪式部分各地有不少共同点。但超度女性亡灵的民间宗教仪式在不同地区的不同教派之间差异较大，本节将利用田野调查资料叙述宁化普庵教道士与梅县佛教香花僧人为女性亡者举行的超度亡魂仪式。

一、宁化妇女的丧葬度亡仪式

笔者观察宁化县普庵教道士做香火仪式的田野地点在虎龙村，它是闽西宁化县石壁镇杨边村所管辖的一个自然村。杨边村与石壁镇政府相临，村中主要姓氏有 3 个①：杨、张与吴姓，现有人口一千多。

在宁化，老人死亡后亲属们为其操办的丧事，人称"白事"。在传统社会中，办丧事的孝堂一般设在宗族各房或支房的香火厅中，或许是这个缘故，请道士或僧人来为亡魂超度被当地人称为"做香火"。组织传统乡村的丧葬仪式，涉及道士、地理先生、纸扎师傅、民俗乐队、丧葬理事会、孝家及亲朋好友族人等方面，既有民间宗教的部分，也有非宗教的民俗部分，各方面密切配合才能成就一场体面的、不会遭人说闲话的仪式。因此，在介绍这场仪式过程中，笔者将把道士做的与孝家、掌经（丧葬理

---

① 有关杨边村的村落与姓氏详情请参阅笔者：《石壁杨边的杨氏宗族与民俗信仰》，杨彦杰主编：《宁化县的宗族、经济与民俗》（下册），国际客家学会、海外华人资料研究中心、法国远东学院，2005 年，第 566 - 615 页。

事会负责人）以及地理先生做的结合起来论述。若是单叙述道士做的部分不仅会失去现场感，而且无法让人明了当地的丧葬习俗。

（一）丧葬准备

老人病危时，亲属们要准备好寿衣，根据其身体状况适时为其擦洗、穿寿衣，衣服穿早了，会弄脏；若太迟穿，老人的手脚冷却，僵硬了就很难穿进去。另外，接过珠念过佛的要穿上念佛衣，并在厅里用两条凳子支起一扇门板，上面铺上白布。然后放口饭到亡者嘴里，把他抬到厅里放在白布上面，并在亡者头下放枕头，遗体上盖褥子（要盖单数，三、五、七张褥子均可）。遗体前放一方桌，桌上点蜡烛，孝家每人烧一炷线香，供三个苹果、一块橘饼、一只熟雄鸡、一块带有骨头的猪肉（据说没骨头的不好超度）。家人准备一幅戴上黑花的亡者遗像。孝家的儿子、孙子、女儿、女婿、儿媳、孙媳等人均要准备好麻衣、孝带。有吊丧客人来时，要穿上麻衣下跪，按男左女右跪，客人烧香后才可扶起孝子。

老人一断气就要请当地的丧葬理事会来帮忙布置灵堂，书写讣告，安排人员去向较远的亲戚报丧等。并请风水先生勘察地形、选好墓地、请人挖墓穴准备入土安葬；另外还得请风水先生择好下葬日期，大殓、出殡、祭灵、饯灵等的时辰。在城关一带要请道士点49盏莲花灯。在乡间会请做灵屋的纸扎师傅到家中做灵屋，而城关的一般不请纸扎师傅，因城里有现成的灵屋出售，随时有货，很方便。

如果是做两天的道场，道士得在送葬前一天早上去孝舍；若是一天的道场，道士在送葬前一天的下午或晚上去即可。在城关一带，道士在送葬前一天下午要为亡者引魂。引魂时，由两个道士与孝子带上两只雄鸡，一个草纸做的引魂幡，还有蜡烛、香、纸钱、大米与死者穿过的一件衣服到社公坛前引魂。引魂时，先燃烛点香，接着杀一只鸡，把鸡血洒在草纸上，并压三张带血的草纸（当地人称花纸）在社公坛前，然后请社公神帮忙找到亡者的魂魄。按此地风俗，人死之后灵魂便脱离了肉体，四处飘荡，无影无踪，所以要社公神帮忙寻找与引回。请完社公神后就用亡者的衣服包住另一只鸡，因雄鸡会叫，一路走，一路啼，以此方法引回亡魂。回到孝堂就把引魂幡放在供桌上供奉。在宁化的不少乡村，只有死在外地的非正常死亡者才要到社公前引魂，一般在家死亡的只要到死者房间引出到孝堂受供即可。

丧葬过程的民俗仪式过程主要有盖棺、堂奠、辞堂、起棺、路祭等环节。

孝堂一般设在一个房支的公众厅堂中，人称"众家厅"，又称"香火厅"。有些没有香火厅或离香火厅较远的人家则会把孝堂设在自家的厅堂。孝堂一般在盖棺前就要布置好。孝堂两字贴在厅门的上方。虎龙村这场做香火仪式的孝家因距香火厅有些距离，就把孝堂设在家中厅堂，于是大门外贴着"孝舍"两字，因住房的厅堂与香火厅是不同级别的。孝舍两边贴有一联："含泪迎来吊丧客，泣血思念慈母恩。"孝舍厅堂正面的墙中间写着一个大大的"奠"字，两边有一对联："母一生勤俭治家遵遗训，嘱儿孙奋发图强展家声"，此对联一般是死者的遗嘱。横联为"福寿全归"，孝联用黑纸白字书写。两边侧墙从里到外依次贴上孝子、外戚、朋友、族众、女婿的挽联。厅门外两侧贴一对拟丧家口气而写的对联，也要配四字横幅。

此外，还有一件重要的物品叫"铭旌"。铭旌是表彰亡者生前德行的功布。按当地习惯均用黑纸白字，长约五尺，均从右到左直行书写，缝在一长条布上，再用线绳等挂在一根竹竿上。铭旌的字数不能任意，必须过黄道。黄道有两种，一种是小黄道，有"生老病死苦"五字；另一种是大黄道，包括"道远几时通达，路遥何日还乡"十二字。过小黄道即"生老"二字，过大黄道则是带走字旁的字，即"道远通达遥还"六字。如一、二、六、十一、十七、二十六、三十一字等，能够大小黄道都过到。此次丧事的铭旌上竖排写着：

恭挽

勤俭

中华显妣享七十有九拟评　　张母富安之灵位

温良

族友戚同敬挽

其中，"族友戚"三字是横排列写在一红纸块上，再把红纸块贴上去的。在铭旌的格式中，拟评之下的四个字都是分两行排列的，它是对死者的评价语，一般会用勤俭、贤淑、忠诚、温良、公道等字。

孝堂内有两张供桌，前面距厅门较近的一张供着阿弥陀佛神像，后面靠近厅堂的一张供阎罗王、地藏王、引魂旗、灵位，还有三牲等供品。引魂旗会在下午烧灵屋时一起烧掉。出殡后，前面供桌上的神图有所变化，换成七张神图，道士称它们为"七宝如来"。挂七宝如来的供桌上放着斋供品与坛香。厅门边还有一个小供桌，上面供着韦驮像。厅门外左侧放着一纸扎的面燃，另一侧墙壁上贴着孤榜。门外的空坪上竖着一条幡竹，幡

竹上系着一条白布，上面用黄纸竖排贴着这几个字：

哑

南无道场教主超升地菩萨座前

吽

孝家至亲知道消息后，已出嫁的女儿、孙女要立即奔丧，其他亲戚可随时去吊丧，而外戚则要在盖棺之前到。尤其若亡者是女的，其娘家人即外戚未到，不能盖棺，为的是让外戚验明死因，以防另有凶情。外戚到时，孝家要穿上孝服到大门外跪接，如果外戚未扶，不能站起来。所以，若有不孝顺父母的逆子，在母亲亡后，其外戚会故意不扶这"不孝子"，以示责罚。

（二）丧葬的民俗过程

丧葬的民俗仪式过程主要有盖棺、堂奠、辞堂、起棺、路祭等环节。

盖棺时要请出柩时抬棺的"八健将"（有的地方称之为八仙）派个代表到场，为死者盖褥布。盖的褥数必须是单数，多少视亲朋送的褥布数量而定，一般不会少于 3 块，可盖 5、7、9、11 块，不能超过 12 块。放亡者进棺时，为了使尸体放在正中，得用一根长线，两人牵线分站在棺材两头，把线压在棺沿正中扯直，再看尸体的头脚是否放在中心。死者的头下要垫 6 块瓦片，瓦上再放枕头。吊好线就可以在棺木的合盖处打上桐油石灰浆，使合盖处比较紧密。待地理先生拣好的盖棺时辰到后，先让孝家家眷与外戚最后看一眼亡者遗容，就把棺盖合上，将棺材钉好并用斧头将钉子钉紧。如果亡者没接过珠念过佛，即未皈依佛门，就要用斧头背部在尸头部的棺盖上敲三下，以防亡者以后搅扰他人。所以民间有"不念佛要承三下斧头脑"，把不念佛的人称为"斧头佬"的说法。如今政府要求尸体火化，用的是殡仪馆的棺材，盖棺的程序就简化了许多。

一般老人走后，从停尸到出柩的这段时间里，家中儿媳、女儿、孙女、孙媳等孝女们都得每天早晚两次到孝堂哭丧，要在尸边点一盏长明灯，装一碗饭，用一双筷子垂直插在饭碗中心，此饭人称"老头饭"。若已盖棺，饭碗放在棺上中心位置，棺下放一陶砵（碗）用于焚化纸钱。

在出殡前一天的下午，一般在申西二时，孝堂中还要进行堂奠。祭文是用白纸黑字写的，从右至左直行书写，得提前请人写好。祭文内容大多从主祭者的语气总结亡者的一生并颂扬其美德，并表达悲痛之情。堂祭前，孝堂靠里墙的供桌上祀死者的灵位，俗称为"灵牌子"。灵位用红纸写着："中华先妣享七十九寿张母仝氏富安娘灵。"纸的四边框好后竖在一个小木托盘中，灵位前点一盏长明油灯，供上猪肉、鸡、水果、素菜等供品，一把装有酒的酒壶，一些折好的纸钱，两只碗，一双筷子，还有几串鞭炮。还得把祭文夹在用竹篾制成的祭文架上，把它放在桌子一侧，以便奠者读诵。同时在供桌右侧放一把靠背椅，拿出亡者的一套衣服与鞋子，上衣平整摊放在靠背上，裤子放在座椅上，裤脚垂到距地面数寸高，鞋子放在两条裤脚直对的地板上，乍看会以为是亡者坐在椅子上。供桌下放一陶砵与一蒲团。祭文可以做三堂，也可以是五、七、九、十一堂，视来参加堂祭人数而定，多的会到十九堂乃至二三十堂。还要一个念祭文的与一个叫班/喊班，念祭文者通堂由丧葬理事会的掌经来担任，而叫班则由熟悉丧葬习俗、声音洪亮者来担任，有可能是丧葬理事会的理事，也可能是在场的道士、斋公或宗族内的礼生。

堂祭当天，亲友族人等都会到孝家送"香烛礼"。堂祭前，先请主祭的亲友族人、在场的全部外戚、司仪（喊班）、念祭文者、地理先生以及做纸扎的师傅吃点心。并给亲友发"白"（即长三尺三、宽一尺二的白布），男人把它系在腰间，女人把它盖在头上，并垂到后背。每份白布都用一条红绳子系着。堂祭时，先请道士做一段超度，孝眷在堂下跪着哭孝，然后开祭。开祭时先放一串鞭炮，然后喊班开始主持，其喊的词与主祭者、道士所做内容如下："擂鼓三通，鸣金三响，奏乐（吹唢呐的拉起胡琴，道士敲锣、钹、小鼓等）；主祭生某某就位，陪祭生某某就位；主祭者到灵位前，鞠躬，安位（即将死者的衣裤略作舒展），安杯（双手将杯举献一下），安筷（双手将筷子举献一下），献牲（双手将鸡盘举献一下），献帛（双手将折好的纸钱举献一下），献果（双手将果碟举献一下），鞠躬，复位（应从右手方走到供桌前，左手方倒退回祭位，以下同），跪，叩首，再叩首，三叩首，起，鞠躬，跪，叩首，五叩首，六叩首，起，鞠躬，跪，叩首，八叩首，九叩首，起。主祭者到香案前，鞠躬，跪，初上香（取一炷檀香举献后插入香炉，下同），二上香，三上香，叩首，平身复位；鞠躬，跪，叩首，再叩首，三叩首，起，鞠躬，跪，叩首，五叩首，六叩首，起，鞠躬，跪，叩首，八叩首，九叩首，起。主祭者到灵位前，鞠躬，跪，初奠酒（喊班斟酒小半杯，递给主祭，主祭举献一下，倒三分之一于砵中，下同），二奠酒，俯伏举杯，息乐（道士们止乐），读祭章（读祭文者立于供桌边，双手捧起祭文缓缓诵读完全文），三奠酒（如前，并将全部的余酒倒入砵中，此时，乐声再起）叩首，平身复

位；鞠躬，跪，叩首，再叩首，三叩首，起，鞠躬，跪，叩首，五叩首，六叩首，起，鞠躬，跪，叩首，八叩首，九叩首，起；一鞠躬（略退数寸），二鞠躬（略退数寸），三鞠躬，礼毕退下。"① 吹起唢呐奏起其他法器，读祭文者将祭文及一沓纸钱焚化于枢前的砵中，并放一串鞭炮。

一堂祭完后，主祭人要向喊班、念祭文者、道士等人鞠躬致谢，也要到外戚坐处下跪致谢。堂祭的顺序是按服制从小到大，其顺序是孝子、孙、女婿、外孙、妹夫、外甥、族人、儿女姻家、朋友、外戚等。堂祭完后孝家人才可站起来，依大小顺序先后在香案前跪下上香、奠酒；然后侄辈、亲友等可自动去上香奠酒。

"辞堂"一般在堂奠之夜晚亥时进行。其意是祭祖宗，告诉祖宗家中长辈过世，祖宗携亡灵升入仙界，并庇护后代吉祥昌盛。辞堂与堂祭的程序大同小异，也要念祭文，但只有一堂，并由长子主祭，其余男子陪祭。但辞堂时要把供桌椅上的亡者衣裤等取开，换披上红布或红纸，以此作为祖宗神位。以往辞堂时八健将要分立棺材两边，双手抬起棺材，左右摇摆三下，俗称"摇堂"。此外，孝家还要派一孝子穿上孝服，点起火把，公然到别人菜地里"偷"菜。厨房帮忙的妇女要煮好七八分熟的米饭，捣烂后做成硬饭丸子，与偷回的蔬菜一起煮熟，人称"辞堂丸"，又称"老头丸"。煮好的丸子要端到灵堂，给孝眷每人盛一碗，每碗放有三五个辞堂丸，孝眷要跪在棺前吃辞堂丸。吃完后就脱下孝服开始辞堂。在非火化前的土葬时代是必不可少的，现在有的地方已省去这一环节。

出殡前，孝家理事要给送葬的亲友一条白毛巾（代替白布），一条小红布条。红布条在送葬后返回孝堂时系上，意思是"白的出来，红的回去"。因白色只有在丧事时才出现，而红色在当地民俗中是吉利的象征。孝家在棺材前放一香炉，旁边放一盏油灯，孝女烧香与纸钱。然后把灵位放到前供桌上，孝子陪香，道士发表，念完表文后烧文疏与纸钱，放鞭炮。然后孝男把死者灵位，引魂的旗幡、手炉放在托盘上，穿主衣、戴毗卢帽的道士一手拿引魂幡，一手拿铛子，带领孝男孝女绕棺三圈，跟在道士后面的依次是端灵位的孝孙，端照片的孝孙，其孝子孝女均拿一炷香，其顺序为男在前女在后。绕棺后奠灵，每个孝子孝女均到棺前奠酒。然后大家面向棺材，由理事念敬奠文。念完奠文后，旁边帮忙的撒下花米，放起鞭炮，民俗乐队奏起哀乐，抬棺者把棺抬放到车中，开始出殡。

据载，以往出枢时，道士会用菜刀在棺材下面写一符，杀一只雄鸡，

---

① 李根水、罗华荣：《宁化客家民俗》，中国华侨出版社，2000年，第45－46页。

并念："伏以日吉时良，天地开章，今生召请，降大吉祥，天上下来降魂童子，地府起来引魄童郎，引出是日承功当斋追荐某某魂下，今日出兵（殡）之日，年杀（煞），月杀（煞），日杀（煞），时杀（煞），部下一百二十四位凶神恶煞，天杀（煞）归天去，地杀（煞）入地藏，凶神恶煞，雄鸡担当。"杀完鸡后念出枢用语："伏以天皇皇，地皇皇，普庵弟子借路行丧，孝家人见得个个保安康，十有十菩萨，八有八金光，八大金光齐着力，条条大路透西方。"或念另一样出枢用语："伏以毫光焰焰，日出东方，普庵弟子借路行丧，前有诸菩萨，后有八金光，金光八仙同作力，抬去亡人，万行山上落好场。"①

出殡队伍排列如下：

①举铭旌者。

②敲大锣者，意为鸣锣开道。

③挑三牲香烛等物者。有的地方是一人挑，两人点烛。因为每到三岔路口、桥头桥尾、小巷口等地都要点蜡烛，以便照亮亡魂经过的路，避免亡魂因看不清而迷路。

④挑鞭炮者。

⑤拿稻草与纸钱，散放纸钱者。

⑥挑、放鞭炮者，沿途都要放鞭炮，以增加送葬的氛围。

⑦放棺材的灵车，两个孝子分立两旁"扶棺"（实际上是扶着车）。

⑧三个道士，其中一个穿主衣者拿着引魂幡，并打钹，其余两个分别吹唢呐、打小鼓。

⑨端灵位、油灯与手炉香的孝孙。

⑩端亡者遗像的孝孙。

⑪孝女。

⑫民俗乐队。

⑬举花圈的队伍。

⑭亡者亲友。以前亡者亲友也要系一条白布。但现在很多地方都改革了，改为在胸前戴一朵白花，手拿或在肩膀上搭一条毛巾，手上拿一炷燃着的线香，给亡魂引路。

以往的路祭一般是在出村后的三岔路口，但因虎龙村旁的道路改建，三岔路口离村较远，于是送亡者的队伍就在大路上停了下来，在路旁将供桌、香案、三牲、茶、酒及碗筷等摆放好，并把遗像、油灯及灵位等摆

181

----

① 张敏昌：《杂用本》。

好。停柩后，铭旌竖插在柩前，供桌上点起香烛，道士带领孝子孝女再次转丧，绕棺三圈，向亡者作最后诀别。路祭是亲友"拦路祭"，孝家子孙不必祭，一般至少有戚、友、族三堂，其顺序是从大到小，先由外戚祭，再由友人、族人、其他姻亲祭，最后是死者女婿祭。分别在灵位前三跪九叩，先献上茶、三牲，再敬奠酒，祭完再三跪九叩，而后放鞭炮。

路祭完孝家人可脱下孝服，但捧灵位的孝孙不能除孝服，返回孝堂。返回时除道士、民俗乐队与端灵位、端遗像、举铭旌、打锣者从原路回外，其余人亦将白布收起，将红绳子挂到衣扣上或露在口袋外，均可随意走小路返回。路祭后要把花圈烧掉，另外棺材下放的长明灯盏、饭碗、陶砵（碗）均要用土箕装上送到三岔路口倒掉。返回时打锣的要不时地敲一声，谓之"引灵"，把亡灵引回祖堂。在土葬的年代，路祭后棺材由八健将抬到坟墓埋葬，选好了风水的当天就做好坟墓。而现在因实行遗体火化，所以装棺的灵车直接开到殡仪馆，由孝家派人跟车并到馆中看遗体火化完回家。

出殡后，所有送葬的亲友、族人以及道士、地理先生、丧事理事人员、民俗乐队与帮忙的亲朋均一起入席吃饭，大约有二十桌人（但现在宁化城关一带，出殡的早上已不安排早宴，而是在路上发红包，当晚再安排谢客饭，感谢亲朋好友以及来帮忙料理丧事的族人）。早饭后，来帮忙的亲友以及民俗乐队等就可告辞回家，仅留孝家及道士在孝堂做超度。饭后丧事理事会得把桌凳、酒壶、碗筷等送还人。以往有的经济条件较好的宗族备有上述物品，只需送到保存处即可，但没置这些器物的宗族只能一家家去借，还物品时贴上一小条红纸以示吉利。现在这些器具大多由专门的丧事理事会配备并负责运送，由孝家出钱租用。

在施行土葬的年代，送葬到三岔路口路祭完后，抬棺材的八健将将棺抬到挖好的墓穴处，等到预先拣好的"进金"（即将棺推入墓穴）时辰，地理先生发几句彩（即说几句吉利话）后，用刀往未阉过的雄鸡的脖子上一抹，把鸡丢进墓穴，让它带血跳动挣扎几下后拣出后即可把棺抬入墓穴，把土石填上，造好坟墓。也有的人并不把鸡割死，而是在鸡冠上割一刀，把鸡冠上的血洒在墓穴中即可。

（三）普庵教道士的"做香火"仪式

道士在送葬回孝堂后，把引魂旗、灵位插在供桌上。早饭后开始丧事第二天的拜水忏。普庵教道士在当地做香火时，一天与两天时间的为拜水忏，三天以上时间的为拜梁皇。无论亡者是男还是女，均是做这些科目。

现在宁化的丧事大多孝家选择做两天。虎龙村张姓家的做香火选择的是两天的拜水忏，共请了七个人，包括五个道士，一个打鼓的与一个吹唢呐、拉京胡的，据说后面两个不算道士，所以在整场仪式中，他俩不用穿袈裟或袍子。在做香火时，请道士的多少与家庭经济条件及信仰程度有关，一般会请三、六、八、九名道士（未计打鼓与吹唢呐的）。普庵教道士的袈裟裸着一只袖子，胸前用一带子把袈裟固定住，袈裟都是用花布或格子布做成，四周包边。用的布料及颜色很像当地道教里道服的料。但其款式与道服有区别，与佛教皈依弟子的袍子比较相近。

拜两天时间的水忏，其实是两天各念一遍水忏。水忏有上、中、下三卷，念一遍算是一部，五人各念一天就是五部，两天相加为十部，所以孝堂的坛榜上均写拜水忏十部。拜水忏用的法器有大锣、小锣、大钹、小钹、大鼓、小鼓、大磬、小磬、铃杵、手炉、净水瓶、铛子、大木鱼、小木鱼、五雷号令。拜忏时，五个道士分成两排，在虎龙村张家孝舍中所看到的是：靠里边的供桌前有两个道士，一个打钹，一个敲小木鱼；靠外边的供桌有三个道士，中间的打铛子，左边的敲磬与打令尺，右边的敲大木鱼。另外，敲大鼓的坐在孝舍门的左侧，吹唢呐的坐在厅堂的右侧墙边。拜水忏时用的乐器与法器较多，里边的两个道士打钹，外供桌的道士打铛子与敲磬，配上大鼓与京胡，极有节奏感。水忏中诵的部分用的法器很少，仅用木鱼，诵时仅吹唢呐者未唱诵。

道士"做香火"的程序与内容可从其贴在孝舍外的幽榜与挂在孝舍中的坛榜反映出来。幽榜是在草纸上写黑字而成，最上方写着"来食甘露味"，幽榜的内容如下：

法施无遮，赈度孤魂魄子斛食事

叹曰：佛言不须多，孤魂出爱河，今遇良宵会，合掌念弥陀

大中国福建省三明市宁化县石壁镇杨边村桂林村人氏孝舍奉佛，

阳世追修，为亡妣除灵、上祖堂、宣经、顶忏、呈供、扬幡、漂灯、焰口、寄库、度亡、报恩，凡孝男张△△、张△△，媳赵△△、罗△△，孙张△△、张△△，女张△△△、△△△、△△、△△、

凡夫张△△　　右领孝眷人等连日哀千上叩

慈门光中，具呈榜者，伏惟皇坛，一心追荐 中华显妣享七十九寿张母全氏老孺人魂下，一去不回，千秋永别，用伸荐拔亡之功，有赖佛力超度，是卜以今二月初九、十日于家坛中顶拜

慈悲三昧言文泄罪水忏十部，与亡泄罪，望佛超升，于内午呈献供，

表上香山，

外祝神幡，青空散食，忏功告完，于夜设放瑜伽焰口一台，内答宗亲先祖，

外超下界汝等孤魂魄子，来饥去饱，各往生方等因，特发此榜，右仰鬼类知悉，

示行晓谕之至，以闻

公元二〇一一年岁次辛卯二月初九日连至初十日吉具

敕掌铁围山间沃焦山下面燃大士统领　引

从这张幽榜中可以知道士举行做香火仪式的目的、延续的时间、主要程序以及所拜经忏的名称。

道场中还有一种称为"坛榜"的榜文也是反映道士科仪的内容与目的的重要文表，由于其放置位置一般挂在坛中靠近大门一侧或贴在坛边的墙上，故称为坛榜。做香火时的坛榜也是在草纸上写黑字，用绳子一张张挂在孝堂中。

道士在道场中的所有科目做完后，就可撤席化灵，将所有张挂的"哀榜"、"疏章"、灵牌及挽联等撕下焚化于炉内，然后取些焚化的灰撒在祖堂的香炉中，这就算亡灵上祖堂。化灵上祖的意思是焚化灵位牌，让死者的灵魂在祖堂上占个位置，接受子孙后代的祭供，而不致沦落为无主孤魂。

普庵道士做香火时，每做完一个程序都要烧一张疏章。其意是烧化疏章，把所做科仪奏通天界，以达到超度的目的。文疏的封面由于所呈的神明不同而有所区别，主要有"三觉地文表上封、金山启教文表上封、水宫天子文表上申、普陀山呈进文表上封、面然（燃）大士文疏上申、五方如来文疏上申、五方灶君呈进文疏上柬"等，疏章的封面均盖有"佛法僧宝"之印。

普庵道士做香火的过程，根据时间的长短与经忏内容的不同会有所区别。

1. 只做一天的道场

一天道场的过程如下：

早上送葬回孝堂开始请神，请满堂佛祖与天神，然后三个道士敲起法器，拿盏起灵灯到亡者房间里"起灵"，防止亡者的灵魂还在房间。引魂时道士要念起灵的咒语如《往生咒》等，把灵魂引到孝堂中的道场。然后饯灵，请亡魂吃饭，此时道士念《饯灵咒》《往生咒》。在一场做香火仪式中，很多程序中都要念《往生咒》。

然后发表，文疏为"中天教主门下文疏上封"，呈给释迦牟尼佛。发表后念经，念《阿弥陀经》《大悲咒》《往生咒》《心经》等。

上午拜水忏。中午约12点上供，由穿袈裟的道士带孝子在灵堂献供十碗斋菜。供完烧文疏。文疏封面为"普陀山上文疏上封"，呈给观音菩萨。

上供完出道场外朝幡，幡挂在有七节笔枝的竹子上。道士们在幡竹前要念《变食咒》《往生咒》。最后烧疏章，文疏封面为"五方如来治下文状上申"，里面称为"旗杆使者"。

朝幡后回转厨房"谢灶"，并烧文疏。文疏封面为"东厨司命文疏上柬"，呈给灶君。

下午拜水忏，水忏拜完后用"三觉地文表上封"。拜水忏期间要"召亡"与烧灵屋。

召亡的意思是给亡者亡魂沐浴。召亡时，先把亡者灵位拿到下厅的角落，地上放一套纸剪成的衣服，由亡者的媳妇或女儿端一脸盆水，拿一条毛巾在脸盆里绕三圈，然后再在灵位前绕，象征性地洗洗。道士们在一旁念《召亡经》与《往生咒》。等道士们念完后，就把水倒掉，把灵位放回孝堂的供桌上。

烧灵屋前，要先把孝堂门口空坪上的地清理干净，铺上稻草、牛皮纸，再把灵屋放在上面。女孝眷要把纸钱装入灵屋中的库楼，叫入库。入库时，女孝眷要哭着做，否则就被当地人讥为"哑巴敬"。装好后，就把灵屋后的库门封起来。然后，孝子端上灵位与遗像，与两三个道士一起到灵屋前，孝子穿上孝衣，摆好熟鸡、熟肉与香烛。在当地，祭供亡灵的猪肉一般都是切一斤三两并且带有骨头的，到肉摊上只要一说切一斤三两肉，人们就心知肚明其用途了。孝子们先跪着敬酒献牲，随后准备四条晒衣用的竹叉顶住灵屋，以防烧着后歪到旁边，引起火灾。道士起火点着后，念咒语，包括《变食咒》与《往生咒》。亲朋好友放起鞭炮，绕灵屋跑三圈。当灵屋烧起来后，孝女们要拿茶叶拌米酒洒向屋顶，并喊出声："这灵屋是某某某的，其他灵魂不要来抢。"灵屋烧掉后，留一两个人在现场守灰，以防猪狗及其他牲畜在灰烬上撒尿，据说若被撒上尿，灵屋就没用了。守到灰烬冷却后，就用脸盆把灰烬装起来，端上灵位，与道士一起带上三炷线香，一对蜡烛，一串鞭炮，到河边点起香烛，把灰烬倒到河中央随水流走，然后孝子要高声嘱咐："一路走好！这房子已超度，要保护家里平安吉利。"最后放鞭炮。灰烬随水流走后，孝子就端上灵位，与道士一起带亡者灵魂回孝堂。

185

下午还要摘除灵位，把灵位送上祖堂。在清代时，一般乡民在家人死后，要守孝三年，三年期满才能摘除灵位，送亡灵上祖堂。

上祖堂时，每个房间门都要关闭，连水缸也要盖好，灶门要堵上，亲人们要回避。道士念《上祖堂经》《大悲咒》《往生咒》《心经》，同时把灵位烧在香炉内，用红纸包灰烬装进香火袋，袋上写清楚亡灵的名字（用原名，不用佛名）。最后亲人们才出来烧香，男前女后按大小排顺序，一个接一个拜，然后跪下三叩首，起来后要添三下油灯，并且后一下要比前面添得多。亲人拜完祖宗，添完油还得烧纸钱。

下午上完祖堂为漂灯，文疏的封面为"水府龙宫门下文状上申"，文疏里面称为"水宫天子"。

放焰口时有两张文疏，一张为"金山启教文表上封"，里面称为"法施宗师"或"瑜伽海会"；另一张为"铁围山上文状上申"，呈给面燃大士。大约做焰口做到一半之时，要烧车夫还钱。按当地乡民的观念，人出生时欠了阴府的钱，名为"受生钱"，到人死之后，要把受生钱还掉，否则不能超生。车夫是纸做的，代表推装钱物箱子的车夫。烧化时，车夫与箱子一起烧。道士念《还钱经》与《往生咒》。而三个孝子要出去门外，带上香、烛与斋馒头或者米粿。一个孝子点路灯，一个点香，一个放斋。若是平年每样东西要十二份，闰年要十三份。点上十二或十三炷香与烛，用于延引孤魂野鬼，把它们引到三岔路口，斋馒头用于施食这类鬼魂。

2. 做两天的道场

若是两天的道场，第一天的法事程序为：

①早上发表；

②上午拜水忏，朝幡；

③下午拜水忏；

第二天的法事程序为：

①早上演净；

②上午拜水忏、朝幡、谢灶；

③下午拜水忏、漂灯；

④晚上放焰口。

需要说明的是，普庵道士做香火一般用水忏，另外还有地藏宝忏、千佛忏、万佛忏、梁皇忏等，具体做什么忏，可以由孝家选择。或者由道士根据道场的天数与亡者的特点来做。如果亡者生前会吐血，或是车祸轧死，或是难产死流了很多血就要加拜血盆忏。在当地的普庵教中，血盆忏是男女亡者都可以拜的。但根据笔者对先天教的科仪本的研读及对先天教道士的访谈，该教派道士做香火时，只为女性亡者拜血盆忏。

午供时上的供品有木耳、腐竹、炸豆腐、金针菇、糖糕、茶叶、白菜、莴苣、豆腐、菠菜、香菇、苹果、橘饼、水、烛、花、毛巾、佛珠、手表、坛香。据说，当念佛者死后，死者的佛珠只有子孙要把它保留下来才会拿去上供，否则就把它一粒一粒丢到河水中。

为念过佛的亡者做香火还得举行"完佛"仪式。虎龙村的张姓孝家请了四个念佛嬷嬷来帮助亡者完佛，最主要的事是帮忙选花豆（即完好的黄豆，在念佛程仪中称为花豆）与选花米（即颗粒饱满、颜色光鲜的大米，在念佛程仪中称为花米）。她们一边念阿弥陀佛，一边"选花豆""选花米"，选的花豆与花米及念的佛均交给坛中道士。

念佛者在生时每念一次佛都会留一张阳诰及一些积经的塔子，阳诰上记录着所念经的名称及数量、主坛道士及在坛佛友、家人的姓名。积经的塔子上写着所念经的名称及数量、念经人的姓名。虎龙村的亡者生前念过多次佛，留下的阳诰与积经塔子有一整叠，装在一个小木匣子里。孝家打开匣子笔者看见上面的一张阳诰写着观音经，右边竖排写着"修因信女张享福积聚诵念观音经一丈"，左边写着"福建省三明市石壁镇桂林村张启良、张享福仝念，于张享福百年之后花谢时受用，公元一九九一年（？）"。因上面被"佛法僧宝"印章盖住，以致年份看不太清楚。张启良与张享福的名字下面还有他俩画的押。封面的中间写"修因信女张享福为百年执照"，左右两边分别写着"本坛出给、寿比南山"。这些阳诰有二三十张之多。因张享福逝去，其夫把它及张享福生前喜欢念的经文拿出来进行整理，以便下午化经楼时一起烧化给她。从亡者的阳诰与积经塔内容可知其生前所用佛名为享福。

上文曾提，当地人有还"受生钱"的习俗。一般乡民在往生后，七七之前，都得还受生钱，不少乡民是在往生做香火时一起做。但也有乡民是在世时先还，到寺庙宫观中烧化掉。根据当地村民所抄的经书本记载，"受生钱"又称"寿生钱"，两者在乡村本地语中的发音接近。

笔者在当地收集的手抄本《寿生经》对还受生钱的来由与还钱的好处、不还钱的严重后果有极详细的记载，在此摘录部分内容于下：

> 贞观十三年有唐三藏法师往西天求教，因检大藏经见寿生经一卷，有十相，属南瞻部洲生下为人，先于冥司下各借寿生钱，有注命宫，祗揖人道，见今库藏空间，催南瞻部洲众生交纳寿生钱。阿难又问世尊：南瞻部洲众生多有大愿，不能纳得。佛言道：教看金刚经，寿生经能折本命钱为

祗证经力其大，若众生不能纳寿生钱，睡中尺（只）恐眠梦颠倒，三魂杳杳，七魄幽幽，微生空中，其亡人语话相逐，摄人魂魄，灭人精神，为欠寿生钱。若有善男子善女人，破毫纳得寿生钱，免得身边一十八般横灾。第一，远路波陌内被恶人窥算之灾；第二，远中风雷雨打之灾；第三，过江渡河落水之灾；第四，墙倒屋塌之灾；第五，火光之灾；第六，血光之灾；第七，劳病之灾；第八，疥癞之灾；第九，咽喉闭塞之灾；第十，落马伤人之灾；第十一，车碾之灾；第十二，破伤风死之灾；第十三，产难之灾；第十四，横之灾；第十五，卒中风病之灾；第十六，天行时气之灾；第十七，役并自縊之灾；第十八，宫事口舌之灾。若有善男子善女人，纳得寿生钱，免了身边一十八般横灾。若有人不纳，不折寿，生寿后但为人多注贫贱，寿命不长，丑陋不甚（堪）……主经又名寿生经，置经不虚，除了身边灾，免了身边祸，又免十地菩萨……①

据张奇良 1994 年抄写的《金刚经》，其内容包括《寿生经》《三世因果文》《息三得福》，在这本经书中对还受生钱有着更详细的记载，详载了欠阴钱、欠经的数量，对某年出生者欠阴钱的数额、必须看第几卷经，寄入第几库及该库曹官的姓氏均记录得很详细，不同年份出生者只要查此经文，就可以知道自己需还受生钱的数量，钱需寄入第几库，接收曹官的姓氏。需要说明的是，当地人还的受生钱都是草纸上打上铜钱的印记，由此才可按贯来计算出还钱的数目。

二、梅县妇女的丧葬救苦度亡仪式

梅县客家妇女死后，其家族会按当地民俗为其举行隆重的葬礼。送葬后，请香花僧或斋嫲为亡魂做超度仪式。送葬的当晚，要为女亡魂举行"拜血盆"仪式。

梅县乡民称丧葬时为死者做救苦度亡为"做斋"。做斋分半夜光②、鸭

---

① 张奇良：《寿生经》，2001 年 8 月 13 日抄。
② 由三名僧人做一下午，不拜忏，仅做三辰救苦。

嫲斋①、七僧忏②、假正斋③、正斋④。此外还有两日三宵的，梅城做的人极少。做得较多的是一日一夜与一日两夜的。一日一夜的香花佛事的主要科目有：起坛、发关、沐浴、初辰救苦、二辰救苦、三辰救苦、开启、安更、接佛、开光、十王、莲池、血盆、安幡、关灯、五更、十哀、十叹、扬幡、缴钱、送葬、送神、香花赞。而一日两夜的主要科目则包括：起坛、发关、沐浴、诵经、初辰救苦、二辰救苦、三辰救苦、开启、安更、安幡、接佛、上供、诵经、朝参、过堪、劝善歌、忏井、忏灶、完忏、祭药师、开光、行香、度孤、鲫鱼穿花、什唱、打莲池、拜血盆、卖血、缴钱、关灯、拜红门忏、送神、屯兵等，有时还加绕棺仪式或"铙钹花"。不同村落，不同家庭，不同的香花僧或斋嫲做的科目会有差别，并非完全按书中所列程序进行。

下文对笔者全程参与的一场做正斋仪式进行深描，该仪式的亡者为梅县梅江区湾下侯屋的梁阿婆。

（一）孝家概况

死者为95岁的梁阿婆，生有三儿两女，五代同堂，传下100余人。

据侯家大媳妇所述，其公公在40多年前过世时举行丧葬仪式也是做正斋，那时做正斋的仪式比现在更严格，都穿麻衣麻鞋，尽管天冷仍是光脚穿麻鞋。在做斋过程中，哪儿都不能去，不像现在，不穿麻鞋，而且还溜出佛坛外面，在周围走来走去。

梁阿婆生前喜欢到庵庙里烧香，在她70多岁时就把自己百年归天时要穿的衣物、鞋子、饰品拿到寺庙去开光压邪，并盖上佛印，据说这场开光压邪的仪式做了一天。开光后的衣饰放进箱子里，在家中放得越高越好，如果是住别墅或单体楼的乡民一般会在楼顶搭建一小屋专门存放此箱。此后每隔几年的七月初七日前后拿出来翻晒，然后重新包好，扎上几重袋子放归原处。现在仍有一些会去寺庙烧香的老人把百年之时用的衣饰拿去开

---

①　由5名僧人做一个下午与一晚上，有做三辰救苦与拜千佛。千佛拜五本。有的孝家会选择做渡孤，也可不做。

②　由7名僧人参与，时间与内容与鸭嫲斋类似，做一个下午与一个晚上。拜七本千佛，不拜诸天，也不接佛。

③　由7～8名僧人参与，有拜诸天、接佛与度孤，还有出入观。

④　由7～10名僧人做一日两宵，与假正斋相比，多了第一天晚上的安更，第二天的开启、安幡、扬幡。若是女亡者有5名僧人参与的打双莲池、8名僧人参与的打八角莲池。

光压邪。有的在生前还会去觋公家中，请觋公做"觋公包"。此包用毛巾包着一把扇子，包外贴有写着名字、地址、封包时间的红纸，并盖有印章封住。死后这个觋公包放在亡者胸前。也有的乡民到庵庙中做此包。但在村民的观念中，"僧人又当不得觋公"，梅州城只有一个觋公，姓刘，住江北三泉碑，他有四个儿子，驱邪压煞特别厉害。以前梅州城中有四五个觋公，每年二月乡民会去觋公家举行转斗拜忏仪式，据说大凡运气不好，或有人加害等通过转斗均能把不好的转掉。

（二）丧事过程

梁阿婆5月15日（农历四月初九日）过世，过世后有一系列民俗仪式，包括：

（1）报丧。丧家派人至族内及亲戚家告知死讯，俗称"报丧"。有的客家妇女死后，其娘家亲戚有不满的常会借机生事，以致造成两家不和。倘若娘家人对死因有怀疑，则往往聚族出动加以干预，甚至有寻找借口敲诈勒索的。据说旧时大姓人家的嫁出女子过世时，作为外家的大姓族人会对那些不肖子孙百般责备，刁难方法是让他们在大门口长跪，过了很长时间才去拉他们起来，甚至有破坏部分家私、器具等行为，因此有"爷死怕'屋跨'，嬭死怕外家"之俗语。

（2）买水。买水由女的去买。梁阿婆的大媳妇与二媳妇拿一把硬币、一个煲药的小钵到有长流水的地方抛下硬币，用小钵顺着流水舀起水。当地有买水浴尸之俗，乡民断气后，亲属得去水塘边或溪流中向水神买水，为死者洗抹手脸，称为"沐浴"。沐浴这项工作通常由族中妇女们做。

（3）穿寿衣。沐浴完毕给死者穿上寿衣、寿鞋，戴上寿帽，然后把她抬到厅堂。穿上寿衣后，要在死者的脚边烧银纸，叫"脚尾纸"。并放置"香炉""火钵"各一。"香炉"用陶钵盛满干净的沙粒而成，"火钵"放在"香炉"一侧，死者子孙应不断地把银纸丢进火钵中燃烧，为亡魂照亮通往阴间的冥路。

（4）发烛火。去世当天家人准备好量谷的大斗，斗里装上谷子，插入12支蜡烛，孝子孝女们烧香带上孝条。孝条当地人称mei，是由白色的小松紧制成的一个手环，像镯子一样戴在手腕上，旁人一看其手腕上的孝条就知道其家正在办丧事。

（5）定吉时，贴讣闻，写挽联等。请地理先生来合子孙们的生辰八字，选定下葬的吉日吉时。同时请族中家礼先生来具体负责整套治丧礼仪，包括根据地理先生择定的"用祀"时辰，用书面形式写成"讣文"，贴于"孝堂"，并告知有关亲戚朋友。家礼先生要写好挽联、铭旌及轴。男死铭旌由族中买，女死由外家买。铭旌内容应包括死者的职衔、谥、字、号、年岁、姓氏等。女死则要写某某配某孺人。其字眼除侧边写的"谥""字""号"之外，其余总数要合大小黄道。

（6）探青。亲戚朋友带上香仪来祭拜亡者。探青可以持续多天，直到下葬当日上午。

（7）接棺。第二天即 16 号早上三点三刻，孝男孝女们跪下接棺木。棺木是买来的。早期曾为梁阿婆备好了棺木，但在拆房时被毁，只好重买。

（8）小殓。接棺后即转棺，转棺就是我们通常说的小殓。在棺材中垫上草纸，铺上大量的冥币，把亡者放入棺中，并在其身上洒上大量的冥币，乡民说亡者是"钱当被（子）"。尸体的头要枕在用瓦片或稻草垫成的枕头上面。小殓要起鼓压煞，起鼓时辰由地理先生择定，压煞仪式由香花僧主持。时辰一到，就把尸体抬进棺材里面，并鸣锣击鼓，放鞭炮。

（9）小殓后"筛头杯"。即第一趟倒酒，第一次祭亡者之意。筛头杯时，要先备好三牲与斋盘做供品，倒茶、倒酒后，孝男孝女们在亡者前烧香。祭完亡者接着烧香敬天神。

（10）做孝。孝子孝孙在亡者前啼哭悼念叫做孝。在落葬日前的每天早晚各一次，早上是在黎明天微亮时分，而晚上那次是在傍晚天刚黑但又未全黑之时。第一次做孝之后，每隔半小时至 1 小时在亡者前烧纸钱，为亡者打发神鬼，使亡者一路走好，能平安通往天界。

（11）请谥。在中堂设请谥桌椅各一张，并准备好纸笔墨砚。在传锣三声之后，内外举哀，死者的亲友进入，主持人带领死者家属哭请私谥。若死者为男子，私谥由族长撰拟，死者为妇人则由外家撰拟。谥是在人死后，根据其生前事迹为她立号，有劝善彰德之意。私谥指的是非官方的，是由民间自行命名的谥号。一般由主家写一张白帖，谥号有两字的如勤、操，有四字的如创、裕、淳、厚，均依其一生事业而定，几乎可以说是对其事业、性格、为人的高度概括。谥号拟定后写上铭旌，以后还会嵌上碑文。其谥号还会与死去妇女的姓氏一起写在"神主"上。

（12）成服。成服即死者亲属按亲疏关系穿上丧服。丧服分两种：一般人穿白衣，腰系一条白带；孝子孝孙穿麻衣，戴麻帽，腰系草绳，旧时还要穿稻秆做的草鞋。麻衣分全麻和半麻，其中三代以内即儿女、媳妇、孙子穿全麻，连帽子、鞋子也要戴孝，唯有孙子戴白孝布。四代以外则穿半麻。"服衫"即白长衫，供兄弟和侄辈等五服内的亲属穿。孝子、孝女、

191

孝孙、孝孙女及孝媳、孝孙媳穿上麻衣，孝侄子、孝侄女、孝婿穿白色衣服。

（13）点主。把"神王"牌置于死者尸前，牌前摆着香炉，然后让孝子孝孙进场，跪于尸前进行"点主"仪式。点主，即请有名望的人或族长、尊长，执笔在"神王"牌上的"王"字上点上一笔，从而使"神王"变为"神主"之举。"点主"之意，标志死者从人变成了神。

（14）大殓。上午九点半时举行大殓。大殓是最后一次与亡者见面，大殓完把棺木盖上钉紧，从此阴阳相隔。这时不但子孙要在场，而且族中五服内的人与死者外家也要到场，要经外家的人亲见后才可封棺大殓。大殓之后，出枢之前还要牵子孙线。预先备好一束细细的白线放棺材边缘，每个孝男孝女都依次上前牵拉一根线。此线称为子孙线，牵拉出来后要在家中保存好，用于给孩子们补衣服与钉纽扣，据说有保平安作用。

（15）拜弥陀。牵完子孙线，就把棺材扛至大门口的禾坪里，由僧人举行拜弥陀的仪式。拜完弥陀送葬。

（16）送葬。即把棺枢从祖堂抬出大门口，摆好送葬队伍，再把死者送至"停厝"或埋葬地点。送葬队伍包括：放纸钱买路者、放鞭炮者、鸣锣者、举竹彩者、鼓事队、挽轴队、举神主牌者、香花僧、八仙抬棺枢、送葬的孝子孝孙、宗亲与朋友。梁氏的送葬送到上坪村道路口，殡仪馆的车等在路口载亡者去火化。送葬时孝子孝孙们说一些好话，要好命父母一路走好，保佑阳世子孙等。而后个别孝男随车去守亡者火化，大部分孝子孝孙原路返回。火化之后，大多孝家会把骨灰寄放在仙鹤山庄，等地理先生选定埋葬地点、动工时期、下葬时辰，做好一切准备后才下葬。一般要百日之后才能下葬。

"送葬"又称"出殡""还山"。在以往尸体未火化之时，直接将放有尸体的棺木抬到坟地下葬。大殓后，"八仙"（即抬棺者）将棺材钉好，然后把一根大木加在棺材上，用大绳索缠束后再用白棉机布绞缠，名为"龙杠"。奠后抬棺出殡。出殡时前行一人，放鞭炮、散纸钱，遇神坛则投下红纸包的香楮，叫"散路纸"。出殡行列由开路大铜锣、各种轴布、挽联、僧尼乐队前行；次为灵枢，孝子孝孙和眷属扶行，嫡长子或孙子捧香炉。半路上亲友备祭品举行"路祭"。路祭完毕，送葬的亲友们各自绕道回去，八仙继续抬棺到墓穴，死者亲属一起至墓地安葬致祭。

（17）落葬。下葬时辰一到，八仙将棺木放进预先挖好的长方形土坑里，然后在孝子、孝孙、孝媳、孝女们哭泣声中盖土埋掉。尸体火化的则由孝子捧骨灰盒，放入墓中。棺木或骨灰落圹后，地理先生或香花僧人边

"呼龙"，边"撒粮米"。孝子、孝孙、孝媳、孝女们则撩起孝服接粮米，并把米包好带回家放进粮仓里。孝子孝孙们捧土掩埋骨灰盒，尔后绕道回家。

（18）入灵。送葬后，孝子孝孙们在香花僧的引导下举行"入灵"仪式。入灵是灵屋请进祖堂，把死者的神主牌放入灵屋。入灵后由香花僧念经，引孝子孝孙们围着灵屋绕圈叩拜，称为"绕灵"。入灵后，孝子孝孙们方可脱下孝服。

（19）做七。入灵后，每隔七天都由香花僧敲钹念经做引导，孝子孝孙穿起孝服再绕灵叩拜一次，称为"做七"。做七可做七次，共四十九天。第七个"七"做完后，再由香花僧主持，把灵屋神主牌连同所有孝服再加上死者在阴间用的器具、钞币统统集中到天井里，孝子孝孙们手执镰刀跪在周围，由僧人或斋嬷点燃灵屋以及所有堆放在天井里的物品，直到全部化为灰烬，此仪式称为"化灵"。乡俗认为化灵是死者后代为安置死者进入另一世界的一次财产大护送，因此个个手执"兵器"，以免野神野鬼前来抢夺。化灵后，僧人或斋嬷在灰烬中拈一撮"神烬"，用红布包裹成一个三角形的袋子，此袋子称为"香火袋"。在袋子上写上死者的讳号谥号，挂在原放灵屋的祖堂墙壁上，称为"安香火"。化灵与安香火均为"除服礼"的必经程序，此后，孝子孝孙们烧掉了孝服，整个丧葬仪式才告结束。

在乡民观念中，三七与七七是比较隆重的，四七因为含"四"字不做仪式，其余二七、五七与六七均规模较小，不受重视，没空时有的甚至不做。七七被认为是亡者过黄河的日子，认为亡者死后并不知道自己已死，只有到过黄河时，要把自己洗干净，洗身子时发现会脱皮才知自己已死亡。七七时间的计算在当地也是比较特别的，死者减一天，每个儿子减去一天。梁阿婆共有 3 个儿子，因此得减去 4 天，第一个"七"为亡故后第3 天，二七为亡故后第十天，而七七的时间为亡故后的第 45 天。

按此推算，梁阿婆的七七日为 2016 年六月廿八日（农历）。仪式在其小儿子家，宫前村 9 队与凌塘村边交界处的一幢三四层楼的房子中举行。当日早上其媳妇准备好供品，包括猪肉、鸡、鱿鱼、肉丸、发粄与几种水果。上午 9 点以前，孝男孝女在一楼墙上的梁阿婆遗像下面放一张供桌，端上香炉，摆好茶杯、酒杯，端上苹果、火龙果、葡萄、雪饼、发粄、腐竹各一盘，还有三牲即猪肉、鱿鱼、鸡，以及煮熟的肉丸、猪肉。然后倒茶、倒酒，有空赶来的孝子孝孙均烧香，然后奉上纸质财宝。财宝奉一段时间后烧化。中午参与七七的孝男孝女们一起在家中聚餐。

193

供奉的财宝包括贴在一大张纸上的金色花边、金纸、银纸、贴有金纸片与银纸片的纸质财宝、一沓沓五万元的冥币，也包括一些纸扎的用品如单肩挂包、手机、手镯、手表、平板电脑等。

亡者死后的第一个六月六日，按当地习俗为过大小山门之日，大小山门均有伯公、伯婆把守。之前一日必须烧化一些纸衣给伯公、伯婆，酬谢他们，以便第二天能让亡者顺利通过大小山门。因此孝家必须准备大山门神伯公、伯婆等的纸衣。

按湾下一带的风俗，为亡者做斋大多请僧人，一般不请斋嬷。乡民认为斋嬷余余嬉嬉，而僧人则"很压煞"。但如果亡者为男性，在生前比较花心的，其后代会迎合亡者的个性，请斋嬷来做斋。还有个别家中经济条件很好的，在长辈身故后，会同时请僧人与斋嬷来做斋，"僧人做一出，斋嬷做一出"，使孝堂变得非常热闹。在传统社会中，大多客家男子出门赚钱去，妻子留守家中，乡俗认为女子走路都要低眉，尤其是漂亮女子眼睛更不能左顾右盼。传统时代对僧人的举止也有一定要求，若僧人眼睛"划上划下"，即四处观望会被乡民谴责。不少乡民认为庵里的僧人是"花子"，即花心的男子，有些男人不让老婆去走庵场，怕被僧人勾引。

（三）孝舍中的佛坛设置

灵牌的用纸为红纸，若是百岁以上的老人过世，在红纸的正面写字，若未上百岁，则在红纸的反面写字，因为老人去世做丧事是做白事。大厅所在的佛坛贴的对联写着：佛法无边超度吾母早升天界，神灵显赫保佑儿孙宗派荣昌。

孝堂中的佛坛正中墙壁上挂三宝图：佛、法、僧，每幅图都分上中下三层图，其中中间一幅最上层为药师佛，中层的中间为普贤；右边神图最上层为释迦牟尼佛，中层中间为观音，下层为普庵祖师；左边为法宝，坐红莲之上。神佛坛的供桌正中竖三教主神像。佛坛两边挂10幅神图，左边挂一、三、五、七、九，右边挂第二、四、六、八、十殿冥王神图。

佛坛供桌三教主神图中有尊小的佛像。神图旁边压着墌文，神图前有看盘，前面放着戒尺、引磬、木鱼、钟钵、铙钹、括子、锣、竹板、扁鼓、大鼓等法器以及净水盂。木鱼与钟钵的下面均垫有纸，这样的话敲击两者发出的声音会比较优美。

佛坛所在的上厅与下厅之间有天井相隔，天井左边的房屋前设有灵堂，灵堂安放有纸扎的灵屋，门牌上写着"慎茵楼"，楼前贴有一联：魂游天府，魄散瑶池。灵屋前立有亡者的遗像，遗像前放有香炉，香炉上立有灵牌，旁边垂挂有引魂幡。灵屋旁边有一小方凳上放有香炉及侯氏历代高祖的神位。

（四）做正斋的仪式过程

2016 年 5 月 22 日下午，湾下侯屋开始做一日两宵的正斋。正斋有一日两宵、两日三宵的，1949 年前还有七日八宵的。本次做正斋的过程如下：

1. 正斋第 1 宵

（1）起坛。13：17 开始。僧人启告举办道场之因由，恭迎诸佛到道场扶持僧人做法事。在侯屋外大门设坛。坛由两张四方桌叠起而成。三位香花僧站在长凳上，中间的一位香花僧手持香，两边的香花僧分别拿小钹和小锣，另一位站在地上的香花僧手拿扁鼓。先烧香，打开佛巾，先用火把在佛像前绕几下，意为开光。每次请佛到坛中时都要开光。四位香花僧起坛请佛到佛坛，孝子孝孙每人手持一支香分排列于坛后。

（2）拜内坛。15：37 请佛结束，孝子孝孙的香收起并插到香炉中。香花僧及孝子孝孙转入内坛，三位香花僧带两个孝子孝孙一起绕内坛，分别手持引磬、净水、木鱼，先拜三宝，后拜十殿，绕三圈后至灵位前洒净，两孝子退下，香花僧回佛坛念诵，15：53 结束。

（3）发关（16：10—16：35）。僧人仰告"佛法僧三宝、观音、普庵师、前传并口教祖、本众宗师、左坛龙瑞王、右坛真武师、追魂大使者、摄魂大将军、列位诸圣贤、合部众神聪、土地众龙神、冥府三元神将帅、追魂摄魄五道大将军、追魂引亡初使者、土地河泊灵官神祇等到场"。发关的关文是疏文的一部分，发关后烧掉关文。

（4）沐浴。16：45 开始。此时全部孝子孝孙要到齐，跌胜筶看亡魂是否回到佛坛。由僧人祈告皈依佛法僧三宝，观音、普庵师、前传并口教祖、本众宗师、地藏大菩萨、目连大禅师、追魂大使者、摄魂大将军等佛、道诸神。在家启建法事道场。

（5）铙钹花。在围屋外面的晒谷坪中举行。

（6）三辰救苦。晚上大约 40 分钟至 1 小时。救苦科仪由佛教的经文改编而成，故事以目连救母为主线展开，分成初辰救苦、二辰救苦、三辰救苦三段。

（7）安更：大约 10 至 20 分钟，一般在晚上 11 点前做。该科主要安排诸神祇到座位坐下或休息，表示菩萨休息了。

2. 正斋第 1 日

第二天即 5 月 23 日的正斋仪式内容如下：

（1）开启（6：18—6：48）。开启的时间一般在天将亮之时，所以盛夏可能早上 5 点多，而冬日可能早上 7 点多。开启时，小工准备好斋饭，在饭上插七双筷子。搭好软桥，桥头放接引佛，桥尾放七奉献与香盘。僧人先敲钟钵三下，法鼓一通。僧人与孝子孝孙陆续到位，一名僧人在供桌侧边敲大鼓与大锣，另一名僧人站供桌正前方敲木鱼与括子。孝子一人持香，一人端放有表的香盘，表笼上写有中天门下，其余孝子孝孙分站桥的两旁，跟着僧人向佛堂正中、左边、右边挂的神像作揖。随后僧人唱诵表文，并称颂南无大慈悲观世音菩萨。先向佛堂念诵，后转向外面，脸朝桥头念诵。

诵表文，说明做斋缘由，念孝子孝孙的名字，开启表文，诵完化财化表。开启表文的表笼上写：南无中天教主本师释迦牟尼文佛座前。

（2）安幡（6：49—7：03）。紧接开启，两边孝子孝孙散去，仅留三人持香，僧三人，小工一人。先在里面的佛坛念一段，一僧持戒尺、括子、铙钹，一僧持锣，一僧打大鼓与小鼓。然后转到围屋大门外池塘边的供桌，背对大门，面朝池塘对面的幡竹。供桌上摆了三样斋菜，如冬菇、白菜、包菜；三样斋盘，如饼干、兰花根等。持香孝子三人一起排在三位僧人身后。稍后孝子退下，僧人诵经，小工将斋饭、斋菜拨到香炉、池塘中，每碗斋饭菜都是由近及远拨，最后全部拨倒光。僧人回转围屋内佛坛诵数句经，安幡结束。

安幡之后，小工到厨房门口贴"示厨"，到围屋大门外墙上贴榜文。

（3）接佛（7：10—7：54）。小工帮忙先搭好软桥。桥头朝围屋外大门，由两张四方桌搭起，桥尾在内佛坛外沿，为三张四方桌，桥头桥尾用一块长方形的布连接，由于桥头有两张桌叠加，布从高处垂拉至低处，从较低的桥尾看去，桥头快连接到中厅的屋檐，有点从天空延伸接来的感觉。桥头放有香炉，并供奉一尊接引佛。

四僧先面朝佛坛念诵，其中两人在佛坛的内供桌，一僧手持括子，另一僧敲大鼓与竹板；桥尾的桌旁立两僧，一僧打括子，一僧持香。然后朝桥头诵。诵完后，三僧退下，留下持香僧拜请各类神明，包括十方三世一切诸佛，金银世界文殊普贤、药师、青莲、六祖、普庵、惭愧、左右坛、雷兵雷将，天界、地界十殿冥王，水府、岳府仁圣大帝，梅县城隍、社公、水口伯公伯婆、护幡使者、鬼子、九天龙神、监斋使者、亡魂梁太孺人。千千诸佛、万万圣灵，万家相请万家灵。

（4）奉佛。请佛之后，三僧复返原位诵经，全部孝子孝孙站至右边，等待请来的菩萨经过后，从桥头行至桥尾，然后钻至桥下，并把备好的零钱放到桥上。

孝子孝孙每四人一组分别手持香、花等跪奉佛。

（5）献斋。奉佛后小工把接引佛所在盘中的米装进小碟献斋，把米献斋供佛后退下，用红包装起拿回家中煮给孝家人吃，据说可以保佑家人平安、丁财两旺、一切顺利。

（6）烧化。奉佛献斋后小工帮忙收桥上的金钱，并烧化，把接引佛端回佛坛，然后端到观堂，收起桥布。

（7）上供、把酒（7：55—8：05）。小工把备好的斋饭放到佛坛上供，让神明吃饭。然后由一僧人打括子、一僧人敲法鼓与锣，小工倒酒，孝子孝孙们每三人一组在灵前跪拜、奠酒。

（8）早斋。上供之后僧人、孝子孝孙及亲戚朋友、帮工等人吃早餐。早餐仍为斋饭菜，包括榨菜、花生、大头菜与稀饭。

（9）朝忏（8：40—8：58）。朝忏前先在佛坛所在厅堂屋的前檐下挂八仙过海图。两位僧人一敲大鼓与锣，一个打括子，先在佛坛念诵，三名孝子孝孙分别手端灵位、引魂幡、香立于佛坛前。然后打括子的香花僧带领前述三名孝子孝孙绕佛堂拜菩萨，先拜三宝与三教主，再拜左右两边的冥王，按此顺序在佛坛拜几遍墙上挂有图像的菩萨。拜完后把灵牌、引魂幡放回灵堂前。

（10）拜千佛与拜血盆（9：00—10：38）。拜千佛与拜血盆是交替进行的，即先拜一出千佛，再拜一出血盆；接着继续拜一出千佛与血盆，一般每三出拜千佛之间有两场血盆。上午共拜了三出千佛与两场血盆。其中拜千佛分为两段，一在观堂做，二在佛坛。

血盆的剧情围绕目莲救母展开，教育后人要孝敬父母。分成四场：

第一场主要叙述亡灵在阳世带子女的艰辛："一日食着你娘三次乳，三日食娘九次浆，点点食娘身上血，娘今老了面皮黄。"

第二场主要叮嘱亡灵阴曹地府邪恶多："一拜去到阴司路上有个滑台岗，滑台岗上你要小心行，滑台岗上琉璃瓦上白茫茫，今日梦香合掌来礼拜；二拜去到阴司路上有个卤箕岗，卤箕岗上你要小心行，百草生来多碍路，莫来挽烂娘衣裳；三拜去到阴司路上有蝴蜞岗，蝴蜞岗上你要小心行……四拜去到阴司路上有个恶蛇岗；五拜去到阴司路上有个虎狼岗……七拜去到阴司路上有个雪山岭；八拜去到阴司路上有个渡子岗；九拜去到阴司路上有个奈何桥；十拜去到阴司路上有个泰山门，泰山门下挂金牌，上挂金牌娘有姓，下挂金牌娘有名，把笔判官援簿看。"

第三场叙述亡灵在阳世生儿育女时的十月怀胎之苦。

第四场为阳间子女代亡灵解厄，忏悔一生罪过，如杀生等。

观堂的神坛上贴着观音的画像，并挂上七张"七宝如来"的图像。佛图的前边摆着香炉、五盘古佛手与五盘看盘。七名香花僧先在观堂念一段文，其中拿扁鼓的僧人立在佛图前的供桌正中，两侧分别立三名僧人，分别手持引磬、括子与锣。两名孝子各端一个盘，一个盘上放着纸钱与米，另一个盘子上放有插在米中的一炷香。

在观堂念一段文，约五分钟后回到佛坛，七名僧人开始拜千佛。在佛坛挂三教主的供桌前面多放了一张供桌，此供桌上放有三盘佛手、插有一支香的香炉、放在新毛巾上的七段线香。前后供桌的左右边均放有一张四方凳子，共四张，每张凳子上均挂有一张佛图，放了一块新毛巾。七名僧人一一在新放的供桌前跪拜、向菩萨献香，献香后，七位僧人分别站于前后两供桌前及左右两边四方凳前拜千佛，具体所站位置与所持法器如下：两名站在三教主供桌的左右，分别手持小锣、括子；两名站在该供桌前，分别手持锣与扁鼓。三教主前的供桌左右两边亦站有两名僧人，分别手持括子与引磬；供桌前站一名僧人，手持引磬，供桌上放有木鱼、戒尺与钟钵。

由于亡者为女性，一出千佛拜完后，接着拜血盆。先由七名僧人带领两名穿白布孝服的孝女婿各端一盘子到观堂，拜后放下盘中物品，僧人脱下袈裟回到佛坛。所有孝女、孝媳、孝孙女、孝外孙女参与拜血盆。两名僧人以一唱一和的形式讲述亡者的艰辛，孝女们立在僧人后面不停地跪拜。据说拜了血盆亡魂才能上天堂，家人才能安康。最后孝女们脸朝佛坛外拜四拜。

（11）卖血酒。拜血盆后有卖血酒，由请来道场帮忙的小工倒好饮料充当血酒，然后端给孝子孝女等人喝，孝子孝女等人备好零钱，接杯时把零钱给小工。卖血酒时小工念下文：

食这血碗酒，寿年九十九，加多二百岁，二百九十九。

血碗团团园（圆），食这血碗酒，荣华富贵万万年。

血碗团团园（圆），一碗酒告碗钱，一碗酒一百元，先食酒先赚钱，杯子唔田安有耳公，赊就莫赊，赚钱赚钱，莫来打酒醉。

……

血碗园（圆）叮当，食这血碗酒，做官做府坐正堂。

血碗园（圆）叮当，师傅用手扛，食这血碗酒，没病没痛人健康。

血碗园（圆）分分，食这一杯想二杯，甜过蜂糖，香过茉莉，食下去，身轻脚快会放飞。

血酒味道鲜，入口鲜甜醉连连，一碗食下去，当得一斤高丽参。

血碗团团园（圆），今晚膝头落地谢娘恩，恭喜店里生意好，生意兴隆串（赚）大钱，赚到美金十亿元。做只洋楼十三层。景做景发财，时交运又来，媳妇生下双生子，今年添丁又进财。

出门处处贵人逢，今年时运一齐通。今年大钱赚呀到，变成亿万大富翁。[①]

（12）过墈（10：46—11：18）。过墈时，要在十殿冥王前一一唱探墈歌，然后写墈，即"割户口"，每个冥王面前一个个写过去。写墈时，把墈文上的十王名称与文牒上的十王名称印合在一起，该印在墈文与文牒上的十王名称上各留一半。

先由打括子的僧人引领三名孝子，孝子分别端灵牌，举引魂旗，端香炉到三宝、三教主、十王神图前一一朝拜，然后孝子把灵牌、引魂旗等放到旁边凳子上，站在佛坛旁边，僧人到供桌前，打开墈文签字，小工把牒文递过去，僧人写上字："逍遥金树下，快乐宝莲台。"并由小工在上面盖上三宝印。在这过程中，僧人与小工一问一答，在十殿冥王牒文上逐一签字，盖印，最后在墈文中写上福禄寿双全。在当地，如果亡者的岁数在60岁以上，过墈时会在墈文最后写上"福禄寿双全"几字，若亡者岁数在60岁以下，则写"早登极乐界"几字。签完字的牒文中有八张拿到大门口烧化，而墈文、判升天的五殿阎王、十殿法轮王的牒文则留着。

烧化牒文后，签字的僧人引领端灵牌与香炉、举引魂旗的孝子，另一端墈文与五殿、十殿阎君牒文者继续在三宝、三教主与左右两墙的十殿阎王前依次朝拜五次，最后转向坛外拜，过墈结束。烧化十殿阎君与五殿阎君牒文，墈文则装进长牒皮里，要在关灯打完才能烧化。

（13）上供（11：19—11：40）。小工事先备好一大锅饭，放在佛坛供桌旁，并在饭中插七双筷子。三名僧人分别打括子、扁锣与竹板，引领三名各持一炷香的孝子孝孙上供，先在佛坛，后转至外大门口面对池塘对面幡竹的供桌上供、施食。施食过程一如早上。

（14）把酒。上供之后回转佛坛，在灵堂前给亡灵奠酒，小工帮忙倒酒给孝子孝孙们，孝子孝孙们每三人一组在灵堂前跪拜奠酒，一一跪拜奠完，称为"把酒"。

---

① 《梅县香花一日两宵全集》，梅县阳东岩寺1983年抄本，第134－135页。

（15）午斋。把酒之后吃午斋，包括粉干、煎丸、豆腐煮发菜、黑木耳、香菇、黄花菜、煎芋丸、煎南瓜丸、红豆与绿豆汤、炒白菜等。

（16）拜千佛（15：00—16：05）。下午拜了两出千佛与一场血盆。

（17）拜弥陀（16：06—16：25）。拜弥陀分为大、中、小型，大弥陀为七人拜，中型为五人拜，小型为二至三人拜。并不是所有做斋都有拜弥陀，按亡者的年龄来推算，六道轮回分别是天、地、人、佛、鬼、畜，亡者的虚岁年龄除以六，得到的余数男按六道轮回顺序推，而女亡者则按六道轮回的反方向，即按畜、鬼、佛、人、地、天顺序推，若为鬼道与畜道一定会拜弥陀，其他道不一定会拜。

拜弥陀即由僧人念《佛说阿弥陀经》，据说拜了弥陀之后，亡者比较快就能获得轮回。无论亡者是男是女，均是孝女参与拜弥陀，孝男不参与。本场做斋的拜弥陀由七名僧人与众孝女参与。按梅州的习俗，拜弥陀由亡者的女儿出钱。"儿子出钱做大好事"，即孝男出做斋的大钱，孝女出拜弥陀的小钱。打铙钹花也大多是女儿出钱。

（18）拦胎。据僧人介绍，做斋时，孝子孝孙中若有怀孕的怕滑胎，会在晚上做一个拦胎的仪式。拦胎时在佛坛的三宝神像前放一米斗，孕妇的生辰八字、地址写在一张红纸上，准备两个鸡蛋，九尺九红丝带，一捆红线，放于米斗上。两个鸡蛋一个给孕妇吃，一个给僧人吃。红线与丝带则给子孙缝衣服用。

（19）关灯与绕棺。做斋的一些细节不同地方有所不同，如长沙的习俗女亡者不打关灯，男的才打；亡者无论男女均在安葬前有绕棺。而湾下与梅城则无绕棺。

（20）诵经、完忏（16：18—17：09）。在两日两夜与一日两宵的做斋仪式中，完忏又称"双龙戏珠"。此仪式娱乐性与展演性强。

在侯家的完忏仪式中，参与者为七名僧人与四名孝子孝孙。两名持引磬的僧人端千佛忏，一僧打大锣，一僧打小锣，两名打括子，一名打扁鼓。四名孝子孝孙分别端香炉、举引魂幡、举纸扎仙鹤，端墉文。僧人与孝子孝孙们分成两纵队，按双龙戏珠的模式在佛坛、灵堂前的天井中两队进行穿插，步速时疾时缓，有时互相扭腰碰撞，有时一起抬脚、举手或转圈，宽大的佛衣飘舞，旁人常常哄笑一团，气氛由严肃转为宽松活泼。

（21）打铙钹花（17：20—18：05）。打铙钹花在侯姓围屋外的禾坪里进行。由五名僧人参与，其中四名僧人在一边打锣鼓，包括三名打大锣的与一名打大鼓的，另有一名僧人在禾坪的中央铺开一张草席，草席边放铙钹、竹竿与毛巾。孝家的孝子孝孙以及帮工、周围住的村民都搬来凳子在四五米外围成半圈观看。打铙钹花时先表演一些比较普通的技巧性的动作，算是热身，然后才会往高空丢，丢得越高，叫好的人越多，并且拿10元、20元、50元乃至100元赏给僧人的也越多。打赏时，因表演打铙钹花的僧人最辛苦，也最需技艺，因此给的赏钱最多，当然也有一些看到打锣鼓的僧人当配角也不易，赏完打铙钹花的也会赏打锣鼓的。

孝家打铙钹花亦是娱乐性的表演项目。但该项目在做斋的仪式中有远远超越娱乐的深切意义。乡民认为僧人把铙钹丢得越高代表着孝家越顺。

（22）晚斋。打完铙钹花后吃晚斋。

（23）拜药师（20：09—20：35）。按当地习俗，若亡者非自然死亡，或在生前经历了不少病痛的折磨，其家人就会在做斋时要求僧人拜药师。如果是自然死亡、寿终正寝者则不拜。据孝家所述，亡者梁阿婆生前脚上血管堵塞、脚肿引起发烧，并且烧一直退不下去，因此打了很多消炎针。故要求拜药师。

拜药师时，两名僧人一个在佛坛供桌前敲木鱼与钟钵，另一个在供桌的一侧敲大鼓、锣与竹板。僧人先一唱一和，唱颂亡者生前的不易与对家庭、孩子的付出，然后诵《药师经》。而孝子孝孙先分列站在佛坛两边，然后转到佛坛外面，在僧人唱诵时跟着跪拜。

拜药师之后还要把酒奠亡魂。先是每三位孝子孝孙为一组，一组组拿酒奠亡魂并拜三下，最后由两名孝子手捧灵位、引魂幡朝佛坛拜95次，拜完把灵位与引魂幡后将其放回灵堂，并烧化纸衣与纸钱。

把酒拜奠后，小工备好凉茶，让每名孝子孝孙均喝一杯，据说喝了拜药师之后的药茶就能无病无灾。

（24）开光（20：45—21：35）。开光的目的在于让三十三天、十八重地狱、日宫月宫等放光明，从而"点燃亡烛荐亡魂"。开光之前先要把孝子孝孙手腕上的孝带剪断放到亡者遗像前，并脱掉孝服，由小工一一收拾叠整齐。然后一名僧人举两支沾有煤油的蜡烛，俗称亡烛，点燃后不断交叉挥舞，不久又加入一僧，两僧一起各举一对亡烛展演。然后换两名僧人各举一对亡烛在佛坛的每张神像前挥绕亡烛，先在三宝前，然后在三教主前，接着依次在十殿冥王前，最后到观堂的观音神像前绕亡烛开光。给神像开光之后到每个孝子家开光。据说孝子孝孙们戴了孝，僧人到每家每户去开光后会更顺利。亡者有五个儿子，老大过世了，并且其房拆迁后尚未买房，仍在租房住，不能到租房中开光，因此仅到四家房子开光。这四个儿子买房买在梅州宫前、新县城、东宫等地，因此僧人分成两路到孝子家开光。先到侯家老房子的池塘伯公、井唇伯公前烧香拜伯公，然后到每个

孝子家的厨房开光。小工备好四对亡烛，每个孝子家一对。僧人到该家灶神前点烛燃香，然后点燃一对亡烛在灶神前绕舞，开光完扔掉亡烛，并烧化纸钱。

到孝子家开完光回到佛坛后还要给所有参加做斋的孝子孝孙开光，用亡烛在每位孝子孝孙面前挥绕舞动。最后用家里的簸箕把火烛挡住，以防被风吹灭。把火烛带回家，插在家中厨房点燃。

（25）剁幡。开光之时还要剁幡，即"砍"下幡竹，正斋有四根幡竹，开光时先剁掉三根，留下一根等散光之后剁掉。

（26）散光（21：46—22：03）。开光之后还要散光，两位僧人分别手举两支亡烛，向佛坛的左右两边走向围龙屋的左右横屋，往外大门等四周走一遍，并念散光大吉大利。散光之后，观堂亦全部拆掉，观堂中的七宝如来、观音神像等均被取下。

（27）度孤（22：05）。度孤前需在大门口贴张大的榜文，还有公文"度孤示录"装在长牒皮中。据说度孤很脏也很凶险，因此女的不能参与帮忙或观看。并且度孤一定得在晚上11：00前完成。

度孤地点在大门口的池塘边。由三名僧人与三名孝男参与。三名僧人，一名敲大锣，一名打扁鼓与木鱼，另一名打括子与铙钹。三名孝子每人各拿一炷香。渡孤是给下界孤魂野鬼施食、给他们诵经、帮助他们早日超升的。

（28）打莲池（23：55—00：53）。打莲池只有亡者为女性时才做。

本场斋事打的是八角莲池。做斋用的莲池大多数做纸扎的师傅都会做，如城北明阳寨就有一个纸扎师傅。一般的香烛店也会卖莲池。八角莲池的每个角都有两碗米（用米代斋饭）与一斋盘，米粒中插有一炷香，而斋盘装的是饼干。四个方向均摆有空碗。莲池的旁边放一莲池钵（即泥钵），莲池的中间竖有一烛，并有三个用于垫莲池钵的碗。

开始时由两名僧人与三名孝女参与。一名僧人坐在供桌旁边敲鼓与大锣，另一名僧人手持锡杖、摇杯，引领端灵牌、端香炉、举引魂幡的孝女，绕八角莲池一圈圈地走。摇杯是用小瓷杯里面装几枚一角的硬币，反扣在一块布上，用布包扎紧而成。在围绕八角莲池走的过程中，四人一直保持十字形，代表他们在拜会东南西北中五大天王，请天王到法坛。过10分钟后，点上香、烛并插进放有灵牌的香炉中，并把该香炉放入莲池中，三名孝女退下。

孝女们退下后，另外六名僧人加入前述两名僧人中，四名穿主衣者均拿一个锡杖，另四名穿黄色袍子者，各拿括子、小锣、扁鼓、引磬。初始各有两名站在三宝与三教主像前，四名穿黄袍者分立于佛坛供桌的左右两边诵经。然后双手捧起锡杖与摇杯，在三宝与三教主前用火给锡杖与摇杯开光，开光后僧人再一圈圈地围着八角莲池，边转边念经。尔后把锡杖换成香，洒水，洒上红色的纸钱，丢进莲池中，用"火把"帮它们开光，然后装四碗米，米给小工后，僧人重新拿锡杖，围在莲池边，一名孝女端起插有灵牌的香炉，放到佛坛供桌上，僧人用锡杖一杖刺穿莲池钵。莲池钵的底部留下一个洞。莲池打完后送五大天王，再并烧化纸钱。打莲池所用的16碗斋米，孝家会留起来，据说因为敬过神明，不舍得丢掉，得放进米缸煮给全家吃。

打莲池的内容根据"目连救母破地狱"的故事情节来展演。打莲池时把池中的莲池钵弄穿，代表破地狱，此乃根据佛教的做法。也有的地方是把瓦片摔破，亦代表破地狱，据说这是代表道教的做法。在打莲池的系列动作中，配合有僧人的念诵，有"阿婆出莲池""阿婆出地狱""阿婆超升天堂""阿婆过金桥、银桥"等语句。

打完莲池后，小工收起八仙过海图。这时，晚上12点已过，僧人与孝子孝孙们都已疲累，大的法事已做完，剩下的小项目大多都是表演性的，以便活跃气氛，让主家的孝子孝孙们不会疲累。

（29）鲫鱼穿花（1：02—1：14）。五名僧人分别手拿扁鼓、木鱼、锣、括子、铙钹，按不同步法在佛堂穿插，最后用火开光。

（30）行香（1：20—1：28）。行香亦是带表演性的项目。行香就是在佛堂的所有菩萨前分别再点一次香，代表一天的法事已完成。两名穿便服的僧人一个打铙钹、一个打大鼓与锣，一名孝男持一把香，逐一在每个佛图前插香，边追僧人边作揖与插香，在佛堂逐三圈。

这个项目的时间弹性比较大。如果持香的孝男有该方面的经验，或被特别提醒与训练，时间会延续较久，否则反之。

（31）拜血盆、卖血酒（2：08—2：25）。这个仪式也叫谢娘恩。血酒是卖给孝子孝女们喝的，目的是让孝子孝女们记住是母亲的奶水哺育了他们，母亲把他们养育大。在他们的成长过程中，母亲杀了鸡宰了鸭，喝血酒能为母亲去秽业。

拜血盆时，先由一个僧人敲大鼓、竹板念一段文，众孝子孝孙拜十殿冥王、拜七僧/星忏，拜完僧人从侧面转到佛堂供桌前。

与此同时，小工在一次性的塑料杯中倒入啤酒，把一杯杯酒放到八角莲池中，此啤酒人称"血酒"。孝男孝女们得备好零钱来买，把血酒喝下。说是喝血酒，但在实际喝的过程中，能喝者喝下，酒量不好的含一口在嘴里，其余倒掉。小工把莲池中的酒端起，每杯都要拿到灵牌上绕两圈，边

绕边叙说这血酒是90多年的老甲酒，喝了没病又没灾，胜过大补药。孝子孝孙们一个个在灵牌前跪拜完，接过一杯血酒，把手中零钱放到桌上的托盘中，站起身喝酒。因时至半夜，一些老幼离开去休息了，一人一杯轮流喝后仍有剩余的酒，小工和僧人又劝孝子孝孙们来买，说血酒没卖完，师傅会骂"酒钱不够本"，并且再次重复喝血酒的好处。孝子孝孙们于是继续去买，直至莲池中的酒全部卖掉喝完。

（32）缴官钱（2：26—2：45）。缴官钱又称缴钱、缴阎王钱。按当地的观念，每个人出生时都向阎王借了钱，因此欠了阴间官府的钱。缴官钱荐亡魂才能升天界。必须烧一张封面写有"金银两院"，内装有"缴钱示录"公文的短牒皮。

缴的官钱有一担，包括四箱金色纸制的金币；四箱银色纸制成的银圆。缴官钱时，一名僧人坐供桌侧边念文，三名孝男分别端灵牌位、持香、举引魂幡，小工担官钱随后。担官钱的扁担用薄而小的竹片做成，因竹片薄而软，以致小工一走动，两边的金币与银圆就摇摇晃晃，"扁担"似乎不堪重负，被压成弯月。孝子与小工在佛坛一一朝拜完三宝、三教主与十殿冥王，官钱被送到大门外面，等烧灵屋时一并烧化。

（33）烧灵屋（2：46—3：30）。小工指导孝子孝孙先点燃灵屋、官钱与装饰孝堂的冥联、观堂的七宝如来与官钱等纸扎用品，然后把各类纸扎冥具放入火堆中。这些冥具均是俗人以在世的生活为参照，把阳世生活所需的物品各用纸制一份，烧化给亡者，供其在另一个世间享用。仅留亡者遗像、灵牌与引魂幡。冥具包括摩托车、轿车、冰箱、电视机、洗衣机、风扇、衣柜、箱子、轿子、床铺、桌子、沙发、四方凳、梳妆台、童幡等纸扎制品。

在烧化灵屋与冥具时，一部分孝子孝孙往火堆里扔纸扎品，一部分在火堆四周用长长的竹竿一直敲打地板，据说"怕别人来抢，保护亡魂拿到"。一直敲到灵屋及所有的纸扎制品全部烧化为灰烬。乡俗认为化灵是死者后代为安置死者进入另一世界的一次财产大护送，因此个个手执"兵器"，以免野神野鬼前来抢夺。化灵后，僧人或斋嫲在灰烬中拈一撮"神烬"，用红布包裹成一个三角形的袋子，此袋子称为"香火袋"。在袋子上写上死者的讳号谥号，挂在原放灵屋的祖堂墙壁上，称为"安香火"。

（34）绕钱（3：30—3：35）。一名僧人引领端着灵牌、举着引魂幡与一支香的孝男围着烧化的灰烬念一段文，意思是把那么多烧化的纸扎品、阎王钱等押到下界，这样亡者才能收到。

（35）打关灯（3：36—4：18）。打关灯的目的一是荐亡魂，二是为家中保平安。打关灯之前得先把死者的遗像放在佛坛供桌右边一角的四方凳上、三宝图像的下面。然后用两张四方桌叠起搭成关灯桌，上层的桌面上放有香炉，香炉下压着塘文。下层也放着一香炉，插有四支亡烛。关灯桌上本应有八支点燃的亡烛，但因上层的桌子太高，无法插烛，因此只点燃了下层的四支。点燃的亡烛照亮十方，有利于亡魂往生界。

打关灯时，一名僧人在佛坛供桌一侧敲大鼓与打竹板，另一名僧人拿括子带手拿一支香、端香炉、举引魂幡的三名孝男孝女，围着关灯桌边走边叹亡魂：打了关灯保平安。一盏灯荐亡魂，荐亡魂往生界……五盏灯荐亡魂。亡魂可惜呀真可惜……一朝天子一朝臣……

然后僧人改用木鱼，与另一名僧人一起交相对念叹亡魂。从一月一、二月二、三月三始诵36个月。最后有吉祥语：关灯打得俺周全，主家赏我一百元，老姨听了关灯歌，小的听了关灯歌，老的听了关灯歌……

打完关灯烧化引魂幡与塘文，灵牌则留到过年时才送上祖堂。

（36）拜诸天（4：35—5：23）。拜诸天的地点在围屋的大门里面，面对大门外的池塘。在大门里面摆了两张用于放供品与香烛的大圆桌，朝大门的圆桌上放有三个米升，各插了一炷大香、五炷小香。灵牌位前插了三炷小香。米升之前放有15杯茶、15碗酒。三个米升所朝的方向代表南、西、北三个方向。东方为僧人拜诸天所在地。圆桌的一半的边缘朝大门那方向插了24支圆蜡烛。据说以往拜诸天用的是四张方桌，近来才改为两张圆桌，蕴含着圆圆满满的意思。放供品的桌子后面还放了一张桌，上面放了法器。小工先让瞌睡的孝子孝孙们去洗手洗脸清醒头脑，让他们横排站在僧人的身后。

拜诸天时，僧人按诸天经宝卷念诵。拜诸天共有25张红色表文，包括24位诸天，每位诸天一张表，还有一张是总表文，这些表文均装在表笼里。拜诸天的红表上添上了出嫁女儿、女婿与外孙的名字。在前文所述的塘文中，出嫁女儿全家的名字不列入。小工把24个表笼逐一放到托盘中的诸天衣上，孝子孝孙们一个一个轮流上前端起托盘拜，拜完把小额的钱币放到托盘上。诸天衣有绿、蓝紫、玫红的颜色，代表不同的方向。24位诸天拜完后，最后在托盘上放一捆鞭炮与一表笼，此表笼内为总表。把总表端到供桌前拜后，与其他24个装有表文表笼与纸扎的仙鹤拿到大门外的铁锅内烧化。僧人一一念孝子孝孙的名字，敲一下钟钵，念一个人名，念到名字者拿小额的纸币到钟钵内，并摸一下钟钵。最后僧人念吉祥语：大家拜了诸天发大财，老人添福寿，女儿嫁亿万富翁，男儿讨到亿万富婆……念完放一串鞭炮。

205

据僧人所述，乡民认为做斋之后拜诸天可以使家中大门鸿旺，财丁兴旺，家人出门平安。

（37）送佛（5：27—5：25）。僧人起坛接佛时，请了很多佛，超度仪式做完后要请诸佛各就各位，回归原来的庵堂。送佛时，僧人与小工从拜诸天的大门口回转佛堂，把墙上挂的佛像全部取下，僧人一再强调所有俗人不能看，孝子孝孙及其他人员全部躲到佛坛所在厅堂两边的横屋。僧人念一段文把诸佛送归原位。

（38）顿龙（5：30—5：42）。孝家要备好三牲，祭拜五方龙神。当地人认为做了斋，打扰了老屋的五方龙神，因此要备三牲安顿五方龙神，由此才能保一姓、一族的平安。顿龙时，由一僧人到围龙屋祖堂后面的五方龙神伯公前诵安慰龙神的文句：

日出东方一片红，照见本堂众祖宗；有缘千里来相会，法会龙华又相逢。

东方龙神临法会，南方龙神愿来临；西方龙神临法会，北方龙神愿来临；中央龙神临法会，五方龙神愿来临。

龙公龙母临法会，龙子龙孙愿来临；龙叔龙伯临法会，龙嫂龙侄愿来临。三十六龙临法会，穿山过海愿来临。

左边青龙生贵子，右边白虎旺财丁。前有朱雀兄弟乐，后有玄武子孙贤。清净香茶酒供养，酌酒献花爱纳受。火化钱财答龙神，拜答龙神生欢喜，愿生欢喜保平安，保佑平安增福寿。

老人安来细个乖，一屋大细永无灾。天增岁月人增寿，春满乾坤福满堂；福如东海年年在，寿比南山节节高。细人花园得端正，读书君子早成名；保了一行又一行，牛羊放出满山岗。鸡子鸭子爱保佑，狐狸□狗走他乡；门神护卫招财宝，井灶龙君降吉祥。

请转东方龙神来转坐，东方龙神管东方，手下兵，手下将，千兵万马，万马千兵来领粮。

请转南方龙神来转坐，南方龙神管南方，南方船来运，船来到，汽车运来，船来运来转家堂。

请转西方龙神来转坐，西方龙神管西方，手下兵，手下将，千兵万马，万马千兵来领粮。

请转北方龙神来转坐，北方龙神管北方，北方船来运，船来到，汽车运来，船来运来转家堂。

请转中央龙神来转坐，中央龙神管中央，手下兵，手下将，千兵万马，万马千兵来领受。

请转花园伯公来转坐，花园伯公管花园，花又红，叶又青，千朵红花万朵白花，花男花女出花园。

请转观音佛母来转坐，观音佛母镇家堂，守家堂，镇家堂，守护家堂大吉昌。

愿以此功德，普及以一切，顿龙皆清吉，老幼平安增福寿。[①]

整场做斋仪式做完后，亡者的儿子要给亡者过世时有帮忙穿衣的女儿，即其姐妹一个红包，少则几百，多则几千上万。并把红布披到所有姐妹的身上，俗称"披红"或"攀红"。披红过后便逐僧人走，僧人一走，女儿也要走，离开孝家。但现在很多女儿还会留下，因此会象征性地遵循旧俗，从大门口走出去，走一小段路后又返回。

---

① 《梅县香花一日两宵全集》，梅县阳东岩寺 1983 年抄本，第 167－169 页。

第四章　客家地区的女神信仰

第一节　梅州的女神信仰

　　梅州位于广东省东北部，境内多山，在水域上属韩江上游的梅江流域，梅江、石窟河、松源河、宁江、琴江、潭江等江河水道纵横交错。梅州是客家人的主要聚居地之一，被誉为"世界客都""华侨之乡"，下辖梅县、五华县、蕉岭县、平远县、丰顺县、大埔县、兴宁市、梅江区六县一市一区，有着丰富的民间信俗文化。

　　有关梅州的女神信仰，房学嘉教授与宋德剑研究员均做过一些研究，他们的研究集中在天后信仰方面。房学嘉认为："天后在梅州山区落地生根以后，村民已把其当作地方俗神奉祀，每年为其举行特定的纪念活动，其仪规已相当组织化，与当地的俗神祭祀活动相比并无不同。"[①] 宋德剑分析了粤东梅州客家地区的天后庙宇的地理空间分布，认为梅州天后宫的选址有三种地理空间分布类型，它们分别对应着三种职能与文化内涵：村落水口——村落保护神；滨水（河）——水神；街市——商业保护神。[②]

　　本节拟在前人研究的基础上，结合学生的一些调查资料以及本人的调研所得对梅州九子圣母、仙人叔婆、水母娘娘、观音、天后等女神崇拜做一综合分析与探讨。

一、九子圣母崇拜

　　兴宁市宁中镇鹅湖区之西宁江河堤旁有座九子圣母庙，里面供奉的九子圣母神像周身有 9 个男性小人物，是为"九子"。世传有一母亲，共生

---

① 房学嘉：《刍议天后文化在梅州的俗化》，《客家研究辑刊》2004 年第 2 期，第 76－81 页。

② 宋德剑：《庙宇的地理空间分布与社会功能——粤东梅州天后信仰的宗教地理学研究》，《江西师范大学学报》2013 年第 4 期。

六胎，其中三胎为双胞胎，另外三胎为单胞胎。9 个孩子长大后，个个成才成龙。因而被世人视为圣洁伟大的母亲。因此九子圣母受到当地村民的崇拜敬奉。

该庙面积 160 多平方米，有三房三厅一曲字形走廊及厨房、居室等，在 20 世纪 60 年代初被拆除。1986 年信徒集资在原址重建，后又进行扩建，工匠用樟树木雕九子圣母镀金像一尊，另财神、花公花母像各一尊，并设置天神、地神、玉皇、药皇仙师、太阳星君神座。神座位置，按规范要求：正堂九子圣母，右为花公花母、财神爷爷，左为观音娘娘。新增诸神是原散在鹅湖区内已无坛可归的神，另有信众算命，要为九子庙送神像，以保平安，添丁发财。

据调查，九子圣母庙的主要活动有拜满圆。信众在年头虔诚地在圣母面前作福（又称"起福"）之后，在圣母神灵的庇佑下，在各自的事业上取得了好成绩。有的升官发财，誉满乡村，有的圆了婚后多年未育而喜添新丁梦，既生了胖娃娃，又赚了大把钱，可谓福降人家财丁兴旺。他们把辛苦一年来在金秋季节的收获，看成是圣母恩赐，因此，携带香烛、食品，源源不断地到庙里"酬福"（又称"还福"）。每年的农历十一月初八日"拜满圆"由此而来。那天，四方人流往庙里涌，弄得人满庙堂，轮流争拜。①

九子圣母崇拜不仅在兴宁有，在梅州的其他县区也有，只是大多作为配祀神受供于寺庙中。

二、仙人叔婆信仰

仙人叔婆是梅州当地的水神，据前人的研究，其神坛多建在沿江河口或岸边，是船家、溪流河边人家祭拜的神明。

1. 蕉岭县新铺镇的仙人叔婆崇拜

新铺镇供奉仙人叔婆的地方是"郭仙宫"，该宫位于墟北马鞍山南麓，今新铺大桥的西端。马鞍山像一头大象，象鼻伸向石窟河中，郭仙宫便建在这象鼻上。宫的建筑规模较小，正堂仅 20 平方米，神龛无神像，仅一木质神牌，上书"法妙仙人之神位"。据说，郭仙宫内原有一块石碑，上刻有"乾隆"字样，可见此宫应该最迟修建于乾隆年间。1985 年修新铺大桥时，郭仙宫被拆毁。

---

① 罗康：《兴宁市宁中镇鹅湖区情撷拾》，房学嘉主编：《梅州河源地区的村落文化》，国际客家学会、海外华人研究社、法国远东学院，1997 年，第 151－152 页。

据周建新的研究，郭仙宫的主持人为曾姓，由曾姓媳妇担任，据第二十二世媳妇邓阿满对郭仙宫来历的介绍：第十三世曾氏先祖两兄弟以撑船为生，一次船行至潮州，弟弟忽然神志不清，口里念着"哥哥，叔婆太"。哥哥着了慌，船上又出现一条蛇，哥哥赶紧对那条蛇说："你是神就落我的船舱吧。"蛇真的钻入舱中，哥哥每天用鸡蛋喂蛇，摆船回新铺。船到新铺最北的码头靠岸，蛇钻入后来郭仙宫的石岩下。兄弟确信蛇是神，便在该处立个牌位祭拜。因曾氏的祖婆姓郭，盖宫时已神明附体，据说有一次郭氏与丈夫回娘家，不料涨大水不能过河。郭氏摘一两片竹叶，叫丈夫与她一道踏上竹叶下水渡河，丈夫不敢，郭氏于是踏上竹叶下水，到了中流升天成仙。丈夫回来后便给郭氏立一"法妙仙人之神位"，取名郭仙宫。①

郭仙宫围墙外竖两根石旗杆，传说新铺墟沿河建筑，像条木筏，靠着旗杆拴住，而稳住旗杆的是仙人叔婆，她是新铺墟的保护神。所以到郭仙宫进香的不仅有新铺墟的商户和船家，还有四面八方的村民，商户船家逢初一、十五必进郭仙宫上香。而一般信众则主要参加每年正月半后的"起福"、十二月的"完福"，俗称到宫里"做好事"。凡做好事时，四乡群众亦前往凑热闹，并请僧人或尼姑念经助兴，开桌摆凳，共进午餐。仙人叔婆有特别的纪念日即农历七月十三日神诞日，主要活动之一是抬"仙人"出巡，队伍庞大，所用器物有高灯（两人擎两只大灯笼）、扛彩（两人前后擎一长条红布）、大锣鼓、八音、神轿，主持人等紧跟其后。出巡队伍出宫沿河唇街，然后转鸡子行、柴行街、米行街、潮商会馆，然后经警察局门口、新菜市、镇郊返宫，出巡路线已经制度化。是日参与这一活动者，也有外地在新铺镇的商家，如潮州商人每年都积极参与崇祀仙人叔婆的活动。每当神轿巡行到潮州会馆门前时必停下，以供潮州商人敬祀，一些来不及上岸而傍在石窟河中的船家则在船头遥祭。活动之二是娱神大戏（汉剧），连演 10 天以上。②

2. 梅县畲坑的仙人姑婆信仰

在梅县畲坑镇，当地的郭屋窝郭姓、墟头船坶子廖姓七月半要敬仙人姑婆。郭屋窝郭姓、墟头船坶子廖姓以撑船为生，非常信奉河神仙人姑婆。所谓仙人姑婆，当地村民认为是保护水上航行的河神，传说姓郭，是

---

① 周建新：《粤东石窟河道的商贸、庙宇与地方社会》，《客家研究辑刊》2001年第 1 期，第 73 页。

② 周建新：《粤东石窟河道的商贸、庙宇与地方社会》，《客家研究辑刊》2001年第 1 期，第 73 页。

郭屋窝郭姓的本家，是祖宗传下来的神明，具体哪里人不清楚。在岸上没有神庙，但在每一条船上都有其神位。每年七月十五日，各家船户都要做饭，要在船头设仙人姑婆神位、香炉，用猪肉、鸡、鱼三牲等隆重祭祀，求其保佑行船平安。墟头廖姓住在河边，是撑船摆渡的，与郭姓又有对亲关系，郭姓姑婆嫁给廖姓，故廖姓人也过七月半节。①

3. 梅县松口的仙人叔婆崇拜

在梅县松口也有仙人叔婆崇拜。松口官坪村黄姓宗族的炽昌堂，又叫围子里，是一座典型的客家围龙屋，坐北向南，屋式三堂四横一围墙。第二列横屋第一间屋的外墙上设有"仙人淑（叔）婆之神位"。据说是黄家的福神，专门保佑出门的、行船骑马的。族人因有仙人叔婆而感到自豪，每当有人出南洋、外出做工或求学等，出门时都要备香烛向仙人叔婆行香。外出回来也要行香，感谢保佑。②

梅州境内水路纵横，航运业发达。过去，通称从事航运行业的为"船家"。船家敬奉的行业神是"仙人叔婆"和船头伯公。据房学嘉的调查，梅县松口村民崇拜的水神有两类：一是地方水神仙人叔婆与船头伯公。仙人叔婆神灵的原型是蛇。从事航运行业的人旧称为"船家"。船家敬奉的行业神是仙人叔婆和船头伯公。仙人叔婆的神坛多建在沿江河口或岸边，每年农历七月十五，凡行驶在同一条河的船家，都要集体祭拜仙人叔婆。船头伯公的神位则设在船舱中的蓬壁上，每逢开航和到达之日以及农历每月初一、十五都要烧香敬拜。所以前者是专司拯救溺水者之神，后者是专司船舵的神。二是外来水神天后。松口虽地处山区，远隔大海，但也有崇祀外来水神的庙宇。③

三、水母娘娘信仰

除了仙人叔婆是女水神，在梅州还有水母娘娘亦是女性水神。据周建新的调查，水母娘娘庙位于南口镇益昌村栏杆队的溪圳边，没有神像，仅剩一香炉，左边观音，右边财神。据已有的调查材料表明，与南口一样，

① 萧文评：《梅县畲坑传统墟市经济与地方社会》，谭伟伦主编：《粤东三州的地方社会之宗族、民间信仰与民俗》（下），国际客家学会、海外华人资料研究中心、法国远东学院，2002年，第498-499页。
② 房学嘉：《围不住的围龙屋：粤东古镇松口的社会变迁》，花城出版社，2002年，第78页。
③ 房学嘉：《围不住的围龙屋：粤东古镇松口的社会变迁》，花城出版社，2002年，第175页。

客家其他地区的水母娘娘皆无神像，而是供奉着一块木牌，上面写着"仙人叔婆神位"或"法妙仙人之神位"。在客家地区，水母娘娘这个神明有一个共同特点，那就是庙宇均位于河流溪圳边，专门保佑儿童的安全，以免溺水伤亡。

南口的水母娘娘庙建于何时不清楚，曾于甲子仲冬与癸酉孟秋两次在泰国侨胞陈顺华、陈木华、陈晋环等热心捐助下得以重修。据说水母娘娘很灵，第二次重修碑记曰："神其灵矣，有禄期尊信士念也，有求多福。"在水母娘娘庙前立有两石柱，正面上书："母仪煦妪宜称圣，后泽汪洋足配天。"侧面上书："率土仰母仪配彼天同敷化有，通衢歌后德到此地共荷絣襷。"落款为："道光乙巳敬立，经理潘首凤、谢仁和。"有报告人称，此石柱原为安仁学校旁的一个贞节牌坊的石条，"破四旧"后贞节牌坊被拆除，石条散失。重建水母娘娘庙后，人们找出其中的两根立于庙前。如果此石柱系为水母娘娘所建，说明该庙至少在清道光年间已建成。因此，前来烧香的主要是溪圳附近上起南口墟下，下至茶园、龙窝的居民。以前的坛庙仅2米宽，后经过多次重建，现已扩建为一个占地约50平方米的小型庙宇。[①]

水母娘娘庙于每年农历二月初九日举行祈福，请仙婆来念经。参加者全部为老年妇女，自愿出钱，买金银财宝、钱树、库、宝镜等，主要过程有念经、唱经、请神、化财宝，全过程大约需要一个小时。此外，在益昌虎山村的溪圳边，也有一个水母娘娘庙，人称"洁蓝水口水母娘娘庙"。

四、天后信仰

1. 作为祖先神保护宗族的天后

由于天后姓林，在客家地区的不少林氏宗族都把天后称为"姑婆"，认为她是本宗族的祖先神，进而设庙祭祀，以获庇佑。如大埔县湖寮镇高道里是一个林姓村落。据大埔县《林氏族谱》记载："湖寮高道里林姓，由湖寮新寨迁入，现传至十三世，135人。"民国《大埔县志》记载："同仁高道里林姓，由湖寮迁来，十一世入乡，现二十四世，122人。"天后由于姓林，当地人认为天后是本族的姑婆，将其奉为水口神加以崇祀，建立天后宫，庇佑全村。在梅江区城北的林氏宗族中，其"祖公屋"即供有祖宗神牌的老围龙屋中同样供有天后的神像，以往每到天后的生日，族人们

---

① 周建新：《梅县南口镇宗族社会、墟市经济与庙宇神明》，周建新等著：《民间文化与乡土社会：粤东梅县五大墟镇考察研究》，花城出版社，2002年，第137页。

都会煎许多芋丸去祭供她。近些年由于村中大量人口外迁，族人只有年节回老家时才会带供品去祭拜。① 同样的情况在其他林姓客家村落同样存在，如永定县湖坑镇洪坑村林姓也称天后为姑婆，在村口建立天后宫加以崇祀，而福建省上杭县官庄乡回龙村的林姓宗族，同样称天后为姑婆，并在本村所在的汀江河边建庙供奉。值得注意的是，这些林姓所建的天后宫供奉的天后在本族中被当作祖先神，但对村落中或周边的其他姓氏来说，则是区域神。

2. 作为村落水口保护神的天后

据县志等文献记载，梅州设立在水口处的天后宫有三处：咸丰《大埔县志》卷七《寺观志》记载，"天后宫，在坊坝村水口"，"天后宫，在高道里水口"。嘉庆《大埔县志》卷七载，"天后宫，在保安水口鸭麻潭"。在客家人的风水观念中，水主财，位于江河溪流边的村落水口把守得严不严涉及全村人的财运与平安等，因此常在水口设庙镇守，庙中供奉的神明种类繁多，除了天后外，还有公王、仙师、山神、祖师等神明。

3. 作为水神的天后

在梅州，作为水神的天后最多，在梅县的梅江、蕉岭的石窟河、大埔的汀江、丰顺县的韩江的沿岸都有分布。

梅城的天后宫在程江河畔，与梅江的交汇处，其小地名为上市，正如《嘉应州志》载："天妃宫，上市。"② 五华县天后宫在县城南部新河边，"天妃庙，在城南新河浒，明嘉靖乙丑建，崇祯九年建二堂，立门坊；国朝顺治十四年，邑举人卓越施庙前铺地三间，租八十两，为立照墙，千总白天恩买右边铺地一间，以居庙祝（旧志）。国朝嘉庆七年，绅士重建（续册）"。③ 大埔的天后宫亦建在河边，县志载："天后宫，在三河城太平关左滨河。"④

大埔县茶阳城外的天后宫亦在小靖河边，《大埔文史》记载："天后宫，在茶阳城外柳树街，原万川南路，面临小靖河。清季香火甚旺，因祀有'天后娘娘'故，现改为民居。"⑤ 蕉岭新铺的天后宫在石窟河边，福岭村石鼓潭南的河堤上，建于乾隆年间，道光十九年（1839）重修。该宫为

213

---

① 梅州《嘉应客家文化》主编林作尧口述。时间：2017年7月20日下午，地点：梅江区政府政协会议室。

② （乾隆）《嘉应州志》卷八《杂纪部·寺庙》。

③ （道光）《长乐县志》卷五《坛庙》。

④ （嘉庆）《大埔县志》卷七《寺观志》。

⑤ 《大埔文史》第15辑，大埔县政协文史资料委员会，1997年。

硬山顶式，二进堂宇结构，用花岗岩石条砌成，门楼为牌楼形制，建筑面积约 250 平方米，结构完整。宫内有宣统元年（1909）护堤碑一块，另有民国时期堤围禁示三石碑和塘福岭行堤上启明灯会碑各一块，字迹模糊难辨。梅县西阳镇天后庙（圣母宫）位于西阳镇，地处梅江河畔，对面为客运渡口。

丰顺县𣲖隍天后圣母宫位于𣲖隍镇庵堂埧，慈祥外街韩江岸旁。始建于乾隆乙酉五十四年（1789），该宫临韩江而建，右侧有石阶直达韩江，左侧门外是𣲖隍镇墟旧街，宫正面有近 20 平方米的门坪，为麻石板铺砌，1987 年由乡贤集资重修，重修后的天后宫镶有玫瑰红色的瓷砖、金黄色的琉璃瓦。天后宫所在的𣲖隍镇史上曾为揭阳县治，历史悠久，千余年来，均是丰顺县东南部的经济、文化和商贸交流中心，圣母宫地处𣲖隍镇旧街墟，周边商铺林立，旁边是具有重要商品集散功能的码头。

松口镇天后宫规模为梅州之最，松口是梅州最大的乡镇，历来一直是梅州地区最为繁华之地，有"自古松口不认州"[①] 之说。松口镇天后宫为三堂两横围龙屋式结构，占地 360 平方米，门前有斗方与门楼，始建于乾隆二十年（1755），由"绅耆士庶鼎建"。20 世纪 40 年代因建松口梅东桥而遭到拆毁，70 年代改为镇工艺厂。

4. 作为玉皇大帝母亲的天后

据成国涛在兴宁叶塘镇的调查："我镇的天后神，据说是玉皇大帝的母后，所有的神庙都有供奉，这是我们客家人为了保佑一家老少平安，一年四季顺顺利利而设立信仰的神庙。信仰活动的时间不定，一般一家人至少一年要信奉一次，时间一般在农历十二月二十五日至三十日。届时，人们带上事先准备好的猪肉、鱼、鸡、饼干、酒和茶等祭品，到庙里供奉，烧上几束香、烛。祭奉时口里念保佑平安之类的话。祭奉在平时也有，这主要是有什么事，像小孩生病、大人外出等，为的是能使小孩平安无事、亲人外出平安。"[②]

5. 作为儿童保护神的天后

据温伟金的调查，在兴宁县罗岗镇，很多宫庙均供奉有天后神，乡民认为天后是儿童的保护神。"我镇的天后神，在大多数庙宇均有供奉，认为其能保佑小孩子（比如把小孩"卖"给天后供养，叫天后为妈，认为这

---

① 意为松口由于历史上水运便利，顺江而下可至汕头，为粤东地区商贸集散重镇，因此直至民国时期其经济水平都超过州治所在嘉应州，故云"自古松口不认州"。

② 成国涛：《兴宁叶塘镇三变村天后庙的由来及信仰活动》，房学嘉主编：《岭南乡土闻见录》，嘉应学院客家研究所，2004 年，第 115 页。

样小孩就会少病痛，不会夭折），信仰活动与一般的祭神差不多，但卖给神带养的小孩，祭祀时有许愿，保佑小孩乖，健康成长，一般在小孩有成就时（比如升学、结婚、生子等）要还愿报答。"①

6. 有关天后的祭祀活动

（1）天后作为配祀神参与社区的游神灯会与求雨巡境等仪式。松口每年元宵均要举办灯会，时间从正月半至三月半，共两个月。此处灯会的"灯"指花灯。灯在客家方言中是"登"与"丁"的谐音，意指登高、高升或"丁"口繁盛。清人饶轩在《饶氏宗祠点灯碑记》释曰："灯者登也，登进士之兆也，丰登之像也，又俗以灯为丁，盖火旺而丁发矣。"至于花，也别有含义，据地方长老李通华说：花指花树，人类生育、传宗接代如开花结果。所以人的诞生、入花园、出花园之俗均是人生礼仪之一。举办灯会之目的就是希望宗族兴旺发达。松口元宵举办灯会时，会同时举行迎神活动，由地方绅商邀请社区的神灵到松口柴墟坪受供。迎请的神灵主要有五尊：五显宫公王、王显宫公王、王镇宫公王、天后及关帝，有时也迎请市区外甘露亭的仙圣老爷、元魁塔下的财神老爷。如遇天旱，迎请的神灵更多，祥云宫、王济宫、王明宫、金盘宫、汉帝宫、月伴宫的公王都会被抬到柴墟坪王镇宫附近搭厂供奉。各宫神灵先在所辖区域巡境，然后才送往柴墟坪，之后会送到有关福首家或一些店铺受供，结束后再送回宫。公王出巡时，要在全墟镇各街各巷分段搭厂设祭。②

（2）天后生日庙会。兴宁、五华、梅县在县城都建有天后宫，规模宏大，平时就香火鼎盛，为农历每月初一、十五当地群众必拜之神。梅县天后宫，因设在程江河畔，是县内外船只停靠之地，所以为船家必拜之神。船装货出发前会去"许福"，祈求天后保佑一路顺风、平平安安。船运货回梅县，又去"酬福"，谢天后的护航。每年农历三月廿三日，上述三宫均会举办"圣母诞"，即天后生日庙会。

以五华"娘娘生日"庙会为例。该庙会是当地最有代表性的民间盛会。这一庙会于农历三月廿三日为"出巡"日，俗称"三月三天妃娘娘生日"。以下是报告人张泉清记述而且亲历的"天妃娘娘生日"庙会，③ 时间

① 温伟金：《兴宁县罗岗镇天后庙的由来及信仰活动记述》，房学嘉主编：《岭南乡土闻见录》，嘉应学院客家研究所，2004年，第119页。

② 房学嘉：《围不住的围龙屋：粤东古镇松口的社会变迁》，花城出版社，2002年，第200-202页。

③ 张泉清：《粤东五华县华城镇庙会大观》，房学嘉主编：《梅州地区的庙会与宗族》，国际客家学会、海外华人研究社、法国远东学院，1994年，第1-36页。

为 1949 年前，整个庙会历时三天三夜。

从三月廿二日开始，庙会的总理、首事集中于天妃庙，开始主持庙会，俗叫"起会"。起会除总理首事到位执事外，其余凡受雇的道士、吹鼓手、戏班、厨师等都必须按时到场，各就各位，各司其事。此外，一切发动工作，亦必须同时全部落实、兑现。其中最主要的是发动商民"彩花街"和发动善男信女组织锣鼓队伍、文艺队伍于廿三日跟随"娘娘出巡"。

"彩花街"就是用布幕把街道上空遮蔽，然后在布幕下挂上各种纸花、彩灯，把街道装饰得如花似锦；天妃庙前红灯（笼）高挂，红联张贴，庙内烛光辉照，香烟缭绕；庙门外空地上搭起的"笛棚"吹鼓手如期吹打；"天妃戏棚"的戏班按期开锣演戏。廿二日下午 2 时到 5 时左右做"日戏"；夜晚 8 时至 12 时左右做"上夜戏"。这种"日戏"和"上夜戏"皆演传统的《三戏周瑜》《水淹金山》《唐僧取经》等戏本，称为"正本戏"。午夜至天亮之前，则演调笑一类的小品，称为"下夜耍戏"。有一个不成文的规矩：日戏和上夜戏的"正本戏"，男女老幼皆看；"下夜耍戏"则为妇女、小孩所不宜，只许成年男人观看。因此，午夜之后，便是男人的世界。

庙会期间要组织善男信女在天妃神坛前上表抽签产生下届庙会的主持者——首事，俗称之为"拈首事"。上表的程序是：凡上表者，先到总理处领取"表文"并交纳"上表费"，然后把"表文"交与道士，并在道士引导下开始"上表"。开坛时，上表者必须亲自点烛燃香，跪于神前，道士则"敲当"朗声念诵表文，当念至信士某某某（上表者姓名）时，上表人必须叩头表示虔诚，而整篇表文念完时，上表者则应"三叩头"表示祈求之诚心。最后道士将表文连同"纸宝"一并焚于神前，并得一"称告"，表示天妃已允诺上表人祈求。紧接着上表人起身走近神前"斗"中抽签，如果抽出的"红签"纸上写有"首事"字样，那么这位上表人即当选为下届庙会的"首事"。

上表从起会至庙会结束前均可进行，不论街道商民或近城乡民都可参与。上表仪式结束后，上表人可随时在庙会即席就餐一次，叫作"坐流水席"。

庙会最重要、最庄严的仪式是抬着天妃神像和神位牌往各条街道巡行，因此十分隆重。神童是天妃神的化身，所以在举行庙会时，她应在"落童"状态下坐着刀床轿、钉床轿紧跟在神位牌后参加出巡游行。首先，执事们把天妃神像、神牌从庙中"请"出，置于无篷的"天轿"上，再摆好阵容，按序出发。由于簇拥队伍来自四面八方，且人数众多，因此，行进速度非常缓慢，往往从上午10时至下午4时左右才能结束。天妃出巡时各街道、各行业组织的大小锣鼓班少则几十人，多则上百人，足见天妃出巡声势之大。

从五华"天妃娘娘庙会"的仪式过程如商家参与"彩花街"布置、首事资格的获得、神戏演出、庙会宴席乃至出巡阵容可以感受到浓郁的商业气息，同时，天妃娘娘庙会也带动了当地商业的兴旺，因此才得到了附近商家的踊跃参加，并乐于资助庙会活动。庙会期间就是传统社会一次盛大的商贸交流盛会，各个商号各自展开自己的营销手段，从中获利。

五、观音信仰

在梅州，观音的供奉之处有私人房舍中的神龛，围龙屋的观音棚、观音厅，路口神坛或寺庙。既有单独受供奉的，也有作为主神或配祀神受供的。

（一）围龙屋内的观音棚、观音堂等

1. 松口梁氏宗族在大塘村百寿楼设有观音棚

百寿楼为三堂二层楼加一棚屋结构，观音堂设在该楼二楼中厅。据族人梁瑞华说，"文革"时观音堂塑像被毁，1980年以来，族人又集资将其修复。重新升座的观音堂内有一大神龛，龛上有一排神位及香炉，摆设一如神庙。观音神位在神龛正中，左右两边还供着关帝、玉皇大帝、尊经老爷、仙师老爷、法宏三叔祖梁公、地母娘娘。[①]

2. 松口李氏宗族在仁寿里下店村的仁寿楼设有观音棚

仁寿楼为三堂四横前两层后假三层的方楼建筑。中堂为三层楼式，观音棚设在三楼的中厅。观音棚为一长条神龛，紧靠正面的祖宗墙。棚里的神龛中间为观音，左右两边分别为九子观音与财神爷。据族人介绍，仁寿楼的观音棚，其作用几可代行社区的大庙之责。报告人说，平时祈福，村民大都到附近的五显宫上香祈愿，但如果向神明烧香得到圣诰允准，也可到仁寿楼观音堂举行仪式。[②]

仁寿楼观音棚的观音像造型为抱子观音，木雕鎏金，后面有光环，观音棚有专人负责管理。该管理人是潮州人，3岁被卖到此，一直在管理观

---

① 房学嘉：《围不住的围龙屋：粤东古镇松口的社会变迁》，花城出版社，2002年，第83－84页。

② 房学嘉：《围不住的围龙屋：粤东古镇松口的社会变迁》，花城出版社，2002年，第84页。

音棚,供奉观音娘娘。观音棚为建仁寿楼时所安设。"土改""文革"时均有人要毁掉观音像,但都被管理人藏起来了。为何把观音棚设在三楼之中厅,据李氏族人说,观音棚在整座屋最高位,在此安放观音,意为尊贵。凡有神诞日,村民就到此聚会。族中有专门的观音会,届时会员出一些钱,凑斋盘在观音棚聚餐。每年农历二月十九为观音生日,是时会员备办斋盘、水果等敬奉,仪式结束后就在该棚起炉子蒸萝卜圆、芋圆或炒粉、炒面等聚餐。参加者不分男女,旧时主要为本屋村民,近年来也有其他各屋如附近的邱、陈乡民参加。凡参加聚会者,每人交会费3元、5元不等,供是日香烛油灯之资。①

3. 李氏宗族在光德里镇郊村的石柱堂观音棚

石柱堂为两层四进三堂两横建筑群,在围龙屋外面是天街,天街过去靠右边另有一列二层楼的建筑,其中二楼的中厅设有一个观音棚,面积约25平方米。20世纪80年代以来,族人已对观音棚进行了两次重修,其中1995年规模最大,几乎使占地面积增加一倍,构式如一座神庙,显得更加壮观神圣。棚里不仅供奉着观音,还供着天神与谭公仙圣位。族人与观音棚的关系密切,除了观音诞以外,在农历每月的初一、十五及重要节日都要到棚祭拜。为使这一活动组织化,族人还将一年的时间按各房分配到户,每家侍奉一至两天。平时点香即可,但初一、十五要求有斋盘祭敬,敬奉后的水果、糕饼、糖等要分发到全屋各家各户。②

4. 梅州市东郊张氏留余堂的观音堂

梅州市东郊的张氏宗族是当地的强宗大族之一,在东郊分布着众多的祠堂与围屋。其中留余堂位于梅城东郊三坑口,在嘉应学院的校园里面。该屋为张氏十六世祖应谦公建于1827年。留余堂设有观音堂,供奉观音菩萨,留余堂裔孙祭祖时也要祭观音菩萨,通常夫妻两人,男的祭祖先,女的祭观音菩萨,也可祭完祖先再祭观音菩萨。因为观音吃斋,所以祭观音一定要用斋盘。③

5. 丙村温氏仁厚祠的观音棚

仁厚祠位于梅县丙村镇,由温氏宗族十二世先祖斯润创基,为一座具

① 房学嘉:《围不住的围龙屋:粤东古镇松口的社会变迁》,花城出版社,2002年,第84-85页。

② 房学嘉:《围不住的围龙屋:粤东古镇松口的社会变迁》,花城出版社,2002年,第85页。

③ 李小燕:《梅县东郊张氏宗族发展史与祭祖习俗》,《客家研究辑刊》2002年第1期,第41页。

有600多年历史的宗祠与居民屋合一的围龙屋，由祖公厅、堂屋、围屋、横屋、斗方及水塘组成。现已到二十七世。20世纪末全祠曾住约400名族人。祖公厅为正厅，正中的大神龛中供奉着祖宗牌，左侧有一个约2米多高的棚供奉着观音菩萨。在祭拜时，"一视同仁，不厚此薄彼"。族人对观音菩萨有着特殊的感情。族中流传有一则关于祖婆与观音的传说：

> 据传十一世老祖婆，长得很有姿色。一次在路上遇一队福建来的"贼兵"，当即被抓去当压寨夫人，前后数年，并生有孩子。一天夜里，当她得悉贼兵要到很远的地方去打仗，估计短期内回不来时，遂决心潜逃。孩子怎么办？祖婆认为是贼子，不该留下，但带回去也无用，遂下毒手将亲生子掐死，然后只身偷跑出营寨向广东方向逃跑。家丁发现后便组织人追赶，老祖婆正当走投无路时，见旁边有几株长得又高又大的凤头树，便藏入其中。追兵至，不见老祖婆去何处，遂用枪枝向凤头树乱刺搜查。老祖婆腿虽被刺伤，但不敢出声。她急中生智抓起衣裙包住枪头将血迹揩去，待兵将枪头拔出，见无血迹，便放心地离去。老祖婆发现凤头树旁有一尊观音像，心想这次大难不死完全是菩萨保佑，遂将观音像藏于怀中带回家安放于祖公厅的神龛供奉，并早晚叩拜。可能是将亲生子掐死而良心受到谴责之故，老祖婆回家一直吃斋至老死。因此后裔称其为斋婆太。[①]

二月十八日为观音生日。这天大部分妇女用斋果、年糕、豆腐、米粄等作供品敬奉观音菩萨。

6. 兴宁市刁坊镇友恭堂内的观音厅

兴宁市刁坊镇墨池村卢氏宗族的友恭堂，相传为明代所建的大型"四角楼"式围龙屋。友恭堂花胎的右上角有一间观音厅，内供观音神位及天地诸神、文曲星等。每年农历六月十九日，村里人都来这里敬拜，在村里有一座庙，内供公太、婆太神位，每年正月十一日，凡是卢氏子孙都须前往祭拜，届时很多侨居海外的卢氏华侨也回来参祭。[②]

7. 围龙屋内未建一间专门的观音厅或观音堂，但有神龛或仅供神像

梅江区城西更楼下片的花园李屋开基于清朝初年，松口溪南李氏十世孝先公搬迁到此地。李氏"祠堂除了祖宗牌位，还有观音神龛，位于祠堂

①　温会娜：《梅县丙村温氏岁时习俗》，房学嘉主编：《岭南乡土闻见录》，嘉应学院客家研究所，2004年，第30页。

②　卢兴强：《兴宁市刁坊镇墨池村社会历史》，房学嘉主编：《岭南乡土闻见录》，嘉应学院客家研究所，2004年，第89-90页。

右上方，从祠堂的龙门入去，正对着的是五方龙神位"。①

兴宁县宁中镇的"颍川堂"大陈屋，靠矮坡岭而建，呈半圆形，共有两层，中堂有上、中、下三个大厅。屋后建有山神、谷神、土地神等神庙，围龙屋的大厅两侧各供有祖先像、观音像等，逢年过节的时候，这些神像前总是摆满了各种各样的供品。②

（二）观音庙

1. 兴宁先声村的观音庙

据骆艳珍的调查，兴宁市兴陂镇有两座观音庙。该村以陈、戴、黄姓为主，两座庙一座建于1979年，另一座建于2000年。建于1979年的叫观音殿，位于先声村西部一高山顶上，邻近五华县。观音殿的创建在当地有一感人的传说：

相传有位年近花甲的老太婆，只有一个女儿与她相依为命。有一天女儿患了重病，由于家里贫困既没有钱，也没有可以当卖的值钱的东西，只好眼睁睁地看着女儿被病魔折磨。看到女儿因痛苦而呻吟，老太婆心里难过极了。她到处寻找治病的方法。听说山上有一种草药可以医治女儿的病，于是她在天还未亮之时就拖着一副皮包骨，撑着一支拐杖，跋山涉水来到先声村西边的这座高山上，但到处寻遍均未找到。由于一天的劳累和饥饿，老太婆晕倒在山上。在迷迷糊糊中，有一位仙姑从天而降，看到老太婆为女儿的病置自己的生命于度外，千方百计为女儿寻草药，仙姑非常感动。她用手里的仙水一洒，老太婆身边都长满了她要找的草药，并且身上的疼痛与疲惫均消失了，身体变得异常轻松，仿佛年轻了很多。当老太婆醒来时，仙姑不见了，只剩下两块镜子在地上闪闪发光。老太婆将草药采回去，她女儿的病很快治愈了。

乡民们感恩仙姑的相助，就在山顶上建了一座观音殿，每逢庙会或法会，善男信女都会到殿里上香、祭拜，求签许愿酬福，祈求合家平安，无病无痛，消灾驱邪。③

---

① 李锦超：《梅江区城西花园李屋社会历史》，房学嘉主编：《岭南乡土闻见录》，嘉应学院客家研究所，2004年，第64页。

② 陈仕霞：《兴宁客家民俗调查》，房学嘉主编：《岭南乡土闻见录》，嘉应学院客家研究所，2004年，第69页。

③ 骆艳珍：《兴宁市兴陂镇先声村社会历史》，房学嘉主编：《岭南乡土闻见录》，嘉应学院客家研究所，2004年，第102－103页。

而 2000 年新建的庙宇则位于先声村的北面，在半山腰上，名为慈姆殿，主神是观音，是与西边的观音殿相呼应而建的。这两座庙宇作为先声村的两位庇护神，是镇先声村之庙。每到节日，这两座庙总是灯油、香火旺盛。

2. 兴宁市刁坊镇的观音庙

位于兴宁市刁坊镇的鲤鱼村，因有一座鲤形围龙屋而得名。村右有一座小庵，名为"生云宫"。庵里有且仅有一位神明——观音大师，居庵内正中央。庵内无僧人、尼姑，也无道士，只有一位村民专职打扫。平时香火稀少，但到了每年的三月十九日、六月十九日、九月十九日有集会朝拜之习俗。朝拜后众人聚餐，随后捐钱捐物，同时会请来几批僧人到场念经，为全村祈福。①

3. 梅县南口的观音宫

南口侨乡、益昌历史上有三个观音宫。一是位于益昌虎山村，人称虎山观音宫。据说是刘姓祖先从潮州偷来的，但过不了某个关（具体什么关不详），刚好下大雨，于是蒙混过关，把它放在刘姓祖屋旁。传说这个观音很灵，原来是一个小神坛，现已毁弃。二是位于山高水长的山嘴上，是从南口墟培南书院的观音堂搬迁过去的，1943 年大旱，请觋公抬观音出巡求雨。三是位于侨乡大塘肚村，也是一个小神坛。②

4. 平远县仁居镇大塘肚村的观音庙

据许冬红的调查，她的家乡——平远县仁居镇大塘肚村有座小庙，立于村口。里面供奉的是观音娘娘，两侧站着两个童子，初一、十五都有人去烧香。小时候墟日要去赶墟就要经过村口，大人总要小孩子给观音娘娘磕头，大人们也双手合十念念有词，不外乎是保佑大人小孩平平安安。大年三十的早上则来祭祖和祭相公爷爷、天地神明、观音娘娘、太阳公公等。这一天看谁起得最早，最早起来祭的人就会得到众神的特别保佑。③

5. 五华县华城镇清溪村的观音庙

据何芳的调查，清溪村有一个庙宇，大概是清朝时候建的，处于村子的中心，主神有两个：一个是华光大帝；一个是观世音菩萨。华光大帝殿

221

①　刁宇峰：《兴宁市刁坊镇鲤鱼村社会历史》，房学嘉主编：《岭南乡土闻见录》，嘉应学院客家研究所，2004 年，第 93 页。

②　周建新：《梅县南口镇宗族社会、墟市经济与庙宇神明》，周建新等著：《民间文化与乡土社会：粤东梅县五大墟镇考察研究》，花城出版社，2002 年，第 141 页。

③　许冬红：《平远县仁居镇大塘肚村的社会历史》，房学嘉主编：《岭南乡土闻见录》，嘉应学院客家研究所，2004 年，第 125 页。

先建，建好后由于村中的人都信观音，又在其殿旁边修了一间，塑了观世音的佛像，与华光大帝一样拜祭。逢初一、十五有人去上香。考大学的学子也会在百忙中抽出时间去上香，祈求自己能考上理想的大学，这已成一个惯例了。①

在五华县的其他村落也有观音庙，如五华县安流镇低坑村，"村里有一祠［庙］堂叫观音堂，坐落于千古城门外之东山，是朝东四座之一。观音又居四堂之巅，正厅设座像及神位牌。庙后修竹成荫，置身其中，如入仙境"②。

（三）观音信仰与民俗仪式活动

1. 祭拜观音

在丰顺县丰良镇过春节时，除夕当天下午3点左右要祭拜观音。据杨名悦的调查，当地主要拜观音。"听老人说，观音娘娘年年保佑我们平平安安，岁岁保佑我们风调雨顺。所以，我们应该感谢她老人家。祭品主要就是三牲，如猪、鸡、鸭、鱼等，以及水果之类的。当然还有少不了的就是庆祝用的鞭炮了。祭拜的时候按先到先排的顺序在大厅中央分成两排，每户人家到后都要先在观音娘娘的神像前上香。上香时先向她拜三拜，接着就是到其他神位前上香，如土地伯公、门神和神灶君等。大约半个小时后开始烧纸，接着是放鞭炮。"③

除了春节祭拜观音，也有神明生日或初一、十五祭拜的。在大埔县梓里村的南边即村庄的入口处，有很多庙宇，主神是公王、财神、观音娘娘，"每年都有很多神明的节日，每逢神明节日，那些善男信女就会提着香烛、果品前去拜供。那些庙宇每天都有人去点灯，每逢初一、十五都有人去拜"④。

2. 兴宁坭陂合湖围子坝观音大游行

在兴宁坭陂合湖围子坝，"九月十八"是该村最为重要的节日，这一

① 何芳：《五华县华城镇清溪村的社会历史》，房学嘉主编：《岭南乡土闻见录》，嘉应学院客家研究所，2004年，第149页。

② 李柳青：《五华县安流镇低坑村的社会历史》，房学嘉主编：《岭南乡土闻见录》，嘉应学院客家研究所，2004年，第176页。

③ 杨名悦：《丰顺县丰良镇春节习俗》，肖文评主编：《岭南乡俗调查》，嘉应学院客家研究所，2004年，第162–163页。

④ 范惠文：《大埔县梓里村社会历史》，房学嘉主编：《岭南乡土闻见录》，嘉应学院客家研究所，2004年，第223页。

天来的客人是一年中最多的，就是过年也不能相比。当日除了饱餐一顿外，还要举行一个盛大的活动——"观音大游行"，目的是敬观音，祈求丰衣足食、生活平安。具体程式如下：人们组成百余人的游行队伍，队伍中人们各司其职，由抬、跳、逗、吹四部分组成。抬——打头的几个人负责抬轿，轿里坐的是观音像，有4个用四方桌面抬几个小孩的景；跳——一大群跳着各种怪舞的人；逗——是一些衣着古怪、装扮夸张的"小丑"，是为了逗引路边的观众，特别是小孩子。最后面的则是十来个吹乐手和随游的一大群人。游行队伍中人们均穿着花花绿绿的服饰，化装怪异，有些戴着面具，小孩则个个涂上胭脂。游行者抬着观音像历经几条长长的乡道，最后将观音像抬回原处。①

3. 酬神演戏

在五华县硝芳镇，每年都有酬神演大戏活动。"我们那边人们都舍得花钱的就是庙，每隔一段距离，便有包工头承建寺庙。正月十五那天，我们那个村很热闹，那个村的观世音生日，下午，当事人（听说她挺灵的）和一大帮'总理'（听说是观音菩萨指名出来做理事的）、老人从观音庙把南海观音请到一处很开阔的地方，在那里请人表演大戏，人们可以在那边祈求幸福，做大戏三天三夜，很隆重。"②

4. 做会

据温伟金在兴宁市罗岗镇的调查，该镇客家人主要崇拜的神有观音、玉帝、社官、土地、公王等。其中观音是最受人们尊敬的神，传说中，她是一位大慈大悲能应各种化身救众苦难的菩萨。观音生日，在农历二月十九日，彼时善男信女们到附近的观音面前朝拜，升挂花灯，求事许愿，有"总理"向人们捐钱集资、主持。人们聚在一起订席、吃斋饭，俗称"做会"。有些则在自家厅下门口摆桌、祭拜，可算是祭拜中最隆重的活动。③

5. 丰顺县建桥镇建桥围观音宫的做会与祈雨

丰顺县建桥镇南面有观音娘宫一座，名"云峰寺"，供有全乡神祇。观音会在每年农历二月十八日，善男信女都到观音娘宫（即"云峰寺"）烧香祈求菩萨保佑，进香期间均戒杀生、食斋。在观音娘娘面前念佛，能

①　范明中：《兴宁坭陂合湖围子坝习俗调查》，肖文评主编：《岭南乡俗调查》，嘉应学院客家研究所，2004年，第59页。
②　温美娟：《五华县硝芳镇的民情风俗》，房学嘉主编：《岭南乡土闻见录》，嘉应学院客家研究所，2004年，第190页。
③　温伟金：《兴宁市罗岗镇民俗节日略谈》，肖文评主编：《岭南乡俗调查》，嘉应学院客家研究所，2004年，第71-72页。

消灾免难，祛病延年，家庭吉庆，四季平安。有的善女念出声："阿弥陀佛，愿生西方净土中，九品莲花父母，花开见观音佛悟无生，广度一切诸含识。"念完三拜，以表观音娘娘之诚心。这一天观音会，凡参加庙会者均可获得"米堆"（油炸糯米果）。①

观音为建桥镇全乡信奉的神祇，据说求晴祷雨，消灾降福，所求极为灵验，乡人拜祀不绝。据民国《丰顺县志》载："祷雨，则注水盈缸内，插柳枝拜，必用草席侯雨露足酬神。"祷雨（即"祭"雨神）群众向寺献植物油、香表等礼物，寺主持设坛场，诵佛经（尼姑5～7人）。请祭官（村中长者），具告文表帛香酒，到寺者斋戒。主持手持柳枝洒扬陶罐法水，念佛经走过各神祇，运用法力完毕。祭官就位，行三跪九叩礼，后拜读告文。所祭雨神，并非一个，有城隍神、山神土主、海龙王等神祇。告文荐请诸神临轩，降甘霖，济禾稼，病虫远化，秋收有望，万事亨通。祭仪后尼姑诵佛经，群众叩拜观音娘娘，最后烧纸，祷雨祭仪结束。②

6. 五华县华城镇观音信仰与端午吃三角粽

在五华县华城镇，每年端午节都要吃三角粽。其缘由是：相传，观音本是漂亮的民间女，由于生性善良，不杀生，不吃荤，专为善，所以被西天如来佛祖超度为长生不老、救苦救难、普济天下的观世音菩萨。1949年以前，华城民众家家户户几乎都安上她的神像并常年敬奉，即缘出于此。据说，观音于每年农历五月初五这一天，同邀天上的福、禄、寿三星翁同济众生，所以民间百姓都在这天做出三角形的斋粽专门敬奉娘娘，故三角粽又称娘娘粽。三角粽外形看上去极似天上星星，"三角"则象征福、禄、寿三星。直到现在，华城人过端午节，仍沿俗吃三角粽。③

六、其他女神信仰

梅州还有一些女神庙，如据林清水的调查，在蕉岭县新铺镇与徐溪镇，不仅有仙人叔婆与天后信仰，还有四姑、朱姑、何仙姑、仙花娘娘等女神信仰，并建有相关宫庙。在丰顺县九河村则建有阿娘宫，供有"慈悲

---

① 文衍源：《丰顺县建桥镇建桥围的宗族与民俗》，房学嘉主编：《梅州河源地区的村落文化》，国际客家学会、海外华人研究社、法国远东学院，1997年，第208页。

② 文衍源：《丰顺县建桥镇建桥围的宗族与民俗》，房学嘉主编：《梅州河源地区的村落文化》，国际客家学会、海外华人研究社、法国远东学院，1997年，第214页。

③ 张泉清：《五华县华城镇民俗杂录》，谭伟伦主编：《粤东三州的地方社会之宗族、民间信仰与民俗》（下），国际客家学会、海外华人资料研究中心、法国远东学院，2002年，第588页。

娘娘"。

1. 四姑宫

在北方管理区的樟坑里，东为四姑嶂，北为石峰径。该宫为佛宫，约建于清同治年间，一度关门，现已开放，附近住有赖、彭、陈、黄、曹、张等175户600多人。据《镇平县志》第42页载：南为四姑嶂（离城50里），以四峰突立得名，嶂之麓有石室宽三丈，旁有石扉，里人传闻有四女往来，于是构庵塑像祀之。①

2. 黎公宫

宫在南山管理区田背岭西的田段中，宫门逆向石扇河水，约建于明万历年间（1573—1620），一堂一横屋，奉黎公朱姑，曾住斋妇，与金沙黄虞村陈姓隔石扇河相望，林陈两姓人常进香，毁于1958年。② 黎公朱姑究竟是谁已难以考证。

3. 玉仙宫

玉仙宫在高乾管理区何屋南面的徐溪河东岸，建于清末，内有神龛，供奉何仙姑木雕神像。旧时，逢年过节，村人敬祀，春许福，冬完福。四月初六、九月初六是两度接公王的日子，格外热闹，宫外余坪搭台演木偶戏。何家人奉为家神，称何仙姑婆，"文革"时，神像被人断臂，信女星夜转移他处保存，玉仙宫被拆毁。1985年，旅港同胞捐资重建玉仙宫，神像厅堂更加堂皇。

4. 仙花宫

该宫在东岭管理区大坝的徐溪河东支流边，门向溪水，内供"仙花娘娘神位"，吴姓人非常崇拜，认为她是吴氏祖宗的保护神。据传东坑尾吴姓开基祖东轩公之子吴葵我，官名宰，明万历（1573—1620）岁贡生，任临武、修水知县，永安知州，称"两县一知州"。某年黄昏，他坐船赴任，船靠岸停泊在一座小山岗下。忽然有一妇人从对面山上下河汲水，大喊船家"船不要停泊在那里"，船家不理。那妇人一再呼喊，船家听多了，虽不解其中原因，也只得把船移到上游的宽阔地带。当晚，雷电交加，大雨滂沱，河水暴涨。天亮后，吴葵我起身，出船头观望，一看吃惊，只见原来停船处山崩坡蹋，河已成丘。心中暗想：若不是那妇人呼喊，船停该处，必然丧生。为感谢那妇人指点幸免一死之恩，便下船上山寻找恩人。

---

① 林清水：《蕉岭县新铺镇徐溪镇民俗》，房学嘉主编：《梅州河源地区的村落文化》，国际客家学会、海外华人研究社、法国远东学院，1997年，第228页。

② 林清水：《蕉岭县新铺镇徐溪镇民俗》，房学嘉主编：《梅州河源地区的村落文化》，国际客家学会、海外华人研究社、法国远东学院，1997年，第230页。

可是踏遍山头竟无人影，只见一座破庙。吴葵我进庙见一神坛，上书"仙花娘娘神位"。他想这是神明保佑，于是点香膜拜，感谢救命之恩，带着仙花娘娘的香火赴任。以后又在家乡大坝建一"仙花宫"纪念，过去香火极盛，今又由村民修葺一新。[①]

5. 阿娘宫

阿娘宫，又称阿娘庙。该庙位于丰顺县九河村上围自然村后面的一个小山冈上，现已不存。据报道人讲，阿娘宫规模较小，相当于一间房子大厅大小。庙内有一神龛，神龛内供奉有神像。据说供奉的是慈悲娘娘，进庙烧香的一般是女性，每个月的初一、十五都去拜。平时有谁家中遇到小孩生病或者妇人生孩子，家人也会去拜，祈求慈悲娘娘保佑小孩平平安安、顺顺利利。不过信徒并不普遍，只有上围村民去拜，而与上围一河之隔的下围村民并不信奉。[②]

6. 冼夫人信仰

冼夫人是梁陈之际广东少数民族的巾帼英雄，对南粤的保卫和开发贡献极大。梅州城区江北的静福庵中供有冼夫人像。静福庵位于金山街道办事处金山顶下，建于明朝时期，距今已有五百多年历史，是两层廊柱结构，青瓦飞檐，占地约一千平方米。在绿树丛中，显得非常静致。静福庵是当地人崇祀冼夫人的祠宇，每年的四月八日浴佛节及其他庙会时，四方的信徒均会去上香朝拜。春季祈福冬季完福法事活动也非常盛行。另外，静福庵还是当地香花佛事盛行与传承的一个庵庙，四周民众有家人去世时，若需为其请僧人做斋超度亡魂，但因住套房，场地不便，或因距围龙屋的老家太远时就会选择到静福庵做斋，因此静福庵现在是香花佛事的一个传承中心。

7. 七娘信仰

在丰顺县城关虎头山下，世纪新城区东侧，有座建于明隆庆三年（1569）的七娘庵，又称七圣庙。庙内供奉有玄天上帝、王母娘娘等神像，左侧殿供奉着七尊女神，称七圣娘娘。据民国《丰顺县志·胜迹二》的记载："七娘庵，在邓屋寨山上。明隆庆三年西蜀人总兵郭成建。亦称七圣庙。按：七娘，凡守猎者皆祀之，故近山村落多七娘宫，亦称七圣仙娘，

---

① 林清水：《蕉岭县新铺镇徐溪镇民俗》，房学嘉主编：《梅州河源地区的村落文化》，国际客家学会、海外华人研究社、法国远东学院，1997年，第230页。

② 宋德剑：《丰顺县隍镇九河村宗族社会与民俗》，谭伟伦主编：《粤东三州的地方社会之宗族、民间信仰与民俗》，国际客家学会、海外华人资料研究中心、法国远东学院，2002年，第80页。

所猎野兽必祭之。而七娘、七圣之祀，实始于郭成。"由此可见，七娘是护佑猎人的狩猎之神。

但根据当地的传说，七娘曾在明代的战事中显灵佐佑郭总兵剿灭贼兵。传说曰：

> 明隆庆三年，郭成松总兵追剿贼寇至丰顺八乡小滩。不知贼之去向，幸遇七位妇人指引，遂将贼剿灭。为报答指引之恩，郭总兵选址建庙，并命名为七娘庵。[①]

至今七娘殿仍有一副对联佐证："娘子足称军，自昔现身曾说法；婆心能济世，如今聚首并行人"。

8. 谢圣仙娘信仰。

在五华县双华镇大陂村高山寨，有一座建于明代的英烈庙，该庙是当地民众为祭祀敕封英烈相女谢二妹（人称谢圣仙娘）而修筑的。相传谢圣仙娘是位智勇双全的女头领，曾在双华大径、军营一带与张、毛、李三都司抗争，靠群众和智慧打了许多胜仗。庙的附近留有仙娘练武的谢家祠、梳妆打扮的丝线缠石、攒报军情的铜锣石、三都司下棋的棋盘石等[②]

小　结

从以上的叙述可看出，梅州具有丰富的女神崇拜，包括九子圣母、仙人叔婆、水母娘娘、天后、观音、四姑、朱姑、何仙姑、仙花娘娘、慈悲娘娘等。在此不妨将以上女神的供奉地点、主要职能与祭拜活动等列成于表4-1：

表4-1　梅州女神的供奉地点、主要职能与祭拜活动简表

女神名称	供奉地点	主要职能	祭拜活动
九子圣母	兴宁县宁中镇	生育神、儿童保护神	拜满圆（还福）
仙人叔婆	蕉岭县新铺镇	水神	起福、完福、巡街驱邪
仙人叔婆	梅县畲坑	河神	七月十五日祭祀

---

① 管雅：《梅州宗教志》，梅州市民族宗教局，2018年，第283页

② 管雅：《梅州宗教志》，梅州市民族宗教局，2018年，第289页。

（续上表）

女神名称	供奉地点	主要职能	祭拜活动
仙人叔婆	梅县松口黄氏宗族	宗族福神	族人出门时祭拜
水母娘娘	梅县南口益昌村	儿童保护神	二月初九起福念经
天后	大埔县湖寮林姓、梅江区城北林姓	祖神（称天后为姑婆）	天后生日或年节祭拜
天后	大埔个别村落水口	水口保护神	不详
天后	梅州城区梅江与程江交汇处、五华县城、兴宁县城、大埔茶阳、蕉岭新铺、梅县西阳、梅县松口、丰顺隭隍等沿江处	水神	松口有元宵灯会、天旱巡境求雨；兴宁、五华、梅县等地在天后生日有隆重的庙会活动
天后（玉皇大帝的母亲）	兴宁叶塘镇	保平安	年尾祭拜
天后	兴宁罗岗镇	儿童保护神	许愿还愿
观音	各姓围龙屋内的观音堂、观音棚与神龛等	宗族保护神、生育神、儿童保护神	初一、十五烧香；年节上香；祈福、许愿；二月十八观音做会
观音	兴宁市先声村观音殿	村落保护神	求签、许愿、酬福
观音	兴宁市刁坊镇生云宫	不详	做会、祈福
观音	梅县南口观音宫	村落保护神、儿童保护神	巡境求雨
观音	平远县仁居大塘肚村	村落保护神	初一、十五上香
观音	五华县华城镇清溪村观音庙	保平安	除夕拜观音

228

（续上表）

女神名称	供奉地点	主要职能	祭拜活动
观音	兴宁市坭陂围子坝	不详	九月十八观音大游行
观音	五华县硝芳镇	不详	酬神演戏
观音	兴宁市罗岗镇	消灾救苦	二月十九升灯许愿、做会
观音	丰顺县建桥围观音宫	全乡福神	二月十八做会、天旱求雨
观音	五华县华城镇	不详	端午做三角粽敬奉观音
四姑	蕉岭县北方管理区樟坑里四姑宫	不详	不详
朱姑	蕉岭县南山管理区田背岭西黎公宫	不详	不详
何仙姑	蕉岭县高乾管理区何屋南面	何姓宗族的家神	春许福、冬完福，年节敬祀
仙花娘娘	蕉岭县东岭管理区大坝的徐溪河东支流边	吴氏宗族的保护神	不详
慈悲娘娘	丰顺县九河村上围自然村	上围的儿童保护神	初一、十五祭拜
冼夫人	梅城江北金山静福庵	保境安民	庙会祭拜，春季祈福，冬季完福
七娘	丰顺县城关	狩猎神	不详
谢圣仙娘	五华县双华镇大陂村	保境安民	不详

229

从表4-1可看出，梅州的女神信仰种类繁多，既有本民族民系的女性神，也有外族的女英雄，如冼夫人是畲族的女首领。既有外面传来的佛、道教神明如九子圣母、观音、天后与何仙姑，也有本地形成的仙人叔婆、水母娘娘、四姑、朱姑、仙花娘娘、慈悲娘娘、七娘、谢圣仙娘等，其中本地创造的女神占了很大的比例，反映了梅州女神信仰构成的鲜明地方化特色。

在女神职能上也是地方化色彩深厚。众所周知，天后是海神，也是护航护商的水神，在梅州，除了天后，还有仙人叔婆与水母娘娘本地自创的女性水神。即使是同一水神，在功能上也有很大不同，如仙人叔婆在蕉岭新铺与梅县畲坑是水神，但在梅县松口是黄氏宗族的福神，是宗族的保护神。从天后的功能来看，除了以往学界论述的水神、儿童保护神，还有林姓宗族的祖神与作为玉皇大帝母亲角色的保平安功能。

上述女神的祭祀，最常见的是农历初一、十五或年节时乡民自行备供品去烧香祭拜，其次是春季祈福、冬季完福、许愿还愿、做会以及神明生日时举行的庙会活动，庙会又往往伴有演戏酬神与抬神游境驱邪的活动。个别神明还有天旱求雨、人死后做超度等法会仪式。

这些女神除了水神、狩猎神与地方保护神外，生育神与儿童保护神的功能比较突出，尤其是观音信仰。除了各县区所建的庙宇中供奉外，在梅州的数万座围龙屋中，设有观音厅、观音棚、观音堂或观音神龛的可以说是不计其数。这些围龙屋中供奉的观音，具有非常明显的助孕、护产、保赤的功能。梅州围龙屋大多在祖厅后面有花胎，这个花胎被乡民认为隐喻着女人的子宫，在上面铺就了密密麻麻的鹅卵石，比喻着宗族的万子千孙。不妨来看梅州松口官坪村黄姓宗族的炽昌堂花胎的相关论述：

炽昌堂又叫围子里，是一座典型的客家围龙屋，坐北向南，屋式三堂四横一围墙。围龙屋祖堂后面是花胎，花胎与祖堂间有一石坎，石坎中间正对祖堂神龛的中轴线处，嵌有五块不同规格的石块，既代表东西南北中五方，俗称五方龙神；也分别代表金、木、水、火、土五行，故又称这五块石为五星石伯公。官坪黄姓人对五星石伯公的作用解释说：它是专管妇人家专门保生育的，花胎是龟背形，象征女人的肚子，花胎上一颗颗的鹅卵石象征宗族的千子万孙。族人认为，保护好女人，就会生育很多子孙为宗族传宗接代，此观念从上祖代代相传下来。因此，五星石伯公是保佑宗族的希望所在，每年正月初一在围龙屋为诸神上香的第一炷香就插在这里。①

在丙村温氏仁厚公祠这座具有600多年历史的围龙屋中，其花胎全部用鹅卵石铺成。梅州围龙屋所供奉的观音大多在花胎的前面，其位置的选

---

① 房学嘉：《围不住的围龙屋：粤东古镇松口的社会变迁》，花城出版社，2002年，第76页。

择具有非常明显的目的性，那就是保佑宗族的顺利繁衍、人丁兴旺。因此每当新人结婚、媳妇怀孕待产、婴儿出生、孕妇与儿童生病时，做婆婆的总是会到观音前烧香许愿祈祷。

在梅州的女神信仰中，观音的地位特别突出，在一些乡镇，几乎家家供奉，每逢初一、十五均需烧香。钟佳华认为，梅州观音信仰比较突出与当地的经济生态相关。"信观音者，多为女性。原因大概与梅县地区的经济生态相关。盖客家男子多外出工作，尤其走南洋者多；家中之事例由妇女操之。"光绪《嘉应州志》："州俗土瘠民贫，山多田少。男子谋生，多抱四方之志，而家事多任之妇人，故乡中妇女，耕作采樵……无不任之……自海禁大开，民之趋南洋者如鹜……其近者则三四年五六年始一归家，其远者则十余年或二十余年始一归家，甚有童年而往，皓首而归者，则其出门之始，或上有衰亲，下有弱子，田园庐墓，概责妇人经理，或妻为童养媳，未及成婚，迫于饥寒，遂出谋生者有之。"[1] 在如此的生存状态下，烧香拜神正好为妇女们提供了光明且合法的出路。此亦解释了为什么客家地区的妇女特别相信普度众生的观音菩萨。正如地方人士指出："这也许跟客家妇女在封建社会所遭遇的苦难命运有关。以为菩萨会更同情和帮助妇女解脱苦难。"[2] 同时，通过"念观音"这种过程，妇女找到了倾诉的对象；并且，借着大慈大悲的观音菩萨的庇佑，保护丈夫早日赚钱回家、平安归来，妇女由此得到了精神上的寄托。对于那些欲逃避不幸的妇女而言，出家做斋嬷，观音宫亦为她们提供了庇护所。这些原因或多或少都解释了客家地区妇女普遍崇拜观音的现象。[3] 由此可见，女神信仰的盛行与梅州的经济生态状况、侨乡社会男子大多外出过番、照顾家的责任全部落在女子肩上有关。

第二节　河源临水夫人与天后信仰调查

天后（妈祖）信仰起源于福建莆田，她原是莆田湄洲的一个女巫，随着有关她的灵验故事不断被社会各界人士传播，她逐渐受到官府的重视，

　① 温仲和总纂：（光绪）《嘉应州志》卷八，成文出版社，1968 年，第 151 – 152 页。

　② 梅州市地方志编委办公室编：《梅州客家风俗》，暨南大学出版社，1992 年，第 87 页。

　③ 钟佳华：《梅县西阳镇宗族、庙宇与墟市》，周建新等著：《民间文化与乡土社会：粤东梅县五大墟镇考察研究》，花城出版社，2002 年，第 214 – 217 页。

从宋至清代，许多朝代都对她进行了封赐，成为备受航海（河）的水手与商人信仰的水上保护神，她的信仰圈也从省内跨到省外，从国内传播到国外。而临水夫人信仰则起源于福建古田县，后人通常把陈、林、李三夫人供奉在一起，称为"三奶夫人"，三奶夫人是助产保赤的妇婴保护神。天后与临水夫人信仰群体、作用功能、神祇地位及社会影响方面都有很大的不同。

然而，天后与三奶夫人信仰从福建传到广东东部客家地区后，却发生了很大的变化，乡民们常常把她们混同在一起。在粤东，人们把临水夫人称作"奶娘"，供奉她的宫观一般都是在天后宫。根据笔者在河源地区（包括紫金、龙川、连平、和平、东源等县）的调查，此地的天后宫供奉的并不是妈祖，而是三奶夫人。在供奉的神明上，绝大多数天后宫的主神龛都是妈祖居中，左边为李三娘，右边为陈靖姑，合称为"三奶娘"。当然也有一些特例，如河源的天后宫主神坛为李奶娘居中，旁边有陈、李姑婆（奶娘）与七姑婆，右神龛中供有李奶娘的母亲陈育彩娘娘及其两个结拜姐妹李来咏娘娘与李来娣娘娘。粤东天后宫的配祀神普遍为财神与土地神，个别地方配祀观音。新建的天后宫往往会配祀更多的神明。

本节将以笔者在河源的调查为主，重点论述龙川县佗城镇天后宫、紫金县紫金观天后殿、河源城郊天后宫（阿婆庙）的主祀神及信仰概况，从而对上述问题进行初步分析，以便人们了解天后与临水夫人从福建传到广东东部客家地区后，对她们的信仰发生了怎样的变异。

一、龙川县佗城镇的天后宫与天后、十二奶娘信仰

佗城是河源市龙川县的一个镇。龙川位于广东东北部，是一个山区县，地理位置相对偏僻，经济相对落后，但它在中国特别是岭南历史文化上占有极其重要的地位，是南越王赵佗的发迹之地，也是岭南历史上建制最早的一个县。佗城镇就是当时的县府所在地。北宋开宝四年（971），循州迁治龙川城，州治与县治并存达406年之久，三街六市齐全，交通方便，商业繁荣，为岭东政治、军事、经济、文化的重镇。它距离现龙川县城11公里，原称龙川城，又称"龙川旧基"，1941年为纪念龙川县首任县令赵佗，改名为佗城。

何福添先生对龙川全县129个自然村居民姓氏源流进行了调查，从调查情况看，各姓先祖多在宋末或明时从嘉应州或南雄、翁源、赣南迁来，其中元代迁入3姓，宋代迁入35姓，明代迁入32姓，清代迁入12姓。到现在，佗城镇人口不过5万人，据统计调查却有179个姓氏，仅有2 000

多人口的佗城村就有 140 个姓氏。据调查，在佗城某些村落、街区几乎家家不同姓。民俗专家认为这一现象在国内十分罕见。有记者在调查中发现佗横街 8 号共住有 8 户人家，分别有朱、沙、徐、蔡、黄、苏、陶和何 8 个姓氏，家家姓氏都不同。

佗城最初的天后宫有两座，据县志载：

> 天后宫：一在雷乡驿右，宋循守韩京创，前有介寿亭；一在东坝河泊所左，明永乐十九年建，隆庆辛未水源至惠，止一木悬钟，本县主簿邓继良携归众建，清乾隆十五年大水冲圯，邑众于乾隆十六年重建。①

雷乡指的就是佗城，雷乡驿右边的天后宫所指不详。而东坝河泊的天后宫就在今佗城南街天后宫位置上。南街与东坝只有一条护城河之隔。东坝是东江中的一个岛，与南门仅隔数十米。仅东坝就有 3 个集散货物的码头：上坝 1 个，下坝 2 个。明永乐年间天后宫的兴建显然与旁边东坝和南街商业的兴盛有关。

据县志记载，"小市街即东坝坊街，商贾最多，明嘉靖丁酉被水淹浸，贸易稍废，辛本被兵燹，辛未被水，民居荡折，古不可复"。②而天后宫所在的南门于东江航运未衰微之前也是个十分重要的商贸场所。东江上的船、排、竹木经过佗城南门的有很多，江西赣南、寻乌一带的竹排漂流到佗城，在南门集中后放到广州、香港、惠州等地。南门街上设有赣南站，赣南站相当于竹木批发商的汇集点，专门管理经营竹木。广州来的小百货在佗城上岸，也可到老隆，梅州、江西的盐及其他货物都是用鸡公车，或肩挑流通。在 1949 年前，南门有十多个集散货物的码头，有许多有钱的"行家"都在南门开店屯货，包括米、盐、火水（煤油）、粮、洋纱等货物。因此，1949 年前南门就像个小广州，非常繁华。③ 由于商业的繁荣，天后宫旁有一个很大的造船厂，旁边的东坝也有一个，当水上人家的船损坏时都会停留在此修补。1949 年前南门有造船厂，旁边的东坝也有个造船厂。

明代的天后宫是县主簿邓继良带动当地百姓修的，以后历经几次重修已很难考，现在的天后宫则是惠阳的刘东好女士筹建的。她在惠阳时常去庙中烧香，走了三十多个庵，有一天，梦中听庙里的神明说："这里有大

---

① （民国）《龙川县志·建置志》，岭南美术出版社，2006 年，第 453 页。
② （民国）《龙川县志·建置志》，岭南美术出版社，2006 年，第 418 页。
③ 笔者访谈资料。2010 年 8 月 6 日在佗城中山街访谈退休干部邹仕坚先生。

把的钱，大把的人，不需要你，有个地方只有烂庙需要你去。"于是听从神明的指引来到佗城找到天后宫旧址，1998 年开始筹建天后宫，2006 年才建好。大门内供有弥勒佛，大殿下厅右侧供韦驮。上厅正中神龛供天后与天后公，右侧神龛供十二奶娘。左侧神龛供观音老母。大殿左边有一小殿供奉着包公。从大殿正中的三个神龛供奉的神明来看，这是河源地区天后宫供奉三奶夫人的变异，三个神龛中也供着三位女神，但不像其他地方那样，供着陈、林、李三夫人，而是供妈祖、十二奶娘与观音，同时还供有妈祖的丈夫——天后公。

建庙人刘东好 9 岁时就被人卖到佗城的水上人家，20 岁时出嫁，婚后的家就在船上。刘东好把这些水上人家称为水上村人，据说水上村的范围很广，整条东江上都有，水上村人以打鱼为生。这些水上人家有的会上岸拜天后。所以佗城天后宫的兴建与航运的发达、商业的繁荣有关，传承到1949 年前后，仍然备受以船为家的水上人家的祭拜。

对于宫中的天后与天后公，当地有这种传闻：

天后圣母的父亲是打鱼的，是水上人家的女儿，长大后，因为打仗，父亲战死，嫁给陆上做官的人，人称"天后公"。天后公是福建泉州人，也是带兵打仗的。专门保佑人做官。

天后公是男的，反应比较慢，难免会误事，天后就说："你坐旁边，我来处理。"是以天后坐神龛的中间，坐的位置比较正。

天后公是带兵打仗的，天后也跟着带兵打仗。天后公死后，天后继续带兵打仗，后因憋气自尽，投到河中却死不了，反而成了仙上了天。于是玉皇大帝叫她到天的后面去办公，不坐天上正面的位置。是以称天后。[①]

众所周知，在文献记载中天后是未婚的，笔者在福建各地的调查中也从未听说过天后成亲的传说。然而在佗城，不仅有天后嫁人的传说，而且在供奉的神像上，天后的旁边也配供着天后公。可见天后信仰传到粤东后已发生了不少变化。

天后宫中的十二奶娘是助产保赤的妇幼保护神。据说，没有儿子的就来求十二奶娘，十二奶娘是保佑生孩子与带孩子的。不听话、不好带的小孩子就把她契给十二奶娘。

早期天后与十二奶娘的信仰群体显然是商人与水上人家。现在，佗城

---

① 笔者访谈资料。2010 年 8 月 6 日在佗城天后宫访谈庙祝刘东好女士。

镇人到天后宫烧香的并不多，他们常到西门街上的城隍庙去拜城隍、吕祖仙与观音。到天后宫烧香的大多是外村、外县乃至外省人，其中水上人家及其他航水者占相当大一部分，这从庙主的记事本中可以反映出来。庙主对参与天后宫年初祈福，年尾酬神者的姓名、地址、家庭成员情况有比较详细的记录，在此，略做整理，制成表4-2：

表4-2　天后宫年初祈福、年尾酬神参与地域、姓氏及户数简表

地名	受辖地	参与姓氏	户数	资料来源
水上新村	龙川县老隆	陈、梁、苏、李、刘、王、马、赖、周、朱、殷、骆、邓、郭、顾、曹	52	榜文
佗城街	龙川县佗城镇	黄、邓、叶、彭、廖、谢、徐、陈、肖、沙、张、巫、吴、何、殷、杨、马、朱	31	榜文
坎田村	龙川县佗城镇	黄、徐、刘、邹、叶、林、赵、王、陈、骆、李	15	榜文
胜利村	龙川县佗城镇	涂、沙、罗、廖、曾、陈、杨、崔	26	榜文
坪田村	龙川县佗城镇	何、李、罗、戴	8	榜文
下包水村	龙川县老隆	不详	1	榜文
磜下村	东源县南口镇	包、陈、郭	5	榜文
虞江江村	龙川县佗城镇	邱、肖、陈、毛	5	榜文
灵江牛角堂村	龙川县佗城镇	李、刘、钟、张	6	榜文
老隆街	龙川县老隆	张、刘	2	榜文
柳城镇黄通村	东源县	刘、陈、肖、黄、廖、何	14	榜文
柳城镇山门	东源县	葛	1	榜文
洞洞村	龙川县老隆	陈、张	4	榜文
梅村	龙川县佗城镇	张	1	榜文
塔西村	龙川县佗城镇	丘	1	榜文
上高洞村	龙川县老隆	少	1	榜文
塔下村	龙川县佗城镇	钟、张、邝	3	榜文

（续上表）

地名	受辖地	参与姓氏	户数	资料来源
惠州市内	惠州	董、魏、邱、汤、黄、翟、苏、许、陈、叶、王、何、丁、廖、李、潭	21	庙主记录本
广西壮族自治区省水运公司	惠阳	彭、袁、韦、李、黄、何、翟、祝、温、苏、谢、巫、胡	20	庙主记录本

对比天后宫墙上贴的榜文与庙主的记录本，两者记载的乡民参与年头祈太平福和年尾酬谢神明的姓氏、户数是不符合的，如水上新村，榜文上写有16姓52户，其中李、赖、曹三姓是记录本上未见的，而记录本上记载有19姓44户，姓氏比榜文中的多，户数反而比榜文所载少，其中黄、叶、郑、吴、潭五姓是榜文上未见的。其他如佗城街及老隆的姓氏与户数的记录，两者也不太一致，在此不一一指出。大概因为记录本上的一些人家把出嫁的女儿一起囊括在内，而榜文上则独立成一家的关系。无论如何，天后宫墙上贴的榜文与庙主的记录本为我们了解天后宫的信仰圈范围提供了详细的资料。从中可见天后宫的信仰圈不仅包括本县的居民，还包括惠州市内的许多住户。值得注意的是，信徒中有大量现居住在惠阳市内的广西省水运公司的员工以及龙川县水上新村的居民，水上新村的居民基本上都是疍民的后代，是东江航运衰退以后响应政府的号召移居岸上定居下来的。因此，天后的航船保护神的职能仍然传承了下来。

天后宫的主要神明活动包括：

正月初九日：玉皇大帝生日
二月十八日：观音老母生日
二月十五日：包公爷生日
三月廿三日：天后娘娘生日
四月十七日：十二奶娘生日
六月初四日：天后公生日
九月十八日：观音老母生日①

---

① 苏亮：《天后宫亚公亚母生日》。

每逢神明生日，附近村落的老阿婆会到宫中上香，除观音生日会杀鸡外，其余都是备腐竹、香菇、木耳等斋菜供信徒用。

除了神明生日，宫中每年有七月七日请七姐、七月十五日度孤烧船之俗。六月底七月初，住持会请扎纸师傅到宫中做龙、马、花篮、天桥、地桥、轿、衣服、鞋、帽、汽车、大炮、飞机、箫、钟、鼓等。到了七月初七日，据说七仙女会下来洗澡，因此，宫中有请七姐，迎七仙女到宫中饮酒，并送七姐回天堂之俗。宫中还会举行打醮活动，大醮三年一次，小醮视宫中经费状况而定，若经费充足每年都打。因国家出现水灾、地震等灾情，2009 年十二月初六日宫中曾花费 8 万多元打清平醮，请了十多个道士到场念经，以求解灾解厄，国泰民安。并请了江西采茶戏班的十多个人员来演戏，长达七天七夜。

二、紫金县城关紫金观天后殿与三奶娘信仰

紫金的天后殿又叫天后宫或娘娘庙，首建于明朝末年，原庙位于县城南门秋江河畔。正殿安置着三座骑马的女神像，中间女神手托"太上老君印"，左女神执剑，右女神拿铃刀，神主牌上刻着"敕封天后圣母陈林李三位奶娘神位"。关于其敕封原因，当地有这么一个传说：

相传南海观音一天早上在南海岸上梳妆，掉了一根头发，落在福建莆田的一个村，变成一条吃人大蛇，每年都要村中供奉一对童男童女食用，否则降下虫、风、水灾害危害稻禾。有一年轮到一位姓陈人家，他仅生一男一女。其女陈奶娘，得知大蛇将会害死弟弟，决心去菩提祖师处学法。陈奶娘出发后，到西岳楼遇到林奶娘，在泉州又遇到李奶娘，三人结成姐妹一同去学法。三人行至天黑，无处可宿，正在发愁。忽见一老翁前来，问明缘由后愿为她们带路。走了一会，只见大海茫茫，并有一个大铁锅，煮有滚水，老翁纵身一跳不见踪影。陈奶娘救弟心切，跟着跳进，林、李二人也先后跳入。只见青天胜景，宫殿巍峨。进宫后，看见大殿上坐着一位长髯老人。三人讲明来意后，老人说我患有毒症，你们须将我身上的脓毒吸净，我才愿授法给你们。陈奶娘首先用口去吸，接着林、李也来吸。但吸出的不是脓毒，而是奶汁，甜滋滋的，越吸越感到力量无穷，她们这才知道老人就是菩提祖师。吸完后，祖师说可以了。又送给她们三匹大马和铃刀、宝剑、老君大印、水碗，又教她们行罡作法，学七星步、八卦步。临行前叮嘱她们上马后执三鞭即可到家。三人上马后，因救弟心切，连抽数鞭，马飞奔跑过家乡。菩提在半天喊："勒转马头保弟郎"。三姐妹

立即会意，将马头勒转，按下云头。只见大蛇已将陈之弟弟摄去。三姐妹大战蛇精，大蛇战败，钻进石洞，陈奶娘斩下蛇尾一段。此时，西天佛祖令观音菩萨下凡将蛇收服，并安排在村中设坛，叫社官爷，为农民看管禾米，驱除病虫、水、风等灾害。害人蛇变成救人蛇。每年二月春社日，乡里就会祀奉蛇爷，请僧人念经诵佛。三奶娘因降妖救民有功，被皇帝册封为"敕封护国庇民英灵普济天后圣母陈林李三位奶娘"。①

这个传说并不新鲜，我们在闽西客家地区做田野调查时也经常听说。新鲜的是当地群众把这三奶夫人均视为妈祖娘，并在各地立庙祀奉。

20 世纪 90 年代因城市建设，天后宫被迁到紫城镇安良片飞凤岗下，并改名为紫金观。紫金观现在的总体面积有 2.4 万平方米，观内主体建筑有前、中、后三大建筑群体，包括天后殿、护法殿、财神殿、太岁殿、三清宝殿、慈航宫。除供三奶夫人外，还供有三清（元始、灵宝、道德天尊）、三帝（玄武、文昌、关圣帝君）、三师（吕纯阳、王重阳、丘长春祖师）、观音娘、斗姆元君、六十甲子神、财神、王灵官、土地公、门神等。

紫金观天后殿供奉的"天后"（三奶夫人）有三尊，中间供奉的是林奶娘，右边供奉的是李奶娘，名为李三靖，人称三娘，是护国安民、卫房保赤、救苦救难的神明，被敕封为"护国度世元君"，其诞辰为八月初十日。左边供奉的是陈奶娘，名为陈靖姑，是勤王护国、救世拯民、救产难的神明，被敕封为"都天镇国显应崇福顺意大奶夫人"，其诞辰为正月十五日。据神龛前的说明牌上所写：

> 林奶娘（林默娘），福建、台湾一带称"妈祖"，妈祖是护国庇民、救苦救难的海神。若遇危难，大声呼喊妈祖，妈祖就会十万火急赶来相救，敕封"天后圣母"。

这是三奶夫人移到紫金观后，由当地比较有相关知识的地方精英所写的说明牌，认为妈祖是海神。笔者在紫金调研时，大部分人都把天后与三奶夫人等同起来，认为，"陈奶娘保难产，林奶娘也是卫房保赤的，三个都是卫房保赤的"，"这里不把她们当作海神，功能发生了很大的改变，除

---

① 张杰：《紫金县城庙宇建筑和庙会》，谭伟伦主编：《粤东三州的地方社会之宗教、民间信仰与民俗》，国际客家学会、海外华人资料研究中心、法国远东学院，2002 年，第 273－274 页。

了卫房保赤，还可保婚姻稳定、驱邪除妖、消灾祈福、保佑发财等"。①

　　当地人认为三奶娘是紫金县民的祖先从福建迁居此地时带过来的神明，由于三奶娘很灵验，"结婚时来求保婚的婚后夫妻感情都很好"，"来求子的很多求了就准"。因此，百姓十分信奉。② 在当地，三奶娘不仅是护产保赤的妇幼保护神，还是保护民众远离战争灾难的平安之神。平常到紫金观烧香的都是到天后殿三奶夫人前烧香，此地"天后"（三奶娘）信仰最盛，每逢初一、十五以及大年初一至十五来烧香的最多。来此进香的除了紫金本地的县民外，还有河源、惠州、东莞、海丰、博罗乃至广西、澳门、香港等地的信众。

　　据说三奶夫人的签很灵验，很多来此求子者第二年就生了儿子。紫金观管理处某负责人对三奶夫人的信仰不太诚心，到殿中求签，为第 37 签，是最不好的签。家里人不太愿意相信，其母亲就到天后殿来求签，求到的又是第 37 签。该负责人从外地回到紫金后又到天后殿求，结果仍然是第 37 签。此后不久，其子就因干坏事被公安局抓起来了。天后殿有签书 103 条，编号为 100 条，但有三条未编号的，为"顶魁、亚魁、独魁"，这三条签书为上上签。签书中仅有两条是药签，据说特别灵验。英华村有个妇女患风湿病，大腿小腿都仅见皮包骨了，到天后殿求娘娘保佑，刚好求到的是药签，吃药后病就逐渐好了。这些灵验故事在当地的传播使乡民对三奶夫人的信仰更为浓厚。

　　紫金观平时的宗教活动主要有早上的早课，主要内容是祈福，祈国泰民安，为百姓消灾树福；晚上有晚课，目的在于施食度孤安置阴神。在一些特殊的日子会举行法会，如每逢神明圣诞会举办庙会活动，在国家出现灾难或其他重要的日子里举行打醮活动，为国家消灾。1997 年香港回归，紫金观曾举行大型的醮会活动，为当年保卫香港与英国交战而捐躯的志士们超度消灾。最隆重的法会活动是三月二十三林奶娘的神诞日，届时全省各大宫观及香港、澳门等地的宫观都有人来参加，庙会过程主要包括：

　　二十二日下午：暖寿，由一些道士（7、9、11、13 人均可）念庆寿经，庆祝神明千秋宝诞。

　　二十三日早上：上早朝，念经祝福消灾，白天道士念庆寿经，百姓朝拜神明。

　　下午：施食度孤。

---

① 笔者访谈资料。2010 年 8 月 7 日于紫金观访谈河源道教协会钟庆潘会长与紫金观蓝应光道长。

② 笔者访谈资料。2010 年 8 月 7 日访谈钟庆潘会长与蓝应光道长。

二十四日：完神。度幽，超度亡魂。

每逢十年还有长达七天的大型醮会。

在传统社会中，县城每两年举行一次天后庙会。庙会前，在天后宫前结起上、中、下三座道场。天后庙会不用迎神，以陈、林、李三位奶娘即妈祖为主安放在醮园正中，然后起师祭坛。按照太平清醮形式，先做清醮，有祈福谢恩、除病延寿、祝福迎祥、祈晴祷雨、解厄禳灾、祝寿庆贺等道事。后做幽醮，有招亡魂、沐浴渡桥、破狱救善、炼度施食等法事。①

三、河源城郊的天后宫（阿婆庙）与李奶娘信仰

据《河源文史资料》的记载，河源城有三个天后娘娘，也有三个天后宫：一个天后娘娘姓林，她的天后宫在下城东巷巷口，大概因香火不盛，早已湮没，城里人知道的不多。另一个天后娘娘姓陈，她的天后宫叫"望水娘"，在头塘街。这座天后宫香火旺盛，很多人去礼拜，尤其是行船走水的必去礼拜望水娘，祈望娘娘保佑平安。再一个天后娘娘姓李，她的天后宫是"阿婆庙"。阿婆庙坐落在河源城南郊双下村，小地名叫"十二郁"，离河源城十多里。在阿婆庙门前有一段河道，石多水急，颇为危险，所有经过这一河道的船只都对着阿婆庙焚香朝拜，并向水中丢下一些铜钱，以求平安通过。在1949年前，城里的人以及邻近农村的人不论男女老少都知道这座阿婆庙，平时前去礼拜求签的人有很多。②

阿婆庙内用大理石刻的"天后宫简介"对庙的历史做了简单介绍：

天后宫（原名阿婆庙）相传在一千多年前是从福建省浦（莆）田随着人群迁徙而迁徙过来的。原址是在凹背圆墩，后迁至新丰江大坝下面右侧江边。但由于历史上种种原因，一度中断了活动，直到改革开放后，党的宗教信仰自由政策落实。故此由道徒刘招妹女士重建于一九八九年十月……大小殿宇八间，供奉着道教神祇四十八尊……

天后宫年年庙会兴旺，是因为"娘娘"威灵显赫，有求必应，灵验异常，信民遍及境内外……

可见阿婆庙的历史比较久远。阿婆庙曾几易其址，最近的重建是

---

① 张杰：《紫金县城庙宇建筑和庙会》，谭伟伦主编：《粤东三州的地方社会之宗教、民间信仰与民俗》，国际客家学会、海外华人资料研究中心、法国远东学院，2002年，第273–274页。

② 丘尚质、李贯中：《闲话阿婆庙》，《河源文史资料》第3辑，第63页。

1989 年。

以往的天后宫仅供奉陈、林、李三奶娘中的李奶娘。但新建的天后宫由于道徒刘招妹女士的创造，供奉了多达 48 尊的神明。天后宫正中的神龛中供奉有李奶奶（奶娘）及一起学法的姐妹：李姑婆、林姑婆、陈姑婆与七姑婆，其中七姑婆有两尊，据说是七仙女中的两姐妹，很久以前到河源来洗澡，见当地妇女非常需要她们就不愿回天庭了，留在凡间帮助妇女。①六尊主神前还立着六个个头比较小、装束较简单的神，是六尊主神的丫鬟。左边神龛中供着李奶奶的母亲陈育彩娘娘及陈育彩的结拜姐妹李来娣与李来咏娘娘。右边神龛中供着观音娘。宫左右两侧还供着很多财神像。宫左边还有一些小神殿，其中一个供着盘古公公、拳师爷爷、张爷爷；一个主要供着佛爷爷（相貌形如弥勒）、关公、济公；一个主要供着天王公公、仙王公公、地王公公、李爷公公、宋公公与医学教授。天后宫右边还有观音殿供着观音。

这些神明，有的是刘阿婆按神明的旨意供奉的；有的则是临时的，因庙被拆毁供到阿婆庙中；还有的是在民众家中供奉的，由于家中变化不再供奉而偷偷送到阿婆庙。如医学教授、仙王、天王、地王公公等都是刘阿婆按神明的旨意供奉的。医学教授是住院开刀者的保护神，据说河源有个信徒开脑部手术动了 5 次都安然存活，人们认为这是医学教授在旁边保护的结果。盘古公公是"管天管地的"，老家在河源茶山公园（今新市区沿江路），帮人算命，问人寿命，现供到阿婆庙中；张爷爷原供奉在东源县黄村镇，"文革"时庙被拆毁，以后托梦给阿婆，移到了阿婆庙供奉。后来黄村重建了张公爷庙，但这尊张公爷不愿回去受供。张爷爷是保佑家庭顺利，养猪、养鸡平安的。据说这些神明中，只有张公爷是讲客家话的，其他神原来讲的话听不懂，后来慢慢地就讲河源话了。②

据说，奶娘是保人平安的，来此治病的有很多，连加拿大都有人前来治病。天后宫以帮人治病而出名，宫中有不少签，观音神像前的供桌有签书，李姑婆及其学法姐妹神像前的供桌也有签书，其中李姑婆的有三十多支签。由于到此求签的有很多，往往要排长队，后来宫中就进行改革，把一根根签插在木制龟背上，信徒与游客到来时只要在龟背上抽一根就可以，然后直接到转运棚解签，这样一来可以节省很多时间。转运棚中有 6个道士在解签。李阿婆每天上午都会到天后宫中来"帮人看病"，每逢来

241

---

① 笔者访谈资料。2010 年 8 月 8 日于河源阿婆庙访谈李道长。
② 笔者访谈资料。2010 年 8 月 8 日于河源阿婆庙访谈李道长。

人都给他喝弹到了烟灰的"平安茶"，给会抽烟者点好烟送给他们抽。据说经阿婆手点的烟与弹到了烟灰的平安茶均具有神的法力，可以治病。天后宫的一个道士说：他曾亲眼看见一个歪嘴巴的人喝平安茶后没几分钟嘴巴就端正了。① 与此类似，每逢初一、十五来烧香的比较多，宫中还有"送仙水"的活动，所谓仙水就是宫中沏的茶。

天后殿的墙上有11副锦旗，大都是人们为感谢天后医治好病而送的。其中一副写道：

赠天上公公陈林李奶奶童身刘招妹

病人何贤德得病，先病糖尿病又屙血呕血，血呕完后体内又积血，当明七仙女介绍给天边公公前去医治，当时病人不会开眼，四肢冰冷，病得沉重睡在床上不会动，如死人一样，剩心跳会动，好得天上公公及时治疗，当即沉下海底捉药给病人连服三服，并将病人五脏六腑全部换好，公公又用口同病人口中吸出身内的积血，公公不顾自己的身体救治年轻人的生命。病人不会喝药，公公先喝好药后再吐进病人体内，病人身体才好转，天上公公日夜照看病人，又施放法水医治，公公经过千辛万苦才治好何贤德的病。

今我何贤德千谢万谢天上公公治好我病，终身不忘神恩。

闲民何贤德赠
公元二〇〇五年农历九月十九日

另有一副是关于退烧的：

赠天上公公陈林李奶奶七仙姐童向□□
神力高明，愈我儿子
退烧退热，药到回春

源城区城中城李东汉率子李嘉基赠
二〇〇九年三月初八日

1998年十月初九日陈红梅赠的"神医救民"匾，赠给天上公公、天下公公、陈林李奶奶、仙湖仙王、皇后、公主、拳师、庙主刘招妹；另外还有河源市城区双下村一刘姓的夫妇赠的"捐资助学、功德无量"匾等。

---

① 笔者访谈资料。2010年8月8日于河源阿婆庙访谈李道长与信徒。

每月初一、十五日，按时为善信者祈福、上表。从祈福堂上的一张红榜所写来看，当地人认为祈福可以招吉求好运，可解难，可逢凶化吉，诸事均可祈：

祈福是社会风气，社会上很多人都在进行，但未必人人得到正确程序，要正确地祈福从而求自身和家宅招吉求好运，财源滚滚来，生意一帆风顺，事业有成，家人平安，夫妻和睦，恋爱中的男女亦会成双对，不会变心，子女孝顺，化解官非等。

除了初一、十五的祈福上表，阿婆庙还有比较大型的庙会活动，天后宫墙上贴的一张榜文清楚地告诉我们此庙的主要庙会：

正月十九：娘娘回娘家
二月十九：观音娘生日
三月二十三：姑婆生日
六月十九：观音娘娘过海得道
七月七：七仙女下凡
九月十九：观音娘娘得道回家

每年农历正月十九日阿婆庙娘娘要回娘家探亲暂驻，人们称为阿婆庙娘娘出游。当天城里李姓组成一个"会"，在天亮前去双下村迎接娘娘神像进城，而双下村李姓、刘姓、陈姓、廖姓各大姓分别组成一个"会"以及各小姓联合组成一个"会"送娘娘进城。这天十分热闹，不仅城里的人会去观看娘娘出游，城郊农民以及偏远乡村在城里有亲戚朋友可以提供食住的也会在娘娘出游时前来观看。第二天即正月二十日举行"办会"。"办会"队伍游过上城、下城、上角、下角等地就回到石狮李屋，此后人们挤拥着向娘娘礼拜求签，直至正月二十一日。李姓的人叫娘娘为姑婆，去礼拜姑婆的李姓人很多很多。[①]

小　结

河源、紫金等地都盛行陈林李三奶夫人信仰，但不像在福建那样把天后与三奶夫人区别得比较清楚，把林默娘称作妈祖，陈、林、李叫作三奶

---

① 丘尚质、李贯中：《闲话阿婆庙》，《河源文史资料》第 3 辑，第 63 页。

夫人，而是把陈、林、李均称作天后、妈祖或奶娘，而且河源城的陈、林、李三个天后宫中，真正的妈祖林默的天后宫因香火不盛早已湮没，而陈、李两座"天后宫"的香火却很旺，李姓的天后宫又被称作"阿婆庙"，当地李姓的人把李姓天后叫作姑婆，去礼拜姑婆的李姓人很多。从中可见天后信仰从福建传到河源后已发生了很大的变化，人们把陈、林、李三夫人均叫作天后，而且天后信仰还与祖先崇拜结合在一起，显示出当地民间信仰习俗的差异性。

为对粤东供奉三奶夫人的宫观有比较详细的了解，现把河源地区道教协会登记在册的天后宫与未登记在册的分别列入表4-3、表4-4。天后宫的创建年代来源于道教协会的登记材料，尚未一一找相关的方志证实。

表4-3　河源地区道教协会登记在册的天后宫简表

宫观名称	位置	创建年代	主祀神	配祀神	主要活动	备注
天后殿	紫金县紫金观内	明朝	陈林李三奶娘	三清、三帝、三师、观音娘、斗姆元君、六十甲子神、财神、护法神等	三月二十三天后圣诞庙会及其他神明生日	原在紫金城中心，1992年迁入紫金观
天后宫	和平县林寨村新兴村	明朝末年	陈林李三奶夫人	财神、土地神	三月二十三天后圣诞庙会及其他神明生日	
天后宫	连平县元善镇南湖村	宋朝末年	陈林李三奶夫人	财神、文昌帝君、玉皇大帝	三月二十三天后圣诞庙会及其他神明生日	
天后宫	龙川县佗城镇南街渡口	北宋末年	天后、天后公、陈奶娘、观音	韦驮、弥勒、包公与门神	三月二十三天后圣诞庙会及其他神明生日	

（续上表）

宫观名称	位置	创建年代	主祀神	配祀神	主要活动	备注
天后宫	紫金县九和镇	明朝	陈林李三奶夫人	财神	三月二十三天后圣诞庙会及其他神明生日	
天后宫	紫金县紫城镇书田村	1949年前	陈林李三奶夫人	财神	三月二十三天后圣诞庙会及其他神明生日	从紫金县天后宫分香而建
天后宫	河源市南郊双入村新丰江大坝前	清以前	陈林李姑婆、七姑婆、陈林李三奶娘	财神、张爷爷、盘古爷爷、拳师爷爷、关公、济公、佛公、地王、天王、仙王、宋爷、李爷与医学教授等	三月二十三天后圣诞庙会及其他神明生日	重建三次，最早在万绿湖，迁建于新丰江大坝前

表4-4　河源地区道教协会未登记在册的天后宫简表

宫观名称	位置	主祀神	配祀神	主要活动
天后宫	紫金县龙窝镇	陈林李三奶娘	财神	神明圣诞
天后宫	紫金县苏区镇	陈林李三奶娘	关圣帝君	神明圣诞
天后宫	紫金县南林镇	陈林李三奶娘	财神、土地神	神明圣诞
天后宫	紫金县上义镇	陈林李三奶娘	财神	神明圣诞
天后宫	紫金县后义镇	陈林李三奶娘	弥勒佛	神明圣诞
天后宫	紫金县蓝塘镇	仅供一奶娘，是陈林李中的哪位不详	关帝	神明圣诞
天后宫	紫金县王塘镇	陈林李三奶娘	无	神明圣诞
天后宫	紫金县临江镇	陈林李三奶娘	土地神	神明圣诞
天后宫	紫金县古竹镇	陈林李三奶娘	财神	神明圣诞

（续上表）

宫观名称	位置	主祀神	配祀神	主要活动
天后宫	紫金县中坝镇	陈林李三奶娘	财神	神明圣诞
天后宫	紫金县柏埔镇	陈林李三奶娘	文昌帝君、财神	神明圣诞
天后宫	紫金县瓦溪镇	陈林李三奶娘	不详	神明圣诞

从表中天后宫的供神状况可以看出，河源地区的天后信仰与陈林李三奶娘信仰是混同在一起的。

从天后宫的最初兴建来看，不少供奉三奶娘的天后宫都建在渡口码头，如龙川佗城的天后宫建在南门码头，紫金县紫金观的天后殿原址在南门秋江畔，河源的阿婆庙也是在江边，在传统时代过往的船只都会朝它祭拜，以求平安。因此在历史上应该有相当长的一段时间天后宫的三奶夫人是承担着航海保护神的角色的，是水上人家及其他航海者的守护神。从现在各县宫观奶娘的功能来看，各个宫观的奶娘多具有卫房保赤的功能，是妇女与儿童的保护神。一些天后宫的神明还有医病、许愿、求签等方面的职能。因此，到了近现代，天后宫的天后与陈、李奶娘航海保护神的角色退化，而护产保赤、治病救人的妇婴、病痛者保护神的功能却不断地被强化，最终彰显出来。这个退化与彰显的过程应该与东江航运的兴盛与衰退有着很大的关系。

从天后宫供奉神明的来源来看，无论是紫金的天后殿，还是河源城郊的天后宫（阿婆庙），都相传是先祖从福建迁到当地时把神明移到此地的。但与福建的天后和三奶夫人相比，两地神明的功能、角色已有较大差别，河源把天后和三奶夫人信仰混同在一起，而且居然还出现了天后嫁人的传说，把天后与天后公供奉在一起的现象，这在其他地区的天后信仰中是极少见的。

第三节　惠州的妈祖与三奶夫人信仰

前文曾述，妈祖与三奶夫人信仰从福建传到广东河源客家地区后，发生了较大的变化。乡民们常常把妈祖和三奶夫人混同在一起，把三奶夫人称作"奶娘"，供奉她的宫观几乎都被书写并登记在册为天后宫。这些天后宫供奉的并不是妈祖，而是三奶夫人。

笔者在惠州市惠东县巽寮镇的田野调查发现，当地也是妈祖与三奶夫人信仰并存，但三奶夫人被供在阿婆庙；周围供有妈祖的三座庙宇分别被乡民称为大妈庙、二妈庙、细妈庙。随着北京金融街对巽寮湾岭南民俗文化商业街的开发，原本香火旺盛，在乡民民俗信仰生活中占重要地位的阿婆庙日益式微，门庭冷落，难以为继，而供有天后的三座庙宇均得到财团、企业、酒家与当地宗族的支持，重建一新，香火旺盛，在当地的民俗旅游中扮演着重要角色。

本节拟利用笔者在惠东巽寮湾阿婆庙与阿妈庙的田野调查获得的第一手资料，分析这些庙宇中的主祀神及信仰概况，以便人们了解妈祖与三奶夫人信仰在惠州随着生计方式、经济环境与族群状况的不同，对她们的信仰出现了怎样的变异，以利于与河源的天后与三奶夫人信仰作一对比。

一、巽寮镇社会历史简况

巽寮镇位于惠东县南部，西临大亚湾，与惠阳市澳头镇隔海相望，北与铁涌镇、东与平海镇相接壤，西北隔范和港与稔山镇相望。境内为东南高，西北低的沿海长形地带。面积75.8平方公里。镇政府驻巽寮滨海旅游度假区油甘埔。今管辖巽寮、赤砂、榄涌、渔业4个村委会，35个村民小组。2014年，全区户籍人口13 500人。

明正统年间，巽寮已有人搭起茅寮居住。为祈平安，当地人把该地命名为"顺寮"，后因失火遭灾，而以八卦中的"巽"取代"顺"字，改名为"巽寮"。明末清初称巽寮约，1949年10月属惠阳保良乡，1952年属平海辖。1972年析置巽寮公社，1984年3月设区，1987年称巽寮乡，1994年1月改称巽寮镇，2002年设巽寮滨海旅游度假区。巽寮镇有着丰富的海水养殖资源，有可开发利用的浅海滩涂面积5 000多亩。海水养殖业有良好的基础，发展了虾苗场、蚝育苗场、珍珠养殖、贝类养殖、网箱养殖等。海水盛产黄鱼、马鲛、鱿、墨鱼、虾蟹等。

"巽寮原来只是一个很小很小的村子"，而现在的"巽寮湾渔业村是一个大村子，有一千多户，大多数渔民都姓苏。听说巽寮湾中有许多海岛，原来并无人烟，几百年前渐有潮汕渔民避风于此，到岛上繁衍生息，于是便有了几十户人家，皆以打鱼为生。他们四海漂流，以船为家。上岸建房，那是改革开放以后的事。所以村子里的房子都很新"。他们家的"门楣上贴满了一层层的神像，有玉皇大帝、玄天上帝、天后圣母"，这些上了岸的渔民在当地被称为"疍家人"。[①]

---

① 武旭峰：《人文惠州》，广东旅游出版社，2008年，第208-211页。

2006 年，北京金融街集团入驻巽寮，开发旅游度假区。为配合旅游景区的开发，镇政府制订了鼓励外资加快旅游业发展的优惠政策，在地皮、供电、供水等方面提供优惠，绘制了旅游总体规划，整治墟镇环境，改造年供水 30 万吨的自来水工程，改造输变电线路，使得巽寮交通通信便利，供电供水充足，设施非常完善。

巽寮天后宫位于巽寮岭南民俗文化商业街的中部。该商业街斥资两亿精心打造，是集旅游观光、餐饮购物、民俗体验为一体的休闲文化旅游景区，占地面积约 551 20 平方米，建筑面积约 28 882 平方米，主要包括天后宫祈福区、滨河酒吧街区、特色购物餐饮街区、演艺广场以及其他配套设施。岭南民俗文化商业街以妈祖文化为核心，涉及岭南文化、妈祖文化、客家文化、海洋文化等，形成文化大观园格局。这里定期举办渔歌唱晚、岭南民俗文化表演、妈祖祈福祭拜仪式等一系列民俗文化风情表演。巽寮滨海旅游度假区以特产、美食、酒吧、客栈等众多特色街区吸引了世界各地的游客前来观摩、休闲、娱乐，被誉为"全国最佳休闲名镇""全国特色景观旅游名镇"，同时也是国家 AAAA 级旅游景区与广东省"滨海旅游示范景区"。

笔者的主要调查点是在巽寮村与渔业村，包括凤池岛、黄竹洋、巽寮镇、皇庭等地。凤池岛以前是鱼塘，在未开发前无人居住，只是乡民从事渔业的场所。1949 年以前的巽寮渔业村有几百人，现在有 1 300 多人，以苏姓为主，全村拥有 150 条船，有载客的，也有养鱼的，这些人基本上都讲潮州话。镇上主要住着苏姓与李姓，两姓均有三四千人。其中苏姓来自汕尾，祖上因为打鱼而迁到此地，讲潮州话；而李姓的祖上来自紫金，从紫金迁到惠阳再迁至惠东平海，祖上以耕田为生，讲客家话。因此在巽寮村与渔业村居住着两个方言群，两大不同的生计方式，讲潮州话的从事渔业，讲客家话的从事农业。现在则有几十个姓氏。

二、巽寮的阿妈庙（天后宫）

按当地人的说法，巽寮有 3 座供奉妈祖的宫观，其中巽寮镇上的天后宫供奉的是大妈，因此称为大妈庙；皇庭的玄帝宫又称帝宫、"二妈宫"，供的是二妈；凤凰池的妈祖庙供奉的是细妈。当地人称这三座供奉妈祖的庙宇为阿妈庙、妈宫。

1. 巽寮天后宫（大妈庙）

现在所见的巽寮镇天后宫是 2010 年修建的。大殿的主神坛上供奉的是天上圣母，两侧分别是观音的女身像与男身像，主神坛前的供桌上供奉着两尊真武帝，其中黑脸、身上加布袍的是从福建请回来的；而瓷制未加布袍的则是台湾朝天宫分灵赠送的神像。大殿的两侧供奉着一些较小的神像，左边供着关帝、五谷、白虎伯公、值年太岁与千里眼，右边供着华光大帝、文昌帝君、财神与顺风耳。其中妈祖坐像是广东省最大的妈祖坐像，高达5.3米。围绕着天后宫，在该街区的4个方位分布有四海龙王的浮雕，寓意四海龙王朝圣母，四海升平，风调雨顺。

关于这座天后宫的历史，大殿门口所竖的一个"巽寮天后宫历史沿革"牌匾有着详细的记载：

巽寮天后宫的初立，最早溯自明末天启年间。巽寮先民约于明代中后期由外地迁入，茸茅为屋，因居东南方，故取名巽寮。村民半农半渔为业。一日风雨初霁，村民发现海滩沙丘上端立一尊妈祖神像，众人认为天赐瑞兆，遂于此地草建小祠供奉。期间风调雨顺，乡间太平。随岁月流转，巽寮陆续迁入居民。至清顺治年间，乡民将草祠建成石墙瓦屋。乾隆年间，由于巽寮村民虔诚信仰，众志成城，把原小祠扩大规模，取名"妈祖庙"。庙宇坐东向西。正面共五面，中间正殿尊妈祖神像。左边两尊观音菩萨和华光帝君，右边两尊玄天上帝和关帝圣君。下面反向五间，中间大门，左右四间各供奉文昌帝君、太白星君和土地神、五谷神。连接上下庙祠有两道围墙，中间为天井。竣建后为万民参拜，遐迩景仰，神光普照，海陆呈祥，物阜民康，邪煞匿藏。至解放初，曾经过几次维修。1963年，因时势所致，拆庙建潮闸。为承袭神火，村民临时续建简陋小祠供奉。1982年，乡民再次殚精竭虑，按原庙重建本庙。2006年，北京金融街集团落户巽寮，打造最负盛名的旅游景区，为顺民意而展功业，对本庙重新拆建，集中国最优秀的传统工艺，选一流的专业建造队伍。期间，武当山第三十六代嫡传弟子黄西幼，亲率众弟子前往武当山金顶取回真武大帝香火与圣土，巽寮天后宫理事会会长甘玉明亲率村民赴福建湄洲天后始祖奉取火种。2010年，工程全面竣工，取名"天后宫"。整座宫殿规模宏大，气势恢宏，庄严典雅，金碧辉煌。三尊大像端庄，瑞气悠扬回荡。晨钟暮鼓，烟霭缭绕，飞龙走凤，华灯绽放。自始，天后宫为千秋之灵殿，万载之神宫。

这则记载清晰地描述了巽寮天后宫的来源与发展演变：初立于明代天启年间，村民在沙丘上发现了天后的神像，于是用茅草建一小祠供奉；清顺治年间，改草祠为石墙瓦屋；乾隆年间扩大了规模，取名"妈祖庙"；

1963 庙被拆，改建小祠供奉；1982 年再次重建；2006 年北京金融街集团为打造巽寮旅游区重新拆建，2010 年建成，取名为"天后宫"。

上述记载含有非常丰富的地方历史与人文信息。巽寮先民约于明代中后期开始陆续迁入，当时的村民以半农半渔为业。这种移民应该一直延续到清代，人口也应该在不断增多，因此乾隆年间才会有人力与财力去扩建庙宇，并有正式的庙宇名字"妈祖庙"。1982 年，也就是改革开放之初，当地民众的生活并不是特别富裕，因此撰写者描述乡民重建该庙用了"殚精竭虑"一词。2006 年财力雄厚的北京金融街集团到此开发旅游景区，重新拆建，"集中国最优秀的传统工艺，选一流的专业建造队伍"。至 2010 年，全面竣工，取名"天后宫"，"整座宫殿规模宏大，气势恢宏，庄严典雅，金碧辉煌"，天后宫成为"千秋之灵殿，万载之神宫"。

据说天后非常灵验，常显圣。2011 年宫庙重修后，于次年即 2012 年农历三月二十三日举行了盛大的妈祖诞，出席盛会的有很多领导人、进香的信徒与游客。当天乌云密布，下着大雨，很多人都觉得无法举行活动了。可是到了下午举行仪式时，炮声一响，云就消散，雨也停了，上空出现九条形状似龙的彩云。大家都以为是妈祖显灵，赶快跪下烧香。①

2. 玄帝宫（二妈庙）

供奉二妈的是玄帝宫，宫的正中供的是玄天大帝，有一大一小两尊神像，其中小的一尊会在妈祖诞时抬出去游境。两侧神龛分别供着妈祖（二妈）与福德正神。玄帝宫又被称为二妈庙，可见当地民众对妈祖的信仰盛于玄天大帝。

据宫内"玄帝宫古庙重建乐捐芳名榜"碑刻前言的记载，玄帝宫建于明朝，由陆丰玄武山宝殿分香而来，于 2008 年重建，2009 年建成：

> 玄天上帝宫自明朝年间于陆丰玄武山宝殿临驾我约，神灵庇佑我广大子民风调雨顺、国泰民安，村民祈福消灾解难，神恩浩荡造福我约子民。
>
> 然而，玄帝宫历史悠久，时至今日破烂不堪，现今长老理事者商议决定重拆，扩大重建，定于农历 2008 戊子年十一月二日动工兴建，于 2009 年八月十四日开光典礼。

从碑刻上的捐款者来看，玄帝宫是由当地老人牵头，当地企业、乡民及信徒共同出资兴建的，主导者是村中民众。

---

① 笔者访谈资料。2015 年 7 月 9 号在巽寮天后宫访谈陈宇歌先生。

表4-5　各姓重建玄帝宫捐款人次及捐款数目统计表

序号	姓氏	捐款人数	捐款数目	序号	姓氏	捐款人数	捐款数目
1	郑	135	255 656	19	王	3	980
2	黄	25	33 328	20	余	4	1 680
3	钟	7	21 616	21	马	5	2 400
4	罗	40	14 348	22	沈	2	800
5	张	25	21 890	23	陈	11	3 136
6	苏	29	7 138	24	丁	2	500
7	杨	24	10 950	25	廖	5	1 600
8	范	19	7 480	26	徐	7	7 980
9	谭	4	20 774	27	林	11	5 580
10	甘	3	5 500	28	潘	2	700
11	叶	7	7 300	29	肖	4	1 100
12	温	10	4 900	30	李	18	4 505
13	刘	12	5 700	31	曾	7	1 800
14	姚	2	1 000	32	巫	3	1 800
15	谢	3	900	33	高	4	980
16	周	17	4 388	34	邱	4	900
17	邓	28	6 800	35	魏	3	900
18	邹	7	2 280	36	何	3	600
37	蔡	2	700	40	汤	2	400
38	彭	3	900	41	朱	2	400
39	胡	2	800				

注：表中未列入捐款人数为1的17姓，分别是曹、齐两姓各捐10 000元；郭姓捐3 000元；黎、吕、戴三姓各捐1 000元；包、吴、史三姓各捐500元；洪、冯两姓各捐300元；许姓捐280元；车、董、韦、赖、古、翁、柯、赵八姓各捐200元。

从上表可看出：共有61姓参与了重修玄帝宫的捐款。捐款人数及捐款数目最多的是郑姓，135人捐了25万多元；捐款数目居第二的是黄姓，共捐3万多元；钟、张、谭三姓分别捐了2万多元，而罗、杨两姓分别捐了1万多元，其余姓氏捐数百至数千元不等。捐款者除了当地的居民，还有村委、酒店及其他企业。

表 4-6　重建玄帝宫捐款单位及捐款数目统计表

机构或企业名称	捐款数目	机构或企业名称	捐款数目
黄竹洋村	24 0000	长沙湾酒店	500
黄竹洋妈娘搬迁款	32 000	海天一色酒店	500
井田坑村	10 000	旺兴楼酒店	500
金银滩度假村	3 000	滨海美食苑	500
巽寮专业客运公司	1 000	鸿星酒楼	500
惠州水电公司	1 000	绿洲特产	500
渔人港酒店	500	滨海度假村新商场	300

　　玄帝宫的主导者是当地民众还可以从该宫理事会成员的构成反映出来，成员包括：会长郑顺带，副会长徐运双，总理张汉松，理事杨远珍、郑新容、郑运许、郑育文、郑佛云、郑光荣、郑明德、杨石松、郑富明、郑佰带、郑冯来、罗帝乃、郑佛其、郑帝篡、郑味展、罗楚平。[1] 理事会成员中有郑姓 13 人，杨、罗两姓各 2 人，其余徐、张两姓均为 1 人。郑姓不仅理事会成员最多，而且捐款人次与捐款数目均远远超过其他姓氏，由此可见郑姓在玄帝宫的重建中占主导作用。

　　3. 凤凰池妈祖庙（细妈庙）

　　凤凰池在凤凰岛下，附近原来有码头，平常有一二十条船停泊在码头周围。五月初二送妈祖回范和时有 100 多条船。后来因为该码头附近的海湾会藏很多垃圾就把码头拆掉了。凤凰池妈祖庙在明末清初就有，是座古庙。在巽寮的天后宫中，这尊天后为细妈。每年只工作半年，另半年在范和庇佑民众。为此，每年农历十一月二十冬至前后从范和迎回巽寮，至次年五月初二日送回范和港。[2]

　　据说这是因为天后以前受供于范和。有一次发大水，天后像被水冲走，漂到了巽寮凤凰池的沙滩上，当地渔民把她捡起建庙供奉。过一二十年后，范和说他们也有份，于是两地各供半年受天后庇佑。"四清"时庙被拆掉，1986 年重建用的是木梁，2013 年再次重建，2014 年 3 月 17 日建成，当日进行"入火"，请法师为神像开光，有 30 班狮，还有爬龙船等活动。

　　每逢三月二十三日妈祖生日，当地会举行爬龙船（岸上）、划龙船

---

① 《玄帝宫古庙重建乐捐芳名榜》，《前言》。

② 笔者访谈资料。2015 年 7 月 8 日于凤凰池天后宫访谈 79 岁的温基先生。

（水上）以及上演戏剧等活动。

　　此宫供奉着天后、华光大帝与水仙大爷。据宫中 2014 年农历三月十七日所立碑刻上"简介"的记载，这座天后宫妈祖的来源与大妈庙的相同，妈祖庙所在的凤凰岛石壁上有不少书法家的题字。简介曰：

　　巽寮凤凰池妈祖庙建于明末年代。因有一日风雨初霁，台风海潮后的巽寮海岸沙滩上，渔民发现一尊端立的妈祖神像，众民们认为天赐瑞兆，遂于此地海滩上、宝山下草建小祠供奉。巽寮妈祖庙面向辽阔大海，背靠麒麟大山，左有凤凰岛，右有墨盘、笔架礁与妈印洲（莲花洲）。咸丰二年，大书法家博维在凤凰岛上的石壁（崖）上书下"日暖凤池"四个大字。1985 年，中国名人、书法家在妈祖前的石壁上书下"虫二"——无边风月、无尘、出浴、铊海听涛、天赐白金提等大字。

　　妈祖神恩普照，香火旺盛，佑我黎民，国泰民安，风调雨顺，祈保广大渔民与航海者平安顺利。

　　解放初，妈祖庙曾经几次维修。1963 年，因势所致，破旧拆庙。1986 年，在我村民与香港同胞们两次精心努力下，按原貌重建本庙（砖、木、瓦结构）。

　　由于多年来受台风海潮的吹袭，妈祖庙的墙体、桁、瓦严重损坏，破损不堪。去年在广大善男信女和港澳同胞及村民们的大力资助下，于 2013 年农历九月二日动工重建妈祖庙（砼、石、琉璃瓦结构），2014 年农历三月十七日开光，并举行隆重庆贺典礼。

　　天后宫为千秋之灵殿，万载之神宫，妈祖永葆世民，合家平安，财丁兴旺，一帆风顺，平安大吉。

　　由此可见，凤凰池的这座细妈庙与大妈庙不仅来源相同，建庙的年代甚至重建的年代也比较接近：首建于明末，1963 年被拆，20 世纪 80 年代重建，本世纪初再次重建。从庙中碑刻名"巽寮凤凰池妈祖古庙"，以及简介中又提及妈祖神像漂来时是在凤凰池的沙滩上发现的，可以推测大妈庙的首建时间应该迟于凤凰池天后宫。但为何巽寮的称为大妈庙，而历史更为久远的凤凰池古庙为细妈庙尚需进一步的调查。

　　从庙宇的屡次重修可以推测这座细妈庙在巽寮渔业村民众的信仰生活中有着重要地位。2013 年的重修活动中，不仅大量村民参与了捐款，捐款者还有许多当地的企业、酒店与周围的寺庙理事会。

253

4-7 凤凰池天后宫捐款姓氏与捐款数目统计表

序号	捐款姓氏	捐款人数	捐款数目	序号	捐款姓氏	捐款人数	捐款数目
1	曾	8	124 000	14	胡	18	15 700
2	苏	194	151 549	15	林	24	36 500
3	谢	4	42 500	16	陈	23	20 000
4	钟	12	9 800	17	许	5	20 800
5	杨	6	8 300	18	梁	5	2 600
6	李	75	77 900	19	江	4	21 500
7	罗	8	6 900	20	温	4	7 160
8	黄	17	26 500	21	甘	3	11 000
9	张	25	18 900	22	海	2	10 500
10	刘	12	24 900	23	余	8	13 900
11	徐	20	19 080	24	彭	4	5 000
12	朱	11	7 500	25	卢	2	4 300
13	周	18	28 500	26	汤	4	5 000
27	利	2	2 600	39	邱	5	3 000
28	吴	7	5 660	40	崔	2	1 500
29	叶	9	5 500	41	王	5	3 400
30	姚	2	1 500	42	何	2	1 000
31	肖	3	2 100	43	罗	2	1 000
32	蔡	4	3 900	44	冯	2	1 000
33	高	5	3 200	45	马	2	1 000
34	孙	3	4 100	46	庄	4	2 500
35	范	9	7 500	47	唐	2	1 000
36	邓	13	6 100	48	邹	3	1 500
37	方	5	3 000	49	候	2	1 500
38	赖	3	2 100	50	郑	16	20 500

注：①表中未列入捐款人数只有1的24姓，包括：金姓捐2 500元；舒、曹、柯三姓各捐2 000元；庞姓捐1 500元；潭、黎、麦、沈四姓各捐1 000元、尹、曲、熊三姓各捐600元；戴、顺、郭、祁、巫、伍、洪、吕、蓝、丁、翁、袁12姓各捐500元。

②表中未列入合家捐款的姓氏与捐款数：谢姓一家三口捐了38 000元；刘姓一家两口捐了30 000元。

③表中未列入苏姓三人所捐港币，共捐4 500元港币。

从凤凰池天后宫捐款姓氏与捐款数目统计表可看出，共有74姓参与了捐款。其中捐款人次与数目最多的是苏姓，共有197人，共捐了151 549元人民币，4 500元港币；捐款数目居第二的是曾姓，8人捐了124 000元；捐款数目居第三的是李姓，75人捐了77 900元；捐款数目居第四的是刘姓，共捐54 900元；居第五的是谢姓，共捐42 500元；居第六的是林姓，共捐36 500元；张、徐、周、胡、陈、许、江、甘、海、余、郑11姓的捐款也比较多，均在10 000~30 000元之间，其余姓氏的捐款均在10 000元以下。捐款人数居第二的是李姓，为75人，其余张、林、陈三姓捐款人数在21~30人之间，而钟、黄、刘、朱、周、胡、邓、郑八姓捐款人次在10~20之间，其余60姓捐款人次均不到10人。

表4-8　参与凤凰池妈祖古庙重建的机构及捐款数目统计表

机构或企业名称	捐款数目	机构或企业名称	捐款数目
北京金融街惠州置业公司	160 000	李记老渔夫	2 000
惠东县巽寮滨海渔业专业合作社	100 000	瀚海旅游管理公司	2 000
惠东县康宏发展公司许再新	100 000	东莞鼎记电子公司	2 000
红螺湾餐馆朱就星等3人	23 800	稔平半岛旅游公司	2 000
妈湾鱼排李文喜等5人	18 888	渔家乐苏律	2 000
渔港楼高岭峰等2人	10 800	骆村理事会（玄天上帝）	1 600
惠州市滨海龙腾公司	10 000	茂一电子厂	1 200
巽寮天后宫理事会	10 800	江西菜馆	1 000
范和村理事会	9 100	帝公（宫）理事会	1 000
惠州市海之星游艇公司	6 380	德记海鲜大排档	660
惠州市御风房地产开发公司	5 000	景龙饭店	500
东兴酒店周文新	5 000	意隆海鲜大排档	500
沙湾烧烤场李强等5人	4 000	边海渔排	500
兰亭广告	3 000	顺广大排档	500
绿洲土特产	3 000	海景渔家乐	500
青州玉皇理事会	2 200	石下村	550
霞新村杨包庙理事会	2 200	景升农家菜	518

255

（续上表）

机构或企业名称	捐款数目	机构或企业名称	捐款数目
苏：七房头	2 100	好巽寮大饭店	500
牛古墩理事会	2 000	夜猫子美食城	500
井田坑村	2 000		

资料来源：凤凰池妈祖古庙重建慈善捐款人士碑。

从上表可以看出，捐款最多的是北京金融街惠州置业公司，捐了16万元，其次是惠东县巽寮滨海渔业专业合作社、惠东县康宏发展公司许再新，分别捐了10万元。参与捐款最多的行业是餐饮业，有红螺湾餐馆、妈湾鱼排、渔港楼、东兴酒店、沙湾烧烤场、李记老渔夫、渔家乐、江西菜馆、德记海鲜大排档、景龙饭店、意隆海鲜大排档、边海渔排、顺广大排档、海景渔家乐、景升农家菜、好巽寮大饭店、夜猫子美食城17家餐馆、酒店与排档，他们的捐款数目在500~20 000元之间。捐款居第二的寺庙理事会，包括巽寮天后宫理事会、范和村理事会、青州玉皇理事会、霞新村杨包庙理事会、牛古墩理事会、骆村理事会（玄天上帝）、帝公（宫）理事会7家，另有井田坑村与石下村可能也是寺庙理事会。参与捐款的机构还有游艇公司、旅游公司、电子公司、广告公司与土特产店等。值得注意的是，分布在不同村落的寺庙理事会捐款反映出凤凰池天后宫信仰圈的辐射范围。

据巽寮渔业村理事会2015年6月25日于庙中所贴红榜的公示，巽寮凤凰池妈祖古庙重建的总收入为1 798 396元，支出为1 795 524元，余存2 872元。

据庙中捐款碑记所载，凤凰池妈祖古庙筹建理事会的构成如下：

会长：苏南益
名誉会长：刘建彬、余志平、曾俊、林汉彬、苏明、李成来
副会长：苏风时、苏摘、苏金华、李志强、苏明仔
会员：苏佛文、徐冯佬、苏珠成、李文喜、苏贤森、苏兴、苏雪亮、苏营、苏律、高领峰、苏冶、李秋娣、苏建明、苏福国、李新波、苏进、苏顺德、苏渡船、苏庆、苏冯、苏牛仔、温基、黄冬妹、陈钱

这个理事会包括九姓，其中苏姓最多，有22人，并且会长是苏姓，副会长5人中有4人是苏姓；其余李姓5人，刘、余、曾、高、温、黄、陈

姓各 1 人。理事会姓氏的构成与参与捐款的人次与捐款数目有着相对应的关系，从上文可知，参与捐款人次与捐款数最多的是苏姓，而李姓与曾姓分别为捐款人次与捐款数目居第二。并且碑刻中显示，苏姓七房头还捐了2 100 元，在天后宫重建捐款中是唯一以房派的名义参与捐款的组织。这可以辅助说明，在渔业村各姓中，凤凰池的妈祖古庙与苏姓的关系最为紧密，而且目前宫庙的事务话语权由苏姓主导。

这三座天后宫的主要活动都是三月的妈祖诞与十一月的"海祭"。妈祖诞除了村民与信徒前来上香，还会抬三个宫的妈祖像出来游村，绕巽寮巡视一圈。而十一月的海祭则由各宫庙派代表前来进香。

从 2012 年开始，巽寮每年都在"五·一"节前后举行妈祖文化节。如 2013 年 4 月 29 日—5 月 4 日妈祖诞辰（农历三月廿三日）期间，在天后宫岭南民俗文化商业街举行了"惠州·巽寮第二届中华妈祖文化旅游节"，当时特意邀请了中华妈祖文化交流协会成员前来安排和指导妈祖祭典仪式，让整个祭典仪式更加规范。在祭典仪式后，举行了妈祖金身巡境，巡境路线覆盖了巽寮滨海旅游度假区的 4 个行政村，从 5 月 2 日下午1 时 30 分延续到 4 日。旅游节期间，还举行了渔船出海仪式、黄梅戏表演、惠东渔歌表演、美食推广、文艺晚会等活动，吸引了众多的游客，扩大了巽寮天后宫在国内外的影响。[①]

三、巽寮的阿婆庙与三奶夫人信仰

阿婆庙位于巽寮的大石壁边上，具体建造年代不详，据说大约有 300年的历史，为巽寮人所建。大门上写一联：福镇坛炉香火旺，应灵显赫法轮兴。庙中供着三奶夫人、九子圣母、观音、佛祖、中天教主、太白星君、阿公阿婆。其中阿公阿婆是得道神，坐在椅子上，阿婆挂着长长的项链，右手拄拐杖，左手端放于膝盖上；阿公则右手摸黑色胡须，左手端放于膝盖上。观音神像有十余尊，有的是私家观音借供于庙中。三奶夫人又称三奶娘，各骑一匹马，手上拿着马鞭。左边所贴的一红纸写着"大吉昊天金阙玉皇大帝、华光大帝、谭公仙圣、三奶娘娘、观音娘娘之神位"的字样。

阿婆庙边上有一神坛，写着"大吉水仙爷爷、财神爷爷、伯公爷爷之神位"的字样。神坛内有四尊神像，两尊财神，水仙与伯公（即土地公神

---

① 《巽寮妈祖文化节，六天精彩不断》，见今日惠州网，http：//e. hznews. com/paper/djsb/20130423/B0809/1/。

位）各一尊。

关于三奶娘，管理阿婆庙的老人讲述了一个传说：

相传三奶娘是三个不同县的人，由于同受迫害，财产被劫，家人被害以致流离失所、无家可归。她们因共同的遭遇聚在一起，拜为三姐妹，共同到庙堂学法，到处去打听哪里的菩萨最灵。当问到太白星君时，太白星君要她们称其为师傅才肯告知。太白星君告诉她们：东海的庙堂最灵，但东海很遥远，去东海的路非常难走，要经受众多的考验。三人均表示不畏艰难。

为考验她们，太白星君在背上变了一个大脓包，让她们用嘴吸干脓包。陈奶娘与林奶娘均不敢吸，李奶娘第一个去吸。吸后，陈奶娘问她：好吃不？李奶娘说：是甜的。于是陈奶娘吸了三大口，把脓包吸干了。太白星君悄悄画了一个很大的庙堂，非常华丽，里面有很多神明以及斋公斋婆的金身全像，有众多的信徒在烧香，旁边有大饭堂，画得非常详细。他还画了三匹马，告诉她们：坐这三匹马到东海庙堂需要好几个月，但有了他赐予的法力，只要二十九天就可以到达。在东海庙堂待足月了就可以让她们离开，离开时打一下马鞭到广东，打两下到福建，打三下到天宫。

太白星君告诉她们，七娘坐的紫色马是最好的，如果路上要换马，换了之后就换不回来了。太白星君画了一条河，她们在过河时，紫马断了一只脚，李奶娘见状想要换马，但七娘不肯换。过河时，当地的山神社公见三个仙娘长得很靓，就想留住她们，三仙娘不肯，于是社公放出十万黄蜂去围堵，要三人连同三匹马一起死。三个仙娘只好向太白星君求救。太白星君放了朵白云遮住了黄蜂救出了仙娘，社公就没辙了。于是三姐妹成功到达福建……

三奶娘学到法力后，太白星君告诉她们：被害的家人已救回，被劫的财产也追回了，成了神仙之后不可害人。[①]

据说，三奶娘骑马的形象正是她们从广东到福建时的形象。

庙里面放着两筒灵签与一大盘的筊，筊计有30片。墙上还贴着镇煞符，写着"石门栏陈林李奶娘在此消灾除病，急急如律三魂七魄长命富贵平安大吉、扫去千灾、迎来百福，太上老君、陈林李奶、口家温化灵符保安"等字样。九子圣母像的两侧还插有神旗，写有"十二奶娘护保平安大

———

① 笔者访谈资料。2015年7月8日于巽寮访谈82岁的李运来先生。

吉"等字。

据说此庙的信仰圈很广，香港、深圳等地都会有人到此庙烧香。有的祈保出海顺利，航船平安；有的祈保生小孩时无灾无难。周围民众有身孕的都会去求保佑，孩子满月之后还会去酬谢神明。乡民烧香时用的供品主要有猪肉、鸡、鱼、豆腐、斋菜、果品等，前五种物品俗称"五牲"。此外还有一种供品是鸭子，是惠阳经营漂流的老板们为祈保漂流顺利，特用鸭子作供品来烧香。据说因为鸭子善于在水中游走，老板用鸭子做供品是希望神明保佑漂流的游船像鸭子一样。

在巽寮的各座庙宇中，阿婆庙最为简陋，据说由于距居民区较远，香客较少，以致平常点油灯的钱也难以为继。在每月的初一、十五，七月十三过鬼节前，八月十五与过年时，到此庙烧香的信徒比较多，其余日子极少。尤其是在过年时，当地乡民几乎家家户户都会去阿婆庙烧香。

管理阿婆庙的李姓老人数次提及，阿婆庙是山神、阿妈庙是海神。李姓老人说，巽寮的阿妈庙最多钱，帝宫第二，山神庙最少钱。因此，近些年大妈庙、帝宫与细妈庙均得以重建，而阿婆庙不仅未能重建，连日常祭奉的香油钱都难以维持。

259

小　结

在惠东县巽寮镇，供奉三奶娘的阿婆庙和供奉妈祖的天后宫与河源地区相比，呈现出另一种形态。阿婆庙供的是山神，由紫金迁来的李姓客家人的后裔管理。妈祖是海神，供奉大妈与细妈的天后宫、妈祖庙及供奉二妈的玄帝宫由潮汕迁来的苏姓、郑姓等闽南语系的族群后裔管理。供奉天后的庙宇在疍民上岸定居后香火日繁，随着渔业的兴盛，以及2006年北京金融街集团的入驻，对当地进行了大手笔的资金投入与深度旅游开发，大妈庙的周围被打造成岭南民俗文化商业街，旅游业获得前所未有的发展，供奉妈祖的三个庙宇均得到财团的扶持、当地企业与居民的大量捐款，由此重建一新，每年五月前后举行的妈祖文化节吸引了大量的游客，使当地妈祖的声名远扬。与此同时，曾经香火繁盛的阿婆庙却因农业经济的衰退，并且地处相对偏僻的石门栏，没有得到财团与企业的扶持，乡民个人的捐资亦非常有限，仅靠为数不多的信众的香油钱勉强维持日常的香烛供养，使得陈、林、李三奶夫人的信仰出现日渐衰微的景象。

从笔者在河源与惠州的调研可见，两地对妈祖与三奶夫人的信仰呈现的面貌与当地宗族状况、族群构成、地方经济方式的转变乃至当地航运的兴衰等均有密切关系。河源的天后宫供奉的大多都是三奶夫人，说明这两

种神明从福建传到粤东后，两者发生了混融，随着东江航运的衰退，妈祖的护航保商功能逐渐淡化，其他功能彰显。而在客家族群与潮汕族群人口相当的巽寮湾，由于渔业与旅游业的发展，外地资金强势注入，当地旅游观光得到开发，农业逐渐没落，供奉三奶夫人的阿婆庙曾经香火旺盛，如今却门庭冷落；而供奉妈祖的阿妈庙却重建得焕然一新，每到民俗节与假期游人如织，妈祖的护渔护商功能进一步突显。

值得一提的是，巽寮供奉妈祖的大妈庙（巽寮天后宫）、二妈庙（玄帝宫）、细妈庙（凤凰池妈祖）从大到小的三姐妹的排行，与阿婆庙的三奶夫人在历史上是否有某种关联，是否像河源的天后宫一样，名为天后宫、妈祖庙，最初实际供奉的恰恰就是包含临水夫人在内的三奶夫人？这值得进一步的调查与分析。

第四节　女神崇拜与客家妇女的宗教文化生活

女神崇拜是在人类社会到了母系社会中晚期，随着原始人生育信仰观念的形成与发展而出现的，当时一方面崇拜图腾，另一方面崇拜妇女，而且认为只有两者结合才能生育后代，男子的作用是被排斥在外的，因此，当时普遍流行图腾和女神崇拜。最早的女性神明是始祖女神，在我国，许多民族都有关于始祖女神创造人类的文献记载或传说。随着社会的发展和人类认识的进步，为了适应社会的需要，人们创造了各种各样的女性神明，包括自然神、始祖神、道教娘娘神、佛教娘娘神、各种地方神等。

在客家地区广泛存在着女神崇拜。在此，笔者把她们梳理成以下几类：女自然神崇拜、女性祖先崇拜、从其他民族或民系移植而来的女神、客家人自己创造的女地方神、作为男神的配偶而存在的女神。

一、女自然神崇拜

客家地区的女自然神崇拜包括电母、花神、树神、石母等。

1. 电母

客家人把闪电称为"电母"。由于闪电通常与雷一起出现，因而人们把雷电合在一起称为"雷公电母"。在客家祖地宁化，雷与电被认为是正义之神。人们认为被雷电击死者是不孝敬父母者、乱伦者、大奸大恶者、有宿世孽债者。

2. 花神

客家人有求花缘、盘花、剥花之俗。在山乡的求子巫术中，神婆通常把不生育称为"不带花"，称生女儿为"带红花"，称生儿子为"带白花"。求花缘指的是请花木之神赐子。久婚不育或有习惯性流产的女子，有的会去找算命先生算命，先生根据其生辰八字，结合神明下降的时间，帮她查好具体日期与时辰，指定到某个方向找一株枝繁叶茂结子多的树木，如荷树与茶树，进行"求花缘"。在宁化，求花缘者一般要准备好盐、茶、五谷（豆子、谷子、玉米、麦子等）、纸钱、香、烛、鞭炮。出发前在家中点上一盏灯火，带上上述物品与算命先生给的"求子符"，按算命先生所定的时间、方向到预先选好的花树下点烛焚香祷告："某树（指选好的树名，如茶树、桃树等）母，某树婆，保佑姪养个学生哥。姪养了学生哥，杀鸡提酒来报喜，相结你某树做外婆。"焚化纸钱符章后在此树上摘一个果实，与那盏灯火一起带回家。到家后再把灯火放在灶君神位前，果实放在房里的衣箱角上。此后逢年过节都得到此树下点香祷告。若如其所愿生了儿子，得像与岳父母报喜一样，提一壶酒、一盘全鸡与香烛鞭炮向树报喜。其中有比较虔诚的每年都像敬祖先一样带祭品到树下供奉。"盘花"是指不生育的或只生女儿的女子请神仙盘查身上是否带花或带的是哪种花。如果无花或带的是红花，就会请神婆为自己与树木换花，称为"剥花"，剥为换的意思。若是求子剥花，得找开白花的树，如荷树、茶树、李树、梨树等；若是求女剥花，则找桃树、石榴等开红花的树木。①

3. 树神

明溪县枫溪乡熊地村有一棵紫金树，被当地村民奉为神树。当地流传着一则关于此树的故事：相传，古时有一位美丽的紫金姑娘，她被抢到皇宫后不堪羞辱，一头撞死在盘龙柱上。后来，紫金姑娘的坟头上长出了一株紫金树，紫金树的树籽随风飘送，其中的一颗在熊地村落地、生根、发芽，渐渐长成。后来受到了当地客家人的崇拜。②

清流县进士乡有两棵古老的大树，一棵叫"万寿松"，另一棵叫"千岁樟"，均被称为神树。村里的小孩出生后都会嗣给这两棵树，认它们作义父、义母。

4. 石母

在清流县进士乡童屋的后龙山有块禾仓石。这石头被乡民称为石母娘

---

① 李根水、罗华荣等编著：《宁化客家民俗》，中国华侨出版社，2000 年，第134 页。

② 汪毅夫：《客家民间信仰》，福建教育出版社，1995 年，第 54 页。

娘。村里的孩子凡是查知"八字"缺金、火、土者，均嗣给石母娘娘为子。连邻近村落的父母也会到此把小孩嗣给石母娘娘为子，因此石母的香火十分旺盛。石母的嗣子通常在名字中含有石字。其嗣子像嗣给树神的一样得祭拜石母，一直到16岁为止。

二、女性祖先崇拜

在粤东与闽西，女性祖先大多被称为"婆太"，也有少数地方称"祖婆"。祭拜的主要形式是祭供有女祖先的祠堂与埋有女祖先骸骨的墓地。很多客家宗族都有关于他们的女祖宗事迹的传说故事或者她们墓地的传说，兹举几例：

1. 梅州市东郊张氏宗族的婆太崇拜

梅州市东郊的张氏宗族是当地的强宗大族之一。据李小燕的调查，张氏宗族每年秋季都要祭七世祖妣和九世祖妣。七世祖妣和九世祖妣称"好命婆太"，传下的子孙众多。相传，七世婆太是位仙人，肩一公将其骨骸与七世祖公的骨骸同葬在月梅，坟墓前有一小溪，据说饮此溪水者百病不生。蕉岭张氏子孙想将七世婆太移葬蕉岭，就来偷婆太遗骸，不料忙乱中将七世祖公遗骸盗走。因而七世婆太坟墓在梅县月梅，七世祖公坟墓在蕉岭。九世婆太则是因为平整土地迁葬月梅，坟墓修在七世婆太旁边。两主坟后边又有许多后世子孙的小坟墓。张氏宗族祭七世婆太的仪式很隆重，先由礼生宣读祭文，然后众裔孙行三献礼。祭婆太时，也要祭张姓土地神。以下为七世祖妣文迪婆太祭文：

恭维祖妣，懿德流长。孝上贤淑，下训慈祥。教家以朴，持身以庄；治家和睦，内助堪扬。佐夫治谋，展翅程乡；树业攀桂，开拓梅江。教育子孙，勤以力学；书礼不辍，兰桂腾芳。先贤赞誉，文种书香。承先启后，世世荣昌；裔孙千代，梅人共仰。裔辈等深感慎终追远，吊念不忘。谒陵寝以表孝，扬祖德之流芳。岁序流易，霜露已降，瞻拜坟茔，曷腾感慕！神其不昧，来格来尝！
伏维　尚飨①

由于七世祖妣和九世祖妣坟墓相邻，而七世祖妣比九世祖妣辈分长，

---

① 李小燕：《梅县东郊张氏宗族发展史与祭祖习俗》，《客家研究辑刊》2002 年第 1 期，第 45 页。

张氏宗族先祭七世祖婆太，然后再祭九世祖婆太。两婆太的祭品全部相同，但是祭七世祖婆太时，有祭文和三献礼仪式，而祭九世祖婆太则较为简单，只是裔孙各自祭拜。据说是因为七世祖她辈分高，所以为大，先受祭祀且祭礼较隆重。为了简约，因而将九世祖婆太的祭礼简化了。

2. 广东丰顺县建桥围张氏一族的婆太崇拜

建桥围张氏的祖宗崇拜中最推崇的是外祖与婆太。其中婆太指的是三世蓝婆太与九世王婆太。三世蓝婆太为畲坑蓝氏之女。其夫张均佐因产业被管家侵吞，为了要回产业与管家打官司，但官府被管家贿赂，以诬告罪为名把张均佐判了刑并关入狱中。为了挽救张家命运，蓝婆太费尽艰辛到南京告御状，忍受了种种酷刑，最后打赢了官司，使张家的命运得以改变。因此张氏一族非常崇拜蓝婆太，每年都要上坟隆重祭祀，关于她的传说至今流传不衰。王婆太是外祖王柏泉（张氏一族最崇拜的祖先神）的女儿，丈夫文广、儿子仰云在外为官，她在家刻苦经营，广置产业，相传规模宏大的建桥围就是她带着三个儿子创建的，因而备受后世子孙崇拜。

3. 梅县丙村镇温氏一族的斋婆太崇拜

斋婆太是丙村温姓十一世祖她杨氏，每年正月初一，族人统一到祖堂祭拜此婆太，而且规定此日必须吃斋。其坟葬于大坑方，形名"猿猴采果"，坟内仅葬有银牌，祖坟下方有一暗洞，洞内流出一股清泉，终年不枯。就是这样一座仅葬银牌的祖坟，被族人传得沸沸扬扬。报道人说此泉是斋婆太屙的尿，是神水，"食斋婆太的尿可治百病"。族人凡有病痛，均往坟前烧香，磕个响头，饮服泉水，其疾自除。温氏斋婆太不但在族中受到崇拜，居住在周围村子的蓝姓、邓姓也十分崇敬她。从其碑文上所述的吉葬于"明万历己丑岁（1589）"可知斋婆太崇拜距今已有 400 多年的历史。[①]

4. 梅县南口镇益昌村陈氏一族的陆婆太崇拜

陆婆太为陈姓始祖大郎公之妣，原葬于西洋笙竹园鹿子坡，其四世子孙将其迁葬于南口寨子顶，风水名为"喝形"，每年陈姓族人都要到陆氏婆太坟墓前举行隆重的祭拜。据说该坟由于风水好，能庇佑后人。陈氏族人把本宗族的兴旺发达归功于开基祖婆太陆氏迁葬到了风水宝地。[②]

① 谢剑、房学嘉：《围不住的围龙屋：记一个客家宗族的复苏》，台湾南华大学，1999 年，第 94 – 95 页。

② 周建新：《客家祖先崇拜的二元形态与客家社会》，载 2002 年台湾苗栗县《两岸客家"历史·文化·社区"研讨会论文集》。

5. 清流县灵地镇的辟支古佛（姑婆太）崇拜

在灵地，乡民最崇拜的是李公太保（人称"公爹"），其次是辟支古佛（人称"姑婆太"）。但这辟支古佛所指何神已无从可考。当地流传着有关此神来历的传说：过去灵地有个铸铁厂，厂址在炉前。有次铸锅时，倒进锅模的铁水始终不成锅，而是凝聚在一起，自然而然凝结成一尊佛像——辟支古佛的雏形，后来人们将它修饰、加工，就成了美丽、庄严的佛像。据说古佛很灵验，还曾显过灵。在灵地，每年正月初二日至二月十九日，灵地、罗元、青山、甲尾、江头、水竹洋、堵树挖等村轮流打"姑婆太醮"，轮到打醮的地方，家家户户都得吃斋。① 至于灵地人为何把辟支古佛称为姑婆太却谁也说不出个所以然。

三、从非客家民系移植来的女神信仰

客家人从非客家民系移植来的女神主要有观音、妈祖、临水夫人、三圣妃等，前三者在客家地区非常普遍，详情见本书第二章第二节以及本章前三节，此不冗述。三圣妃仅见《临汀志》中有记载，在田野调查中很少见。

据《临汀志》对三圣妃宫的记载："在长汀县南富文坊。及潮州祖庙（疑有脱漏字）。灵惠惠助顺显卫英烈侯博极妃，昭贶协助灵应慧祐妃，昭惠协济灵顺惠助妃，嘉熙间创。今州县吏运盐纲必祷焉。"②

四、客家人创造的女地方神

客家人根据历史、传说故事与现实生活的需要创造出了许多女地方神，如明溪县的莘七娘、长汀县的七圣、清流县的麒麟仙妈、武平县的樟树婆太以及客家地区广泛存在的痘神与天花神。此外，还有本章第一节提到的仙人叔婆、水母娘娘、四姑、仙花娘娘、慈悲娘娘等。客家人创造的女地方神当然远不止这几种，在广大的客家乡村，名不见经传的女地方神可能更多。

1. 莘七娘

《临汀志》中对感应惠利夫人庙载曰："即旧七娘庙，在清流县东北一百二十里明溪，故墓在焉。绍兴间，巡检李寘移创寨侧。传者以昔有过客投宿驿中，闻吟咏声，因使反之，且许为传播。果琅然再诵，客遂书其诗

---

① 黄于万：《清流县灵地镇黄姓民俗》，杨彦杰主编：《汀州府的宗族、庙会与经济》，国际客家学会、海外华人研究社、法国远东学院，1998年，第312 – 313页。

② （宋）胡太初修，赵与沐纂：《临汀志》，福建人民出版社，1990年，第65页。

示壁间而去。……妾身本是良家女，少习女工及书史，笄年父母常趁歧，遂选良人职军史。五季乱兮多寇盗，良人被令为征讨，因随奔走到途间，忽染山岚命丧夭。军令严兮行紧急，命既殁兮难收拾，独将骸骨葬明溪，夜长孤魂空寂寂。屈指经今二百年，四时绝祀长潇然，未能超脱红尘路，妾心积恨生云烟。……自是乡人敬而祀之。端平间，调寨兵戍建康。忽一日，旁近人闻庙中若有钲鼓声。后戍兵有书回，恰是日与虏会战，始知其助威焉。"①

据《福建史稿》载：乾宁元年（894），闽西北部黄连峒（今宁化、清流、明溪、建宁和连城等地）一带有"蛮"两万人围汀州。闽王潮派李承勋率近万人解汀围，大破蛮人于将水口（今顺昌、建阳一带），于是，闽地稍安。明溪镇地处汀州与南剑州接境之要冲。莘氏圣七娘随夫李将军征战，奔逐道途，体弱多病，歇驻闽西北小镇，见瘟疫流行，即传授百姓采集药草，制作验方药剂，驱除病魔。不料莘七娘却殁于明溪。葬城之南关。明《归化县志》卷十《杂记》曰："五代、莘氏圣七娘，唐秀州华亭人，殁于明溪镇。墓在城内南关溪之左神空竹。因葬焉，屡显灵异，宋敕封为惠利夫人。宋廷钦降庙额，曰'显应'。敕封惠利夫人，寻加'福顺夫人'"。清雍正十二年（1734），世宗褒封莘七娘为"普佑夫人"，清咸丰八年（1858）文宗帝加封莘七娘为"灵应夫人"。明、清以来，凡水涝、涸旱、疾疫等降临，境内外祈求皆灵验。因此莘七娘成为闽西北人民极为崇拜的女神。②

在明溪，每年正月初一到十五，人们都会去朝拜莘夫人；六月份为庆贺莘夫人的诞辰，县城还会举行大型的庙会活动。六月初五日，夫人庙得烧制传统的"夫人嫲茶"。据说此茶是莘七娘来明溪后教黎民用的中草药方之一，用定量的檀香木、甘草片、香糯（茹）梗、鱼腥草、菊花等8种，与指定的"甘泉"（来自叶厝坑村）井水煎后服用，可治多种常见病。③

2. 七圣宫

1686年《长汀县志》云："祀井神，处处有之。岁六月十一诞辰，民虔致祭。"1782年《长汀县志》："即明溪圣七娘……各坊崇祀甚多。"

---

① （宋）胡太初修，赵与沐纂：《临汀志》，福建人民出版社，1990年，第67页。
② 林华东：《明溪县城与莘夫人庙会》，杨彦杰主编：《闽西北的民俗宗教与社会》，国际客家学会等，2000年，第93－95页。
③ 林华东：《明溪县城与莘夫人庙会》，杨彦杰主编：《闽西北的民俗宗教与社会》，国际客家学会等，2000年，第103页。

1879 年《长汀县志》亦载："祀明溪莘七娘，坊厢多有。"该志卷十三《祠庙》中的"如意宫"条载曰："选是邑建七圣宫，遍处皆塑夫人七位，误以七娘为七娘，因而神像高满尺，庙亦广不盈丈，每忽其狭小，灵异未之闻。"从洪迈《夷坚志》丙集下一条有关汀州"有七姑子之扰方"，可看出她们是厉鬼："赣亦有之，盖山鬼也，遍城郭邑聚多立祠宇，其状乃七妇人，颇能兴祸咎。"有一次一位当官的要把七姑庙拆掉，可是后来在该地挖井，水不清，两位当地人告诉他："土神庙貌已旧，州人赖之，今既与院中无所妨，欲姑存之。"当官的回答说：她们如果能够让泉水变清，就可以，结果水真的变清，"于是度为葺其祠焉"。[①]

从上述的记载可看出，客家地区的七圣宫所祭供的主神并不统一，有的祀井神，但大部分都是祀七个女神。在武平县也是如此，如在武平县城的城南宋屋角里有座七姑婆太庙，祀七位女神，人称"七姑婆太"，七月七日为诞日，庙今毁。而同是祭供七姑婆太的庙在武平县北门的尚存庙址。[②] 事实上七圣应该是指明溪莘七娘，但在客家民间，大多数人并不知晓，都认为七娘是七位夫人。

3. 麒麟仙妈

在清流县灵地镇有座麒麟仙庵，里面主要供着麒麟仙妈。骑着麒麟的麒麟仙妈被供在神龛的正中，旁边供着吉祥菩萨。附近的妇女常到庵中祈保早生儿子。生了孩子的会在三朝日供姜酒给仙妈与吉祥菩萨。每年正月初十的麒麟仙妈生日，村中群众自愿组成"麒麟仙会"。会员都会敲锣打鼓，带上供品到庵中向仙妈祝寿。祝寿后到办宴的会友家吃麒麟仙会。[③]

4. 樟树婆太

武平县城东门桥头壕沟里有座樟树婆太庙，当地人不知所祀何神。相传某年发洪水，从上游漂来一段樟木。县人将它雕成了一尊女神像，在河边建庙奉祀，民间称之为"樟树婆太"，今已毁。从神的名称上来看有自然崇拜的因素，但已上升为偶像神崇拜。

五、作为男神的配偶而存在的女神崇拜

---

① 劳格文：《长汀庙志》，杨彦杰主编：《长汀县的宗族、经济与民俗》，国际客家学会等，2002 年，第 902、905 页。

② 钟德盛：《武平县城关的庙会与醮会》，杨彦杰主编：《闽西北的城乡庙会与村落文化》，国际客家学会等，1997 年，第 37 - 38 页。

③ 黄于万：《清流县灵地镇黄姓民俗》，杨彦杰主编：《汀州府的宗族、庙会与经济》，国际客家学会、海外华人研究社、法国远东学院，1998 年，第 312 - 313 页。

1. 土地婆

（1）宁化县城土地祠内的土地神及二妃神像。该祠在县治大门内的左侧，供奉有土地神及二妃神像。据县志所载的李世熊"按"云："宁化土地肖像乃增置二妃，初诧不经，后考《巫氏家谱》，谓神即巫祖定生，开辟黄连镇者。定生没，葬竹条窝，即今治署。后唐改邑，迁葬定生于嵩溪黄沙渡，而祀定生之神于此，以土地辟自定生，而邑治又利其宅兆也。二妃即定生柴、纪二配。明嘉靖间，邑令马叔初下车谒祠，怪土地焉得有二妃，命移至县后福善祠。是年马令卒。后二十余年，邑令张洵来，其夫人恒病，梦两妇人前言曰：'此吾故宅也。吾主祀于此，奈何遣我他所？若能还吾故居，当佑汝。'夫人觉，以告令，令询父老，具得迁主状，急迎二妃祭谢之，而夫人果安。事虽惝恍，而二妃之像，相沿不改，所传似不谬也。"① 不仅宁化县的土地祠内供有土地神的夫人像，在武平县西门的城隍庙内也供奉着城隍爷及其夫人。

（2）广东客家地区"伯公娶伯婆"的传说。广东和平县东十里有个叫船坑的地方，那地方的伯公本来没有老婆。一天，有个兴宁县的杂货商来求告船坑伯公，说是如果伯公保佑他今年赚得100块花边，他就到雕刻店刻个伯婆来酬谢。当年，这个杂货商果然赚了100块花边，并果真刻了一尊伯婆用担子挑着来酬谢伯公。到了伯公坛前，他见坛前挤满了人。原来，伯公已先托梦给船坑村民，他将在今日娶亲，村民们赶来赴会却不知伯婆从何而来。杂货商见人多，于是放下担子先卖杂货。村民们看到担子里的伯婆像，又听杂货商说出一番缘由来，就烧香、点烛、打纸炮，请伯婆登坛同伯公并排而坐。后来，这个伯公又娶了个小老婆，因为有人学兴宁杂货商的样，赚了钱就还愿送伯公一个小老婆。②

2. 宁化县与灶神祭供在一起的灶君老母

宁化人把灶神称为"灶君""灶君老母"或"灶君太太"。其中，灶君指的是张单，因家境清贫替人烧火发明了造灶做饭，故被封为灶神。灶君老母与灶君太太指的是他的妻子。关于灶君与灶君太太在当地有个传说：

玉皇大帝的女儿看到张单勤劳忠厚而家境清贫，心生爱慕而私下凡间，与张单结为夫妻，夫妇俩每日教人造灶，用灶烧饭，比埋锅烧饭方便

① （清）李世熊：《宁化县志》，福建人民出版社，1989年，第412页。
② 张祖基等著：《客家旧礼俗》，台北众文图书公司，1986年。

多了。后因玉帝女儿思念父母姐妹，乃带张单同赴天庭省亲，玉帝不喜张单这个"烧火佬"，但王母娘娘疼爱女儿，要玉帝给张单封官，玉帝因张单发明了灶，就顺水推舟封他为灶王神。因张单敦厚老实，故不甚出名；而其妻却聪明伶俐，又处事公正，好抱不平，经常替人排难解困，出谋划策，在人间广施德惠，深受凡人爱戴，故一般人都称灶神为"灶君老母"或"灶君太太"。①

在宁化，灶神夫妇的坐像位于灶神图的正中，几乎受到乡村中每家每户的供奉。

在广大客家地区，作为男神配偶而存在的女神远不止上述的三种。这种女神通常是根据历史、传说故事或当地老百姓的创造产生的，一般与作为其丈夫的男神并排供在一起，共享信徒的祭拜，倘遇庙会或醮会也会被信徒们一起扛去游境。但事实上，这种女神的从属地位非常明显，乡民祈福禳灾时几乎不把她当成诉求对象，在神明的功能上也很少听说她们司有神职。

六、女神崇拜所反映的客家妇女的生存状态与民俗宗教生活

客家地区的女神远不止上述的神明，但基本上可以分为上述几类。透过客家地区存在的种种女神崇拜，可以发现这些女神的功能大多以"生育功能"为中心，其基质是母性崇拜。在客家妇女的信仰体系中，绝大部分女神，无论是女自然神崇拜、女性祖先崇拜、女地方神崇拜，还是从别的民系传承而来的女神，几乎都是生育神，带有浓郁的母亲神的意味。这些生育神的体系包括两大系统："生"与"育"。前者包括不孕者求孕与无子者求子；后者包括婴儿出生后，那些所谓"不好带"的孩子认契父契母，作为男性配偶而存在的女神虽大多不具有生育信仰的内容，但他是围绕着乡民对于神明生活美满的理解与维护"家"的完整而创造，根据现实中人们的生活复制出来的。

透过这些女神信仰，可以看出客家妇女的角色地位及其民俗宗教生活。

第一，从女神崇拜可反映出客家妇女的宗教观念与宗教生活。

客家妇女信仰的女神组成分别属于祖先神、佛教神、道教神以及地方

---

① 李根水、罗华荣编著：《宁化客家民俗》，中国华侨出版社，2000 年，第141－142页。

神等，个别神明集数教于一身，反映出客家妇女生存社会所在的民间宗教文化特征：非佛非儒，非道非巫，而是佛、儒、道、巫糅合在一起。这说明，大多数客家妇女所信的宗教不属任何教派，而只是一种民间宗教。她们的民间信仰带有极强的功利性，只要有效用，不论此神所属教派，神阶高低一概膜拜勿论。客家妇女的宗教生活以祭拜女神为主，对这些女神的信仰又以祈望生育、祈保孩子的健康成长、祈愿家人的平安为主，也就是说，客家妇女的宗教生活以生育为主要内容。以深受广大客家人崇拜的妈祖为例，客家男子也拜妈祖，但以祈保航行顺利、出入平安、生意顺利为主；而客家妇女崇拜妈祖主要是祈保顺产与孩子健康，有极为明显的分野。

第二，客家地区的女神崇拜状况折射出客家妇女在家庭中的角色与地位。

客家妇女比许多相邻民系的妇女辛劳，尤其是粤东梅州的客家妇女，既要承担大量的户外劳动，如犁田、播种、插秧、收割、砍柴、种菜无所不包，又得操持家中的一切家务，如洗衣做饭、侍奉公婆、养育小孩、收拾房屋、缝缝补补、养鸡喂猪等。由于养育小孩、照顾老人的责任主要在于妇女，一旦家人出现病灾，受当时的医疗条件、经济条件与思想观念的局限，妇女们只好向神明祈求庇佑。虽然客家妇女承担了大部分的生产与家务劳动，但是家庭地位未必相应得到提高，她们仍得恪守"三从"的规训。这可以从女神信仰体系中得到反映，在漫长的封建社会里创造的众多男神的配偶神几乎都是默默无闻的，不担任神职，甚至连名字也没有，从属地位非常明显。

罗梅君认为：生育是家庭对继承人的需求以及妇女掌握命运的手段。"在以农业为主的农民——小手工业者的家庭经济生活中，儿子和特殊情况下的女儿是家庭的存在和继续存在的保证，其中也包括那些不从事生产的年长父母的家庭。"家庭经济需要通过尽可能多的孩子，从而拥有更多的劳动力来长期提高家庭收入，当然这种需求在具体情况下受到现实存在的能否供养这些子女的家庭的可能性的限制。与家庭经济利益并行的是妻子的特殊利益，她可以通过自己的孩子，特别是儿子，建立一个为她自己设立的"子宫家庭"，目的是增强她们在这个父权统治的家庭组织中的地位。① 在客家传统社会也是如此，能不能生孩子，尤其是能否生儿子，是

① ［德］罗梅君著，王燕生、杨立、胡春春译：《北京的生育、婚姻和丧葬——19世纪至当代的民间文化和上层文化》，中华书局，2001年，第2－3页。

已婚客家妇女能否在夫家提高自己地位的决定因素，也是她们以后婚姻家庭幸福与否的关键所在。因此，客家妇女崇信与祈拜的神明体系以保护生育，尤其是保佑生男孩的女神为主。

第三，客家人的女神崇拜反映出该民系妇女的社会地位。

在广大的客家地区，人们认为生育子女是女人的天职，倘若一个女子未生孩子，那么她就未对家庭尽到职责。农村的客家人普遍认为：没有孩子的家庭是最不幸的！因此，一个未生孩子的女子，她的人生是残缺不全的，她的家庭又是最不幸的。在一些落后的传统观念仍然盛行的地方，没有子嗣的妇女根本无个人的幸福可言，她和她的家人不得不在村民的怜悯、嘲笑、辱骂、幸灾乐祸等不正常的目光与情境下，低头弯腰地生活一辈子。所以，生育与不生育，生儿与不生儿，成为妇女生活残缺与完整，地位高与低，家庭生活的正常与不正常的决定性因素。这就难怪妇女们要四处求神拜佛，想方设法祈求神明赐予子嗣了。

第四，女神崇拜的生育功能突出反映了客家妇女的民俗信仰受到生育观念的影响。

客家山区因经济欠发达导致某些社会意识相对滞后，一些传统观念，如"男尊女卑""多子多福""养儿防老""不孝有三，无后为大"等思想至今还影响着乡村民众的意识与行为，尤其是"无后为大"的观念。在客家传统社会，"无后"意味着香火的中断，血缘的中断，家族的中断。因此，"有后"是每一个人身上最大的责任。至今在客家农村，一些无嗣的家庭还备受族内外人士的欺凌，一旦遇有争端，他们不敢亮着嗓子说话，甚至宁愿忍气吞声以息事宁人。在田野调查中经常听说：即使一些生有女儿的家庭，在与人吵架时仍不能理直气壮，似乎矮人三分，在村民中有一种自卑感。无嗣家庭在家族、村落事务中的地位可想而知。现实生活中乡民对无嗣家庭的欺凌、歧视以及根深蒂固的传统观念深深地影响着乡村客家妇女。很多乡村客家妇女把生儿育女，尤其是生男孩当作人生中的头等大事，借此赢得家庭在宗族事务中的地位，维持家人在村落中的正常生活。因此，"无后为大"等传统思想观念使乡村客家妇女的民间信仰体系以母性为基质，以女神崇拜为主要对象。

参考文献

一、民间文献

1. 《江夏郡黄氏族谱》，宁邑玉华轩镌，民国三十一年第九次重修本。
2. 《淮阳刘氏九修族谱》，民国壬午年（1942）修。
3. 《南阳郑氏族谱》，宁化客家祖地藏本。
4. 《安乐郡孙氏十修族谱》，1993年修，宁化客家祖地藏本。
5. 《武陵龙氏族谱》，1988年修，宁化客家祖地藏本。
6. 《伍氏房谱》，宁化客家祖地藏本。
7. 《太原伊氏族谱》，宁化河龙伊氏第十一次重修，光绪三十四年（1908）。
8. 《太原伊氏族谱》，宁化河龙伊氏第十三次重修，1990年。
9. 《谢氏族谱》，宁化河龙谢氏同治己巳重修。
10. 《乐安郡孙氏族谱》，宁化凤山孙氏1983年修。
11. 《陇西李氏八修族谱》，宁化安远李氏1916年修。
12. 《杨氏重修族谱》，宁化杨边杨氏。
13. 《吴氏族谱》，长汀羊古罗坑头吴氏修。
14. 《丰顺胡氏族谱》，隘隈小东村1998年修。
15. 《汀州赖氏族谱》，长汀县赖氏首届联修族谱理事会，1999年。
16. 张敏昌：《杂用本》。
17. 张奇良：《寿生经》，2001年8月13日抄。
18. 《念佛本》，张春华手抄，现藏于宁化石壁张春华家。
19. 《接珠念佛本》，张河正手抄，笔者收集于宁化石壁陈塘村张河正家。
20. 《张河正念佛记录本》，笔者收集于宁化石壁陈塘村张河正家。
21. 《寿生经》（妙法莲花经），印者及时间均未详。笔者收集于宁化城关。
22. 《梅县香花一日两宵全集》，梅县东岩寺1983抄本。

二、方志、档案与文史资料

1. （宋）乐史撰：《太平寰宇记》。

2. （明）何乔远编纂：《闽书》，福建人民出版社，1990年。

3. （明）黄仲昭修纂：《八闽通志》，福建人民出版社，1990年。

4. （宋）胡太初修，赵与沐纂：《临汀志》，福建人民出版社，1990年。

5. （清）杨澜编纂：《临汀汇考》，木刻本。

6. （清）王廷捻：《临汀考言》，北京出版社，2000年。

7. （清）曾日瑛修、李绂纂：《汀州府志》，方志出版社，2004年。

8. （清）陈朝曦修：乾隆《长汀县志》。

9. 黄恺元纂：《长汀县志》，1941年，长汀县博物馆1983年重刊本。

10. （清）赵良生纂：《武平县志》，武平县志编纂委员会整理，1986年。

11. （清）蒋廷铨编纂：《上杭县志》，康熙二十六年（1687）木刻本。

12. 丘复总纂：《上杭县志》，民国二十七年（1938）修，上杭县地方志编纂委员会2004年点校本。

13. （清）李永锡修：《将乐县志》，清乾隆三十一年（1766）。

14. （明）李敏纂：《将乐县志》，弘治十八年（1505）修。

15. （明）张士俊：《宁化县志》，据1635年木刻本复印本。

16. （清）李世熊纂：《宁化县志》，1684年，同治八年（1869）重刊本。

17. 黎景曾纂：《宁化县志》，1926年木刻本。

18. 刘善群：《宁化县志》，福建人民出版社，1992年。

19. 宁化县志编纂委员会：《宁化方志通讯》第3期，1985年。

20. （民国）李介丞：《丰顺县志》，影印本。

21. 丰顺县地方志编纂委员会：《丰顺县志》，广东人民出版社，1995年。

22. （宋）胡太初、赵与沐：《临汀志》，福建人民出版社，1990年。

23. （清）侯坤元修，温训纂：（道光）《长乐县志》，影印本。

24. （清）洪先焘：（嘉庆）《大埔县志》，咸丰年间刻本。

25. 王之正：（乾隆）《嘉应州志》，1991年。

26. 黄钊撰：《石窟一征》，光绪二十五年刻本。

27. 潘承焯、吴作哲：（乾隆）《镇平县志》，1916年铅印本。

28. 温仲和总纂：《光绪嘉应州志》，成文出版社，1968年。

29. （清）魏瀛修：《赣州府志》，影印本。

30.《大埔文史》，第15辑，大埔县政协文史资料委员会，1997年。

31. 广东省地方志办公室辑：《广东历史方志集成》，岭南美术出版社，2006年。

32. 管雅：《梅州宗教志》，梅州市民族宗教局，2018年。

33.《梅州文献江编》第八集，梅州文献社，1978年。

34. 毛泽东：《才溪乡调查》，1933年。

35.《宁化阶级敌人披着佛教外衣猖狂进行反革命复辟活动》，《内部参考》，第28期。

36. 张道云：《梅县地区县、社妇联干部学习班学习资料：新宪法》（讲课提纲），丰顺县档案局，全宗号15，目录号12.1，年份1985，案卷号101。

37.《八乡山妇女的问题专题调查之二》，丰顺县档案局，全宗号3，目录号12.1，年份1951，案卷号017。

38.《用社会主义思想处理好婚姻家庭关系问题的宣传提纲》，丰顺县档案局，全宗号15，目录号12.1，年份1980，案卷号78。

三、专著

1. 刘达临：《性与中国文化》，人民出版社，1999年。

2.（清）方苞著，刘季高校点：《方苞集》，上海古籍出版社，1983年。

3. 房学嘉主编：《客家梅州》，华南理工大学出版社，2009年。

4. 黄顺炘等主编：《客家风情》，中国社会科学出版社，1993年。

5. 刘锦云：《客家民俗文化漫谈》，武陵出版有限公司，1995年。

6. 王晓丽：《中国民间的生育信仰》，社会科学文献出版社，1999年。

7. 李露露：《妈祖信仰》，学苑出版社，1994年。

8. 赵国华：《生殖崇拜文化论》，中国社会科学出版社，1990年。

9. 李银河：《生育与村落文化》，文化艺术出版社，2003年。

10. 林国平、彭文宇：《福建民间信仰》，福建人民出版社，1993年。

11. 刘大可：《闽西武北的村落文化》，国际客家学会、海外华人资料研究中心、法国远东学院，2002年。

12.［德］罗梅君著，王燕生等译：《北京的生育、婚姻和丧葬——19世纪至当代的民间文化和上层文化》，中华书局，2001年。

13. 陈永正：《中国方术大辞典》，中山大学出版社，1991年。

14. 岭南文化百科全书编纂委员会编：《岭南文化百科全书》，中国大百科全书出版社，2006年。

15. 梁景之：《清代民间宗教与乡土社会》，社会科学文献出版社，2004 年。

16. 邓尼丝·拉德纳·卡莫迪著，徐钧尧、宋立道译：《妇女与世界宗教》，四川人民出版社，1995 年。

17. 维克多·特纳著，黄剑波、柳博赟译：《仪式过程：结构与反结构》，中国人民大学出版社，2006 年。

18. 林丽珊：《女性主义与两性关系》，五南图书出版公司，2001 年。

19. 李根水、罗华荣：《宁化客家民俗》，中国华侨出版社，2000 年。

20. 房学嘉：《围不住的围龙屋：粤东古镇松口的社会变迁》，花城出版社，2002 年。

21. 周建新等著：《民间文化与乡土社会：粤东梅县五大墟镇考察研究》，花城出版社，2002 年。

22. 梅州市地方志编委办公室编：《梅州客家风俗》，暨南大学出版社，1992 年。

23. ［法］E. 迪尔凯姆著，狄玉明译：《社会学方法的准则》，商务印书馆，2009 年。

24. 马克思著，郭大力、王亚南译：《资本论》第一卷，上海三联书店，2009 年。

25. 中共中央文献研究室编：《建国以来重要文献选编》（第一册），中央文献出版社，1992 年。

26. ［英］格丽芬著，张玞、李立玮译：《情妇：关于女性第三者的历史、神话与释义》，中国友谊出版公司，2002 年。

27. ［法］埃米尔·迪尔凯姆著，冯韵文译：《自杀论》，商务印书馆，2012 年。

28. 黄马金：《客家妇女》，中国妇女出版社，1995 年。

29. 房学嘉等：《客家妇女社会与文化》，华南理工大学出版社，2012 年。

30. 谢重光：《客家文化与妇女生活：12—20 世纪客家妇女研究》，上海古籍出版社，2005 年。

31. 徐霄鹰：《歌唱与敬神：村镇视野中的客家妇女生活》，广西师范大学出版社，2006 年。

32. 林国平：《闽台民间信仰源流》，福建人民出版社，2003 年。

33. 汪毅夫：《客家民间信仰》，福建教育出版社，1995 年。

34. 刘大可：《传统与变迁：福建民众的信仰世界》，社会科学文献出版社，2010 年。

274

35. 刘大可：《中心与边缘：客家民众的生活世界》，社会科学文献出版社，2012年。

36. 徐晓望：《妈祖信仰史研究》，福建教育出版社，2007年。

37. 郑振满、陈春声主编：《民间信仰与社会空间》，福建人民出版社，2003年。

38. 酒井忠夫等：《民间信仰与社会生活》，上海人民出版社，2011年。

39. 赵世瑜：《狂欢与日常——明清以来的庙会与民间社会》，生活·读书·新知三联书店，2002年。

40. 何星亮：《中国自然神与自然崇拜》，上海三联书店，1992年。

41. 李国泰：《梅州客家"香花"研究》，花城出版社，2005年。

42. 谢剑、房学嘉：《围不住的围龙屋：记一个客家宗族的复苏》，台湾南华大学，1999年。

43. 张祖基等著：《客家旧礼俗》，台北众文图书公司，1986年。

44. 刘锦云：《客家民俗文化漫谈》，武陵出版有限公司，1995年。

四、文章

1. 陈剩勇：《理学"贞节观"、寡妇再嫁与民间社会——明代南方地区寡妇再嫁现象之考察》，《史林》2001年第2期。

2. 郭松义：《清代妇女的守节和再嫁》，《浙江社会科学》2001年第1期。

3. 刘翠溶：《明清人口之增殖与迁移——长江中下游地区族谱资料之分析》，许倬云等主编：《第二届中国社会经济史研讨会论文集》，1983年。

4. 王容：《试论清代官方对妇女再嫁的政策和态度》，《九江学院学报》2008年第2期。

5. 赵剑：《客家妇女与"二婚亲"——兼与房学嘉先生商榷》，《中华女子学院学报》2001年第2期。

6. 钟晋兰：《客家民俗中的崇文重教观》，《福建论坛》2012年第8期。

7. 《三十年来梅县教育发展史（民国元年至三十年)》，《梅州文献汇编》第七集，梅州文献社，1978年。

8. 黄玉笙：《梅县女教育家梁浣春女士传》，《梅州文献汇编》第十一集，梅州文献社，1980年。

9. 周建新：《晚清粤东妇女集体自杀事件与地方族群社会——以民国〈丰顺县志〉为中心的讨论》，《福建论坛》2007年第5期。

10. 吴周康：《陶隍区的妇女进步了》，《南方日报》，1951 年 7 月 11 日。

11. 林云谷：《蕉岭历史管窥》，《梅州文献汇编》第六集，梅州文献社，1977 年。

12. 谢重光：《宋明理学影响下客家妇女生活的演变》，《中共福建省委党校学报》2005 年第 5 期。

13. 张港群：《五华方俗杂谈》，《梅州文献汇编》第八集，梅州文献社，1978 年。

14. 何举帆：《我在原乡办理小学教育忆述》，《梅州文献汇编》第十二集，梅州文献社，1981 年。

15. 黄茜：《传统客家女子教育初探》，《嘉应学院学报》2010 年第 10 期。

16. 刘大可：《女性：客家学研究的新视野》，《中共福建省委党校学报》2013 年第 11 期。

17. 谢敏华、吴雯：《浅谈客家传统家教的特点》，《赣南师范学院学报》2000 年第 4 期。

18. 李洪河：《建国初期与婚姻家庭相关的妇女死亡问题探析》，《妇女研究论丛》2008 年第 5 期。

19. 刘斌：《农村妇女群体高自杀率原因探析》，《中国农业大学学报（社会科学版）》2004 年第 4 期。

20. 伊启烈、谢云吐、钟晋兰：《河龙的宗族、信仰与婚丧习俗》，杨彦杰主编：《宁化县的宗族、经济与民俗》，国际客家学会、海外华人资料研究中心、法国远东学院，2005 年。

21. 张志渊：《石城庙会大观》，罗勇、劳格文主编：《赣南地区的庙会与宗族》，国际客家学会、海外华人资料研究中心、法国远东学院，1997 年。

22. 钟晋兰：《杭南田背刘氏宗族的发展》，"中央研究院"民族学研究所《民族学研究所资料汇编》2000 年第 16 期。

23. 钟晋兰：《上杭县中都镇古坊村的民间信仰》，杨彦杰主编：《汀州府的宗族庙会与经济》，国际客家学会、海外华人研究社、法国远东学院，1998 年。

24. 钟晋兰：《论女性崇拜与客家妇女的社会文化生活》，《客家文化研究》，海峡文艺出版社，2007 年。

25. 钟晋兰：《客家妇女生育信仰初探》，《福建论坛》2003 年第 6 期。

26. 钟晋兰：《农村客家妇女生育信仰保持的原因探析》，《农业考古》2010 年第 6 期。

27. 钟晋兰：《宁化客家妇女"接珠"仪式的人类学观察》，《嘉应学院学报》2011 年第 10 期。

28. 钟晋兰：《文献与田野中的妇女集体自杀研究——以清末以降的粤东 镇为中心》，《嘉应学院学报》2014 年第 6 期。

29. 钟晋兰：《粤东侨乡传统妇女的生活状况——以丰顺县 镇为中心的调查与分析》，《八桂侨刊》2014 年第 2 期。

30. 钟晋兰：《闽西客家妇女的"点佛"仪式：以宁化县淮土乡孙坑村的调查为例》，马建钊主编：《民族宗教研究》2012 年第 2 辑。

31. 钟晋兰：《"接珠""回佛"与妇女生活——以福建省宁化县石壁镇为中心的初步探讨》，香港中文大学崇基学院宗教与中国社会研究中心、香港中文大学文化及宗教研究系合办："中国地方社会仪式比较研究"国际学术研讨会，2008 年 5 月 5 日至 7 日。

32. 黄萍瑛：《"接珠"念佛风俗之性别文化初探：以闽西宁化石壁陈家村为例》，《民俗曲艺》第 162 期，台湾财团法人施合郑民俗文化基金会，2008 年 12 月。

33. 刘一蓉：《梅县丙雁地区斋嬷的社会位置与宗教文化》，香港中文大学硕士学位论文，2001 年。

34. CHEUNG, Tak Ching Neky. Women's Ritual in China：Jizhu（Receiving Buddhist Prayer Beads）Performed by Menopausal Women in Ninghua, Western Fujian. The Chinese University of Hong Kong，2007.

35. 房学嘉：《从李氏家藏文书看妇女在传统社会中的地位——以粤东梅县客家妇女为重点分析》，《中南民族大学学报》2005 年第 6 期。

36. 黄于万：《清流县灵地镇黄姓民俗》，杨彦杰主编：《汀州府的宗族庙会与经济》，国际客家学会、海外华人研究社、法国远东学院，1998 年。

37. 张鸿祥：《汀州城区的庙会大观》，杨彦杰主编：《闽西的城乡庙会与村落文化》，国际客家学会、海外华人研究社、法国远东学院，1997 年。

38. 任建群：《定南的观音崇拜》，罗勇、林晓平主编：《赣南庙会与民俗》，国际客家学会、海外华人研究社、法国远东学院，1998 年。

39. 谢重光：《闽西客家地区的妈祖信仰》，《世界宗教研究》1994 年第 3 期。

40. 杨彦杰：《永定县古竹乡高头江氏与妈祖信仰》，杨彦杰主编：

《闽西的城乡庙会与村落文化》，国际客家学会、海外华人研究社、法国远东学院，1997 年。

41. 钟蔚伦：《瑞金庙会大观》，罗勇、林晓平主编：《赣南庙会与民俗》，国际客家学会、海外华人研究社、法国远东学院，1998 年。

42. 林水梅、谢济中：《连城县城关的城隍庙会》，杨彦杰主编：《闽西的城乡庙会与村落文化》，国际客家学会、海外华人研究社、法国远东学院，1997 年。

43. 张嗣介：《赣州仙娘古庙与太太生日》，罗勇、林晓平主编：《赣南庙会与民俗》，国际客家学会、海外华人研究社、法国远东学院，1998 年。

44. 邓水蘅：《宁都西关汉帝庙庙会调查报告》，罗勇、林晓平主编：《赣南庙会与民俗》，国际客家学会、海外华人研究社、法国远东学院，1998 年。

45. 邓光昌、黄瑞仪、张国玉：《宁化县民间信仰老佛、二佛、吉祥大佛的调查》，杨彦杰主编：《闽西北的民俗宗教与社会》，国际客家学会、海外华人研究社、法国远东学院，2000 年。

46. 刘大可、刘文波：《武北湘村的宗族社会与文化》，杨彦杰主编：《闽西的城乡庙会与村落文化》，国际客家学会、海外华人研究社、法国远东学院，1997 年。

47. 李升宝：《清流县城区庙会集锦》，杨彦杰主编：《闽西的城乡庙会与村落文化》，国际客家学会、海外华人研究社、法国远东学院，1997 年。

48. 钟德盛：《武平县城关的庙会与醮会》，杨彦杰主编：《闽西的城乡庙会与村落文化》，国际客家学会、海外华人研究社、法国远东学院，1997 年。

49. 张鸿祥：《长汀县濯田镇南安村民俗田野调查》，杨彦杰主编：《汀州府的宗族庙会与经济》，国际客家学会、海外华人研究社、法国远东学院，1998 年。

50. 童金根：《清流县进士乡的民间信仰与民俗特色》，杨彦杰主编：《汀州府的宗族庙会与经济》，国际客家学会、海外华人研究社、法国远东学院，1998 年。

51. 李升宝：《清流县长校村的宗族传统调查》，杨彦杰主编：《汀州府的宗族庙会与经济》，国际客家学会、海外华人研究社、法国远东学院，1998 年。

52. 赖光耀：《长汀传统婚俗》，杨彦杰主编：《汀州府的宗族庙会与经济》，国际客家学会、海外华人研究社、法国远东学院，1998 年。

53. 余兴红、钟晋兰：《河田集镇的宗族、经济与神明》，杨彦杰主编：《长汀县的宗族、经济与民俗》，国际客家学会、海外华人研究社、法国远东学院，2002 年。

54. 罗华荣：《石壁传统社会调查》，杨彦杰主编：《宁化县的宗族、经济与民俗》（上），国际客家学会、海外华人资料研究中心、法国远东学院，2005 年。

55. 房学嘉：《刍议天后文化在梅州的俗化》，《客家研究辑刊》2004 年第 2 期。

56. 宋德剑：《庙宇的地理空间分布与社会功能——粤东梅州天后信仰的宗教地理学研究》，《江西师范大学学报》2013 年第 4 期。

57. 李小燕：《梅县东郊张氏宗族发展史与祭祖习俗》，《客家研究辑刊》2002 年第 1 期。

58. 文衍源：《丰顺县建桥镇建桥围的宗族与民俗》，房学嘉主编：《梅州河源地区的村落文化》，国际客家学会、海外华人研究社、法国远东学院，1997 年。

59. 罗康：《兴宁市宁中镇鹅湖区情摭拾》，房学嘉主编：《梅州河源地区的村落文化》，国际客家学会、海外华人研究社、法国远东学院，1997 年。

60. 周建新：《粤东石窟河道的商贸、庙宇与地方社会》，《客家研究辑刊》2001 年第 1 期。

61. 萧文评：《梅县畲坑传统墟市经济与地方社会》，谭伟伦主编：《粤东三州的地方社会之宗族、民间信仰与民俗》（下），国际客家学会、海外华人资料研究中心、法国远东学院，2002 年。

62. 成国涛：《兴宁叶塘镇三变村天后庙的由来及信仰活动》，房学嘉主编：《岭南乡土闻见录》，嘉应学院客家研究所，2004 年。

63. 温伟金：《兴宁县罗岗镇天后庙的由来及信仰活动记述》，房学嘉主编：《岭南乡土闻见录》，嘉应学院客家研究所，2004 年。

64. 张泉清：《粤东五华县华城镇庙会大观》，房学嘉主编：《梅州地区的庙会与宗族》，国际客家学会、海外华人研究社、法国远东学院，1994 年。

65. 温会娜：《梅县丙村温氏岁时习俗》，房学嘉主编：《岭南乡土闻见录》，嘉应学院客家研究所，2004 年。

66. 李锦超：《梅江区城西花园李屋社会历史》，房学嘉主编：《岭南乡土闻见录》，嘉应学院客家研究所，2004 年。

67. 陈仕霞：《兴宁客家民俗调查》，房学嘉主编：《岭南乡土闻见录》，嘉应学院客家研究所，2004 年。

68. 卢兴强：《兴宁市刁坊镇墨池村社会历史》，房学嘉主编：《岭南乡土闻见录》，嘉应学院客家研究所，2004 年。

69. 骆艳珍：《兴宁市兴隍镇先声村社会历史》，房学嘉主编：《岭南乡土闻见录》，嘉应学院客家研究所，2004 年。

70. 刁宇峰：《兴宁市刁坊镇鲤鱼村社会历史》，房学嘉主编：《岭南乡土闻见录》，嘉应学院客家研究所，2004 年。

71. 许冬红：《平远县仁居镇大塘肚村的社会历史》，房学嘉主编：《岭南乡土闻见录》，嘉应学院客家研究所，2004 年。

72. 何芳：《五华县华城镇清溪村的社会历史》，房学嘉主编：《岭南乡土闻见录》，嘉应学院客家研究所，2004 年。

73. 李柳青：《五华县安流镇低坑村的社会历史》，房学嘉主编：《岭南乡土闻见录》，嘉应学院客家研究所，2004 年。

74. 杨名悦：《丰顺县丰良镇春节习俗》，肖文评主编：《岭南乡俗调查》，嘉应学院客家研究所，2004 年。

75. 范惠文：《大埔县梓里村社会历史》，房学嘉主编：《岭南乡土闻见录》，嘉应学院客家研究所，2004 年。

76. 范明中：《兴宁坭陂合湖围子坝习俗调查》，肖文评主编：《岭南乡俗调查》，嘉应学院客家研究所，2004 年。

77. 温美娟：《五华县硝芳镇的民情风俗》，房学嘉主编：《岭南乡土闻见录》，嘉应学院客家研究所，2004 年。

78. 温伟金：《兴宁市罗岗镇民俗节日略谈》，肖文评主编：《岭南乡俗调查》，嘉应学院客家研究所，2004 年。

79. 张泉清：《五华县华城镇民俗杂录》，谭伟伦主编：《粤东三州的地方社会之宗族、民间信仰与民俗》（下），国际客家学会、海外华人资料研究中心、法国远东学院，2002 年。

80. 林清水：《蕉岭县新铺镇徐溪镇民俗》，房学嘉主编：《梅州河源地区的村落文化》，国际客家学会、海外华人研究社、法国远东学院，1997 年。

81. 宋德剑：《丰顺县留隍镇九河村宗族社会与民俗》，谭伟伦主编：《粤东三州的地方社会之宗族、民间信仰与民俗》（下），国际客家学会、海外华人资料研究中心、法国远东学院，2002 年。

82. 钟佳华：《梅县西阳镇宗族、庙宇与墟市》，周建新等著：《民间文化与乡土社会：粤东梅县五大墟镇考察研究》，花城出版社，2002 年。

83. 周建新：《客家祖先崇拜的二元形态与客家社会》，载 2002 年台湾苗栗县《两岸客家"历史·文化·社区"研讨会论文集》。

84. 钟禄元：《蜀北客族风光》，《文史教学》1941 年第 3 期。

85. 李泳集：《社会变迁与客家妇女地位——粤东紫金县竹园村调查》《中南民族大学学报》1995 年第 2 期。

86. 房学嘉：《刍议天后文化在梅州的俗化》，《客家研究辑刊》2004 年第 2 期。

87. 宋德剑：《庙宇的地理空间分布与社会功能——粤东梅州天后信仰的宗教地理学研究》，《江西师范大学学报》2013 年第 4 期。

88. 刘大可：《田野调查视野下的客家妇女——以闽西武北村落为例》，《东南学术》2008 年第 6 期。

89. 刘正刚、乔玉红：《明清客家女性的社会形象：以龙川为例》，《华南理工大学学报（社会科学版）》2008 年第 5 期。

90. 房学嘉：《从李氏家藏文书看妇女在传统社会中的地位——以粤东梅县客家妇女为重点分析》，《中南民族大学学报（人文社会科学版）》2005 年第 6 期。

91. 张燕清：《从"为人女"到"为人妻"——传统村落视野下培田入嫁女性的角色入位》，《福建论坛》2007 年第 12 期。

92. 章颖：《"客"与"主"——略谈客家妇女的生活特点及其地位作用》，《闽西职业大学学报》2000 年第 4 期。

93. 徐维群：《传统客家妇女相对地位的定位及其成因》，《龙岩师专学报》1999 年第 1 期。

94. 唐群：《从赣南礼仪习俗看客家妇女的矛盾地位》，《嘉应学院学报》2005 年第 2 期。

95. 吴福文：《客家妇女的角色与地位》，《龙岩学院学报》2011 年第 3 期。

96. 陈弦章：《客家妇女地位与作用之成因浅析》，《龙岩师专学报》2004 年第 2 期。

97. 周晓平：《客家民间文学与客家妇女历史地位的深层构成——以客家哭嫁歌为研究新视角》，《嘉应学院学报》2010 年第 1 期。

98. 李黛岚：《从客家山歌看客家妇女在传统文化中的地位》，《农业

考古》2008 年第 6 期。

99．陈菊芬：《传统客家女性的社会家庭角色及族群文化特点——客家山歌中女性文化探析》，《华南农业大学学报（社会科学版）》2012 年第 2 期。

100．何凌：《从客家妇女"天足"习俗看太平天国妇女地位》，《许昌学院学报》2006 年第 6 期。

101．樊洛平：《客家视野中的女性形象塑造及其族群文化认同——以台湾客家小说为研究场域》，《台湾研究集刊》2008 年第 1 期。

102．张维安：《客家妇女地位：以闽南族群为对照分析》，《客家文化研讨会论文集》，"台北行政院文建会"，1994 年。

103．陆绯云：《性别与族群：客家妇女地位的反思与探讨》，"台湾行政院客家委员会"和"中央大学"客家研究中心联合主办客家文化学术研讨会上发表，2002 年 10 月在台湾召开。

104．张典婉：《台湾文学中的客家女性角色与社会发展》，世新大学社会发展研究所硕士学位论文，2002 年。

105．叶怡文：《从女性主义看台湾客家妇女的社会地位》，台湾佛光人文社会学院硕士学位论文，2004 年。

106．孙倩倩：《客家妇女服饰研究》，《重庆科技学院学报（社会科学版)》2012 年第 22 期。

107．熊青珍：《客家妇女"围身裙"的艺术美》，《江西金融职工大学学报》2007 年第 5 期。

108．熊青珍、周建新：《从审美角度审视陶瓷青花与客家妇女蓝衫服饰的色调美》，《中国陶瓷》2009 年第 5 期。

109．熊青珍、周建新：《凉帽与客家妇女服饰造型色彩的呼应》，《装饰》2006 年第 3 期。

110．甘应进等：《客家妇女的配饰艺术》，《东华大学学报（社会科学版)》2008 年第 4 期。

111．张海华等：《江西三南客家妇女头饰——冬头帕》，《装饰》2006 年第 10 期。

112．范强：《客家妇女蓝衫服饰》，《装饰》2006 年第 7 期。

113．郑惠美：《台湾南北地区客家妇女大襟衫比较研究——以清末民初至光复初期之传世实物分析为例》，《台湾文献》2007 年第 2 期。

114．陈华、陈涛：《客家妇女投身苏维埃运动的心理解读》，《文教资料》2007 年第 8 期。

115. 彭莉佳：《黄遵宪和他的客家妇女诗》，《中山大学学报（社会科学版）》1998 年第 3 期。

116. 罗雄飞、章长玉：《客家妇女与土地革命》，《中华女子学院学报》1997 年第 3 期。

117. 张雪英：《闽西苏区客家妇女积极投身革命的原因》，《龙岩学院学报（社会科学版)》2012 年第 4 期。

118. 张雪英：《土地革命时期中央苏区客家妇女的地位和作用》，《龙岩学院学报（社会科学版)》2011 年第 3 期。

119. 徐维群：《太平天国妇女政策与客家妇女》，《龙岩学院学报（社会科学版)》1995 年第 2 期。

120. 黄定平、蓝宇蕴：《客家妇女与中央苏区》，《赣南师范学院学报》1991 年第 5 期。

121. 胡军华、唐莲英：《中央苏区时期客家妇女对革命的贡献》，《中华女子学院学报》2011 年第 6 期。

122. 周晓平：《论苏区红色歌谣与客家妇女的革命斗争生活——兼论苏区红色歌谣与客家山歌之改编》，《农业考古》2009 年第 3 期。

123. 谢重光：《土地革命时期闽粤赣苏区的客家妇女生活》，《党史研究与教学》2005 年第 1 期。

124. 周云、曾立仪：《粤东客家妇女的婚姻与家庭》，《南方人口》1995 年第 1 期。

125. 罗锦芬：《左村客家民俗与妇女家庭生活》，《韶关学院学报（社会科学版)》2002 年第 1 期。

126. 吴明忠：《客家花屯女》，《新竹文献》2002 年第 1 期。

127. 侯国隆：《关于旧时梅州客家童养媳问题的探讨》，《广东史志》1994 年第4 期。

128. 刘锦云：《客家贞女节妇文化现象析》，《妇女研究论丛》1994 年第 4 期。

129. 许莹莹：《刍议旧志〈列女传〉中的客家妇女形象——以乾隆〈汀州府志〉为研究视角》，《赣南师范学院学报》2011 年第 1 期。

130. 陈曼娜：《闽西客家妇女唱山歌及其文化内涵探考》，《大众文艺》2012 年第 10 期。

131. 滕志朋、黄雪君：《新旧婚俗文化与客家妇女地位的变迁——以贵港市湛江镇为个案》，《重庆三峡学院学报》2012 年第 2 期。

132. 曾媛：《农村客家妇女生活质量的调查研究》，《南方农村》2012

年第 12 期。

133. 刘敏岚：《农村客家女性人格特征与社会支持的调查研究》，《江西理工大学学报》2012 年第 4 期。

134. 杨宏海：《粤东客家妇女的民俗特色》，《岭南文史》，1986 年第 2 期。

135. 谢庐明：《赣闽粤毗邻地区客家女性禁忌初探》，《赣南师范学院学报》1998 年第 1 期。

136. 邵新蓓、彭炜：《社会性别视野下的庙会与客家妇女——以赣州水东镇七里村仙娘庙会为例》，《宜春学院学报》2007 年第 3 期。

137. 李泳集：《客家妇女与现代民间宗教活动》，《民俗研究》1996 年第 2 期。

138. 袁丽红、滕兰花：《壮族妇女与客家妇女的异同性探析》，《广西民族大学学报》2008 年第 2 期。

139. 郑姝莉：《旅游发展下的客家妇女变迁探讨——以梅县雁洋镇下虎形村为例》，《赣南师范学院学报》2012 年第 1 期。

后 记

本书是我近年来承担的与客家妇女相关的研究项目所取得成果的总结。

1996 年，我大学毕业被分配到福建省社会科学院客家研究中心工作，开始接触客家文化与关注客家研究。1997 年，开始参加法国知名汉学家、人类学家与宗教研究专家劳格文教授主持的"客家传统社会丛书"中的诸项目，与劳格文教授、时任福建省社会科学院科研处处长的杨彦杰研究员一起到闽西客家地区进行客家传统社会经济、宗族历史、民俗宗教等主题的调研。在这个项目的实施过程中，劳格文教授发现无论是参与这个项目的高校或研究机构的研究人员，还是当地的地方文史工作者、退休干部与老师，抑或是接受访谈，叙述当地社会历史与民俗传说的大量报告人基本上都是男性。他意识到：研究队伍几乎都是男性，访谈对象也几乎是男性，讲述的可以说只是男性眼里的客家传统社会，而女性的历史、故事，女性参与子女教育、经济发展、民俗宗教与其他地方社会活动的叙述非常稀少。因此，后来项目组在闽西连城、长汀、宁化等客家县，以及江西铜鼓等地调研时，劳格文教授都非常关注当地有没有合适的女性公职人员或文史爱好者能够参与到客家妇女的调研中，后来终于在长汀县与铜鼓县邀请到女性参与调查本地的客家妇女状况。

笔者在参与劳格文教授主持的诸项目时，他曾多次强调加强客家妇女调查与研究的必要性，并希望笔者能在这一领域多倾注精力。于是，在闽西客家县市调研时，笔者开始注意收集有记载客家妇女历史的族谱、碑记、经文与档案资料等，同时注意观察与记录庙宇和信徒家中客家妇女主持或参与的民间宗教活动。只是由于相关的文字资料非常少，我们在地方史中能看到的大多是贞女与烈妇的记载，族谱中相关的则大多是嫁娶、生育、葬地与少数作为族中精英之妇，有钱或有权者的母亲或妻子的传记，因此，这一领域的研究很难快速出成果。尽管比较艰难，但笔者从未放弃

对此领域的关注与调研。笔者申请了福建省社会科学院的青年研究项目，获得了一些经费支持。2007 年，由于家庭的需要，笔者调到嘉应学院客家研究院，开始关注粤东客家妇女。2008 年，申请了广东省重点研究基地嘉应学院客家研究院科研项目：客家妇女与民间信仰研究（08KYKT02）；2011 年，申报了广东省教育厅人文社会科学重点研究基地重大项目：文献与田野中的客家妇女研究（11JDXM77001），从文献记载与田野调查获得的第一手资料对客家妇女的婚姻、教育、民俗、信仰生活，以及家庭与社会地位等进行分析与探讨。

在这过程中，陆续撰写并发表了一些相关的成果，如《客家妇女生育信仰初探》（《福建论坛》2003 年第 6 期）；《论女性崇拜与客家妇女的社会文化生活》（《客家文化研究》，海峡文艺出版社，2007 年），《"接珠""回佛"与妇女生活——以福建省宁化县石壁镇为中心的初步分析》（2008年 5 月在香港中文大学主办的"中国地方社会仪式比较研究"国际学术研讨会上发表）；《客家妇女的守志与再嫁：以族谱记载为中心的分析》（《东南学术》2010 年第 4 期）；《农村客家妇女生育信仰保持的原因探析》（《农业考古》2010 年第 6 期）；《宁化客家妇女"接珠"仪式的人类学观察》（《嘉应学院学报》2011 年第 10 期）；《闽西客家妇女的点佛仪式》（《民族宗教研究》2012 年第 1 期）；《客家妇女与神明崇拜——以明清寺庙碑刻记载为中心的分析》（《嘉应学院学报》2012 年第 4 期）；《客家乡村的"降童"信仰调查：以宁化县的女童子坛及醮会为例》（《嘉应学院学报》2012 年第 10 期）；《梅州的客家民俗与女子教育》（《教育文化论坛》2013 年第 2 期）；《粤东侨乡传统妇女的生活状况：以丰顺县陶隍镇为中心的调查与分析》（《八桂侨刊》2014 年第 2 期）；《文献与田野中的陶隍妇女集体自杀研究》（《嘉应学院学报》2014 年第 6 期）；与房学嘉等合著的《客家妇女社会与文化》（华南理工大学出版社，2012 年），本人承担其中的部分章节。本书的大多数内容根据前述成果修改而成。

从参与劳格文教授主持的客家传统社会丛书，关注闽西客家妇女的调查算起，一晃 20 年过去了。20 年来，由于笔者的愚钝与散漫，加上不断承担其他研究项目，精力无法集中在客家妇女研究领域，因此，取得的成果比较有限。许多客家妇女研究未及的领域，只能寄希望于未来，希望以后会有更多的学者加入到此领域中。

　　本书能够出版，要一如既往地感谢在我调查与研究过程中给予我诸多指导与帮助的老师与朋友们！感谢在田野调查时接受我访谈的乡民与民间宗教仪式专家们！此外，要特别感谢我现在的任职单位——嘉应学院的领导与同事们！谢谢领导们对客家研究的重视，让我们拥有良好的工作条件与充足的研究、出版经费。同时，也非常感谢嘉应学院客家研究院的各位同仁的照顾，让我有宽松的时间去调研，撰写论文与修改书稿。

　　最后，由于本人才疏学浅，书中难免有不足之处，敬请学界同仁批评指正。

钟晋兰

2017 年 12 月 22 日